Sachregister zu den Bänden I bis III

Hagenmüller

Der Bankbetrieb I

Professor Dr. Karl Fr. Hagenmüller

Der Bankbetrieb

Band I

Strukturlehre — Kapitalbeschaffung der Kreditinstitute

Vierte überarbeitete Auflage

Betriebswirtschaftlicher Verlag Dr. Th. Gabler · Wiesbaden

ISBN 3 409 42014 2 (broschiert)
ISBN 3 409 42018 5 (Leinen)

Vorwort zur ersten Auflage

Der Tätigkeitsbereich der Kreditinstitute hat sich in den letzten Jahrzehnten erheblich ausgeweitet und ist auch weiterhin in steter Entwicklung begriffen. Mit der Zunahme der Geschäftsvorfälle haben sich zugleich die Formen gewandelt, in denen die vielfältigen Bankleistungen abgewickelt werden. Geändert hat sich aber auch seit dem Neubeginn nach der Währungsreform der institutionelle Rahmen, innerhalb dessen sich die Kreditinstitute geschäftlich betätigen können. Nachdem die wichtigsten Gesetze und Satzungsbestimmungen des Kreditgewerbes neu gefaßt worden sind und ausreichende Erfahrungen der einzelnen Bankengruppen über den Charakter einzelner Geschäfte und die Möglichkeiten ihrer Abwicklung gesammelt werden konnten, scheint der geeignete Zeitpunkt gekommen zu sein, um eine Gesamtdarstellung über den Bankbetrieb vorlegen zu können.

Die Aufgabe dieser Gesamtdarstellung wird zunächst darin gesehen, die Formen, Methoden und Bedingungen der bankbetrieblichen Geschäftstätigkeit auf dem gegenwärtigen Stand des Wissens darzulegen. Eine straffe Systematik soll gewährleisten, daß der Stoff überschaubar und vergleichbar bleibt, um dem Leser die Einordnung von Einzelproblemen in den Gesamtzusammenhang zu ermöglichen. Die vorliegende Untersuchung soll dem Studierenden als Lehrbuch einen Gesamtüberblick über das Gebiet der Bankbetriebslehre geben und gleichzeitig dem Praktiker als Nachschlagewerk für die im Alltag der Bankbetriebe auftretenden Fragen dienen. Soweit dieses Buch die moderne Geschäftstechnik des Bankbetriebes behandelt, setzt es die Tradition der vor dem zweiten Weltkrieg zumeist in hohen Auflagen erschienenen Lehrbücher von Buchwald, Leitner, Obst und Kalveram fort.

In der Betriebswirtschaftslehre steht heute die Lehre von den dispositiven Faktoren im Mittelpunkt der theoretischen Bemühungen. Das besondere Interesse der Fachvertreter gilt den Fragen der Unternehmensführung, Planung und Organisation. Dabei geht es nicht mehr ausschließlich um eine Deskription einzelner Bereiche wie in der traditionellen Betriebswirtschaftslehre, sondern verstärkt um eine Analyse funktionaler Zusammenhänge in der Unternehmung. In den „Grundlagen der Betriebswirtschaftslehre" von Erich Gutenberg ist es gelungen, Produktion und Absatz als Kombinationsprozesse von Produktions- bzw. Absatzfaktoren zu erklären. Für den Bereich der Finanzierung, dem bei funktionaler Betrachtung die spezielle Betriebswirtschaftslehre der Banken zuzuordnen ist, steht ein solcher Versuch noch aus. Im Bankbetrieb haben die Dispositionsprobleme seit jeher ein starkes Gewicht gehabt, ohne daß es bis jetzt gelungen wäre, sie befriedigend in die

Bankbetriebslehre einzubauen. Die besonderen Schwierigkeiten resultieren hierbei aus der Stofflosigkeit der Bankleistung, der Vertrauensempfindlichkeit des Kreditgewerbes und der starken Abhängigkeit von gesamtwirtschaftlichen Entwicklungen, auf die die einzelne Bank keinen Einfluß hat. Funktionale Beziehungen im Bankbetrieb lassen sich nur auf der Basis gründlicher empirischer Untersuchungen anstellen. Sie setzen eine genaue Kenntnis von Struktur und Ablauf der einzelnen Bankgeschäfte voraus. Eine bankbetriebliche Entscheidungstheorie bedarf darüber hinaus sinnvoller Hypothesen über das Verhalten der Kunden, Konkurrenten und der Bundesbank, die nur die Verhaltensforschung liefern kann. Sind die betriebswirtschaftlich relevanten Einflußfaktoren der Dispositionen ermittelt, so ist als nächster Schritt die Formulierung von Modellen möglich. Dabei kann es sich zunächst jedoch nur um Erklärungsmodelle handeln, d. h. um Deduktionen, die der besseren Demonstration bankbetrieblicher Dispositionszusammenhänge dienen. Das Modelldenken in der Betriebswirtschaftslehre hat seinen Ausgang vielfach bei der Volkswirtschaftslehre genommen. Für die Bankbetriebslehre haben besonderes Interesse die Modelle der modernen Geld- und Kredittheorie erlangt. Der Prozeß der betriebswirtschaftlichen Durchdringung volkswirtschaftlichen Gedankenguts aus der modernen Kredittheorie muß jedoch als noch nicht abgeschlossen bezeichnet werden. Die makroökonomischen Modelle sind, entsprechend ihrem Erkenntnisobjekt, auf einem hohen Abstraktionsgrad entwickelt worden. Aus der Sicht des einzelnen Kreditinstituts stellen sie eine zu starke Vereinfachung der Probleme dar. Notwendig erscheint es, globale Größen, wie z. B. „Überschußreserve“ oder „Zahlungssitten des Nichtbankensektors“, in ihre betriebswirtschaftlich relevanten Komponenten aufzuspalten. Mit der größeren Wirklichkeitsnähe vermehrt sich die Zahl der in die Analyse einzubeziehenden Faktoren, auf die jedoch eine betriebswirtschaftliche Theorie nicht verzichten kann. Die Übernahme von makroökonomischen Modellen in die Bankbetriebslehre ohne entsprechende betriebswirtschaftliche Fundierung stellt keine Weiterentwicklung der bankbetrieblichen Forschung dar. Ebenso hieße es, nur einen Teilausschnitt abzuhandeln, wollte man eine Theorie der Kreditbank mit Kredit- und Liquiditätstheorie identifizieren. Dabei blieben vor allem der immer wichtiger werdende Dienstleistungsbereich und der eigentliche Betriebsprozeß unberücksichtigt. Bedürfen bereits Erklärungsmodelle zunächst einer detaillierten Erfassung der Vorgänge im Bankbetrieb, so verlangen Entscheidungsmodelle, die mit den Methoden des Operations Research rechnerisch lösbar sein sollen, einen noch gründlicheren Unterbau. Bei den Daten, die in ein derartiges Modell eingegeben werden, handelt es sich ja nicht mehr um hypothetische Werte, sondern um tatsächliche Erwartungswerte, wie sie einer Bank auch für kurze Zeiträume kaum zur Verfügung stehen. Für den im Bankbetrieb dominierenden Geschäftsbereich lassen sich infolge der Dispositionsabhängigkeit vom Kundenverhalten Entscheidungsmodelle nicht aufstellen. Ein sinnvolles System, das die Bezeichnung Planung verdient, darf das Zeitmoment nicht unberücksichtigt lassen. Eine Erfassung der Auswirkungen aller geschäftlichen

Transaktionen einer Bank auf die Liquidität und die Bestimmung des maximalen Gewinns bei ausreichender Liquidität für den Tag selbst, an dem die eingesetzten Daten wirksam werden, kann wohl kaum noch als Planung bezeichnet werden. Eine in Zukunft zu entwickelnde Entscheidungstheorie des Bankbetriebes wird deshalb den Versuch, rechnerisch lösbare „Gesamtplanungsmodelle" erstellen zu wollen, aufgeben und sich vielmehr um die Gewinnung realistischer Prognosen des Kundenverhaltens und um Methoden bemühen müssen, mit denen eine möglichst flexible Anpassung an Aktionen der Kunden, Konkurrenten und der Bundesbank möglich wird. Bei der Erörterung derartiger Probleme findet die Bankbetriebslehre Anschluß an die Forschungen der modernen Betriebswirtschaftslehre.

Als Beitrag zur Klärung der Dispositionsprobleme des Bankbetriebes wurde in dem Kapitel „Bankpolitik" in Weiterentwicklung der Auffassungen des im Sammelwerk „Die Wirtschaftswissenschaften" erschienenen Bandes „Bankbetrieb und Bankpolitik" versucht, die Interdependenz von Ertrags- und Sicherheitsstreben deutlich zu machen und zugleich die einzelnen Komponenten der Gesellschaftspolitik systematisch zu erfassen, die der weiteren empirischen Erforschung bedürfen. Ein Anliegen des Buches ist es, bei der Erörterung sämtlicher Sparten der Geschäftstätigkeit ertrags- und risikopolitische Überlegungen entsprechend zu berücksichtigen. Für den Betriebsbereich werden in dem Kapitel „Rechnungswesen" die Auswirkungen der kalkulatorischen Denkweise erläutert.

Wegen der Bedeutung, die die Einstellung zur Entscheidungstheorie für die Klassifizierung von bankbetrieblichen Lehrmeinungen besitzt, mußten den Fragen der Planung im Bankbetrieb einige grundsätzliche Bemerkungen gewidmet werden. Neben einer fundierten Entscheidungstheorie fehlt es bisher auch an einer Organisations- und Standorttheorie der Kreditinstitute. Hier mußte sich unsere Untersuchung auf einige Ansätze beschränken. Der Darstellung der Bankgeschäfte wurde eine Strukturlehre des westdeutschen Bankwesens vorangestellt, da strukturelle Fragen insbesondere im Zusammenhang mit dem Wettbewerbsproblem an Bedeutung gewonnen haben. Die Darstellung der Passiv-, Aktiv- und Dienstleistungsgeschäfte konnte dort kürzer gehalten werden, wo ein Rückgriff auf Standardwerke möglich war. In diesen Fällen verweisen Literaturangaben auf die einschlägigen Quellen. Soziologische Wandlungen und fortschreitende wirtschaftliche Entwicklung führen zu einem immer vielfältigeren Angebot von Kreditformen. Soweit diese modernen Kreditformen ihrem Charakter und ihrer grundsätzlichen Konstruktion nach bereits überschaubar sind, sind sie in das Lehrbuch aufgenommen worden. Verzichtet wurde deshalb darauf, die bankmäßige Abwicklung von Factoring- und Leasinggeschäften darzustellen. Der Leser, der den gegenwärtigen Stand der Diskussion über diese Geschäftssparten erfahren möchte, muß auf die Zeitschriftenliteratur verwiesen werden. Besonderes Augenmerk wurde auf eine zusammenfassende Schilderung der neueren Entwicklung im Rechnungswesen der Kreditinstitute gerichtet.

Durch die zahlreichen Literaturangaben und ein umfangreiches Literaturverzeichnis soll dem Leser ein Auffinden wichtiger Quellen erleichtert werden.

Unberücksichtigt bleiben mußten Fragen der Bankwerbung und Öffentlichkeitsarbeit der Kreditinstitute sowie Aufbau, Funktionen und Praxis der Bankenaufsicht in Deutschland. Ferner ist darauf aufmerksam zu machen, daß sich die Ausführungen weitestgehend auf die Verhältnisse in der Bundesrepublik Deutschland einschließlich West-Berlins beschränken und nur in Ausnahmefällen, wenn es zum besseren Verständnis beiträgt, Besonderheiten ausländischer Kreditinstitute erwähnt worden sind. Auf einen Überblick über die europäischen und internationalen Finanzinstitute wurde, um den Umfang dieser Arbeit nicht zu sprengen, verzichtet.

Meinen Mitarbeitern, insbesondere Frau Dr. R. Kolbeck und den Herren Dr. O. Fischer, Dipl.-Kfm. U. Güde, Dipl.-Kfm. J. v. Köppen, Dipl.-Kfm. W. Reiter, Dipl.-Kfm. G. O. Röhrig und Dipl.-Kfm. W. Staehle, möchte ich an dieser Stelle für ihre selbstlose Hilfe bei der Gestaltung des Stoffes danken. Ohne ihre ständige kritische Mitarbeit wäre es mir nicht möglich gewesen, in der relativ kurzen Zeit das Buch fertigzustellen.

Karl Fr. Hagenmüller

Vorwort zur vierten Auflage

Die Entwicklung im Bankgewerbe und die fortschreitende theoretische Auseinandersetzung mit den Problemen des Bankbetriebes haben es notwendig gemacht, in der vorliegenden Neuauflage nicht nur das empirische Material auf einen neueren Stand zu bringen, sondern auch Teile zu überarbeiten und neu zu fassen.

Diese Überarbeitungen betreffen im wesentlichen die Darstellung der Organisation, wo neue Konzeptionen marktorientierter Organisationsformen in Praxis und Theorie zu behandeln waren, die Stellung und den Aufgabenbereich der EDV im Bankbetrieb, der sich durch den technischen Fortschritt auf diesem Gebiet mit hoher Innovationsgeschwindigkeit wandelt, aber auch die Darstellung der Standortproblematik, die durch Intensivierung des Wettbewerbs, Sättigungsgrad und Rentabilitätsentwicklung neue Aspekte gewonnen hat.

Der Stichtag für die Erfassung empirischer Daten ist der 31. 12. 1973, in einigen Fällen konnten aktuellere Daten noch während der Drucklegung eingefügt werden. Es scheint nicht vermeidbar, den Abstand von Empirie und Theorie in Form von zwei Geschäftsjahren ertragen zu müssen.

Stellvertretend für alle an der Überarbeitung Beteiligten möchte ich an dieser Stelle Frau Dipl.-Kfm. E. Weber für das Korrekturlesen sowie die anderen technischen Arbeiten danken.

Karl Fr. Hagenmüller

Inhaltsverzeichnis

Teil I

Strukturlehre

Teil II

Kapitalbeschaffung der Kreditinstitute

TEIL I

Strukturlehre

A. „Bankbetrieb" und „Bankbetriebslehre"

Objekt der Forschung der Bankbetriebslehre ist der Bankbetrieb[1]). Obwohl es bereits seit mehreren Jahrhunderten Bankbetriebe gibt und sich der Begriff „Bank" im Laufe der Geschichte des Bankwesens in fast allen Ländern eingebürgert hat, „ist es bisher nicht gelungen, eine Definition des Wesens einer Bank zu finden, die allgemein befriedigen könnte"[2]). Stucken bezeichnet als Banken „Wirtschaftseinheiten, die regelmäßig als Hauptgeschäft, nicht als Nebengeschäft, Kredite nehmen und Kredite geben"[3]). Kalveram-Günther nennen Kreditinstitute „Unternehmungen, die gewerbsmäßig das Kreditgeschäft und die Geschäfte des Geld- und Kapitalverkehrs betreiben"[4]). Das Kreditwesengesetz (KWG) definiert: „Kreditinstitute sind Unternehmen, die Bankgeschäfte betreiben, wenn der Umfang dieser Geschäfte einen in kaufmännischer Weise eingerichteten Geschäftsbetrieb erfordert"[5]). An gleicher Stelle heißt es weiter: „Bankgeschäfte sind

1. die Annahme fremder Gelder als Einlagen ohne Rücksicht darauf, ob Zinsen vergütet werden (Einlagengeschäft);
2. die Gewährung von Gelddarlehen und Akzeptkrediten (Kreditgeschäft);
3. der Ankauf von Wechseln und Schecks (Diskontgeschäft);
4. die Anschaffung und die Veräußerung von Wertpapieren für andere (Effektengeschäft);
5. die Verwahrung und die Verwaltung von Wertpapieren für andere (Depotgeschäft);
6. die in § 1 des Gesetzes über Kapitalanlagegesellschaften vom 16. April 1957 (Bundesgesetzbl. I S. 378) bezeichneten Geschäfte (Investmentgeschäft);
7. die Eingehung der Verpflichtung, Darlehnsforderungen vor Fälligkeit zu erwerben;
8. die Übernahme von Bürgschaften, Garantien und sonstigen Gewährleistungen für andere (Garantiegeschäft);

---

1) Vor einer Klärung dieses Begriffes sei darauf hingewiesen, daß in den folgenden Ausführungen die Begriffe „Bankbetrieb", „Bank" und „Kreditinstitut" synonym gebraucht werden.

2) Somary, F., Bankpolitik, 3. Aufl., Tübingen 1934, S. 1; Büschgen, H. E., Bankbetriebslehre, Wiesbaden 1972, S. 25—27.

3) Stucken, R., Geld und Kredit, 2. Aufl., Tübingen 1957, S. 65.

4) Kalveram, W. - Günther, H., Bankbetriebslehre, 3. Aufl., Wiesbaden 1961, S. 17.

5) § 1 Gesetz über das Kreditwesen vom 10. 7. 1961 (BGBl I S. 881 ff.).

9. die Durchführung des bargeldlosen Zahlungsverkehrs und des Abrechnungsverkehrs (Girogeschäft).“

Unter Berücksichtigung der bisher genannten Kriterien soll in den folgenden Ausführungen unter einem Kreditinstitut eine Betriebswirtschaft verstanden werden, die gewerbsmäßig[6])

1. Kapital ansammelt, Geld und Kredit leiht,
2. Wertpapiere für andere emittiert, handelt und verwaltet,
3. Investmentfonds verwaltet und Investmentzertifikate ausgibt,
4. die Abwicklung des Zahlungsverkehrs übernimmt.

Um als Kreditinstitut zu gelten, ist es jedoch nicht erforderlich, daß das Institut in sämtlichen Geschäftszweigen tätig ist. Es genügt, wenn eine Betriebswirtschaft nur eines der in § 1 KWG aufgezählten Bankgeschäfte betreibt.

Mit der Definition des Begriffes „Bankbetrieb“ ist der Ausgangspunkt für die Bestimmung des Begriffes „Bankbetriebslehre“ geschaffen. Auf der Begriffsbestimmung für die Allgemeine Betriebswirtschaftslehre[7]) basierend, könnte unter Bankbetriebslehre die Lehre vom Aufbau, von der Arbeitsweise und der Zusammenarbeit der Kreditinstitute verstanden werden. In dieser Definition fehlt jedoch ein sehr wesentliches Gebiet, mit dem sich die Bankbetriebslehre zu befassen hat, nämlich die Verbindung der Kreditinstitute mit der Umwelt, der Gesamtwirtschaft. Wird auch dieser Gesichtspunkt berücksichtigt, so ergibt sich folgende Begriffsbestimmung:

Die Bankbetriebslehre ist die Lehre vom Aufbau, von der Arbeitsweise und der Zusammenarbeit der Kreditinstitute und deren Verbindung mit der Gesamtwirtschaft.

Wichtig ist die Verbindung der Bankbetriebslehre mit der Volkswirtschaftslehre, mit welcher sich sehr enge Berührungspunkte auf den Gebieten „Geld und Kredit“, „Währung“ und „Zins“ ergeben. Relativ enger Kontakt ist ebenfalls mit der Rechtswissenschaft notwendig. Neben den allgemeinen Vorschriften des bürgerlichen Rechts und des Handelsrechts müssen die Banken zahlreiche Spezialvorschriften, das Kreditwesengesetz, das Depotgesetz, das Scheckgesetz, das Wechselgesetz sowie das Börsen- und Wertpapierrecht besonders beachten.

Aus diesen Erwägungen folgt, daß sich das vorliegende Buch nicht nur in betriebswirtschaftlicher Sicht mit dem Bankbetrieb und dessen Funktionen auseinandersetzen kann, sondern auch in starkem Maße volkswirtschaftliche und rechtliche Gesichtspunkte berücksichtigen muß.

---

6) Das Kreditwesen ist nach § 1 Abs. 2 Ziff. 4 HGB ein Handelsgewerbe. Kreditinstitute sind damit Kaufleute im Sinne des § 1 Abs. 1 HGB.

7) Vgl. Rössle, K., Allgemeine Betriebswirtschaftslehre, 5. Aufl., Stuttgart 1956, S. 14 ff.

B. Gründung und Errichtung der Kreditinstitute

Die Gründung einer Betriebswirtschaft ist hauptsächlich ein formaler Akt, mit welchem das Unternehmen rechtlich zum Entstehen gelangt. Die Errichtung ist dagegen der technisch-organisatorische Aufbau eines Unternehmens; es erfolgt dabei ein stufenweises Zusammenfügen der Produktivfaktoren[1]).

Bei den Kreditinstituten kann als Errichtungsperiode im engeren Sinne die Zeit vom Gründungsbeschluß bis zur Öffnung der Bankschalter (Betriebsbereitschaft) angesehen werden. Allerdings ist dabei zu berücksichtigen, daß mit Öffnung der Bankschalter nur rein technisch von einem Abschluß der Errichtungsperiode gesprochen werden kann. Von der wirtschaftlichen (geschäftsmäßigen) Seite aus betrachtet, ist die Errichtungsperiode im weiteren Sinne erst dann abgeschlossen, wenn durch Fremdkapitalzufluß ein Mindest-Geschäftsvolumen erreicht ist. Das Ende der Errichtungsperiode eines Kreditinstituts zu bestimmen ist äußerst schwierig. Annäherungsweise kann es als erreicht angesehen werden, wenn bei gegebenen Arbeitsbedingungen das Fremdkapital in so starkem Maße angewachsen ist, daß einmal etwa die gleiche Relation zwischen Eigen- und Fremdkapital wie bei vergleichbaren Kreditinstituten besteht, zum anderen die technische Kapazität in wirtschaftlichem Maße ausgenutzt wird[2]).

I. Rechtliche Grundlagen

Bei der Gründung und Errichtung von Kreditinstituten müssen außer den allgemeinen gesetzlichen Vorschriften, die stets bei der Gründung von Betriebswirtschaften zu berücksichtigen sind, die Bestimmungen des Gesetzes über das Kreditwesen beachtet werden. Darüber hinaus kommen für die Gründung von Hypothekenbanken die entsprechenden Bestimmungen des Hypothekenbankgesetzes[3]) und für Sparkassen die in den Bundesländern gültigen gesetzlichen Bestimmungen zur Anwendung.

---

[1]) Vgl. Gutenberg, E., Grundlagen der Betriebswirtschaftslehre, Band 1, Die Produktion, 18. Aufl., Berlin - Heidelberg - New York 1971, S. 5 ff. Mit Hilfe des dispositiven Faktors werden die Elementarfaktoren Arbeit, Betriebsmittel und Werkstoffe zusammengefügt.

[2]) Wird das Eigenkapital (Grundkapital) erhöht und das Geschäftsvolumen ausgedehnt, handelt es sich um eine Erweiterung.

[3]) Nach § 2 Abs. 1 HypBkG (Hypothekenbankgesetz in der Fassung vom 5. 2. 1963, BGBl I S. 81—88) dürfen Hypothekenbanken nur in der Rechtsform der Aktiengesellschaft und der Kommanditgesellschaft auf Aktien betrieben werden. Neu zu gründende Hypothekenbanken müssen nach § 2 Abs. 2 mit einem Grundkapital von mindestens 8 Mill. DM ausgestattet sein.

In § 32 KWG heißt es:

„Wer im Geltungsbereich dieses Gesetzes Bankgeschäfte in dem in § 1 Abs. 1 bezeichneten Umfang betreiben will, bedarf der schriftlichen Erlaubnis des Bundesaufsichtsamtes. Das Bundesaufsichtsamt kann die Erlaubnis unter Auflagen erteilen, die sich im Rahmen des mit diesem Gesetz verfolgten Zwekkes halten müssen. Es kann die Erlaubnis auf einzelne Bankgeschäfte beschränken."

Gemäß § 33 KWG darf die Erlaubnis nur dann versagt werden,

1. wenn die zum Geschäftsbetrieb erforderlichen Mittel, insbesondere ein ausreichendes haftendes Eigenkapital, im Geltungsbereich des KWG nicht zur Verfügung stehen;

2. wenn Tatsachen vorliegen, aus denen sich ergibt, daß der Antragsteller oder ein Geschäftsleiter nicht zuverlässig ist;

3. wenn Tatsachen vorliegen, aus denen sich ergibt, daß der Inhaber oder Geschäftsleiter nicht die zur Leitung des Instituts erforderliche fachliche Eignung hat.

Nur Betriebswirtschaften, denen eine derartige Genehmigung erteilt worden ist, und alle Kreditinstitute, die bei Inkrafttreten des Kreditwesengesetzes bereits bestanden, dürfen die Bezeichnung „Bank", „Bankier" oder „Sparkasse" in ihrem Firmennamen, als Zusatz zur Firma, zur Kenntlichmachung des Geschäftszwecks oder zu Werbezwecken verwenden[4]).

II. Rechtsform

In der Bundesrepublik Deutschland bestehen privatrechtliche und öffentlich-rechtliche Kreditinstitute insgesamt gesehen mit annähernd gleichem Gewicht nebeneinander[5]) [6]). Einerseits ist zwischen diesen beiden Bereichen von Kreditinstituten eine gewisse Arbeitsteilung zu beobachten, andererseits stehen insbesondere diejenigen Institutsgruppen beider Bereiche, die den Charakter von Universalbanken tragen, daneben aber auch Spezialbanken wie die Realkreditinstitute miteinander in Wettbewerb.

---

4) Vgl. §§ 39 und 40 KWG.

5) Von den Kreditinstituten (ohne Bundesbank) haben die öffentlich-rechtlichen Institute, insbesondere wenn die öffentlich-rechtlichen Institute mit Sonderaufgaben mit einbezogen werden, bilanzsummenmäßig das Übergewicht. Die Bilanzsumme kann aber nicht, insbesondere wenn eine Zusammenfassung in Gruppen erfolgt, als alleiniges Kriterium für die tatsächliche Bedeutung der Institutsbereiche angesehen werden. Zum einen können Doppelzählungen das Bild verzerren, zum anderen kommen wichtige Geschäftszweige in der Bilanz bzw. Bilanzsumme nicht zum Ausdruck.

6) Büschgen, H. E., a. a. O., S. 181—188.

Die derzeitige Struktur des deutschen Bankwesens ist das Ergebnis einer jahrhundertelangen geschichtlichen Entwicklung, wobei sich die entscheidenden Wandlungen in den letzten hundert Jahren vollzogen haben[7]).

Die Gruppe der privatrechtlichen Kreditinstitute untergliedert sich in Banken der verschiedenen vom Gesetzgeber allgemein zugelassenen Unternehmensformen, deren Wahl den Kreditinstituten, von folgenden Ausnahmen abgesehen, grundsätzlich freisteht. Für die privaten Hypothekenbanken und Schiffspfandbriefbanken besteht die gesetzliche Vorschrift, daß sie in der Form einer Aktiengesellschaft oder Kommanditgesellschaft auf Aktien betrieben werden müssen[8]), während Kapitalanlagegesellschaften (Investmentgesellschaften) lediglich in der Rechtsform der Aktiengesellschaft oder der Gesellschaft mit beschränkter Haftung betrieben werden dürfen[9]) mit der Maßgabe, daß das Mindestkapital 500 000 DM beträgt[10]). Der Entwurf der Novelle zum Kreditwesengesetz vom Dezember 1974 sieht vor, daß die Rechtsform des Einzelkaufmanns künftig bei Gründungen von Banken unzulässig sein soll[11]).

Zahlenmäßig werden von den 1973 bestehenden ca. 6 900 Kreditinstituten rd. 5 500 in der Rechtsform einer Genossenschaft geführt[12]). Eine kapitalmäßig bedeutende Gruppe von Bankbetrieben bilden neben den Sparkassen etwa 160 sogenannte Aktienbanken[13]), zu denen außer den Aktiengesellschaften auch die wenigen Bankunternehmen in der Rechtsform der Komman-

---

7) Vgl. Löffelholz, J., Die Geschichte der Banken, in: Die Bank, herausgegeben von Theisinger, K. - Löffelholz, J., Wiesbaden 1952, Bd. 1, S. 1 ff.; Achterberg, E. und Burger, O., Geschichte des Bankwesens, in: Enzyklopädisches Lexikon für das Geld-, Bank- und Börsenwesen, 3. Aufl., Frankfurt am Main 1967, Bd. 1, S. 618 ff.; Stucken, R., Die Konzentrationsbewegung im deutschen Bankgewerbe und deren Gegenkräfte und die Tendenzen zur Dekonzentration und Spezialisierung, in: Untersuchung des Bankwesens, I. Teil, Bd. 2, S. 7 ff.; Weber, A., Depositenbanken und Spekulationsbanken, 4. Aufl., München und Leipzig 1938; Marbach, F., Die Kreditschöpfung der Handelsbanken und das Postulat der Verstaatlichung des Kredits, Bern 1947; Bericht der Bundesregierung über die Untersuchung der Wettbewerbsverschiebungen im Kreditgewerbe und über Einlagensicherung, Bundestagsdrucksache V/3500, Bonn, 18. 11. 1968; Mülhaupt, L., Strukturwandlungen im westdeutschen Bankwesen, Wiesbaden 1971; Logon GmbH, Das Bankgeschäft in der Bundesrepublik Deutschland 1970—1980, München 1972; Stern, K. und Busmeister, J., Die kommunalen Sparkassen, Stuttgart, Berlin, Köln, Mainz 1972; Hahn, O., Struktur der Bankwirtschaft, Erlangen/Nürnberg 1972/73; Cramer, J. E., Hilpert, P. H. und Roger-Team, Die herausgeforderten Banken, 2. Aufl., Frankfurt 1974; Monatsberichte der Deutschen Bundesbank, Mai 1974, Neuere Geschäftsentwicklung der Bankengruppen, S. 24—31.

8) Vgl. § 2 HypBkG sowie § 1 HypBkG in Verbindung mit § 2 SchiffBkG.

9) Vgl. § 1 Abs. 2 Gesetz über Kapitalanlagegesellschaften vom 14. 1. 1970 (BGBl I S. 127).

10) Vgl. § 2 Abs. 2 Gesetz über Kapitalanlagegesellschaften.

11) Vgl. Deutscher Bundestag, 7. Wahlperiode, Drucksache 7/3657 vom 20. 5. 1975, Anlage 1: Entwurf eines Zweiten Gesetzes zur Änderung des Gesetzes über das Kreditwesen; Anlage 2: Stellungnahme des Bundesrates; Anlage 3: Gegenäußerung der Bundesregierung zur Stellungnahme des Bundesrates.

12) Vgl. Monatsberichte der Deutschen Bundesbank, Juli 1974, S. 41 *.

13) Ermittelt aus der Statistik der Deutschen Bundesbank über die Zahl der Kreditinstitute (s. Fußnote 12), indem von der Zahl der Kreditbanken (313) die Zahl der Privatbankiers sowie der Zweigstellen ausländischer Banken (vgl. hierzu Monatsbericht der Deutschen Bundesbank, April 1972, Die Zweigstellen ausländischer Banken in der Bundesrepublik, S. 21—32) subtrahiert und die der privaten Hypothekenbanken (28) addiert wurde.

ditgesellschaft auf Aktien und der Gesellschaft mit beschränkter Haftung gezählt werden. Weiterhin gehören ca. 140 Privatbankiers, deren Bankbetriebe in der Rechtsform einer Einzelfirma, offenen Handelsgesellschaft oder Kommanditgesellschaft betrieben werden, dem privaten Kreditgewerbe an. Als Besonderheit ist zu erwähnen, daß auch 11 Sparkassen keine öffentlichrechtlichen Institute, sondern privatrechtliche Bankunternehmen sind[14]). Diese sogenannten freien Sparkassen haben die Rechtsform eines „eingetragenen Vereins", einer „Stiftung" oder einer „juristischen Person kraft besonderer Verleihung".

Diesem privatrechtlichen Sektor des Kreditwesens stehen rund 800 öffentlich-rechtliche Bankbetriebe gegenüber. Von diesen sind ca. 730 kommunale Sparkassen, 11 Girozentralen und 14 Grundkreditanstalten; die übrigen erfüllen Sonderaufgaben[15]).

Einer besonderen Erwähnung bedürfen diejenigen Kreditinstitute, die sich zwar im Eigentum der öffentlichen Hand befinden, die jedoch ihre Geschäftstätigkeit in einer privatrechtlichen Unternehmensform — meist als Aktiengesellschaft oder Gesellschaft mit beschränkter Haftung — ausüben. Als Beispiele seien hier die Berliner Bank AG, die sich im Besitz der Stadt Berlin befindet, sowie die von den Ländern Rheinland-Pfalz und Baden-Württemberg gegründete Finanzierungs-Aktiengesellschaft (Finag), Mainz, erwähnt. Ursprünglich galt Entsprechendes auch für die Lastenausgleichsbank, die zunächst als AG gegründet wurde[16]). Eine Sonderstellung ist ferner denjenigen Instituten in privater Rechtsform zuzumessen, an denen die öffentliche Hand maßgeblich beteiligt ist. Hier kann als Beispiel die Landesgarantiekasse Schleswig-Holstein GmbH, Kiel, genannt werden, deren Anteile einerseits das Land Schleswig-Holstein und andererseits die in diesem Lande tätigen Kreditinstitute halten. Derartige Institute, die vielfach als „öffentliche Banken" bezeichnet werden, sind formal zu den privatrechtlichen Kreditinstituten zu rechnen, unterscheiden sich jedoch von diesen in der wirtschaftlichen Zielsetzung zum Teil erheblich.

III. Finanzierung

Die *Errichtungsfinanzierung* zeigt bei den Kreditinstituten wesentliche Besonderheiten. Von ausschlaggebender Bedeutung für die Gründung, die Errichtung und das spätere Wachstum eines Kreditinstituts ist die Möglichkeit, Eigenkapital in ausreichender Höhe aufzubringen. § 2 Abs. 2 HypBkG

---

14) Vgl. Deutscher Sparkassen- und Giroverband, Jahresbericht 1973, S. 83.

15) Vgl. Monatsberichte der Deutschen Bundesbank, April 1974, S. 41 *.

16) Durch Gesetz vom 28. 10. 1954 erhielt die Bank für Vertriebene und Geschädigte (Lastenausgleichsbank), vormals Vertriebenen-Bank-Aktiengesellschaft, den Status einer Anstalt des öffentlichen Rechts und den Namen Lastenausgleichsbank (Bank für Vertriebene und Geschädigte).

setzt den Mindestnennbetrag des Grundkapitals für neu zu gründende Hypothekenbanken auf 8 Mill. DM fest. Daß dem Eigenkapital besondere Bedeutung bei der Errichtung beizumessen ist, geht aber vor allem aus dem Kreditwesengesetz hervor. Die Kreditinstitute müssen im Interesse der Erfüllung ihrer Verpflichtungen gegenüber ihren Gläubigern, insbesondere zur Sicherheit der ihnen anvertrauten Vermögenswerte, über ein angemessenes haftendes Eigenkapitals verfügen[17]). Ein weiterer Hinweis auf die Höhe des Eigenkapitals ist in § 12 KWG gegeben und kann als Anhaltspunkt für die zunächst notwendige Höhe angesehen werden. Die dauernden Anlagen eines Kreditinstituts in Grundstücken, Gebäuden, Schiffen und Beteiligungen dürfen, nach den Buchwerten berechnet, zusammen das haftende Eigenkapital nicht übersteigen. Somit liegt der Schluß nahe, daß das Eigenkapital zumindest so groß sein sollte wie der Betrag, der zur Finanzierung der zur Geschäftstätigkeit eines Kreditinstituts erforderlichen Gebäude sowie der Betriebs- und Geschäftsausstattung zu dienen hat. Wenn auch das Verhältnis zwischen Anlagevermögen und Eigenkapital vielfach in den veröffentlichten Bilanzen der älteren Institute wesentlich kleiner als 1:1 ist, weil die Kreditinstitute bestrebt sind, die Positionen des Anlagevermögens möglichst niedrig auszuweisen[18]), so hat diese Bestimmung jedoch zumindest bei der Gründung die Bedeutung, für die Mindestgröße des Eigenkapitals ein Maßstab zu sein.

Das anfängliche Eigenkapital eines Kreditinstituts sollte über dieses Mindestmaß hinaus so groß sein, daß die Geschäftstätigkeit ohne fremde Mittel aufgenommen werden kann, denn bei der Neugründung eines Instituts kann trotz vorhergehender Werbemaßnahmen zunächst nicht mit hohen Einlagen gerechnet werden. Allerdings ist hinsichtlich der Neugründung in den letzten Jahren zu bemerken, daß durch die Namen der Gründer meist auch die Fremdkapitalbasis, besonders im Hinblick auf die Großeinlagen, von vornherein gesichert ist.

Das Verhältnis von Eigenkapital zu Fremdkapital unterscheidet sich bei Kreditinstituten wesentlich von dem anderer Branchen. Bei Industrieunternehmen gilt im allgemeinen ein Verhältnis von 1:1, im Handel von 1:2 bis 1:3 als angemessen. Für Kreditinstitute sind dagegen Relationen bis etwa 1:20 charakteristisch. Daraus geht hervor, daß das wesentliche Merkmal der Kapitalstruktur bei Banken nach Abschluß der Errichtungsperiode normalerweise das Vorherrschen des Fremdkapitals ist, wenn auch die Bedeutung des Eigenkapitals nicht unterschätzt werden darf. Wird die Relation von 1:20 als branchenüblich betrachtet, so kann daraus geschlossen werden, daß erst mit Er-

---

17) Vgl. § 10 KWG sowie Grundsatz I und I a des Bundesaufsichtsamtes für das Kreditwesen (Bekanntmachung Nr. 1/69 des Bundesaufsichtsamtes für das Kreditwesen betreffend Grundsätze über das Eigenkapital und die Liquidität der Kreditinstitute; geändert durch Bekanntmachung vom 22. 12. 1972 und durch Bekanntmachung vom 30. 8. 1974).

18) Die Kreditinstitute in der Rechtsform der Aktiengesellschaft sind jedoch seit Inkrafttreten des Aktiengesetzes von 1965 gemäß §§ 153 und 154 verpflichtet, das Anlagevermögen in Höhe der Anschaffungs- oder Herstellungskosten, vermindert um planmäßige Abschreibungen, zu aktivieren.

reichung dieses Verhältnisses die Errichtungsperiode im weiteren Sinne als abgeschlossen betrachtet werden kann.

Grundsätzlich bestehen für die Fremdkapitalbeschaffung der Kreditinstitute folgende Möglichkeiten: die Hereinnahme von täglich fälligen, befristeten und Spar-Einlagen sowie das Eingehen von Verbindlichkeiten unterschiedlicher Fristigkeit gegenüber Kreditinstituten. Für die Bodenkreditinstitute ist die Aufbringung von Fremdkapital durch Emission von Pfandbriefen, d. h. durch Auflegung von Anleihen, charakteristisch. Spezialinstitute legen — ähnlich wie die Betriebswirtschaften der Industrie — zu besonderen Finanzierungsaktionen Anleihen auf, um sich auf diese Weise langfristige Mittel zu beschaffen[19]).

Gegenüber der externen Finanzierung tritt in der Gründungs- und Errichtungsphase die interne Finanzierung stark zurück. Im weiteren Geschäftsverlauf jedoch gewinnt die Finanzierung etwa durch Zurückbehaltung von Gewinnen erheblich an Bedeutung.

---

19) Nach diesem System arbeiten z. B. die Industriekreditbank AG (IKB) und die Kreditanstalt für Wiederaufbau (KW).

C. Standort und Wirkungsbereich der Kreditinstitute

Die Wahl des Standortes ist ein weiteres Problem bei der Errichtung eines Kreditinstitutes bzw. einer neuen Filiale, Depositenkasse oder Zweigniederlassung eines bereits bestehenden Bankunternehmens. Dabei kann zwischen dem Standort im engeren Sinne, d. h. dem Platz, an welchem der betreffende Bankbetrieb bzw. die Zweigstelle errichtet werden soll — Standort des Geschäftslokals —, und dem Standort im weiteren Sinne, d. h. dem Wirkungsbereich oder Bereich der Geschäftstätigkeit, unterschieden werden.

Unabhängig von dem spezifischen Standort im engeren und weiteren Sinne, sind zunächst die Faktoren darzustellen, die eine Standortwahl beeinflussen. In einer umfangreichen Standortanalyse entwickelt Siepmann[1]) folgende Standortfaktoren im Kreditgewerbe:

— Boden und Arbeitskraft als produktionswirksame Faktoren,

— Verkehrspolitik, Steuerpolitik und Notenbankpolitik als institutionelle Faktoren,

— Bevölkerung, Gewerbesektor und Konkurrenzverhältnisse als geschäftsstrukturelle Faktoren.

Von der geschäftspolitischen Motivation her sind folgende Entscheidungsparameter relevant[2]):

— Erhöhung der primären Einlagen,

— Verbesserung der Kreditnachfragestruktur,

— positive Erfolgs- und Liquiditätseffekte aus einer erwarteten Vergrößerung der Dienstleistungsgeschäfte,

wobei diese Entscheidungsparameter sich in erster Linie auf die Standortwahl zusätzlicher Geschäftsstellen = Zweigstellen in der Terminologie der Bundesbank[3]) beziehen.

Die Standortwahl hat insbesondere in der Zeit der Bankstellen-Expansion des Kreditgewerbes — 1958 bis 1961 — einen bedeutsamen Stellenwert besessen; ihre Bedeutung ist in den Jahren 1973/1974, die als Konsolidierungsphase bezeichnet werden können, mit ersten Bankstellenschließungen[4]) geringer geworden.

---

[1]) Vgl. Siepmann, J. D., Die Standortfrage bei Kreditinstituten, Berlin 1968, S. 22 ff.

[2]) Vgl. Deppe, H.-D., Die Ausdehnung des Zweigstellennetzes von Kreditinstituten als bankbetriebliches Führungsproblem, in: Gegenwartsfragen der Unternehmensführung, Festschrift für W. Hasenack, Herne/Berlin 1966, S. 431.

[3]) Monatsberichte der Deutschen Bundesbank, Oktober 1959, S. 59.

[4]) So heißt es im Geschäftsbericht für 1973 der Dresdner Bank AG: „Fünf Zweigstellen wurden geschlossen, da ihre geschäftliche Entwicklung unseren Erwartungen nicht entsprach" (S. 29).

Diese Entwicklung läßt sich in folgenden Zahlen dokumentieren[5]):

Zahl der Kreditinstitute und ihrer Zweigstellen

Jahres-ende	Kreditinstitute	Zweigstellen	Bankstellen insg.	Index (1957 = 100)
1957	13 359	12 974	26 333	100
1960	13 259	16 768	30 027	114
1965	11 836	23 046	34 882	133
1970	8 549	32 251	40 800	155
1973	6 892	36 393	43 285	164

Daß die Zahl der Kreditinstitute rückläufig ist, liegt in dem Konzentrationsprozeß im genossenschaftlichen Sektor des Kreditgewerbes begründet; dort geht das Bestreben dahin, durch Fusionierung zu geschäftlich „lebensfähigen" Betriebsgrößen zu gelangen (Verminderung von 11 795 in 1957 auf 5 481 in 1973).

Die Aufteilung dieser Expansion auf die einzelnen Bankengruppen zeigt eine relative Expansionsdominanz insbesondere der Großbanken:

Zunahme der Bankstellen im Zeitraum von 1957 bis 1973

	Anzahl	i. v. H.
Kreditbanken ohne Großbanken	1 599	107,6
Großbanken	2 130	267,9
Sparkassen	7 751	85,5
Kreditgenossenschaften	5 068	35,9
Sonstige Institute	404	45,4
Insgesamt	16 952	64,4

I. Standort

Bei einer Analyse der vorhandenen Standorte von Bankinstituten in den einzelnen Bundesländern und im engeren Sinne in den Städten und ländlichen Gemeinden wird ein sehr unterschiedliches Gewicht einzelner Faktoren festzustellen sein. In Ländern mit starker Kapitalkraft ist der Standort nach den Möglichkeiten zur Beschaffung von Kapital — „Erhöhung primärer Einlagen" — orientiert. Dagegen werden in Gebieten, in denen Kapitalmangel herrscht, die Institute sich in verstärktem Maße der Verbesserung der Kreditnachfragestruktur zuwenden.

5) Monatsberichte der Deutschen Bundesbank, Oktober 1974, S. 41 *.

Auch bei Betrachtung einzelner Institutsgruppen sind in der Bundesrepublik Unterschiede in der Standortorientierung festzustellen. Institute, deren wichtigste Aufgabe die Spareinlagensammlung ist, sind in erster Linie beschaffungsorientiert. Sie errichten die meisten Zweigstellen in Wohngegenden, um der Bevölkerung bequeme Möglichkeiten zum Sparen zu bieten.

Institute, die ihr Schwergewicht geschäftspolitischer Aktivität in der Finanzierung gewerblicher oder industrieller Unternehmen sehen, werden die Standorte in den Zentren von Gewerbe und Industrie agglomerieren. Hinzuweisen ist auf die Branchenbanken; diese sind vielfach gezwungen, sich in nächster Nähe ihrer Kunden niederzulassen, z. B. die Hopfenbank in Nürnberg in der Nähe des Hopfenanbaugebietes, die Viehmarktbanken in der Nähe der Schlachthöfe. Grundsätzlich gilt folgendes: Je branchengebundener die Aufgaben eines Institutes sind, vor allem aber je homogener der Kundenkreis ist, um so mehr werden Bank und Kundenkreis zusammenrücken.

Wie beim Einzelhandel muß bei der Standortwahl einer Universalbank die Passantenfrequenz von Straßen und Plätzen festgestellt werden, um eine richtige Entscheidung bei der Wahl des Standortes treffen zu können. Dabei ist zu berücksichtigen, daß je nach Schwerpunkt der Geschäfte auch die Wahl des Standortes anders ausfallen wird. Eine besondere Standortorientierung besteht für diejenigen Institute, die öffentlich-rechtlichen Körperschaften oder Anstalten zu dienen bestimmt sind. Diese Banken sind oft auf Grund ihrer besonderen Zwecksetzung gehalten, am Regierungssitz zu domizilieren[6]). Hierbei ist vornehmlich an die Zentralen dieser Einrichtungen zu denken, während die Zweigstellen ihren Standort meist nach ähnlichen Gesichtspunkten auswählen wie die privaten Kreditinstitute; allerdings besteht auch gelegentlich die Notwendigkeit, den Standort in die Nähe der unteren Verwaltungsbehörden zu legen. Die verschiedenen Überlegungen treffen aber nicht selten zusammen, da Regierungsstellen im allgemeinen ihren Sitz an Orten haben, die auch als Bankstandorte geeignet sind. Abweichungen sind dann festzustellen, wenn z. B. die Landesregierung auf Grund der Tradition an einem Platz ihren Sitz hat, der als Standort von Zentralinstituten weniger geeignet ist[7]).

Bei Realkreditinstituten liegt weder auf der Beschaffungs- noch auf der Absatzseite eine ausgesprochene Standortorientierung vor. Die Heranziehung von Mitteln geschieht durch die Unterbringung von Pfandbriefen im allgemeinen durch befreundete Institute im Schaltergeschäft oder an der Börse, der Absatz in Form der Gewährung von Hypothekarkrediten erstreckt sich durch Einschaltung anderer Institute über weite Gebiete; so führen bayerische Real-

---

6) Der Sitz der Deutschen Bundesbank in Frankfurt/Main erklärt sich aus dem Provisorium Bonns als Bundeshauptstadt und der besonderen Stellung von Frankfurt/Main als Banken- und Wirtschaftszentrum.

7) Sitz der hessischen Landesregierung Wiesbaden, Sitz der Landeszentralbank von Hessen (seit 1957 Hauptverwaltung der Deutschen Bundesbank) und der Hessischen Landesbank Frankfurt/Main.

kreditinstitute in starkem Maße ihre Hypothekengeschäfte im Rheinland durch. Ähnliches gilt für andere Spezialkreditinstitute, wie die Ausfuhrkredit-GmbH und die Kreditanstalt für Wiederaufbau. Bei diesen Instituten spielt die Agglomerationstendenz keine wesentliche Rolle.

In der Gegenüberstellung zweier Bankengruppen — Großbanken und Sparkassen — und der vergleichenden Darstellung der Großbanken untereinander werden die unterschiedlichen Schwerpunkte in der Standortpolitik deutlich.

Eine aussagefähige Analysebasis ist die Bevölkerungsdichte einerseits — Einwohner je qkm — und die Bankstellendichte — Einwohner je Bankstelle — andererseits, die insbesondere im Hinblick auf die Großbanken für die Stadt- und Landkreise differenziert darzustellen ist.

Aus der folgenden Tabelle ist ersichtlich, daß für die Sparkassen die höchste Bankstellendichte in Baden-Württemberg mit 2,1 Tsd. Einwohnern pro Sparkassenstelle erreicht wird, während für die Großbanken die höchste Bankstellendichte im Stadtstaat Hamburg ausgewiesen wird; in den beiden Stadtstaaten Bremen und Hamburg ist die Bankstellendichte für den Sparkassensektor hingegen am geringsten. In den Bundesländern mit der größten Bevölkerungsdichte ist die Bankstellendichte am geringsten für Großbanken und Sparkassen zusammen; während jedoch die Großbanken proportional zur Bevölkerungsdichte standortmäßig vertreten sind, verläuft die Struktur bei den Sparkassen umgekehrt proportional. Das liegt jedoch nicht an einer Unterrepräsentanz der Sparkassen in den Stadtkreisen, sondern — aus der Sicht der Großbanken — an einer Überrepräsentanz der Sparkassen in den Landkreisen, die mit ihrer Standortpolitik hinsichtlich der Versorgung der breiten Bevölkerung mit „Bankleistungen" ihrem Gemeinnützigkeitsprinzip folgen.

Dieses unterschiedliche Gewicht in der Präsenz innerhalb der Landkreise wird deutlich, wenn die Bankstellenstruktur der drei Großbanken und der Sparkassen in den Bundesländern gegenübergestellt wird (siehe Tabelle S. 32). Innerhalb der Bundesrepublik beträgt der relative Anteil der Großbankenstellen, gemessen an den Sparkassen, 16,5 %, d. h., auf fünf Sparkassenstellen kommt eine Großbankenstelle. Diese Relation nimmt proportional zur steigenden Bevölkerungsdichte zu bzw. ab (von den besonderen Verhältnissen im Saarland abgesehen).

Eine Analyse der Geschäftsberichte der drei Großbanken in bezug auf die dort aufgeführten Bankstellen führt zu dem Ergebnis, daß innerhalb der Großbanken eine durchaus unterschiedliche Bankstellenpolitik betrieben worden ist. Anfang 1974 waren die drei Großbanken an 689 Plätzen mit insgesamt 2 722 Bankstellen vertreten. Auf die Deutsche Bank entfielen hiervon 41 % der Bankstellen, während die Anteile der Dresdner Bank und der Commerzbank 31 bzw. 28 % betrugen.

Die breiteste Flächenstreuung weist die Deutsche Bank auf, die an 350 ihrer Stellen oder mit 31 % ihres Potentials einem geringeren Wettbewerbsdruck

Bankstellenstruktur

	Bevölkerung	Bevölkerungsdichte (Einwohner je qkm)			Einwohner je Großbankstelle			Einwohner je Sparkassenfiliale	Einwohner je Bankstelle[1])
	Stadtkreise i. v. H. Gesamtbevölkerung	Stadtkreise	Landkreise	Landesdurchschnitt	Stadtkreise	Landkreise	Landesdurchschnitt		
					Tsd.	Tsd.	Tsd.	Tsd.	Tsd.
Schleswig-Holstein	27	1 547	122	162	12,8	33,1	23,1	3,7	3,2
Hamburg	100	2 366	—	2 366	12,8	—,—	12,8	6,5[2])	4,4[3])
Bremen	100	1 830	—	1 830	13,9	—,—	13,6		
Niedersachsen	25	1 631	116	151	11,2	40,9	24,7	3,3	2,9
Nordrhein-Westfalen	46	2 701	297	503	12,7	21,8	16,4	5,6	4,2
Hessen	29	2 112	190	260	9,2	35,5	19,3	2,9	2,5
Rheinland-Pfalz	27	1 055	141	185	15,3	50,3	30,9	3,3	3,0
Baden-Württemberg	20	1 933	207	253	11,7	38,6	26,3	2,1	2,0
Bayern	35	2 276	102	152	14,0	162,8	34,8	4,3	3,8[4])
Saarland	11	2 408	396	437	9,8	52,3	35,1	3,2	2,9
BRD — ohne Berlin	36	2 109	161	239	12,5	37,4	21,8	3,6	3,1[5])

1) Deutsche Bank, Dresdner Bank, Commerzbank und Sparkassen.

2) Hanseatischer Sparkassen- und Giroverband, Hamburg.

3) Einschl. Vereinsbank Hamburg (47 Bankstellen): 3,1.

Sparkassen: Stand 31. Dezember 1972.

4) Einschl. Bayerische Hypotheken- und Wechsel-Bank, München und Bayerische Vereinsbank, München (404 bzw. 326 Bankstellen): 3,0.

5) Einschl. Vereinsbank Hamburg, Bayerische Hypotheken- und Wechsel-Bank und Bayerische Vereinsbank: 3,0.

Bankstellenstruktur

i. v. H.	Deutsche Bank		Dresdner Bank		Commerz-bank		Spar-kassen[1])	Bankstellen				Spar-kassen[1])
								Deutsche Bank	Dresdner Bank	Commerz-bank	Groß-banken	
	Plätze	Fil.	Plätze	Fil.	Plätze	Fil.	Filialen	i. v. H. Sparkassen				Filialen
Schleswig-Holstein	4	3	5	3	7	6	4	5,5	3,8	6,3	14,9	693
Hamburg	1	5	1	5	1	6	2[2])	12,9	11,6	11,4	35,9[2])	387[2])
Bremen	1	2	1	2	1	2		5,4	4,9	3,4	13,7[2])	
Niedersachsen	13	11	9	8	16	13	13	5,6	3,0	4,6	13,2	2 201
Nordrhein-Westfalen	39	40	37	35	40	40	19	14,7	9,5	9,7	33,9	3 076
Hessen	8	8	13	14	10	10	12	4,7	6,0	4,1	14,8	1 923
Rheinland-Pfalz	7	5	5	4	5	4	7	5,2	3,0	2,5	10,7	1 111
Baden-Württemberg	17	14	16	14	11	9	26	3,7	2,7	1,7	8,1	4 258
Bayern	8	10	12	14	8	9	15	4,7	4,7	3,0	12,4[3])	2 470
Saarland	2	2	1	1	1	1	2	5,3	2,0	1,7	9,0	355
BRD — ohne Berlin —	100		100		100		100	6,9	5,1	4,6	16,5	16 477

1) Sparkassen: Stand 31. Dezember 1972.
2) Hanseatischer Sparkassen- und Giroverband, Hamburg.
3) Einschl. Bayerische Hypotheken- und Wechsel-Bank, München, und Bayerische Vereinsbank, München, erhöht sich die Streuung der Bankstellen auf rd. 42 %.

Deutsche Bank

	Allein		mit Dresdner Bank		mit Commerzbank		mit beiden Großbanken		Insgesamt	
	Plätze	Filialen	Plätze	Filialen	Plätze	Filialen	Plätze	Filialen	Plätze	Filialen
Schleswig-Holstein	5	5	—	—	6	6	11	27	22	38
Hamburg	—	—	—	—	—	—	1	50	1	50
Bremen	—	—	—	—	—	—	2	21	2	21
Niedersachsen	21	21	4	6	27	30	18	66	70	123
Nordrhein-Westfalen	66	68	15	16	41	47	89	321	211	452
Hessen	11	11	6	6	5	5	23	68	45	90
Rheinland-Pfalz	19	19	3	3	6	6	13	30	41	58
Baden-Württemberg	38	39	13	14	10	12	33	94	94	159
Bayern	14	14	5	5	6	7	19	90	44	116
Saarland	5	5	2	2	2	3	2	9	11	19
BRD — ohne Berlin —	179	182	48	52	103	116	211	776	541	1 126

Dresdner Bank

	Allein		mit Deutscher Bank		mit Commerzbank		mit beiden Großbanken		Insgesamt	
	Plätze	Filialen	Plätze	Filialen	Plätze	Filialen	Plätze	Filialen	Plätze	Filialen
Schleswig-Holstein	4	4	—	—	1	1	11	21	16	26
Hamburg	—	—	—	—	—	—	1	45	1	45
Bremen	—	—	—	—	—	—	2	19	2	19
Niedersachsen	7	7	4	5	2	2	18	53	31	67
Nordrhein-Westfalen	17	19	15	19	7	7	89	246	128	291
Hessen	9	9	6	6	7	7	23	94	45	116
Rheinland-Pfalz	3	3	3	3	—	—	13	27	19	33
Baden-Württemberg	12	12	13	13	—	—	33	89	58	114
Bayern	14	14	5	5	6	6	19	93	44	118
Saarland	—	—	2	2	—	—	2	5	4	7
BRD — ohne Berlin —	66	68	48	53	23	23	211	692	348	836

Commerzbank

	Allein		mit Deutscher Bank		mit Dresdner Bank		mit beiden Großbanken		Insgesamt	
	Plätze	Filialen	Plätze	Filialen	Plätze	Filialen	Plätze	Filialen	Plätze	Filialen
Schleswig-Holstein	9	9	6	6	1	1	11	30	27	46
Hamburg	—	—	—	—	—	—	1	44	1	44
Bremen	—	—	—	—	—	—	2	13	2	13
Nieder-sachsen	17	17	27	30	2	2	18	52	64	101
Nordrhein-Westfalen	20	20	41	44	7	8	89	223	157	300
Hessen	5	5	5	5	7	7	23	61	40	78
Rheinland-Pfalz	3	3	6	6	—	—	13	19	22	28
Baden-Württemberg	1	1	10	10	—	—	33	60	44	71
Bayern	3	3	6	7	6	8	19	55	34	73
Saarland	1	1	2	2	—	—	2	3	5	6
BRD — ohne Berlin —	59	59	103	110	23	26	211	565	396	760

ausgesetzt ist; an 179 Plätzen ist sie alleiniger Großbanken-Repräsentant und an 151 Plätzen mit jeweils nur einem Institut ihrer Gruppenkonkurrenz vertreten.

Insgesamt ergibt sich das folgende Bild, das für die einzelnen Bundesländer in den Tabellen auf den Seiten 33 bis 35 noch einmal differenziert dargestellt wird:

Wettbewerbsintensität von Großbankfilialen

Anfang 1974	Deutsche Bank		Dresdner Bank		Commerzbank		Insgesamt	
i. v. H.	Plätze	Filialen	Plätze	Filialen	Plätze	Filialen	Plätze	Filialen
Alleine	33	16	19	8	15	8	44	11
Zwei Institute	28	15	20	9	32	18	25	14
Drei Institute	39	69	61	83	53	74	31	75
	100		100		100		100	

Die hohe Expansionsrate hat die Bundesbank auf dem Höhepunkt der Entwicklung 1959 veranlaßt, sehr eindringlich vor den rentabilitätsmäßigen Folgen der Ausdehnung des Bankstellennetzes zu warnen: „Es liegt auf der Hand, daß die Ausdehnung und Verdichtung der Zweigstellennetze, wenn sie in diesem Tempo noch eine Zeitlang fortgesetzt wird, zu Lasten der Rentabilität der Kreditinstitute geht und zu ernsteren Störungen in der Kreditwirtschaft führen muß“[8]).

II. Wirkungsbereich

Der Wirkungsbereich der Kreditinstitute umfaßt deren möglichen Einzugs- und Absatzbereich. Dabei ist zu berücksichtigen, daß nicht alle Institute frei in der Ausdehnung der Bereiche sind. Bei den Sparkassen müssen auf Grund gesetzlicher Vorschriften[9]) Einzugs- und Absatzbereich übereinstimmen; dabei soll sich insbesondere der Absatzbereich auf das Gebiet des Gewährträgers beschränken. Kreditgenossenschaften durften Aktivgeschäfte nur mit Mitgliedern durchführen, während im Passivgeschäft diese Vorschrift nicht bestand. Die am 1. 1. 1974 in Kraft getretene Novelle zum Genossenschaftsgesetz[10]) hat

[8]) Monatsberichte der Deutschen Bundesbank, Oktober 1959, S. 60.

[9])Das für das Land Bayern gültige Sparkassengesetz vom 27. 11. 1968 (GVBl. S. 426) z. B. bestimmt in § 2 Abs. 2 ausdrücklich, daß die Kredite der Sparkassen das örtliche Kreditbedürfnis „insbesondere der Bevölkerungsschichten, aus denen die Spareinlagen stammen“, befriedigen sollen.

[10]) Vgl. Gesetz zur Änderung des Gesetzes betreffend die Erwerbs- und Wirtschaftsgenossenschaften vom 9. 10. 1973, BGBl I S. 1451 ff.

die bis zu diesem Zeitpunkt gemäß § 8 Abs. 2 GenG bestehende Beschränkung im Aktivgeschäft aufgehoben. Durch die Vorschrift im Aktivgeschäft (nur Mitgliedergeschäfte) war auch eine Einengung des regionalen Wirkungsbereiches der Genossenschaften bedingt, da deren Mitglieder im allgemeinen ihren Firmen- bzw. Wohnsitz am Ort der Kreditgenossenschaft oder in der näheren Umgebung haben. Der Wirkungsbereich der privaten Kreditbanken weist theoretisch keine Begrenzung auf. Diese haben die Möglichkeit, sich sowohl im Passiv- als auch im Aktivgeschäft weit über ihren Sitz hinaus zu betätigen. Auch Realkreditinstitute und zahlreiche Spezialbanken, wie die Industriekreditbank AG oder die Kreditanstalt für Wiederaufbau, unterliegen keinerlei Beschränkungen in der Ausdehnung ihres Wirkungsbereiches.

Standort und Wirkungsbereich der einzelnen Institute haben sich auch auf die Bezeichnung einzelner Gruppen von Bankbetrieben ausgewirkt. Im Sprachgebrauch und in der Bankenstatistik werden die Arteigenheiten bestimmter Banken charakterisiert, indem ähnlich strukturierte, unter vergleichbaren Bedingungen arbeitende Betriebswirtschaften zu Bankengruppen zusammengefaßt werden. Hauptkategorien sind unter den Kreditbanken die Groß-, Regional- und Lokalbanken. Während sich bei den Filialgroßbanken — Deutsche Bank AG, Dresdner Bank AG und Commerzbank AG — das Einzugs- und das Absatzgebiet über das gesamte Bundesgebiet erstrecken, arbeiten die Regionalbanken, z. B. die Bayerische Hypotheken- und Wechsel-Bank oder die Schleswig-Holsteinische Westbank (seit Oktober 1974 Vereins- und Westbank AG), vorwiegend in bestimmten Bereichen. Eine Sonderstellung nehmen filiallose Banken mit überregionalem Geschäftsbereich ein. Demgegenüber domizilieren Lokalbanken — filiallose Institute — an Orten, die für bestimmte Gebiete Handelszentren darstellen. Ihre Kunden sind vorwiegend am Sitz der Bank oder in dessen unmittelbarer Nähe ansässig; allerdings ist darauf zu verweisen, daß bedeutende Lokalbanken auch häufig weit über ihren engeren Standort hinaus Geschäfte betreiben.

Mit der Erweiterung der Geschäftsbasis durch Filialgründung und Zusammenschluß wird eine Ausdehnung des Wirkungsbereichs und eine Steigerung der Leistungsfähigkeit eines Instituts erstrebt. Dieses Streben nach kapitalmäßiger Konzentration und räumlicher Expansion ist bei den Instituten meistens kombiniert anzutreffen. Die Entwicklung führte dazu, daß von vielen Banken bzw. Bankengruppen bis in abgelegene Stadtteile und Orte möglichst weit verzweigte Depositenkassen- oder Filialnetze ausgebaut wurden, um auf diese Weise den Anforderungen der Kundschaft besser gerecht werden zu können. Insbesondere wird hiermit eine Erfassung der Privatkundschaft und kleinerer, zum Nichtbankensektor gehörender Betriebswirtschaften erreicht, bei denen das ausgeprägte „rechenhafte Denken“ fehlt und häufiger als bei größeren Betrieben Bargeld zinslos in der Kasse gehalten wird. Vorgeschobene Standorte, oft zunächst nur als Zahl- und Annahmestellen errichtet, üben eine erhebliche Anziehungskraft auf brachliegende Gelder aus. Einzelne Institute setzen auch sogenannte fahrbare Zweigstellen mit zufriedenstellendem Erfolg ein. Insbesondere in Zeiten angespannter Geld- und Kapitalmarktlage gewinnen die Zweigstellen an Bedeutung, wenn es gilt, alle erreichbaren Mittel zu mobilisieren. Außerdem erleichtern sie die Beratung der Kundschaft, die für das Vertrauensverhältnis zwischen Kunden und Bank entscheidend ist. In diesem Zusammenhang sind auch Nachttresore, Geldwechselautomaten, Auto- und Nachtschalter zu erwähnen, die ebenfalls die Aufgabe haben, der Kundschaft den Verkehr mit dem Kreditinstitut bequemer zu gestalten und zur Sammlung von Mitteln beizutragen.

Vielfach konnte die Erfahrung gemacht werden, daß vorgeschobene Standorte (Zahl- oder Annahmestellen, fahrbare Zweigstellen), die oft nur einige Stunden oder Tage in der Woche geöffnet waren, sich im Laufe der Zeit immer größeren Zuspruchs erfreuten, so daß es notwendig wurde, derartige Geschäftsstellen in Zweigstellen umzuwandeln. Dieses Problem ergab sich nicht nur für private Kreditbanken, sondern auch — und hier teilweise in besonders starkem Maße — für Sparkassen und Kreditgenossenschaften.

Dem Standort und Wirkungsbereich der Kreditinstitute wird in Theorie und Praxis nicht die Aufmerksamkeit beigemessen, die sie eigentlich verdienen. Während in der Industrie und im Handel sehr weitgehende Standortanalysen und -kalkulationen durchgeführt werden, sind derartige tiefgehende Untersuchungen bei den Kreditinstituten noch nicht im gleichen Maße üblich, obwohl sie auch hier notwendig sind. Es muß also die Frage gestellt werden, mit welchen Verfahren die rentabilitätsmäßige Beurteilung einer Zweigstelle vor der Eröffnung ermittelt werden kann. Darauf wird im dritten Band einzugehen sein. Richtig ist sicher, daß, wie Deppe ausführt[11]) mit der Stellenexpansion Probleme der oligopolistischen Konkurrenz verbunden sind: „An jedem Platz konkurrieren nur relativ wenige Kreditinstitute bzw. deren Niederlassungen miteinander. Jeder Institutsleiter überschaut die Aktionen und Reaktionen der übrigen Konkurrenten hinreichend genau und sieht seine Bank unmittelbar davon betroffen. Insofern kann das Vorpreschen eines Kreditinstituts mit dem Ziel der Steigerung des Marktanteils ... zu Reaktionen aller übrigen Institute führen.“

11) Deppe, H. D.: Die Ausdehnung des Zweigstellennetzes von Kreditinstituten als bankbetriebliches Führungsproblem, a. a. O., S. 402 f.

D. Organisation der Kreditinstitute

I. Aufgaben und Grundlagen der Organisation

Der Begriff der Organisation kann unterschiedlich weit gefaßt werden. Nach Gutenberg[1]) läßt sich darunter sowohl die Realisierung einer geplanten Ordnung als auch der Entwurf dieser Ordnung selbst verstehen. Die Auslegung des Begriffes kann schließlich so weit gehen, daß Betrieb und Betriebsorganisation gleichgesetzt werden. In einem engeren Sinne wird Organisation als „die materielle Vorbereitung des zukünftigen Handelns"[2]) betrachtet. Da dieses zukünftige Handeln immer auf die Erreichung des jeweiligen Betriebszwecks ausgerichtet ist und es dazu des Zusammenwirkens von Arbeitskräften und sachlichen Produktionsmitteln bedarf, kann als konkreter Inhalt der organisatorischen Tätigkeit die Gestaltung des persönlichen und sachlichen Apparates und der Arbeitsabläufe im Hinblick auf die gestellte Betriebsaufgabe angesehen werden[3]).

Die Probleme der Organisation ergeben sich einmal aus der Organisation des Aufbaus und zum anderen aus der Organisation des Arbeitsablaufs in einer Betriebswirtschaft[4]). Obwohl es sich dabei im Grunde genommen nur um verschiedene Gesichtspunkte der Betrachtung für den gleichen einheitlichen Gegenstand handelt, empfiehlt sich die gedankliche Trennung von Aufbau und Ablauf aus methodischen Gründen[5]).

Aus der Begriffsbestimmung der Organisation geht hervor, daß sie als ein Mittel zur Erreichung des Betriebszwecks ausschließlich instrumentalen Charakter hat, mit anderen Worten, daß sie niemals Selbstzweck sein kann und darf. Jede Betriebswirtschaft muß infolgedessen ihre Organisation so gestalten, daß die jeweilige Betriebsaufgabe am besten gelöst wird. Das läßt erkennen, daß die Organisation einer konkreten Betriebswirtschaft als etwas durchaus Arteigenes anzusehen ist. Sie hängt nicht nur von der zu erbringenden Leistung, sondern auch von der Art der Leistungserstellung und der Quantität und Qualität der eingesetzten Produktionsmittel ab. Die Organisation eines Industrie- oder Handelsbetriebes ist daher anders geartet als die eines Bankbetriebes[6]), und auch zwischen den Organisationen der einzelnen

---

1) Vgl. Gutenberg, E., Die Produktion, S. 236.

2) Hax, K., Planung und Organisation als Instrumente der Unternehmungsführung, in: ZfhF 1959, S. 611.

3) Vgl. Hax, K., Planung und Organisation, S. 610.

4) Vgl. Kosiol, E., Organisation der Unternehmung, Wiesbaden 1972, insbesondere S. 32 f.

5) Vgl. Kosiol, E., Organisation der Unternehmung, S. 32.

6) Vgl. Klinge, K.-A., Organisation des Bankbetriebs, Frankfurt am Main 1967, S. 13—16.

Betriebswirtschaften innerhalb eines Wirtschaftszweiges gibt es erhebliche Unterschiede. Die Beziehungsnetze, die auf Grund des im Hinblick auf die Betriebsaufgabe gewünschten Zusammenwirkens von Mitarbeitern und Betriebsmitteln in jedem Betrieb entstehen, heißen Organisationsstrukturen. Sie bilden sich an jedem Arbeitsplatz ebenso wie im Betrieb als Ganzem. Die Organisationsstrukturen werden von dem Kompetenz- und Weisungssystem, dem Kommunikationssystem, dem Informationssystem und der Art und dem Umfang der Leistungserstellung und -verwertung geprägt. (Vgl. zu den folgenden Ausführungen: Hagenmüller, K. F., Organisation der Kreditinstitute, in: Bankwirtschaft — Unterrichts- und Nachschlagewerk der Bankakademie, Wiesbaden, o. J.)

Der Aufbau der Beziehungsnetze folgt bestimmten Gesetzen, die unabhängig von der arteigenen, betriebsindividuellen Organisationsform Gültigkeit besitzen. Zu diesen Organisationsgrundsätzen zählen:

(1) Grundsatz der Einheitlichkeit der Aufgabenzuordnung

Zusammengehörende Arbeiten sind einheitlich auf bestimmte Abteilungen zu übertragen. Die Aufgaben einzelner Abteilungen oder Gruppen müssen zweifelsfrei festgelegt und von Abteilungen mit ähnlichen Aufgaben eindeutig abgegrenzt sein.

(2) Grundsatz der Verantwortungszuordnung

Jeder Mitarbeiter besitzt einen klaren Verantwortungsbereich; er übernimmt für alle Aufgaben in seinem Bereich die volle Verantwortung.

(3) Grundsatz der Bildung von Rangordnungen

Die Rangordnung in der Hierarchie eines Betriebes leitet sich vom Umfang der Verantwortung ab.

(4) Grundsatz der optimalen Kontrollspanne

Die günstigste Anzahl der einem Vorgesetzten unterstellten Personen (= optimale Kontrollspanne) hängt ab von der Fähigkeit in der Menschenführung des Vorgesetzten, der fachlichen Qualifikation der Mitarbeiter, der Unterstellungsbereitschaft der Mitarbeiter, der Gleichartigkeit der zu verrichtenden Aufgaben und der räumlichen Überschaubarkeit[7]) der unterstellten Mitarbeiter.

(5) Grundsatz der Einheit der Auftragserteilung

Mitarbeiter und Abteilungen erhalten jeweils nur von einem Vorgesetzten Weisungen. Der Vorteil dieser Regelung liegt in der eindeutigen Zuordnung von Mitarbeitern zu Vorgesetzten; nachteilig wirkt sich aus, daß bei der ausschließlichen Berücksichtigung dieses Grundsatzes die hierarchische Gliederung sehr tief wird und die Organisation eines solchen Betriebes schwerfällig ist.

---

[7]) Vgl. Gaugler, E., Instanzenbildung als Problem der betrieblichen Führungsorganisation, Berlin 1966, S. 130.

(6) Grundsatz des direkten Weges

In der Hierarchie höher gestellte Mitarbeiter können jedem hierarchisch Untergeordneten unmittelbare Weisungen erteilen. Die Nachteile des Grundsatzes der Einheit der Auftragserteilung werden somit vermieden.

(7) Grundsatz der Beschränkung auf den Ausnahmefall

Der Vorgesetzte bearbeitet ausschließlich Ausnahmefälle (= Management by exception) und delegiert die laufenden Arbeiten an Untergebene. Eine möglichst weitgehende Delegation wird durch die Schaffung genereller Regelungen erreicht. Im Falle der generellen Regelung wird für einen organisatorischen Tatbestand eine allgemeine Anordnung getroffen, durch die der Ermessens- und Entscheidungsspielraum für diesen Tatbestand eingeengt wird. Generelle Regelungen bewirken, daß die Masse der Arbeiten auf unteren Stufen der Hierarchie bewältigt und nur die Ausnahmefälle zur nächsthöheren Instanz weitergeleitet werden. Das Entscheidende an dem Erfolg der möglichst weitgehenden Delegation des Regelfalls und der Beschränkung der Tätigkeiten der Führungskräfte auf die fallweise Entscheidung liegt in einer genauen Definition der Ausnahme. Nur wenn die Mitarbeiter genau wissen, was sie als Regelfall und als Ausnahme zu betrachten haben, kann eine schnelle und fehlerlose Bearbeitung auf den unteren Ebenen gewährleistet werden. Sofern betriebliche Vorgänge ein verhältnismäßig hohes Maß an Gleichartigkeit aufweisen — ein Trend, der insbesondere bei wachsenden Betrieben begünstigt wird —, empfiehlt es sich, fallweise Regelungen durch generelle zu ersetzen. Diese Vorschrift wird als Substitutionsgesetz der Organisation[8]) bezeichnet. Trotz der Vorteile der generellen Regelungen darf nicht der Fehler begangen werden, sämtliche Vorgänge durch entsprechende Vorschriften zu reglementieren. Ein solches Vorgehen birgt die Gefahr in sich, daß auch dort generelle Regelungen getroffen werden, wo die Sachverhalte nicht mehr das nötige Maß an Gleichartigkeit aufweisen.

In jedem Betrieb existiert ein abnehmender Teil von zu organisierenden Tatbeständen, der sich durch weitgehende Differenziertheit auszeichnet und durch die zunehmende Heterogenität die Möglichkeiten verringert, die Kompetenzverteilung und Arbeitsabläufe durch generelle Regelungen zu lösen.

(8) Grundsatz der Kontrolle

Die organisatorischen Regelungen müssen Kontrollen vorsehen. Je mehr Kontrollen automatisch während des Arbeitsablaufs wirken, wie zum Beispiel Vieraugenprinzip, Gegenzeichnung von Schriftstücken, Beachtung spezieller Sicherheitsvorschriften, desto geringer ist die Wahrscheinlichkeit des Auftretens von Fehlern, Störungen des Arbeitsablaufs, Veruntreuungen usw.

Im folgenden ist nunmehr darzustellen, welche grundsätzlichen Probleme die Organisation der Kreditinstitute aufwirft. In Übereinstimmung mit der mo-

---

8) Vgl. Gutenberg, E., Die Produktion, S. 239.

dernen Organisationsliteratur wird an dieser Stelle auf die Abhandlung von „Hilfsmitteln der Organisation“ (Organisationsmitteln), insbesondere maschinellen Einrichtungen, Geräten, Formularen, weitgehend verzichtet[9]). Dabei wird von den aus dem Begriff der Organisation abgeleiteten beiden organisatorischen Teilbereichen, der *Organisation des Aufbaus* und der *Organisation des Arbeitsablaufs,* ausgegangen.

II. Organisation des Aufbaus der Kreditinstitute

Nachdem als konkreter Inhalt der Organisation die Gestaltung des sachlichen und persönlichen Apparates und der Arbeitsabläufe definiert worden ist, muß innerhalb der Bankbetriebslehre auf die typischen Produktionsfaktoren im Bankbetrieb eingegangen werden.

Der Bankbetrieb unterscheidet sich nicht von Betrieben anderer Wirtschaftszweige darin, daß zur Erstellung einer Leistung eine möglichst optimale Kombination der Produktionsfaktoren angestrebt wird. Nur unterscheidet sich der Bankbetrieb etwa von einem Industriebetrieb gravierend insoweit, als zu dem — seit Einführung durch Gutenberg allgemein anerkannten — Faktorsystem in Bankbetrieben die Zahlungsmittelnutzung als monetärer Faktor hinzutreten muß. Dieser zusätzliche Produktionsfaktor folgt aus der Eigentümlichkeit des Bankbetriebes in der Erstellung und Verwertung finanzieller Transaktionen („Transaktionskasse der Unternehmen“), die im übrigen zu einem branchenspezifischen Leistungsbegriff zwingt. Bankleistungen entstehen durch das Zusammenwirken der technisch-organisatorischen und liquiditätsmäßig-finanziellen Sphäre und entziehen sich weitestgehend einer rein quantitativen Erfassung.

Diese Arteigenheit des Bankbetriebes hat zu der Leistungsdefinition durch Krümmel[10]) geführt: Bankleistung ist das, was der Bankkunde als Bankleistung akzeptiert. In den Gesetzen der Marktwirtschaft heißt dies zugleich auch: Bankleistung ist das, wofür der Bankkunde bereit ist, einen Preis zu zahlen.

---

9) Vgl. Schoele, O., und Schuster, W., Die Hilfsmittel der Organisation, in: Die Deutsche Bankwirtschaft, Bd. 4, S. 13 ff.; Paduch, P., Die Hilfsmittel der Organisation, in: Die Bank, herausgegeben von Theisinger, K. und Löffelholz, J., Bd. 3, S. 1 ff.; Muthesius, P., Bankautomation, Frankfurt am Main 1965; vgl. ferner die Ausführungen über die Bankgeschäfte Bd. II und Bankbuchhaltung Bd. III.
Über grundsätzliche Fragen der Betriebsorganisation sowie den jeweiligen Stand der betrieblichen Organisationsmittel informieren: Betriebswirtschaftliche Blätter für die Praxis der Sparkassen und Girozentralen, herausgegeben vom Deutschen Sparkassen- und Giroverband, e. V., Bonn (1952 ff.); Bank-Betrieb, Herausgeber: Bundesverband deutscher Banken (E. V.), Köln (1961 ff.); Der Volksbank-Betrieb, Herausgeber: Deutscher Genossenschaftsverband Schulze-Delitzsch e. V., Bonn (1959—1973) (1959 f.); Bankbetriebliche Information, herausgegeben vom Deutschen Raiffeisenverband, e. V., Bonn (1963—1973); Bankinformation der Volksbanken und Raiffeisenbanken, herausgegeben vom Bundesverband der Deutschen Volksbanken und Raiffeisenbanken e. V., Bonn (1974).

10) Krümmel, H.J., Bankzinsen, Köln, Berlin, Bonn, München 1964, S. 38.

Aus dem Vorgesagten ergibt sich dann folgender Aufbau der Elementarfaktoren:

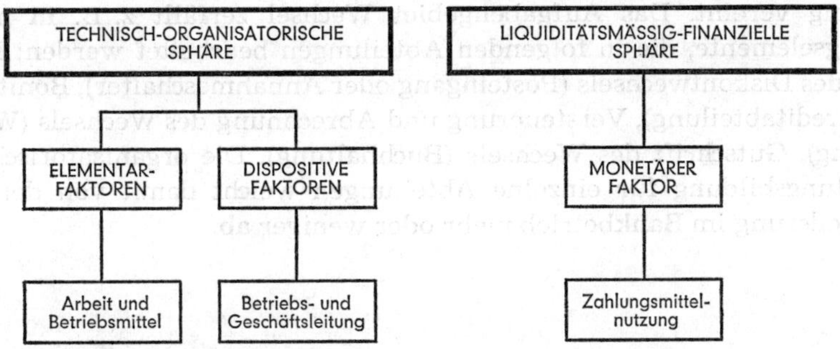

Die Produktionsfaktoren einerseits und die Besonderheiten der Bankleistung andererseits bestimmen den Produktionsprozeß in seiner Struktur und in seinem Ablauf. Das Zusammenwirken des bankbetrieblichen Faktorsystems bei der Leistungserstellung und -verwertung zeigt folgendes Schaubild[11]):

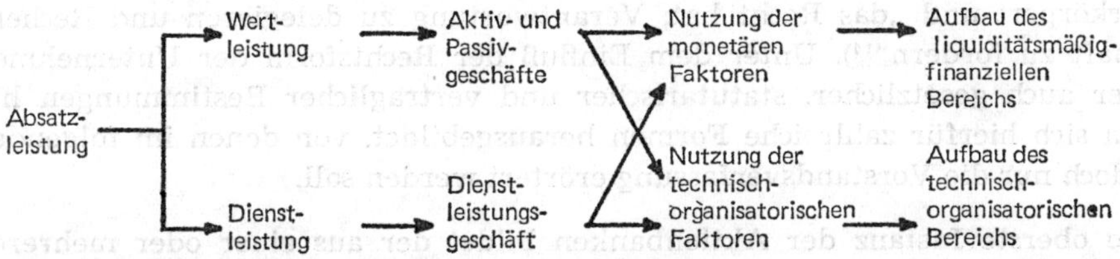

Jede einzelne Absatzleistung, gleichgültig ob Wert- oder Dienstleistung, erfordert eine Anzahl dispositiver und ausführender Tätigkeiten, die sich im technisch-organisatorischen Bereich und/oder im finanziellen Bereich vollziehen können. Diese dispositiven und objektbezogenen Arbeitsverrichtungen, die am Arbeitsplatz bzw. in einer Abteilung des Betriebes ausgeführt werden, beziehen sich nicht auf die Gesamt-Absatzleistung, sondern auf die Leistungselemente. Inwieweit eine Untergliederung des Produktionsprozesses notwendig ist, richtet sich insbesondere nach Art und Umfang der Absatzleistungen.

Die Untergliederung des Produktionsprozesses hat die Verteilung der Leistungserstellung und -verwertung auf mehrere Arbeitsplätze und Abteilungen zur Folge. Die Art der Absatzleistungen, wie z. B. Gewährung gewerblicher Großkredite, Hereinnahme von Spareinlagen, Emission von Wertpapieren, bildet die Grundlage für die Auswahl der Leistungselemente, deren Bearbeitung auf einzelne Bereiche zu übertragen ist.

Die Arteigenheit des bankbetrieblichen Strukturenablaufs des Produktionsprozesses besteht nun darin, daß nicht für jedes Bündel gleichartiger Leistungs-

11) Vgl. Kolbeck, R., Bankbetriebliche Planung, Wiesbaden 1971, S. 60.

elemente, die in eindeutig definierten Aufgabengebieten (Funktionen) zusammengefaßt sind, ein eigener Arbeitsplatz oder eine eigene Abteilung geschaffen wird. Vielmehr werden grundsätzlich Teile mehrerer Funktionen in einer Abteilung vereint. Das Aufgabengebiet Wechsel zerfällt z. B. in mehrere Leistungselemente, die in folgenden Abteilungen bearbeitet werden: Hereinnahme des Diskontwechsels (Posteingang oder Annahmeschalter), Bonitätsprüfung (Kreditabteilung), Versteuerung und Abrechnung des Wechsels (Wechselabteilung), Gutschrift des Wechsels (Buchhaltung). Die organisatorische Verantwortungsbildung für einzelne Abteilungen weicht damit von der Funktionsgliederung im Bankbetrieb mehr oder weniger ab.

1. Organisation des persönlichen Apparates[12])

Die wesentliche Aufgabenstellung der Organisation des persönlichen Apparates ist die Frage nach der zweckmäßigsten Organisation der Führungsspitze[13]) in einem Kreditinstitut. Sie erscheint von erheblicher Bedeutung, handelt es sich doch dabei um diejenige Stelle, die die oberste Autorität im Unternehmen verkörpert und „das Recht hat, Verantwortung zu delegieren und Rechenschaft zu fordern"[14]). Unter dem Einfluß der Rechtsform der Unternehmen aber auch gesetzlicher, statutarischer und vertraglicher Bestimmungen haben sich hierfür zahlreiche Formen herausgebildet, von denen im folgenden jedoch nur die Vorstandsverfassung erörtert werden soll.

Die oberste Instanz der Aktienbanken bildet der aus einer oder mehreren Personen bestehende Vorstand, der vom Aufsichtsrat bestellt wird. Bei den Genossenschaftsbanken wird der Vorstand, dem mindestens zwei Personen angehören müssen, von der Gesellschafterversammlung gewählt. Auch die öffentlich-rechtlichen Kreditinstitute besitzen als oberste Instanz in der Regel einen aus mehreren Personen bestehenden Vorstand[15]). Ihm kann ein Verwaltungsrat, der die Richtlinien der Geschäftspolitik bestimmt, übergeordnet sein. Der Verwaltungsrat kann aber auch lediglich Beratungs- und Kontrollorgan sein und ähnelt dann dem Aufsichtsrat der Aktiengesellschaften und Kreditgenossenschaften. Bei den Sparkassen war insofern eine Be-

---

12) Vgl. Aßmann, K., Der Mensch als Produktionsfaktor und Objekt der Betriebsorganisation, in: Betriebswirtschaftliche Blätter 7/1966, S. 101—104; Hagenmüller, K. F., Personalorganisation als Führungsinstrument, in: Das rationalisierte Kreditinstitut, Beiheft zu Der Volkswirt 39/1966, S. 4—8; Rehmenklau, H., Menschenökonomie im Bankbetrieb, Berlin 1930; Janberg, H., Die Bankangestellten, Wiesbaden 1958; Geiger, H., Ansatz einer Bankmanagementlehre, in: Betriebswirtschaftliche Probleme des Bankbetriebs, Bern und Stuttgart 1971, S. 35—54; Penzkofer, P., Der Zusammenhang zwischen Innovation und Bank-Organisation unter personalwirtschaftlichen Aspekten, in: Bank-Betrieb, 13. Jg. 1973, S. 177—181; Knorz, P., Weiterbildung des Managements — Mode oder Zwang, in: Bank-Betrieb, 13. Jg. 1973, S. 182—184.

13) Vgl. Baumgardt, A., Leitung von Bankbetrieben, Diss. Köln 1927; Hoffmann, F., Organisation der Führungsgruppe, Berlin 1969, S. 109—123.

14) Vgl. Gutenberg, E., Unternehmensführung, Wiesbaden 1962, S. 11.

15) Evtl. Unterschiede bei den einzelnen Instituten ergeben sich aus den jeweiligen Satzungen.

sonderheit zu verzeichnen, als ihnen für die Organisation der obersten Führungsspitze zwei Möglichkeiten zur Verfügung standen. Während bei den nach der Mustersatzung A[16]) geleiteten Instituten die oberste Instanz aus zwei Organen bestand, nämlich dem Vorstand als geschäftsführendem Organ und einem — insbesondere aus Vertretern der Kommunen und der örtlichen Wirtschaft gebildeten — übergeordneten Verwaltungsrat, der die Richtlinien der Geschäftspolitik bestimmte (also nicht nur wie der Aufsichtsrat bei den Aktienbanken und Kreditgenossenschaften eine Kontrollfunktion ausübte), besaßen die nach der Mustersatzung B[17]) organisierten Sparkassen (meist kleinere Institute) nur ein Organ als oberste Instanz, den Vorstand, dem außer dem hauptamtlichen Sparkassenleiter ehrenamtliche Mitglieder, insbesondere als Vertreter der Kommunen und der örtlichen Wirtschaft, angehörten. Die im Jahr 1969 erneuerten Sparkassengesetze und Mustersatzungen enthielten nur noch die Organisationsmöglichkeit nach dem Muster A. Mit Inkrafttreten der Sparkassengesetze zu Beginn des Jahres 1973 wurde generell der Kreditausschuß als drittes Organ zusätzlich zum Verwaltungsrat und zum Vorstand eingeführt[18]).

Bestehen die Führungsorgane der Kreditinstitute aus mehreren Personen, wie es bei Banken in der Rechtsform der Kapitalgesellschaften, bei Kreditgenossenschaften und bei öffentlich-rechtlichen Kreditinstituten die Regel ist, so muß die Aufgabe gelöst werden, daraus eine funktionsfähige Einheit zu bilden[19]). Zwei Möglichkeiten sind hierfür gegeben: das Direktorial- und das Kollegialsystem[20]). Beim Direktorialsystem sind alle zur Führungsgruppe gehörenden Personen für die Geschäftsführung verantwortlich und vertreten das Kreditinstitut nach außen; ein Mitglied der Geschäftsleitung, der durch den Aufsichtsrat ernannte Vorsitzer des Vorstandes, ist aber dadurch vor den anderen ausgezeichnet, daß ihm bei Meinungsverschiedenheiten das alleinige Entscheidungsrecht zusteht[21]). Ist ein Mitglied der Führungsgruppe mit einem Vetorecht ausgestattet, so liegt eine Abschwächung des Direktorialsystems vor. Für die einheitliche Führung eines Kreditinstituts bietet das Direktorialsystem zweifellos günstige Voraussetzungen. Allerdings darf nicht außer acht gelassen werden, daß in der Überlassung von Macht- und Entscheidungsbefugnis an einen einzelnen auch erhebliche Gefahren liegen können[22]).

---

16) Vgl. z. B. Hessische MuSa A i. d. F. vom 12. 5. 1960 (Staatsanzeiger für das Land Hessen S. 672), §§ 28—33.

17) Vgl. z. B. Hessische MuSa B vom 12. 5. 1960 (Staatsanzeiger für das Land Hessen S. 672), §§ 28—33.

18) Vgl. z. B. Hess. Sparkassengesetz i. d. F. vom 2. 1. 1973 (GVBl. I S. 16 ff.), § 4, Hess. MuSa i. d. F. v. 2. 1. 1973, § 28 und Schlierbach, H., Die zweite Novelle zum Hessischen Sparkassengesetz, in: Sparkasse Heft 2/1973, S. 63—67, S. 65.

19) Vgl. Gutenberg, E., Unternehmensführung, S. 45.

20) Vgl. ebenda.

21) Anders Kosiol, bei dem das Direktorialprinzip mit der Einmannbesetzung identisch ist; vgl. Kosiol, E., Organisation der Unternehmung, S. 124 ff.

22) Vgl. Gutenberg, E., Unternehmensführung, S. 46 f.

Während eine derartige Organisationsform der Führungsspitze nach dem Aktiengesetz von 1937 gemäß § 70 zulässig war, gestattet das Aktiengesetz von 1965 diese Form nicht mehr, da nach § 77 bei Aktiengesellschaften nicht bestimmt werden kann, „daß ein oder mehrere Vorstandsmitglieder im Vorstand gegen die Mehrheit seiner Mitglieder entscheiden". Damit müssen die Vorstände von Aktienbanken heute ausschließlich nach dem Kollegialsystem organisiert werden.

Innerhalb des Kollegialsystems sind die Beschlußfassung nach dem Einstimmigkeitsgrundsatz und die Beschlußfassung nach dem Mehrheitsgrundsatz zu unterscheiden. Müssen alle Beschlüsse der Führungsgruppe einstimmig gefaßt werden, so steht jedem Mitglied der Führungsgruppe ein Einspruchsrecht zu. Die Beschlußfassung nach dem Mehrheitsgrundsatz kann einfache und qualifizierte Mehrheiten erfordern. Bei einfacher Mehrheit gilt ein Antrag bereits bei Stimmengleichheit als abgelehnt. Gibt dagegen bei Stimmengleichheit eine Stimme den Ausschlag, so wird dieses Mitglied aus den grundsätzlich gleichberechtigten Mitgliedern herausgehoben. Gutenberg spricht vom primus inter pares[23]), der im Unterschied zum Vorsitzer des Vorstandes als Sprecher des Vorstandes bezeichnet wird. Die Vorteile des Kollegialsystems liegen darin, daß sich die Entscheidungen der Geschäftsleitung aus dem Zusammenwirken mehrerer Personen ergeben und somit günstige Voraussetzungen für eine gründliche und abwägende Beurteilung bestehen. Grundsätzlich geben Direktorial- und Kollegialsystem jedoch nur den Rahmen ab, innerhalb dessen die Mitglieder der obersten Instanz zu einer Einigung gelangen müssen. Ist das nicht der Fall und werden Kampfabstimmungen erforderlich, so ist dies als Ausdruck dafür zu werten, daß die Führungsgruppe in ihrer gegenwärtigen Zusammensetzung nicht arbeitsfähig ist[24]). Generelle Aussagen darüber, welche Form der Willensbildung für die obersten Führungsorgane der Kreditinstitute (soweit sie aus mehreren Personen bestehen) am zweckmäßigsten ist, lassen sich daher nicht machen. Überdies ist darauf hinzuweisen, daß unabhängig von der gewählten Form der Willensbildung in der obersten Führungsspitze auf Grund gesetzlicher oder satzungsmäßiger Vorschriften für bestimmte Beschlüsse Einstimmigkeit erforderlich ist, z. B. für die Gewährung von Organkrediten[25]).

Die Geschäftsleitung entscheidet gemeinsam über die Geschäftspolitik des Kreditinstituts. Besteht die oberste Führungsspitze aber aus mehreren Personen, so ist es üblich, jedem Vorstandsmitglied einen bestimmten Verantwortungsbereich zu übertragen[26]). Wie dabei im einzelnen vorzugehen ist,

---

[23]) Vgl. Gutenberg, E., Unternehmensführung, S. 47 ff.

[24]) Vgl. Gutenberg, E., Unternehmensführung, S. 49.

[25]) Vgl. § 15 KWG.

[26]) Z. B. Kreditgeschäft, Effektengeschäft, Konsortialgeschäft, Auslandsgeschäft, Gelddisposition. — Vgl. Bericht des Arbeitskreises Dr. Krähe der Schmalenbach-Gesellschaft: Die Ressortaufteilung im Bankgewerbe, in: ZfhF 1955, S. 221 f.; Hennig, K. W., Betriebswirtschaftliche Organisationslehre, 3. Aufl., Berlin—Göttingen—Heidelberg 1957, S. 91 ff.: Beispiele für Aufgabenteilung und Abteilungsbildung einer Hypothekenbank.

richtet sich nicht nur nach der Zahl und Art der vorhandenen Instanzen, sondern auch nach der Zahl und der Persönlichkeit der Vorstandsmitglieder.

2. Organisation des sachlichen Apparates

Die wesentliche Aufgabe der Organisation in einem Kreditinstitut ist, die einzelnen Abteilungen, in denen im allgemeinen Arbeiten für mehrere Funktionen zusammengefaßt sind, und die hierarchischen Instanzen arbeitstechnisch und leistungsmäßig so in einen Zusammenhang zu bringen, daß aus ihnen ein funktionsfähiges Ganzes entsteht. Hierzu dienen die Weisungs- und Kompetenzsysteme, das Kommunikationssystem und das Informationssystem, die ihrerseits wechselseitig von der Anzahl, der Struktur sowie dem Absatzort der erbrachten Leistungen beeinflußt werden.

Diese organisatorischen Systeme spiegeln die Grundsätze der Organisation des sachlichen Apparates wider.

a) Weisungs- und Kompetenzsysteme

Die Weisungs- und Kompetenzsysteme haben die Aufgabe, die Verbindungswege zwischen den Instanzen eines Kreditinstituts für die Erteilung und Entgegennahme von Anweisungen so zu gestalten, daß aus der mehr oder weniger großen Zahl der erforderlichen Instanzen ein leistungsfähiges Lenkungs- und Steuerungssystem entsteht. Drei Systeme stehen zur Wahl: die Linienorganisation, die Staborganisation und die Stab-Linienorganisation.

aa) Linienorganisation

Die Linienorganisation, ein System, das von Henry Fayol[27]) entwickelt wurde, beruht auf dem Grundsatz der Einheit der Auftragserteilung. Danach kann jede Arbeitskraft nur von einem Leiter disziplinarische und fachliche Weisungen erhalten und umgekehrt jeweils nur eine vorgeordnete Instanz einer nachgeordneten Instanz Anordnungen erteilen. Infolgedessen laufen bei diesem System von den obersten Organen der Betriebsleitung über die Stufen der betrieblichen Hierarchie bis in die letzten Einheiten der Arbeitsausführung direkte Befehlslinien. Sie bilden den Instanzenweg, auf dem Anweisungen von der jeweils höheren Stelle an untergeordnete Stellen durchgegeben werden, und stellen umgekehrt den Dienstweg dar, den die untergeordneten Dienststellen einschlagen müssen, wenn sie Meldungen erstatten oder Mitteilungen an vorgesetzte Dienststellen geben wollen. Durch die Linienorganisation wird die gesamte Bank straff durchgegliedert und die Auftragserteilung eindeutig geregelt. Je größer allerdings die Zahl der Rangstufen wird, um so mehr läuft das System Gefahr, schwerfällig zu werden.

27) Vgl. Fayol, H., Allgemeine und industrielle Verwaltung, München und Berlin 1929.

Die Zahl der Rangstufen innerhalb der Linienorganisation hängt insbesondere von der Kontrollspanne ab, denn die Zahl der möglichen Unterstellungen bestimmt die Zahl der benötigten Instanzen; die Erweiterung der Kontrollspanne ist gleichbedeutend mit einer Verringerung der Instanzen und umgekehrt.

Das folgende Beispiel der Organisation der Auslandsabteilung in einer mittleren Filiale eines Kreditinstituts zeigt die Zusammenhänge zwischen der Größe der Kontrollspanne und der Anzahl der Instanzen.

Organisation der Auslandsabteilung einer mittleren Filiale mit zwei Instanzen

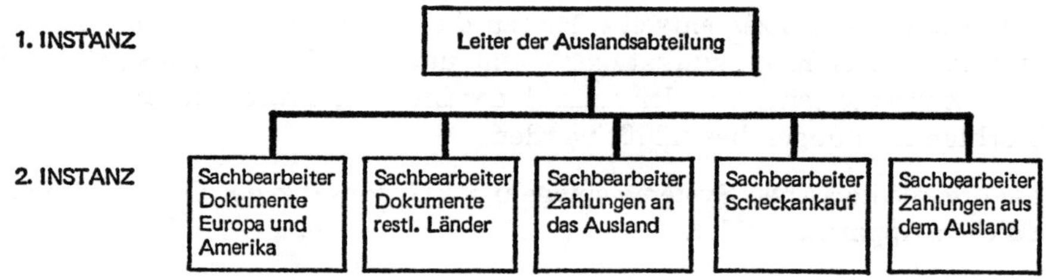

Organisation der Auslandsabteilung einer mittleren Filiale mit drei Instanzen

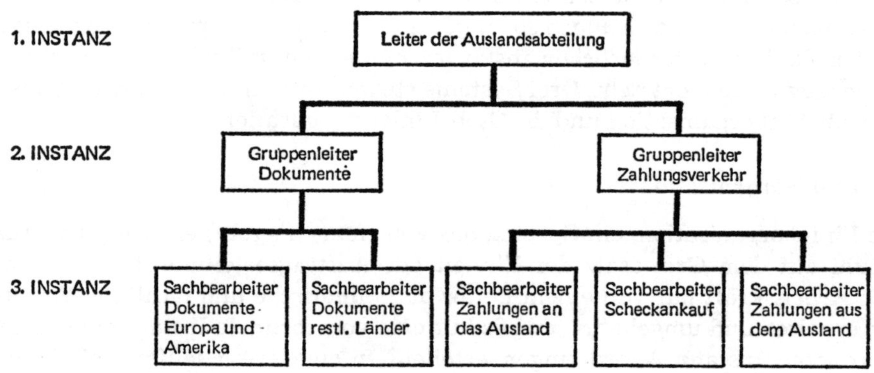

Die maximale Größe der Kontrollspanne läßt sich nicht generell festlegen[28]). Sie hängt in starkem Maße von der Fähigkeit des Instanzenleiters ab, Menschen zu führen. Der disziplinarische Erfolg eines Vorgesetzten wird seinerseits von der Unterstellungsbereitschaft seiner Mitarbeiter beeinflußt. Wenn der Abteilungsleiter seine Mitarbeiter richtig leitet und diese zu ihm als Führungskraft Vertrauen haben, kann die Kontrollspanne größer sein als bei Abteilungsleitern, deren Führungsqualitäten von den Untergegebenen angezweifelt werden. Eine zielbewußte Auslese und Entwicklung der vorhandenen

[28]) Vgl. Ulrich, H., Kontrollspanne und Instanzenaufbau, in: Organisation TFB, Handbuchreihe, Berlin und Baden-Baden 1961, S. 267 ff.

Anlagen des mittleren Managements durch Schulung in der Menschenführung ermöglicht eine Ausdehnung der Kontrollspanne. Darüber hinaus kann die Zahl der unterstellten Personen um so größer sein, je besser die fachliche Qualifikation des Leiters und seiner Mitarbeiter ist, da die Selbständigkeit des Leiters und seiner Mitarbeiter zu geringeren gegenseitigen Kontakten führt als bei schlechterem Qualitätsstandard der Angestellten einer Bank.

Wesentlich wird die Kontrollspanne von der Art und der Organisation der unterstellten Bereiche beeinflußt. Je mehr generelle Regelungen für die Organisation der unterstellten Bereiche gelten und je weniger Ausnahmefälle auf einen Instanzenleiter zukommen, desto höher kann die Kontrollspanne sein. In die gleiche Richtung wirken geringe dispositive und repräsentative Aufgaben von Instanzenleitern.

Die Möglichkeit der Besetzung vieler Arbeitsplätze mit weniger qualifizierten Arbeitskräften und der Ersatz fallweiser durch generelle Regelungen, wie sie die Rationalisierung und Automatisierung eines Bankbetriebes mit sich bringen, führen daher zu einer Erweiterung der Kontrollspanne, was bei der Ausdehnung des Geschäftsumfanges die Möglichkeit der Einsparung von Instanzen bedeutet. Allerdings gilt dies vorwiegend für Abteilungen ohne Kundenkontakte sowie untere Instanzen, während in den oberen Stellen wohl eher die umgekehrte Tendenz wirksam werden wird. Müssen nämlich im Zuge der weiteren Entwicklung an die kaufmännischen und technischen Fachkräfte einer Bank erhöhte Anforderungen gestellt werden, so können von diesem Kreis einem Leiter nur noch wenige Personen unterstellt werden, und zwar vor allem dann, wenn es sich dabei selbst wieder um Leiter von Instanzen handelt, die dispositive Aufgaben zu erfüllen haben.

bb) Staborganisation

Die Staborganisation ersetzt den Grundsatz der Einheit der Auftragserteilung der Linienorganisation durch den Grundsatz des direkten Weges[29]). Eine Instanz ist als Stab zu bezeichnen, wenn sie das Recht besitzt, den unterschiedlichsten Instanzen innerhalb eines Kreditinstitutes unmittelbare Weisungen zu erteilen.

Die Leiter eines Stabes können sich auf bestimmte Arbeiten spezialisieren und die einzelnen Instanzen mehreren spezialisierten Stäben unterstellt werden. Damit werden einerseits die Vorteile der Spezialisierung genutzt und andererseits eine schnelle, zuverlässige und qualifizierte Unterrichtung der Instanzen über die von ihnen auszuführenden Arbeiten erreicht. Solange sich nur zwei Vorgesetzte eines Mitarbeiters die Zuständigkeit teilen, halten sich die möglicherweise auftretenden Schwierigkeiten in Grenzen. Je mehr Stäbe jedoch den unterschiedlichsten Instanzen Weisungen erteilen, desto größer wird die Gefahr, daß die zweifellos in der Spezialisierung liegenden Vorteile durch ein

29) Vgl. Taylor, F. W., Die Betriebsleitung, 3. Aufl., Berlin 1919 sowie derselbe, Die Grundsätze wissenschaftlicher Betriebsführung, München-Berlin 1917.

Durcheinander von Zuständigkeiten erkauft werden, was zu erheblichen Konflikten führen muß.

Diese Nachteile der Staborganisation lassen sich durch entsprechende Abstimmung zwischen den Stäben abschwächen. Die Koordination kann sich auf die zeitliche Beanspruchung und Terminstellung in den unterstellten Instanzen sowie auf den Inhalt der Weisungen selbst beziehen.

Die Institutionalisierung der Koordination erfolgt durch die Bildung eines Codes, der die Zuständigkeit der einzelnen Stäbe für bestimmte Vorgänge festlegt. Der Code kann folgenden Aufbau besitzen:

Erklärung der Symbole eines Codes der Zuständigkeitsverteilung zwischen Stäben

R =	RAT (incl. Befürwortung) Mit R versehene Stäbe müssen zu der anstehenden Tätigkeit bzw. Entscheidung gehört werden. Sie können befürwortend oder ablehnend Stellung nehmen, haben jedoch kein Vetorecht. Sie werden vom Ergebnis der Tätigkeit bzw. Entscheidung informiert. R ist in E enthalten.
E =	ENTSCHEIDUNGSRECHT Mit E versehene Stäbe besitzen das alleinige Entscheidungsrecht.
B =	BENACHRICHTIGUNG Mit B ist der Stab versehen, der über eine Tätigkeit bzw. Entscheidung zu unterrichten ist. B ist in R enthalten.
I =	INITIATIVE Mit I ist der Stab versehen, der die Entscheidung bzw. Tätigkeit bei einem anderen Stab herbeiführen soll.
D =	DURCHFÜHRUNG (auch Entscheidungsvorbereitung) Der mit D versehene Stab führt eine Tätigkeit durch, indem er entweder die Entscheidungsfindung eines anderen Stabes vorbereitet bzw. die Entscheidung bei einem anderen Stab einholt oder die von einem anderen Stab getroffene Entscheidung ausführt.

Der Vorteil der Kompetenzfestlegung mit Hilfe eines Codes liegt darin, daß eindeutig geklärt wird, welche Stäbe innerhalb einer Bank für einzelne Entscheidungen die Initiative ergreifen müssen. Diese Stäbe zeichnen auch dann verantwortlich, wenn sie auf Grund veränderter innerbetrieblicher oder Marktverhältnisse einen Anstoß für eine neue Entscheidung versäumen. Die Einführung der Pflicht zur Rateinholung und Benachrichtigung dient außerdem der Ausschöpfung des gesamten Spezialwissens der Stäbe. Die beiden Symbole R und B sollen verhindern, daß an einem speziellen Problem in zwei verschiedenen Stäben gearbeitet wird, ohne daß eine Abteilung von der anderen etwas weiß.

Trotz der Institutionalisierung der Abstimmung zwischen den Instanzen schließt die Staborganisation stets die Gefahr der Überlastung und der falschen Beurteilung Untergebener durch vorgesetzte Instanzen ein. Gefahren und Grenzen dieser Organisationsform liegen in der Spezialisierung der Stäbe. Das Eindringen der Technik in die Arbeitswelt des Bankkaufmanns sowie die damit einhergehenden höheren Anforderungen an die Qualifikation der Führungskräfte lassen nun allerdings gerade bei den Kreditinstituten den Spezialisierungsgedanken wieder stärker in den Vordergrund treten.

cc) Stab-Linienorganisation

Die Stab-Linienorganisation baut auf dem Grundgedanken der Linienorganisation auf und versucht, die Vorteile der Staborganisation unter Vermeidung ihrer Nachteile in die Linienorganisation einzuführen[30]).

Den Linieninstanzen werden einzelne Spezialisten oder Stäbe beigeordnet, die selbst kein Weisungsrecht besitzen. Diese Organisationsform gewährleistet die klare Kompetenzabgrenzung der Linienorganisation, ohne die Vorteile der Spezialisierung vermissen zu lassen. Besondere Bedeutung für die Bankbetriebe werden vor allem technische und wissenschaftliche Stäbe — nicht nur bei der Führungsspitze, sondern auch bei den mittleren Instanzen — überall da erlangen, wo durch die Informationen und Beratungen von Spezialisten Entscheidungen erheblich verbessert werden können.

Die bei der Arbeit mit Stäben immer bestehende Gefahr einer unerwünschten Einflußnahme durch die Spezialisten sowie die Möglichkeit, daß sie die Dinge zu sehr von ihrem Blickwinkel und zu wenig aus der Sicht des Unternehmensganzen sehen, darf dabei freilich nicht unterschätzt werden. Es soll ferner nicht verkannt werden, daß sich das Stab-Linien-System bei den Banken nur der Tendenz nach anwenden läßt. Bei den großen Banken läßt sich beobachten, daß sich im Top-Management häufig Spezialisten befinden, die entsprechende Stäbe zur Seite haben.

Das Schaubild auf der nächsten Seite zeigt, daß mit zunehmender Entfernung von der Unternehmensspitze bis hinunter zur Zweigstelle die Zahl der Stabsabteilungen pro Instanz abnimmt und die Anzahl der Allround-Leute in der Linie entsprechend steigt, die dann allerdings von mehreren Stellen Anweisungen erhalten.

Im Beispiel arbeitet der Vorstand in der Zentrale mit 10 Stäben, die Niederlassungsleitung nur mit 6 Stäben, die Filialleitung mit 2 Stäben und der Zweigstellenleiter besitzt keinen Mitarbeiter mit reiner Stabsfunktion.

---

[30]) Vgl. Trauth, P. J., Das Verhältnis von Linien- und Stabstellen, in: Organisation TFB, Handbuchreihe, 1. Bd., Berlin und Baden-Baden 1961.

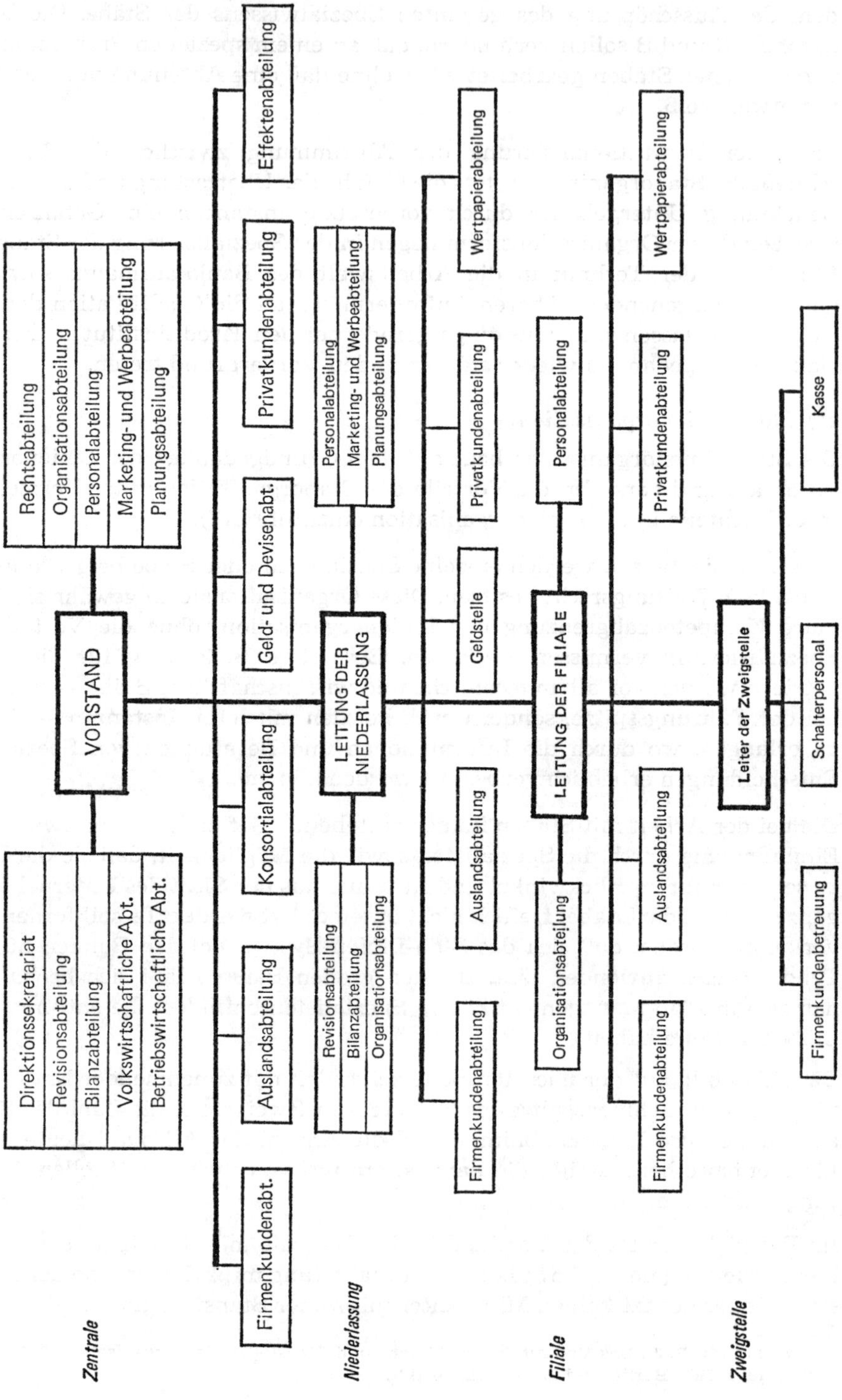

Modifizierte Stab-Linienorganisation

Diese Verquickung von Elementen der Stab- und der Linienorganisation wird als modifizierte Stab-Linienorganisation bezeichnet[31]).

b) Kommunikationssysteme

Mit Hilfe der strengen Reglementierung der Zuständigkeiten allein können moderne Kreditinstitute, insbesondere aber Großbetriebe, im allgemeinen nicht reibungslos geleitet werden. Vielmehr besteht die Notwendigkeit, Formen der Zusammenarbeit zu schaffen, die sich außerhalb der strengen und starren Befehlslinien der Kompetenz- und Weisungssysteme vollziehen und eine Kontaktaufnahme der Arbeitskräfte quer durch das Gefüge der bankbetrieblichen Abteilungsbildung hindurch erlauben. Die Regelung dieser Formen der Kontaktaufnahme zwischen den Instanzen wird als Kommunikationssystem bezeichnet[32]).

aa) Formelle Organisation

Das Kommunikationssystem eines Kreditinstituts ist ebenfalls Bestandteil der formellen, d. h. von der Unternehmensführung gestalteten Organisation; es muß jedoch nicht institutionalisiert sein. Die Kontaktaufnahmen reichen von den gelegentlichen Gesprächen zwischen zwei Personen über die in regelmäßigen oder unregelmäßigen Zeitabständen stattfindenden Besprechungen mehrerer Personen (z. B. Filialleiterbesprechung) bis zu den Konferenzen, die sich zu Ausschüssen verfestigen und vorübergehend oder ständig damit betraut sind, bestimmte oder wechselnde Aufgaben durchzuberaten. Immer handelt es sich um die Schaffung von Koordinierungseinheiten, die mehrere Stellen umgreifen, ohne selbst eine Instanz zu bilden. In den Kreditinstituten ist der Zusammenarbeit in dieser Form besonders deshalb erhebliche Bedeutung beizumessen, weil die organisatorische Verantwortung vielfach von der Funktionsgliederung abweicht.

Der Informationsaustausch zwischen organisatorisch gleichgeordneten Abteilungen bildet hierfür ein gutes Beispiel. Nach der strengen Ordnung der Befehlslinien und Dienstwege im Liniensystem sollten solche Abteilungen jeweils nur über die übergeordnete Instanz miteinander in Verbindung treten. Da dies jedoch einer schnellen Geschäftsabwicklung nicht dienlich ist, müssen zwangsläufig Verbindungswege außerhalb der Instanzen geschaffen werden. Zu denken ist zum Beispiel an die Abstimmung zwischen dem Leiter der Auslands- und Kreditabteilung bei der Abwicklung eines AKA-Geschäftes. Ähnlich liegen die Dinge bezüglich der Informationen, die jede einzelne Arbeitskraft im Bankbetrieb braucht, um die ihr übertragenen Aufgaben ordnungsgemäß erledigen zu können. Die Kompetenzsysteme erweisen sich im allgemeinen nur für offizielle Anweisungen und Meldungen, die alle Instanzen berühren, als

31) Vgl. Hagenmüller, K. F., Personalpolitik als Führungsinstrument im Bankbetrieb, in: Der Volkswirt, Beiheft zu Nr. 39, 20. Jg. 1966, S. 4—8.

32) Vgl. Albach, H., Zur Theorie der Unternehmensorganisation, in: ZfhF 1959, S. 238—259, insb. S. 238.

vorteilhaft. Sind dagegen Informationen zu übermitteln, an denen bestimmte Stellen kein Interesse haben, so wäre es verfehlt, den Instanzenweg zu benutzen, weil der Informationsfluß dadurch verlangsamt würde. Hierfür erweisen sich die Formen kooperativer Zusammenarbeit, die eine unmittelbare Verbindung zwischen den Angehörigen verschiedener Instanzen ermöglichen, als besser geeignet.

bb) Informelle Organisation

Tauschen Mitarbeiter außerhalb der von der Geschäftsleitung geschaffenen Organisation Informationen aus, so bilden sich informelle Beziehungsnetze zwischen den Instanzen. Über diese Verbindungen werden regelmäßig Informationen der unterschiedlichsten Art inoffiziell weitergeleitet. In den Kreditinstituten pflegen informelle Kontakte quer durch das Gefüge der Abteilungen hindurch zu erfolgen. Sie können den Arbeitsprozeß sowohl positiv als auch negativ beeinflussen, je nachdem, welche Einstellung die beteiligten Personen zur Arbeit in ihrem Institut besitzen.

Da das Auftreten informeller Kontakte unvermeidlich ist, muß die Unternehmensleitung deren positive Einflußmöglichkeiten auf den Arbeitsablauf nutzen und die negativen zu verhindern suchen. Das gilt um so mehr, je stärker durch die mit der Rationalisierung im Bankbetrieb einhergehende Monotonisierung der Arbeits- und Entscheidungsvorgänge, verbunden mit einer Erhöhung des Bedarfs an weniger qualifizierten Arbeitskräften, das Auftreten informeller Gruppen mit tendenziell negativer Einstellung zur Arbeit gefördert wird.

Möglichkeiten zur positiven Beeinflussung der informellen Kontakte existieren viele. Sie beginnen mit der Gründung betriebseigener Sportgemeinschaften und reichen über die Schaffung von Einrichtungen für die Freizeitgestaltung bis zur Abhaltung von Schulungskursen. Sie haben alle das Ziel, das Betriebsklima zu verbessern und den informellen Gedankenaustausch in geordnete Bahnen zu lenken. Wird auf diese Weise eine Stärkung des Teamgeistes der Arbeitskräfte erreicht, so sind die informellen Kontakte für die formelle Organisation sehr wertvoll.

c) Produktionsabhängige Systeme

Die Zusammenfassung einheitlicher Aufgaben zu organisatorischen Verantwortungsbereichen — Arbeitsplätzen, Arbeitsgruppen und Abteilungen — setzt bei den Leistungselementen an. Leistungselemente können im Hinblick auf die Leistungserstellung, Leistungsverwertung oder die Gewinnverantwortung zusammengehören. Dementsprechend sind bei der Zuordnung von Leistungselementen zu einzelnen Verantwortungsbereichen die Sparten-, die Kundengruppen- und die Profit-Center-Organisation zu unterscheiden.

Diese drei Verteilungskonzepte stellen Modelle dar. Die Praxis arbeitet mit kombinierten Systemen, die Zuordnungsvorschriften aller drei Systeme beinhalten.

aa) Sparten-Organisation

Das dominierende System traditioneller Bankorganisation ist die Sparten-Organisation. Diese Organisationsform betrachtet alle Leistungselemente, die innerhalb einer bestimmten Geschäftssparte auftreten, als zusammengehörend: die Bildung von Abteilungen, Arbeitsgruppen und Arbeitsplätzen folgt den Geschäftssparten eines Kreditinstitutes.

Diese Vorschrift der Verantwortungszuteilung gilt auf allen Ebenen der betrieblichen Hierarchie, d. h. in der obersten Betriebsleitung ebenso wie in den Leitungen von Niederlassungen, Filialen und Zweigstellen und in allen Abteilungen der Zentrale und denen des Niederlassungsnetzes.

Der Grundgedanke dieses Organisationssystems besteht in der Annahme, daß die Spezialisierung auf bestimmte Geschäftssparten den kosten- und erlösgünstigsten Ablauf der Produktionsprozesse garantiert. Die Organisation nach Geschäftssparten soll zu einem System von Regelungen führen, das die Elementar- und dispositiven Faktoren und den monetären Faktor in der Weise kombiniert, daß ihr Zusammenwirken bei der Produktion einer bestimmten Absatzleistung geringere Betriebskosten, d. h. Personal- und Sachkosten, und einen höheren Saldo aus Werterlösen und Wertkosten verursacht als jede andere Organisationsform.

Die Spezialisierung der Elementarfaktoren Arbeits- und Betriebsmittel gewährleistet in der technisch-organisatorischen Sphäre ein weitgehend fehlerfreies und kostengünstiges Arbeiten, weil die Mitarbeiter und Maschinen auf ganz bestimmte, stets wiederkehrende und einheitliche Arbeitsabläufe ausgerichtet sind. Die enge Ausrichtung der Arbeitsplätze und Maschinen auf eine spezielle Geschäftssparte verringert allerdings die Möglichkeit des Einsatzes der gleichen Elementarfaktoren in Abteilungen unterschiedlicher Geschäftssparten. Der Ablauf des Produktionsprozesses wird damit gegen Ausfälle (Urlaub, Krankheit, Maschinenschaden) anfällig.

Die Spezialisierung der dispositiven Faktoren soll bewirken, daß sowohl die innerbetrieblichen Entscheidungen über Personal- und Maschineneinsatz in bestimmten Geschäftssparten als auch marktbezogene Entscheidungen über Standort und Konditionen zu optimalen Ergebnissen führen.

Welche Sparten bei der Organisation eines Kreditinstitutes berücksichtigt werden, hängt insbesondere von der Anzahl und Struktur der Marktleistungen ab; sie sind dementsprechend bei den einzelnen Kreditinstitutsgruppen unterschiedlich.

Typische Geschäftssparten bei Kreditinstituten des privaten Bankgewerbes sind das Zins-, Auslands- und Effektengeschäft sowie der Zahlungsverkehr. Bei den Sparkassen erfolgt eine Differenzierung des Zinsgeschäftes in Spar- und Darlehensgeschäft sowie kurzfristiges Geschäft. Damit wird der traditionellen Ausrichtung im langfristigen Aktiv- und Passivgeschäft und der erst in den letzten Jahrzehnten stärkeren Hinwendung zum kurzfristigen (Kredit-) Geschäft Rechnung getragen. Eine relativ weitgehende Untergliederung der Geschäftssparten ist bei den Kreditgenossenschaften üblich. Sie unterscheiden: Laufende Rechnung, Wechselkredite, Darlehen/Sonderkredite, Außenhandel, Wertpapiervermittlung, Depotgeschäft, Versicherungsvermittlung, Bausparen, Festgeldanlagen, Wertpapieranlagen, Immobilien und Beteiligungen.

Das System der Spartenorganisation geht insbesondere von zwei Bedingungen aus:

(1) Die *Kundenbeziehung* tritt hinter die Spartenbeziehung zurück. Nicht der Kunde, sondern die einzelne Leistung ist Gegenstand der Organisation.

(2) Die Organisation bezieht sich auf die *innerbetriebliche* Leistungserstellung, nicht auf die Marktbezogenheit.

In der Industrie sind diese Voraussetzungen vor allem bei Betrieben mit Einzel- oder Serienfertigung gegeben. Typisch hierfür ist die Einteilung in die Sparten Einkauf, Personal, Investition, Material, Produktion, Vertrieb und Entwicklung.

In industriellen Betrieben mit Kuppelproduktion oder bei marktbezogener Produktion, wenn eine Vielzahl von Kunden die unterschiedlichsten Leistungen eines Betriebes abnimmt, muß die Spartenorganisation nicht zur besten Realisierung der Betriebsaufgaben führen: Die Spartenorganisation trägt den Substitutionsbeziehungen der Absatzleistungen verschiedener Sparten nicht Rechnung. Wickelt beispielsweise ein Kunde einer Universalbank im Rahmen seiner Geschäftsverbindung sowohl das Kredit- und Einlagen- als auch das Emissions- und Auslandsgeschäft und den Zahlungsverkehr ab, so ist nicht der Erfolg in einer Geschäftssparte, unabhängig von den Ergebnissen in den weiteren Geschäftssparten, wichtig, sondern ausschließlich der Erfolg der gesamten Kundenbeziehung.

Probleme der Leistungserstellung stehen vor allem in Industriebetrieben im Mittelpunkt der Organisation. Auch bei Kreditinstituten hatten Fragen der Leistungserstellung gegenüber den Problemen der Leistungsverwertung so lange den Vorrang, als die Konkurrenz zwischen den Instituten, insbesondere auf Grund des Soll- und Habenzinsabkommens, nicht so groß war wie heute. Der verschärfte Wettbewerb hat dazu geführt, daß im Kreditgewerbe der Organisation der Absatzleistung die gleiche Bedeutung beigemessen wird wie derjenigen der Leistungserstellung.

bb) Kundengruppen-Organisation

Die Kundengruppen-Organisation betrachtet alle Leistungselemente, die von einer bestimmten Kundengruppe als typische Bankleistungen nachgefragt werden, als zusammengehörend. Dementsprechend folgt die Bildung von Abteilungen, Arbeitsgruppen und Arbeitsplätzen diesen Leistungsbündeln.

Während bei der Sparten-Organisation in einzelnen Abteilungen einheitliche Leistungen für sämtliche Kunden eines Betriebes bearbeitet werden, überträgt die Kundengruppen-Organisation den einzelnen Abteilungen die Verantwortung für sämtliche Leistungen, die von einem einheitlichen Kundenkreis nachgefragt werden.

Der Grundgedanke dieser Organisationsform besteht darin, daß die Spezialisierung auf bestimmte Kundengruppen den kosten- und erlösgünstigsten Ablauf der Produktionsprozesse garantiert. Üblich ist heute die Aufteilung der Kunden einer Universalbank in Privat- und Firmenkunden, wobei beide Kategorien nochmals unterteilt werden können, etwa in vermögende Privatkunden und Privatkunden des Mengengeschäfts oder in emissionsfähige und nicht emissionsfähige Firmenkunden[33]).

Ausschlaggebend für die Unterteilung ist die Abnahme eines mehr oder weniger einheitlichen Leistungsbündels. Bei den Privatkunden des Mengengeschäfts hat z. B. das Lohn- und Gehaltskonto, das Spar- und Ratenkreditkonto mehr Bedeutung als die Abschlüsse von Effektenkommissionsgeschäften, während für die vermögende Privatkundschaft die Beratung und Bedienung in der Vermögensanlage weit mehr Gewicht besitzt als die Aufnahme eines Ratenkredits.

Der Vergleich der beiden Schaubilder auf der nächsten Seite zeigt in stark vereinfachter Form den unterschiedlichen Aufbau einer Universalbank bei Sparten- und bei Kundengruppen-Organisation.

Die konsequente Durchsetzung der Kundengruppen-Organisation bei Kreditinstituten hat einen entscheidenden Nachteil: Da dieses Verteilungskonzept Entscheidungen über die Liquiditätsvorsorge und über Eigengeschäfte, wie Geld- und Kapitalanlage- und -aufnahmegeschäfte, nicht wie bei der Sparten-Organisation einem bestimmten Verantwortungsbereich zuschlägt, hat jede Gruppe das Recht, diese Geschäfte durchzuführen. Die einzelnen Gruppen haben damit einerseits, jede für sich, die entsprechende Liquiditätsvorsorge zu treffen und andererseits Aktiv- bzw. Passivüberhänge aus ihrem Kundengeschäft ohne Rücksicht auf andere Gruppen nach eigener Zielsetzung auszugleichen.

Diese Verselbständigung der Gruppen führt grundsätzlich zu einer schlechteren Erreichung des Betriebszwecks. Der Vorteil einer Universalbank, der darin besteht, daß sämtliche Zahlungsmittelanforderungen aller Kunden im eigenen Haus vorab kompensiert werden können, geht verloren.

Ein weiterer Nachteil der Kundengruppen-Organisation besteht in den hohen Qualitätsanforderungen an die Mitarbeiter. Heute steigen die Mitarbeiter in der Regel in Kreditinstituten als Spezialisten für bestimmte Geschäftssparten in der Hierarchie auf. Die Kundengruppen-Organisation benötigt jedoch Mitarbeiter, die alle Geschäfte beherrschen, die eine Kundengruppe nachfragt.

---

33) Zur Kundengruppenorganisation der First National City Bank, New York, vgl. First National City Corporation, First National City Bank: Annual Report 1968, S. 10.

Sparten-Organisation bei einer Universalbank

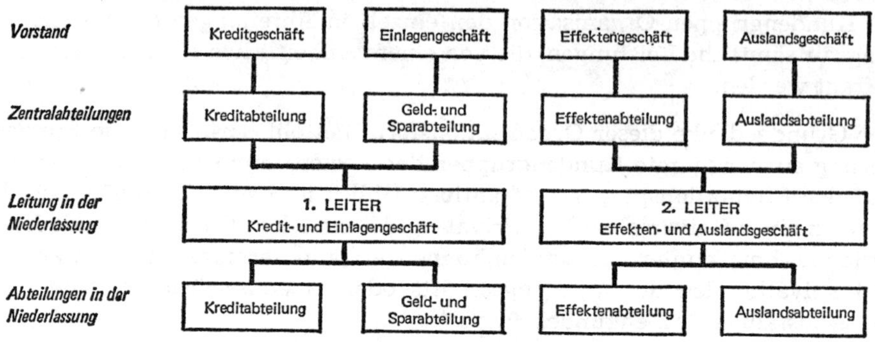

Kundengruppen-Organisation bei einer Universalbank

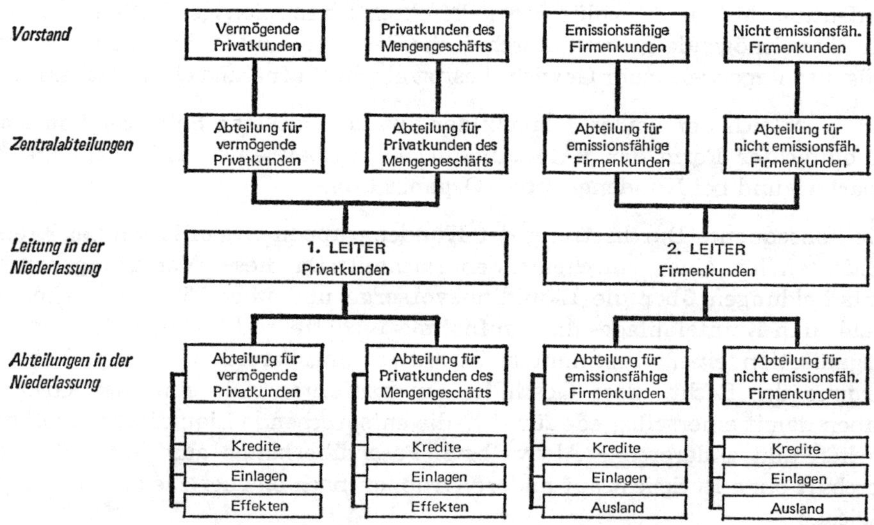

Die Anforderungen an die innerbetriebliche Aus-, Weiter- und Fortbildung sind daher bei dieser Organisationsform sehr viel höher und aufwendiger.

cc) Profit-Center-Organisation

Die Profit-Center-Organisation betrachtet alle in Marktleistungen oder Leistungsbündel einfließenden Leistungselemente, für die sich ein Gewinnbeitrag ermitteln läßt, als zusammengehörend. Die Profit-Center-Organisation leitet die Zuordnungsvorschrift für organisatorische Verantwortung zu einzelnen Einheiten direkt aus der Aufgabe des Gewinnbeitrages ab, d. h., der Grundgedanke dieser Organisation besteht darin, daß die organisatorischen Verantwortungsbereiche so zu bilden sind, daß für jeden Bereich ein eigenverantwortlicher Gewinnbeitrag ermittelbar ist[34]).

Ein Profit-Center ist ein organisatorischer Verantwortungsbereich, in dem bestimmte Aufwands- und Ertragskomponenten so zusammengefaßt werden, daß sich aus ihnen ein Gewinnbeitrag errechnen läßt.

Die Qualität der Verantwortungserfüllung eines Profit-Center-Leiters wird in erster Linie an der Gewinnerzielung seines Bereichs gemessen. Daraus folgt, daß einem Profit-Center nur solche Aufwands- und Ertragskomponenten zuzurechnen sind, die primär von dem Profit-Center-Leiter beeinflußbar sind. Diese Verquickung von Gewinnverantwortung und Komponentenbeeinflußbarkeit bedingt bestimmte organisatorische Bereichsbildungen. Die horizontale und vertikale organisatorische Untergliederung eines Betriebes leitet sich damit aus der verantwortungsgerechten Zuordnung von Gewinnkomponenten zu einzelnen Bereichen ab. Die Summe der Gewinne der steuerbaren Profit-Center ergibt den Gesamtgewinn eines Betriebes.

Die Vorschriften der Verantwortungszuordnung in der Profit-Center-Organisation sagen primär nichts darüber aus, inwieweit die Profit-Center-Bildung von den bereits behandelten Formen der Sparten- und Kundengruppen-Organisation abweicht. Theoretisch denkbar wäre, daß die organisatorischen Bereiche sowohl der Sparten- als auch der Kundengruppen-Organisation jeweils Profit-Center bilden. Aus folgenden Gründen ist dies jedoch nicht der Fall:

(1) Die Ertrags- und Aufwandskomponenten in einer jeden Geschäftssparte hängen auf Grund der Substitutionsbeziehungen für Einzelleistungen in einem kundengruppenbezogenen Leistungsbündel von den Gewinnkomponenten anderer Geschäftssparten ab.

(2) In der Kundengruppen-Organisation führt die ausschließliche Berücksichtigung von Kundenzinsen (sowohl Zinserträge als auch Zinsaufwendungen) in der Gewinnrechnung eines Bereichs immer dann zu keinem interpretierbaren Gewinnbeitrag, wenn sich die entsprechenden Kundenvolumina nicht ausgleichen.

Auf die Bereiche Firmenkunden- und Privatkundengeschäft übertragen, heißt das: Nur wenn die Summe der Einlagen derjenigen der Kredite an Firmenkunden ebenso entspricht wie die Summe der Einlagen derjenigen der Kredite an Privatkunden, sind die Leiter beider Bereiche allein für den Saldo ihres Zinsgeschäftes verantwortlich, da sie gemäß der Profit-Center-Organisation die Konditionen in ihrem Bereich autonom festsetzen.

Die Profit-Center-Organisation bei Kreditinstituten ist daher nur sinnvoll, wenn insbesondere zwei Bedingungen erfüllt sind: Die Profit-Center sind so zu bilden, daß sich

---

34) Vgl. Penzkofer, P. und Täube, K., Profit-Centers im Bankbetrieb — Zur Problematik der Divisionalisierung von Universalbanken, in: Bank-Betrieb, 12. Jg., 1972, S. 50—54, S. 109—113, S. 51.

— Substitutionsbeziehungen in Leistungsbündel und deren Rückwirkungen auf die Konditionsgestaltung jeweils im gleichen Profit-Center niederschlagen *und*

— die einem Profit-Center zuzurechnenden Volumina jeweils ausgleichen.

Diese beiden Bedingungen werden jedoch nur in Teilbereichen erfüllt, sie sind niemals für den gesamten Leistungsbereich eines universellen Kreditinstituts gegeben. Sehr global kann aber z. B. die Trennung in Hypotheken- und Bankenabteilungen bei gemischten Hypothekenbanken als Organisation nach Profit-Center-Methode angesehen werden.

dd) Kombinierte Systeme

Organisationen in der Praxis schließen im allgemeinen Zuordnungsvorschriften verschiedener Organisationsformen ein; als Kombinationsmöglichkeiten ergeben sich:

— Sparten- mit Profit-Center-Organisation,

— Kundengruppen- mit Profit-Center-Organisation,

— Sparten- mit Kundengruppen-Organisation.

(1) Sparten- mit Profit-Center-Organisation

Die Kreditinstitute versuchen immer stärker, innerhalb der Geschäftssparten den Kundengruppeninteressen Rechnung zu tragen und darüber hinaus den Erfolgsbeitrag einzelner Leistungen oder Leistungsbündel zu ermitteln.

Die Bildung von Profit-Centern ist dort relativ einfach, wo kein Kapitaleinsatz erfolgt, also im Dienstleistungsgeschäft. So wird vielfach das Effektengeschäft als Profit-Center organisiert. In der Praxis ergeben sich dann jedoch in der Regel sehr oft Probleme mit dem Einlagengeschäft, etwa aus der Verknüpfung zwischen Effektengeschäft und Spareinlagen.

Im Ansatz liegt damit eine Kombination von Sparten- und Profit-Center-Organisation vor. Von einem arbeitsfähigen Zusammenspiel zweier Organisationsformen kann jedoch nicht gesprochen werden, denn bis heute fehlen vielfach eindeutige und verantwortungsgerechte Maßstäbe für die Zuordnung von Personal- und Sachgemeinkosten, von der Zuordnung der Wertseite ganz abgesehen.

(2) Kundengruppen- mit Profit-Center-Organisation

Kundengruppen- und Profit-Center-Organisation stellen für deutsche Kreditinstitute relativ neue Systeme dar. Es liegt daher nahe, daß bei der Neuorganisation eines Instituts versucht wird, Zuordnungselemente beider Organisationsformen zu berücksichtigen.

Die zentrale Frage stellt dabei die Lösung des Verrechnungsproblems der Volumenunter- bzw. -überdeckung zwischen den kundengruppenorientierten Verantwortungsbereichen dar.

Das System soll insbesondere zwei Bedingungen erfüllen. Die Verrechnung muß so erfolgen, daß

— die Berücksichtigung des Anlage- bzw. Refinanzierungssatzes bei der Festsetzung der profit-center-individuellen Konditionen im Aktiv- und Passivgeschäft im Hinblick auf die Gesamtbank zu optimalen Ergebnissen führt *und*

— die Festsetzung der Sätze keine aus der Sicht des Profit-Center-Leiters externe Beeinflussung seines Gewinnbeitrages verursacht, die nicht er, sondern dritte Instanzen zu verantworten haben.

Die ausschließliche Koppelung der Kundengruppen- und Profit-Center-Organisation muß daher bei einer Universalbank stets versagen, weil das Verrechnungsproblem nicht befriedigend gelöst werden kann.

(3) Sparten- mit Kundengruppen-Organisation

Sowohl die Sparten- als auch die Kundengruppen-Organisation zielen auf eine bestimmte Spezialisierung ab. Bei der Kombination dieser beiden Organisationsformen ist daher bei der Bildung eines organisatorischen Bereichs die Frage zu beantworten, ob die Spezialisierung auf bestimmte Geschäfte und der Verzicht der Spezialisierung auf bestimmte Kundengruppen oder das umgekehrte Verhalten zu einer besseren Realisierung der Betriebsaufgaben führt. Die Dominanz der einen oder der anderen Organisationsform in einem Kreditinstitut leitet sich aus dem wichtigsten Engpaß der Organisation ab. Ist die Organisation der Leistungsverwertung mit einer höheren Priorität zu belegen als die der Leistungserstellung, so hat grundsätzlich die Kundengruppen-Organisation den Vorrang.

Führt diese Organisationsform bei bestimmten Geschäftssparten zu einer wesentlichen Zersplitterung, so sind diese Bereiche von der Kundengruppen-Organisation auszuschließen. Dieses Zerschlagen von Spezialisierungseffekten wird im allgemeinen bei der Schaffung von Auslands- und Effektenabteilungen für jeden kundengruppenorientierten Verantwortungsbereich unterstellt.

Die Kombination der beiden Organisationsformen führt damit im einfachsten Fall zu folgenden vier organisatorischen Zuständigkeitsbereichen:

— Firmenkundengeschäft,

— Privatkundengeschäft,

— Auslandsgeschäft,

— Effektengeschäft.

d) Standortgebundene Systeme

Die Standortbindung der Organisation eines Kreditinstituts wird bestimmt von den Standorterfordernissen sowohl der Leistungserstellung als auch der Leistungsverwertung.

Gegenstand der Organisation der Leistungserstellung sind die Elementar- und dispositiven Faktoren, die ihren rechnungsmäßigen Niederschlag in der Höhe des Personal- und Sachaufwandes finden. Die räumliche Organisation der Leistungserstellung hat daher so zu erfolgen, daß die Kombination der Elementar- und dispositiven Faktoren möglichst optimal ist. Diese generelle Vorschrift begünstigt bei der Organisation der Leistungserstellung die räumliche Zentralisation, weil im allgemeinen die Zusammenfassung gleichartiger Leistungselemente den Arbeitsablauf wirtschaftlicher gestaltet.

Im Gegensatz hierzu wirken sich unterschiedliche Systeme der Standortbindung bei der Leistungsverwertung vorwiegend sowohl auf die Höhe und Entwicklung des Wertertrages (und des Wertaufwandes) im Zinsgeschäft als auch auf den Betriebsertrag im Dienstleistungsgeschäft aus. Dementsprechend hat die räumliche Organisation der Leistungsverwertung darauf abzuzielen, mit gegebenem Personal- und Sachaufwand einen möglichst hohen positiven Saldo im Zinsgeschäft und einen möglichst hohen Dienstleistungsertrag zu erreichen. Diese Größen werden insbesondere von der Kundenbeziehung eines Kreditinstituts beeinflußt. Der generelle Leitsatz für die räumliche Organisation der Leistungsverwertung begünstigt damit die Dezentralisation, da grundsätzlich von einer regionalen Streuung des Marktpotentials eines Kreditinstituts auszugehen ist.

aa) Filialloses System

Die regionale Streuung des Marktpotentials ist noch nicht gleichbedeutend mit dem Zwang zu einer dezentralen Organisation der Leistungsverwertung. Vielmehr bestimmen Problemgehalt und Nachfragehäufigkeit einer Bankleistung, ob ein Kunde gewillt ist, weite Entfernungen zur Abnahme einer Bankleistung zurückzulegen[35]).

Entsprechend der jeweils extremen Ausprägung der beiden Merkmale einer Bankleistung lassen sich diese wie folgt charakterisieren:

Im allgemeinen ist davon auszugehen, daß insbesondere für die Abnahme problemintensiver und kontaktseltener Absatzleistungen die Entfernung zwischen Bank und Kunde keine dominierende Bedeutung hat. Vielmehr bestimmen bei diesen Leistungen die Preispolitik einerseits und die sachlichen, zeitlichen und persönlichen Präferenzen des Kunden andererseits die Auswahl der Bankverbindung.

---

35) Vgl. Geist, M. N., Konsumgütertheorie und Absatzpolitik, in: ZfB, 30. Jg. 1960, S. 413—427, S. 414; Süchting, J., Die Einkaufswirtschaftlichkeit von Bankleistungen und die Zweigstellenpolitik, in: Bank-Betrieb, 8. Jg. 1968, S. 277—280, S. 278.

Im Gegensatz hierzu wollen Kunden zur Abnahme von Routine- und kontakthäufigen Leistungen im allgemeinen keine weiten Wege zurücklegen, so daß die Leistungsverwertung dieser Geschäfte an räumliche Präferenzen gebunden ist und daher eine dezentrale Organisation erfordert.

Merkmal \ Extreme Ausprägung	1	2
Problemgehalt	Routineleistung	problemintensive Leistung
Nachfragehäufigkeit	kontakthäufige Leistung	kontaktseltene Leistung
Beispiel	Spargeschäft	Baufinanzierung

Filiallose Systeme setzen eine Spezialisierung in den Leistungssortimenten voraus, wie etwa das individuelle Großkredit- und Einlagengeschäft oder das Hypothekengeschäft. Typischerweise trifft also die filiallose Organisation auf Spezialinstitute zu.

bb) Filialsystem zentral

Enthält das Leistungssortiment eines Kreditinstituts kontaktarme und kontakthäufige Absatzleistungen, so kann nur eine größere Anzahl von Betriebsstellen (=Filialnetz) den organisatorischen Erfordernissen gerecht werden. Hierbei ist ein zentrales und ein dezentrales System zu unterscheiden. Der Grad der Zentralität wird durch das Kompetenz- und Weisungssystem innerhalb der Organisation bestimmt.

Ein *zentrales* System liegt vor, wenn der Entscheidungsspielraum der Filialen weitestgehend durch entsprechende generelle Regelungen eingeengt ist und zwischen Zentrale und Filialen keine Kompetenzträger eingeschaltet werden, etwa in Form der Kopffilialen mit Weisungskompetenz gegenüber „unterstellten" Filialen.

Die Reglementierungen beziehen sich sowohl auf das Kundengeschäft, wie z. B. Begrenzung der Kreditkompetenz in bezug auf Art, Laufzeit, Sicherheit und Kondition des Kredits, als auch auf innerbetriebliche Entscheidungen, wie z. B. auf den Personaleinsatz, die Mitarbeiterentlohnung oder die Sachkostenkompetenz.

Der Vorteil des zentralen Systems besteht darin, daß das Kreditinstitut auf dem gesamten Markt gegenüber allen Kunden einheitlich auftritt, da durch die generellen Regelungen in allen Filialen bei dem Vorliegen gleicher Sachverhalte gleiche Maßnahmen getroffen werden.

Die Kontrolle der Filialen ist bei zentraler Organisation einfach durchzuführen. Da das Entscheidungsrecht der Filialleiter weitgehend eingeengt ist, haben Elemente der Profit-Center-Organisation keinen Platz. Die Ermittlung eines Gewinnbeitrages zur Steuerung einer Filiale in einem zentralen System ist nicht sinnvoll. Die Kontrolle setzt direkt bei den einzelnen Komponenten des Geschäftes an; im normierten Kreditgeschäft z. B. an der Höhe und der Anzahl der Neuausreichungen der Anschaffungsdarlehen oder bei der Anzahl der eingeräumten Überziehungskredite auf Lohn- und Gehaltskonten und deren Inanspruchnahme.

Das Modell der zentralen Filialorganisation hängt — wie innerhalb der Weisungs- und Kompetenzsysteme bereits angedeutet — von der Zahl der Filialen ab. Je ausgedehnter in räumlicher und zahlenmäßiger Sicht ein Filialnetz ist, um so weniger ist die zentralisierte Lösung anwendbar. In der Praxis findet sich das System daher vorwiegend im Bereich der Sparkassen, der Regional- und der Privatbanken.

cc) Filialsystem dezentral

Das Modell der dezentralen Organisation stellt die Filiale in etwa mit einer Regionalbank gleich. Die Filialleitung besitzt somit sowohl im Kunden- und im Eigengeschäft als auch in der technisch-organisatorischen Sphäre volle Entscheidungsfreiheit. Sie setzt die Konditionen im Aktiv- und im Passivgeschäft autonom fest, ist für die Liquiditätsvorsorge voll verantwortlich und führt entsprechend der eigenen Zielvorstellung Geld- und Kapitalaufnahme- und Anlagegeschäfte durch.

Die Filiale verwaltet in eigener Regie die Grundstücke und Gebäude des Instituts, zeichnet voll verantwortlich für die Büro- und Geschäftsausstattung und besitzt eine vollständige Personalkompetenz, welche das Recht zu Einstellungen, Entlassungen, Beförderungen, Versetzungen, Tarifeingruppierungen und außertariflicher Entlohnung einschließt.

Die Verbindung der Filiale zur Zentrale besteht ausschließlich über die Filialleitung, die der Zentrale für ihr Handeln voll verantwortlich ist und von ihr eingesetzt wird. Der Maßstab für die Verantwortungserfüllung kann nur eine globale Größe sein, da die Filialleitung in der Entscheidung über spezielle Fragen, wie z. B. Konditionen, Entlohnung der Mitarbeiter, völlig frei ist. Der Gewinn der Filiale stellt diese Globalgröße dar; in ihm müssen sich letztlich sämtliche Entscheidungen der Filialleitung positiv oder negativ niederschlagen. Die Führung der Filiale aus der Sicht der Zentrale erfolgt damit durch die Vorgabe des anzustrebenden Gewinns, wobei zusätzlich ein bestimmtes Bilanzsummenwachstum und die Einhaltung bestimmter Liquiditätsgrundsätze vorgeschrieben werden können.

Die dezentrale Filialorganisation gewährleistet im allgemeinen nicht die Erreichung des höchstmöglichen Gewinns des gesamten Kreditinstituts; diese Gewinneinbußen haben folgende Gründe:

(1) Die Freiheit in der Liquiditätsvorsorge und der Geld- und Kapitalaufnahme und -anlage wird um den Preis der Zerschlagung der Vorabkompensation der Geld- und Kapitalströme in einer Universalbank erkauft, die ein erhöhtes Liquiditätsrisiko der Gesamtbank bedingt, ohne daß die entsprechende Erhöhung des Zinssaldos aus diesen Geschäften sichergestellt ist.

(2) Die Freiheit in der Konditionengestaltung und der Kundenauswahl kann dazu führen, daß zwei Filialen bei einem Kunden als Wettbewerber auftreten.

(3) Die Freiheit in der Personalpolitik kann darüber hinaus die Filiale als gegenseitige Wettbewerber auf dem Arbeitsmarkt auftreten lassen. Abwerbungen von Personal und höhere Personalkosten beim Gesamtinstitut sind die Folge.

(4) Die Freiheit im Aufbau des technisch-organisatorischen Bereichs zerschlägt mögliche Spezialisierungseffekte bei der Leistungserstellung.

Die genannten Nachteile der dezentralen Filialorganisation lassen sich nur in Ausnahmefällen vermeiden; zu denken ist beispielsweise an Filialen deutscher Banken im Ausland oder ausländischer Banken in Deutschland. Schließt das Filialnetz eines Kreditinstituts jedoch ausschließlich den Inlandsmarkt ein, so führt das Modell der dezentralen Organisation, insbesondere bei Universalbanken, nicht zur optimalen Organisationsform. In der Realität treten daher meist kombinierte Systeme auf, die Zuordnungsvorschriften sowohl der dezentralen als auch der zentralen Organisation berücksichtigen.

dd) Filialsystem kombiniert

Das Charakteristische des kombinierten Filialsystems besteht in der Mehrstufigkeit des Aufbaus des Filialnetzes. Während die zentrale Organisationsform von einer Zentrale und den dieser Zentrale alle in gleicher Weise untergeordneten Filialen ausgeht und die dezentrale Organisationsform auch sämtliche Filialen in ihrem Status gegenüber der Zentrale gleichstellt[36]), besitzt die kombinierte Filialorganisation in der Regel Filialen mit unterschiedlicher Kompetenzausstattung, wobei die Filiale mit der niedrigeren Kompetenz jeweils der Filiale mit der nächsthöheren Kompetenz untersteht. Die Rangfolge lautet z. B.

---

36) Vgl. Theissing, G., Zentralisation und Dezentralisation als Organisationsprinzipien der Großbanken, Diss. Freiburg/Schweiz 1959, S. 66; Leger, W., Zentralisation und Dezentralisation im Kreditgewerbe, Diss. Mannheim 1967, S. 92.

Kombiniertes Filialsystem

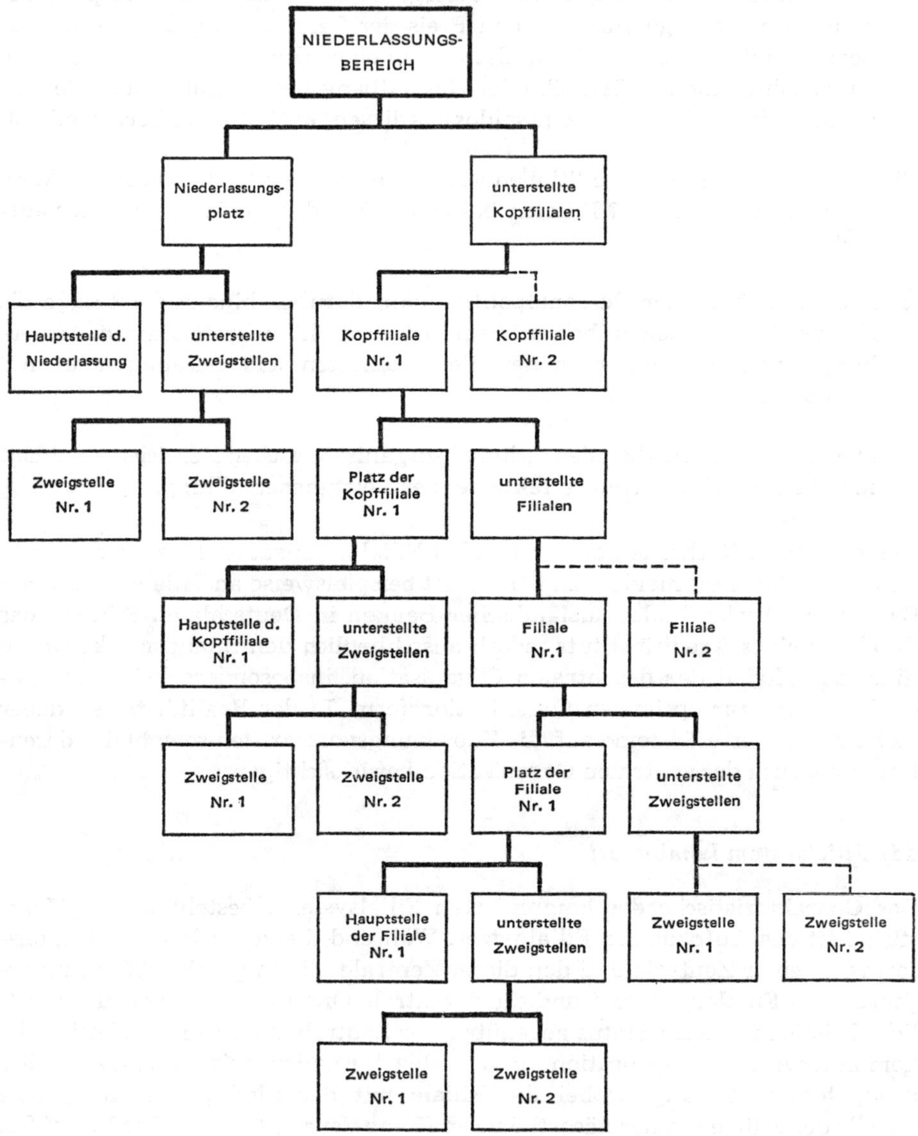

Kopffiliale,

Filiale,

Zweigstelle.

Im Modell ist jeder Kopffilial- und Filialbereich in den jeweiligen Platz und die unterstellten Betriebsstellen aufgeteilt. Die Trennung orientiert sich vorzugsweise an den Gemeindegrenzen; sämtliche Betriebsstellen, die in der Gemeinde arbeiten, in der die Kopffiliale oder Filiale ihren Sitz hat, werden zum Platzgeschäft zusammengefaßt; die unterstellten Betriebsstellen befinden sich meistens in anderen Gemeinden. Der Platz seinerseits umfaßt die Hauptstelle und die zugeordneten Zweigstellen (vgl. Schaubild auf Seite 66).

Die Tiefe der hierarchischen Untergliederung wird wesentlich bestimmt von der Kontrollspanne der einzelnen Instanzen. Mit zunehmender Instanzentiefe können immer mehr organisatorische Tatbestände durch generelle Regelungen festgelegt werden; die Kontrollspanne der Instanzen steigt somit mit zunehmender Entfernung von der Unternehmungsspitze. Daraus folgt, daß in einem Filialnetz die Anzahl der Zweigstellen stets größer ist als die der Filialen, die der Filialen stets größer als die der Kopffilialen.

III. Organisation des Arbeitsablaufs in den Kreditinstituten

Während bei der Organisation des Aufbaus eines Betriebes die Betriebsaufgabe im Mittelpunkt der Betrachtungen steht, rückt bei der Ablauforganisation[37]) der Arbeitsprozeß als Vorgang in Raum und Zeit in den Vordergrund[38]). Letztes Ziel der Arbeitsablauforganisation ist die Erreichung der kürzesten Zeit des Durchlaufs aller Bearbeitungsobjekte durch das Unternehmen[39]). Dieser ursprünglich für Industriebetriebe formulierte Satz gilt gleichermaßen für Kreditinstitute, und zwar besonders im Hinblick auf den scharfen Wettbewerb zwischen den einzelnen Instituten. So muß z. B. jeder Kreditantrag mit der größtmöglichen Schnelligkeit bearbeitet werden, damit die Kunden nicht etwa zu Konkurrenzinstituten abwandern. Abgesehen davon spielt die Schnelligkeit des Arbeitsablaufs insofern eine erhebliche Rolle, als die meisten Bankleistungen am Tage der Auftragserteilung erbracht werden müssen. Dazu kommt aber noch ein weiteres. Die großen Geldwerte, mit denen Tag für Tag im Bankbetrieb gearbeitet werden muß, erfordern erhebliche Sicherungsvorkehrungen für den Arbeitsablauf, damit ein höchstmögliches Maß an Zuverlässigkeit erreicht wird. Im folgenden sollen

37) Vgl. Samm, Th., Der Arbeitsablauf im Bankbetrieb, in: Die Deutsche Bankwirtschaft, Bd. 4, S. 89 ff.; derselbe, Aufteilung und Gliederung der betrieblichen Arbeit, in: Die Bank, Bd. 3, S. 65 ff.

38) Vgl. Kosiol, E., Organisation der Unternehmung, Wiesbaden 1962, S. 185.

39) Vgl. Kosiol, E., Organisation der Unternehmung, S. 187.

daher zunächst die Probleme der Arbeitsablauforganisation in den Kreditinstituten unter dem Aspekt der Sicherheit[40]) erörtert werden[41]). Daran anschließend werden die Einzelbereiche der Ablauforganisation dargestellt.

1. Sicherheit des Arbeitsablaufs

Da in einem Bankbetrieb überwiegend Geld oder Werte mit hoher Fungibilität bewegt und bei der Erledigung einer Fülle vielfach gleichartiger Geschäftsvorfälle möglichst rasche Geschäftsabwicklung und große Umsatzschnelligkeit erstrebt werden, wird bei der Organisation eines Kreditinstituts primär das Streben nach Sicherheit berücksichtigt. Die Bilanzsumme wird z. B. bei einer Universalbank im Jahr etwa 50mal umgeschlagen, während der Kapitalumschlag bei Industrie- oder Handelsbetrieben im Durchschnitt das Drei- bis Sechsfache der Bilanzsumme erreicht. Das bedingt, daß sowohl die Risikoprobleme einer Kapitalüberlassung des Bankbetriebes an Dritte als auch die Fragen der Veruntreuungsmöglichkeiten im Bankbetrieb selbst ein wesentlich größeres Gewicht als bei Industrie- und Handelsbetrieben besitzen und vielseitige Kontrollen eingeführt werden müssen. Kontrollen stellen eine vorbeugende Überwachung der Arbeitsabläufe zu dem Zweck dar, Fehlern wirksam zu begegnen. Kontrollen können mit dem Arbeitsablauf direkt gekoppelt sein, oder sie folgen dem Arbeitsablauf zeitlich in kurzem Abstand. Sie werden laufend, periodisch, aperiodisch oder fallweise durchgeführt. Die Kontrolle selbst stellt einen Bestandteil des Arbeitsablaufs dar. Kontrollen sind entweder in den Ablauf eines Arbeitsgangs zwangsläufig eingebaut, oder sie werden dilatorisch durchgeführt. Der Einbau zwangsweise wirkender Kontrollen schlägt sich in der Zerlegung der Arbeitsabläufe in der Weise nieder, daß eine Person die Arbeit ausführt und eine andere sie überwacht. Je mehr automatisch wirkende Kontrollen eingebaut sind, desto besser ist der Arbeitsablauf organisiert. Dabei werden für den Aufbau und die Überwachung eines in seinem Grundprinzip logisch und konsequent durchgeführten Systems, sei es im Rechnungswesen, in der Organisation, sei es in der Verwaltung, das automatisch arbeitet und sich selbst kontrolliert, in zunehmendem Maße Möglichkeiten elektronischer Datenverarbeitung bedeutungsvoll.

---

40) Sicherheit kann allerdings oft nur auf Kosten der Wirtschaftlichkeit verwirklicht werden.

41) Vgl. hierzu: Dreischer, Organisation des Schalterverkehrs, in: Betriebswirtschaftliche Blätter 2/1956, S. 9 f.; Homann, Organisation des Schalter- und Kassenverkehrs, in: Betriebswirtschaftliche Blätter 1957, Sonderheft 3, S. 1 f.; Paullain, Arbeitszeit- und Arbeitsablaufuntersuchungen im Sparkassenbetrieb, in: Vorträge für Sparkassenprüfer 1957, S. 259 ff.; Bommersheim, W., Technik und Erkenntnisse bei der Untersuchung der Betriebsorganisation von Volksbanken, in: Der Volksbank-Betrieb 2/1960, S. 14 f., 3/1960, S. 23 f., 6/1960, S. 47 f.; Brandt, J., Banken und Sparkassen, Handbuch für die Planung von Bank- und Sparkassenbanken, München 1960; Soesters, K., Rationalisierung des Arbeitsablaufs durch zweckmäßige Gestaltung der Schalterhalle, in: Der Volksbank-Betrieb 7/1962, S. 63 f.; Bösel, F., Internationale Konferenzen über bankorganisatorische Fragen, in: Bank-Betrieb 5/1962, S. 54 ff.; Emmerich, G., Studien zur Terminplanung in ausgewählten Abteilungen von Kreditinstituten, Diss. Göttingen 1968; Butz, E., Die Anpassung des technisch-organisatorischen Bereichs von Kreditinstituten, Wiesbaden 1969.

Neben den Kontrollen dient die Revision dem Streben nach Sicherheit. Die Revision stellt eine nachträgliche Überprüfung der Arbeitsabläufe mit dem Ziel dar, Fehlern wirksam zu begegnen. Die Revision ist mit dem Arbeitsablauf nicht gekoppelt. Sie wird periodisch, aperiodisch oder fallweise durchgeführt. Während die in den Arbeitsablauf eingebauten Kontrollen jeden Geschäftsvorfall zwangsläufig erfassen, prüft die Revision die Arbeitsabläufe meist stichprobenweise. Zum Teil gehören diese Tätigkeiten zum Aufgabenbereich der Geschäftsleitung einer Bank, die einmal revidieren muß, damit ihr das betriebliche Geschehen nicht entgleitet, und zum anderen, weil sie verpflichtet ist, über die Ordnungsmäßigkeit des betrieblichen Geschehens Rechenschaft abzulegen. Die Geschäftsleitung selbst kann infolge der Vielfalt und der Vielzahl der bankbetrieblichen Leistungen, der hohen Wertumsätze und der räumlichen Ausdehnung ihres Geschäftsbetriebes nur einen geringen Teil der Revisionstätigkeit ausüben. Für die Masse der Revisionshandlungen schafft sie sich eine Stabsabteilung, die Revisionsabteilung, deren Einsatz sie leitet oder zumindest überwacht. Aufgabe der Revisionsabteilung ist es, die Geschäftsleitung in ihrer Überwachungspflicht durch Untersuchungen und objektive Berichterstattung zu unterstützen, die im Unternehmen angewendeten Verfahren und die bestehende Organisation zu beurteilen, die erforderlichen Änderungen bzw. Vereinfachungen auszuarbeiten, Fehlermöglichkeiten zu erkennen und das Unternehmen vor Verlusten zu schützen. Dazu ist erforderlich, daß die Revisionsabteilung vom Geschäftsablauf völlig unabhängig ist. Voraussetzung für ein unbeeinflußtes Prüfungsurteil der internen Revision ist, daß sie keinerlei Anordnungsbefugnissen von Beschäftigten des Betriebes unterliegt und Distanz zum betrieblichen Geschehen hat[42]).

Neben dem Streben nach Sicherheit durch organisatorische Maßnahmen ist das Streben nach Wirtschaftlichkeit zu berücksichtigen. Bei der Gestaltung der Organisation ist darauf zu achten, daß sowohl am Arbeitsplatz als auch innerhalb der Abteilungen und ebenso im Gesamtbetrieb nach dem Grundsatz gehandelt wird, jede Arbeitsverrichtung auf wirtschaftliche Weise, d. h. mit optimalem Personal- und Sachmitteleinsatz, durchzuführen. Das Streben nach Sicherheit konkurriert allerdings, da Sicherheitsvorkehrungen meist mit Aufwand verbunden sind, mit dem Prinzip der Wirtschaftlichkeit. Eine Bank kann jedoch nur bis zu einem gewissen Grad auf das Streben nach Sicherheit durch organisatorische Maßnahmen verzichten, um Kosten zu sparen.

---

42) Vgl. Hagenmüller, K. F., Probleme der Internen Revision bei Kreditinstituten, in: Interne Revision in der Wirtschaft und im Unternehmen, München 1961, S. 37 ff.; Brink, V. Z.-Cashin, J. A., Interne Revision, Berlin 1962; Corns, M. C., Bank Auditing, Cambridge (Mass.) 1955; Linhardt, H., Die Kontrolle im Bankbetrieb, Stuttgart 1926; Neumann, B., Kontrolle und Revision im Bankbetrieb, in: Die Bank, Bd. 3, S. 304—316; Dahmen, Innenrevision und Sparkassenleitung, in: Betriebswirtschaftliche Blätter 1958, Sonderheft 2 (Beilage zu Heft 6), S. 4—6; Kürschner, Der Innenrevisor als dritte Kraft im Betriebe, in: Betriebswirtschaftliche Blätter 1958, Sonderheft 2 (Beilage zu Heft 6), S. 1—3; Nehberg, K., Betriebskontrolle und Innenrevision. Aktuelle Fragen, in: Betriebswirtschaftliche Blätter 1963, Sonderheft 4, S. 1; Raßmann, H., Die Innenrevision bei den Sparkassen, Wpg 1954, S. 340—341; Hoffmann, H. G., Kontrolle und Revision von Zweigstellen, in: Der Volksbank-Betrieb 1, 2/1964, S. 44—46.

2. Einzelbereiche der Ablauforganisation

Während durch die Schaffung von Organisationsstrukturen stets die Ordnung der Zuständigkeiten durch Grob- und Feinverteilung der Betriebsaufgabe auf einzelne Verantwortungsbereiche geregelt wird, dient die Ablauforganisation der Regelung aller sich wiederholenden Einzelaufgaben am Arbeitsplatz und der Ordnung der Verbindungen der Arbeitsplätze untereinander. Die Arbeitsplatzorganisation bildet daher den Ausgangspunkt für die Ablauforganisation.

a) Arbeitsplatzorganisation

aa) Arbeitsplatzbeschreibung

Bei der Aufteilung der Funktionen auf alle organisatorischen Bereiche eines Betriebes ergibt sich eine Aufgaben- und Kompetenzpyramide. Sie besteht — wie nachstehendes Schaubild zeigt — aus dem Organisationsplan des Betriebes, den Stellenplänen der einzelnen Abteilungen und den Arbeitsplatzbeschreibungen.

Das Schaubild macht deutlich, daß die Pyramide ein durchgängiges System der Aufgabenzuordnung darstellt, bei dem sich die Rechte und Pflichten des einzelnen Arbeitsplatzes eindeutig aus der obersten Betriebsaufgabe ableiten lassen. Das Schaubild zeigt weiterhin, daß der Grad der Detaillierung der Aufgabenzuordnung mit zunehmender Entfernung von der Pyramidenspitze steigt und die Arbeitsplatzbeschreibungen damit das detaillierteste Glied in der gesamten Hierarchie der Aufgabenfixierung darstellen.

Bei der Arbeitsplatzbeschreibung wird zwischen allgemeinen und arbeitsplatzindividuellen Aufgaben unterschieden. Rechte und Pflichten, die für mehrere Arbeitsplätze in gleicher Weise gelten, lassen sich generalisieren und in einem Aufgabenkatalog zusammenfassen, der für mehrere Arbeitsplätze Gültigkeit besitzt. Diese „Katalog“-Aufgaben — etwa von Führungskräften — betreffen die Jahresplanung, die Überwachung der Zielrealisierung, die Zusammenarbeit mit hierarchisch gleichgestellten Positionsinhabern und die Mitarbeiterführung.

Insbesondere bei der Festlegung der Rechte und Pflichten im Hinblick auf die unterstellten Mitarbeiter ergeben sich bei hierarchisch unterschiedlich eingestuften Mitarbeitern abgestufte Aufgabenzuordnungen. Diese Abstufung bezieht sich vor allem auf das Recht der Mitwirkung bei Versetzungen, Beförderungen, Gehaltsfestsetzungen und der Beurteilung der Mitarbeiter. Deshalb empfiehlt es sich, die allgemeinen Führungsleitsätze, die für mehrere Arbeitsplätze gelten, nochmals zu differenzieren, beispielsweise in Leitsatz I und II.

In jeder arbeitsplatzindividuellen Beschreibung erfolgt dann der Hinweis, welcher der beiden Leitsätze für diesen Arbeitsplatz Gültigkeit besitzt. Die individuelle Arbeitsplatzbeschreibung legt für den einzelnen Arbeitsplatz die Hauptaufgabe fest, die Vertretungs- und Unterstellungsverhältnisse, die Haupttätigkeiten, die Kompetenzen sowie die Normalanforderungen an den Positionsinhaber und die Eingruppierung des Arbeitsplatzes in das Tarif-System des Betriebes.

Das Beispiel der Arbeitsplatzbeschreibung für den Innenleiter einer Filiale dient dazu, die Bedeutung der genannten Punkte zu erklären.

Stellenbeschreibung für die Position Innenleiter einer Filiale

Hauptaufgabe:	Steuerung der organisatorischen und personellen Belange in allen Abteilungen unter Beachtung wirtschaftlicher und sicherheitsmäßiger Gesichtspunkte. Gewährleistung der ordnungsgemäßen Durchführung aller Aufgaben im Rahmen des Zahlungsverkehrs, der Datenbearbeitung, der Buchhaltung, der technischen Verwaltungsfunktionen, der Expedition sowie aller Kontrollen.
Vertretungsverhältnisse:	
wird vertreten von:	Gruppenleiter Kontrollen
vertritt:	unterstellte Gruppenleiter Buchhaltung und Kontrollen
Unterstellungsverhältnisse:	
unmittelbar unterstellt:	dem Filialleiter
unmittelbar vorgesetzt:	den Mitarbeitern des Organisations- und Personalbereichs, den Gruppenleitern Zahlungsverkehr, Buchhaltung, Kontrollen, Datenbearbeitung, Expedition

Kompetenzen:	Abzeichnung von Stornobelegen für Buchhaltung und Datenbearbeitung. Verfügungen im Rahmen des Sachkostenetats bis zu einem Einzelbetrag von 1000 DM. Genehmigung der Rückerstattung von Provisions- und Zinseinnahmen an Kunden.

Haupttätigkeiten:

- sorgt für die Einhaltung von Organisationsrichtlinien in allen Abteilungen der Filiale
- steuert den Personaleinsatz im Einvernehmen mit dem jeweiligen Abteilungsleiter
- sorgt für einen reibungslosen innerbetrieblichen Geschäftsablauf in allen Abteilungen der Filiale
- sorgt für eine ausreichende Betriebsreserve und deren Einsatz sowie für eine möglichst vielseitige Aus- und Weiterbildung dieser Mitarbeiter
- ermittelt den jährlichen Personalbedarf auf Grund der mittelfristigen Personalbedarfsvorschau
- stellt die Personalbeschaffung auf der Grundlage der Personalplanung sicher
- sorgt für eine den geschäftlichen Erfordernissen angepaßte Bestandshaltung (Scheckhefte, Formulare, Kasse)
- sorgt für geordnete räumliche Verhältnisse
- stellt die regelmäßige Beurteilung aller Mitarbeiter durch den jeweiligen Vorgesetzten sicher
- sorgt für die vertrauliche Behandlung aller Fragen und Vorgänge im Personalbereich
- ist zuständig und verantwortlich für
  - fristgerechte und rationelle Bearbeitung des Zahlungsverkehrs
  - ordnungsgemäße und termingerechte Erfassung und Aufbereitung der Zahlen des Rechnungswesens
  - ordnungsgemäße Führung von Kontokorrent-, Internen- und Bankenkonten
  - zuverlässige und reibungslose Datenerfassung und Datenkontrolle
  - sorgfältigen und reibungslosen Postversand
  - sachgemäße Bearbeitung der Reklamationen und des Posteingangs
  - sachgerechte und sinnvolle Durchführung der festgelegten Kontrollen
  - die Abteilungen: Telefonzentrale
Autobetrieb und Tourendienst
Belegverwaltung mit Mikroverfilmung
Registratur und Archiv
Hausverwaltung

ARBEITSPLATZBESCHREIBUNG

Abteilung: Überweisungsabteilung **Arbeitsplatz:** Überweisungseingang von Filialen	**Filiale:**
Ist ☐ aufgestellt von Organisation/Arbeitsanalysen **Soll** ☒ überprüft von	**am:** **am:**

VERRICHTUNGEN

Diagramm

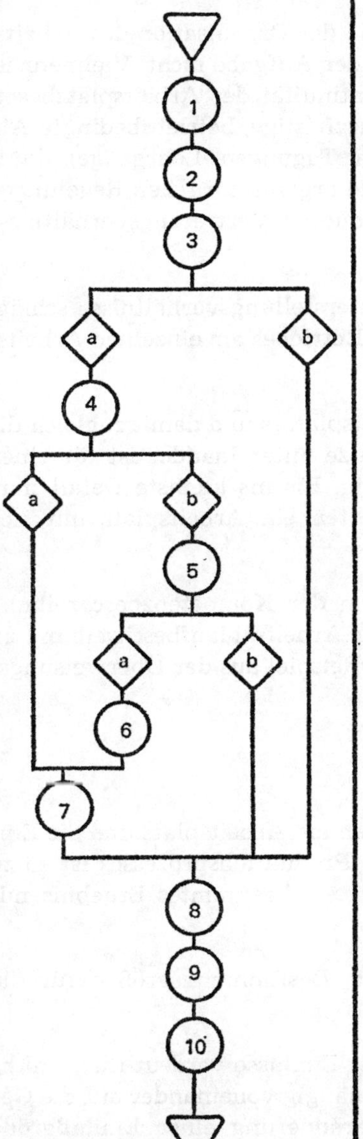

verbal

Annehmen	des Belegs von der Posteingangsstelle
Zählen	der Gutschriftsträger
Prüfen,	ob die Begünstigten Platzkunden (Kunden der Bank amOrt) des Kreditinstituts sind
a	Gutschriftsträger für Platzkunden
b	Gutschriftsträger für Nicht-Platzkunden
Prüfen,	ob die eigene Bank am Platz als Kontoverbindung genannt ist
a	Gutschriftsträger, in denen die eigene Bank genannt ist
b	Gutschriftsträger, in denen andere Banken genannt sind
Prüfen,	ob die Fakultativklausel benutzt werden kann
a	Die Fakultativklausel kann benutzt werden
b	Die Fakultativklausel ist gestrichen
Überstempeln	der Bankverbindung mit der Kontoverbindung der eigenen Bank
Schreiben	von Sondervaluten
Kontrollieren	der Kontonummern der eigenen Filiale auf dem Sammelbeleg
Entfernen	der Klammern von den Sammelbeleg-Päckchen
Kontrollieren	der Identität der Beträge auf dem Sammelbeleg und den Gutschriftsträgern (abhaken)
Kontrollieren	der angebrachten Sicherungen (Kontroll-Stempel und ab DM 20.000,– Unterschrift)
Weiterleitung	der Belege an Sortiergruppe

Die Hauptaufgabe legt fest, welcher Teil der obersten Betriebsaufgabe einem bestimmten Arbeitsplatz zugeordnet ist. Im Vergleich zur obersten Betriebsaufgabe liegt damit bereits eine relativ detaillierte Arbeitsplatzbeschreibung vor, während diese aus der Sicht des einzelnen Arbeitsplatzes nur eine Groborientierung darstellen kann. Um die Aufgabenverantwortung eindeutig festzulegen, erfolgt daher über die generelle Angabe der Hauptaufgabe hinaus eine weitgehend enumerative Benennung der Haupttätigkeiten eines Positionsinhabers.

Da die Arbeitsplatzbeschreibung in erster Linie der Organisation des Arbeitsablaufes dient, genügt die statische Fixierung der Aufgabe nicht. Vielmehr ist davon auszugehen, daß im Zeitablauf die Kontinuität der Arbeitsplatzbesetzung mehr oder weniger regelmäßig durch kurzfristige, betriebsbedingte Abwesenheit des Positionsinhabers (Konferenzen, Tagungen, Lehrgänge), durch Urlaub oder Krankheit unterbrochen wird. Die organisatorischen Regelungen haben durch die Festlegung arbeitsplatzindividueller Vertretungsverhältnisse die Kontinuität im Arbeitsablauf sicherzustellen.

Durch die Regelung der Vertretungs- und Unterstellungsverhältnisse schlägt sich das Kompetenz- und Weisungssystem des Betriebes am einzelnen Arbeitsplatz nieder.

Die klare Kompetenzbeschreibung eines Arbeitsplatzes und damit zugleich die kompetenzmäßige Abgrenzung der Arbeitsplätze untereinander ist für einen störungsfreien Arbeitsablauf besonders wichtig. Bis ins kleinste Detail muß angegeben werden, welche Rechte und Pflichten ein Arbeitsplatz mit sich bringt.

Neben diese Arbeitsplatzbeschreibung in Form der Kompetenzbeschreibung tritt die Arbeitsplatzbeschreibung in Form der Arbeitsablaufbeschreibung an einem Arbeitsplatz. Dafür ist auf Seite 73 ein Beispiel aus der Überweisungsabteilung gegeben.

bb) Arbeitsplatzkombination/Großraumbüro

Die Vereinigung der einzelnen Arbeitsleistungen am Arbeitsplatz und die Einordnung des Arbeitsplatzes in den Ablauf des Produktionsprozesses ist so zu organisieren, daß ein bestimmter Ertrag bzw. ein bestimmtes Ergebnis mit möglichst geringem Aufwand erreicht wird.

Das Schaubild auf Seite 75 systematisiert die Bestimmungsgrößen für die Organisation des einzelnen Arbeitsplatzes.

Die Pfeile im Schaubild sollen die Richtung der Einflüsse verdeutlichen; nicht nur die sechs genannten Faktoren wirken unabhängig voneinander auf die Gestaltung des Arbeitsplatzes, sondern jede Veränderung einer Einflußgröße kann bei den anderen Bestimmungsfaktoren Folgeänderungen auslösen.

Die Organisation bankbetrieblicher Büroräume beeinflussende Faktoren

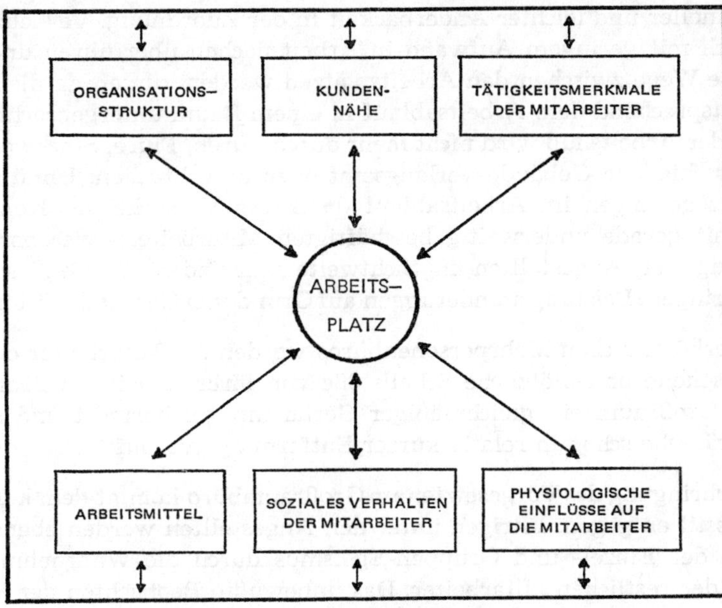

Bei der Kombination der einzelnen Arbeitsplätze zur Erreichung eines möglichst wirtschaftlichen Arbeitsablaufs bestehen grundsätzlich zwei Möglichkeiten:

(1) Einzelraum-Organisation,
(2) Großaum-Organisation.

Die herkömmliche Form der Raumgestaltung stellt die Einzelraum-Organisation dar. Das Wachstum der Kreditinstitute, die dadurch ausgelöste Bildung von Arbeitsplätzen mit gleichartigen Aufgaben und das Problem der räumlichen Verzahnung führten zur Nachahmung der räumlichen Organisation industrieller Produktionsprozesse. Insbesondere bei Fließbandarbeit leitet sich die Anordnung der Arbeitsplätze vorwiegend aus dem Erfordernis des Arbeitsablaufs ab. Die Übertragung der industriellen Raumorganisation auf Dienstleistungsbetriebe führte in den USA zu dem „Bürosaal", bei dem die Arbeitsplätze schulbankmäßig in Reih und Glied ausgerichtet sind. Seit 1959 haben Organisatoren und Architekten in der BRD einen Gebäudetyp entwickelt, der von der herkömmlichen Unterbringung der Mitarbeiter in Büros völlig abgeht.

Diese Arbeitsplatzkombination wird mit „*Büro-Großraum*", häufig auch als Gegensatz zum Bürosaal mit „Büro-Landschaft" bezeichnet. Mit dem Namen „Büro-Landschaft" soll die umfassende Betrachtungsweise bei der Organisation, insbesondere der Gestaltung der Arbeitsumwelt, hervorgehoben werden.

Die Vorteile des Großraumbüros unter wirtschaftlichen Gesichtspunkten liegen in der variablen Flächengröße für Arbeitsplätze und Arbeitsgruppen sowie deren schneller und leichter Änderbarkeit in der Zuordnung. Verkehrsflächen lassen sich mit geringem Aufwand in Arbeitsflächen überführen und umgekehrt. Die Wege zwischen den Arbeitsplätzen werden kürzer, da die Arbeitsplätze entsprechend dem Arbeitsablauf in einem Raum untergebracht werden können; der Arbeitsfluß wird nicht mehr durch Türen, Flure, Stockwerke oder sogar verschiedene Gebäude verlangsamt oder unterbrochen. Unnütze Wege oder Verzögerungen im Arbeitsablauf durch die Versuche der Kontaktaufnahme mit gerade anderweitig beschäftigten Mitarbeitern werden mit der Anordnung der Angestellten in Sichtweite vermieden. In Großraumbüros treten geringere Leistungsminderungen auf Grund von Geräuschstörungen auf.

In den herkömmlichen Mehrpersonenbüros werden die Mitarbeiter durch unvorhergesehene und plötzliche Schallstöße von ihrer Arbeit abgelenkt, während im Großraum ein gleichmäßiger Geräuschpegel herrscht und störende Einzelgeräusche schon in relativ kurzer Entfernung „verpuffen“.

Die Unterbringung des Vorgesetzten im Großraumbüro kommt dem kollegialen Führungsstil entgegen. Intrigen unter den Angestellten werden ebenso abgebaut wie der Einzel- und Gruppen-Egoismus durch die Wahrnehmung der Leistung der restlichen Mitarbeiter. Das unbewußte Beobachten der Kollegen und die gegenseitige Kontrolle können das Betriebsklima heben. Sicherlich wird gerade der Abbau maskierter Pausen von einigen Angestellten negativ empfunden. Auch die schlechtere Darstellung von Statussymbolen durch den Wegfall entsprechend ausgestatteter Einzelzimmer führt zur Ablehnung des Großraumbüros.

Wirtschaftliche Nachteile des Großraumbüros können im Vergleich zur konventionellen Bauweise in längeren Planungszeiten und höheren Planungskosten durch die Einbeziehung vieler Spezialisten liegen.

Die Großraum-Organisation führt nicht nur in Abteilungen des Leistungserstellungsbereiches zu optimalen Lösungen, sondern setzt sich in jüngster Zeit immer mehr auch in der Kombination von Arbeitsplätzen durch, die der Leistungsverwertung dienen[43]).

Die Umsetzung der Aufgabenzuordnung zu einzelnen Arbeitsplätzen und der Kombination der Arbeitsplätze innerhalb der einzelnen Abteilungen und der Abteilungen untereinander in die Praxis setzt voraus, daß die benötigten Flächen in der gewünschten Qualität und Quantität zur Verfügung stehen. Der gesamte Flächenbedarf eines Kreditinstituts ergibt sich aus den Flächenanforderungen der Einzel- und Großraumbüros sowie den Service- und den Sondernutzflächen.

---

[43]) Vgl. v. Voss, W. A., Moderne Bankarchitektur: Der Erweiterungsbau der Deutschen Bank in Frankfurt, in: Bank-Betrieb, 12. Jg. 1972, S. 23—25, S. 24; Schreiber, H. W., Moderne Bankarchitektur: Die neuen Kundendiensträume der Dresdner Bank, Frankfurt, in: Bank-Betrieb, 11. Jg. 1971, S. 328—329.

Unter Serviceflächen sind diejenigen Flächen zu verstehen, die jede Büroetage entsprechend der Büronutzfläche analog der Personenzahl an zentraler Stelle enthält, wie etwa Stockwerkdienste (z. B. Postein- und -ausgang, Wartemöglichkeiten für Besucher, Anschluß an Aktenförderungssysteme), Garderobe- und Pausezone, sanitäre Einrichtungen und Etagenputzräume.

Zu den Sondernutzflächen zählen zum Beispiel der Raumbedarf für die Telefonzentrale, den Betriebsrat, das Kasino, die Erste-Hilfe-Station, die Werkstätten für Haus- und Fremdhandwerker sowie die Bücherei.

Wenn der Raumbedarf eines Kreditinstituts die genutzten Flächen und die kurzfristig zur Verfügung stehenden Raumreserven übersteigt, müssen zusätzliche Räume gemietet oder zusätzliche Grundstücke und Gebäude gekauft oder neue Gebäude errichtet werden. Wenn Kreditinstitute nicht in unmittelbarer Nachbarschaft ihres bisherigen Standorts neuen Grund günstig erwerben können, ergibt sich die Frage, ob bestimmte Abteilungen ausgelagert und außerhalb des Stadtkerns untergebracht werden sollen. Für einen derartigen Standort sind insbesondere das Rechenzentrum und die von der Datenverarbeitung abhängigen Abteilungen geeignet. Welche Abteilungen im Einzelfall zu einer solchen „technischen Bank im Grünen" zu rechnen sind, muß eine exakte Analyse der Auslagerung ergeben[44]).

Unter den Aspekten der räumlichen Ausgliederung sind die Abteilungen einer Bank wie folgt zu unterteilen:

(1) Datenverarbeitungsbereich als Kernstück der „technischen Bank".

(2) Datenverarbeitungsabhängige Abteilungen, wie z. B. Überweisungs-, Scheck-, Wechsel-Abteilung, Buchhaltung, Effekten- und Devisenabrechnung, Effektenverwaltung und Expedition.

(3) Auslagerungsfähige Abteilungen unter den Gesichtspunkten: wenig Kontakte zu den in der Zentrale verbleibenden Abteilungen, wenig Kunden- und Geschäftskontakte im Stadtzentrum; hierzu zählen z. B. Revisions-, Werbe-, Ausbildungs-, Personal- und Organisationsabteilung.

(4) Übrige Abteilungen, die in der Zentrale verbleiben müssen, wie z. B. Zentralkasse, Geld-, Devisen-, Gold- und Sortenhandel sowie Börse.

Die Zweckmäßigkeit der Ausgliederung einzelner Abteilungen wird vor allem von den Beziehungen zwischen den Abteilungen und zu externen Stellen beeinflußt. Als wichtigste Beziehungsarten sind dabei zu berücksichtigen: der Schriftverkehr, der Belegfluß, Besuche, Telefongespräche, Material- und Wertefluß und die Datenübertragung. Die strukturelle Verschiebung innerhalb dieser Beziehungsarten kann die Standortbindung wesentlich beeinflussen. Heute

---

44) Vgl. Nonnenbroich, H., Moderne Bankarchitektur: Das technische Zentrum der Bayerischen Vereinsbank, in: Bank-Betrieb, 11. Jg. 1971, S. 236—239.

sprechen insbesondere der Schriftverkehr, der Belegfluß, Besuche sowie der Wertefluß gegen eine räumliche Trennung der Zentrale im Stadtkern und der technischen Bank. Mittelfristig dürfte sich die Struktur der Beziehungsarten zugunsten der Datenübertragung verschieben, bei der die Überbrückung der Entfernung kein so bedeutender Kosten- und Zeitfaktor mehr sein wird wie heute.

Bei der Auslagerung einzelner Abteilungen ist auch zu berücksichtigen, ob am neuen Standort Arbeitskräfte in der gleichen Anzahl und Qualität zu gleichen Bedingungen eingestellt werden können oder ob die Beschaffung der notwendigen Arbeitskräfte auf Grund eines für die Mitarbeiter ungünstigeren Standorts zu höheren Personal- und Sachaufwendungen führt.

b) Ablauforganisation

Die einzelnen Bankleistungen werden nicht für einen anonymen Markt, sondern für bestimmte individuelle Kunden zu von diesen Kunden bestimmten Terminen erbracht. Damit besteht der wesentliche Unterschied der bankbetrieblichen Arbeitsabläufe gegenüber solchen in Industriebetrieben darin, daß bei Banken das Auf- und Vom-Lager-Arbeiten nur in geringem Umfang möglich ist[45]). Die starre Abhängigkeit der bankbetrieblichen Leistungserstellung von den Kundenaufträgen würde dann keiner besonderen Erörterung bedürfen, wenn diese Aufträge zeitlich kontinuierlich erfolgten, wenn also der Arbeitsanfall in Kreditinstituten gleichmäßig wäre. Doch gerade die Anzahl der zu erbringenden Leistungen unterliegt bei Banken teilweise sehr großen Schwankungen.

Neben diesen kurzfristigen Schwankungen muß die Organisation eines Kreditinstituts ebenso den langfristigen Trend des Arbeitsanfalls berücksichtigen. Die kurzfristigen Schwankungen bestimmen die Betriebsbereitschaft, längerfristige Veränderungen beeinflussen die Betriebsgröße, d. h. die Zuordnung der persönlichen und sachlichen Kapazität.

Das Problem der Ablauf-Organisation besteht darin, eine richtige Kapazitätsbemessung des gesamten Kreditinstituts in den einzelnen Leistungsbereichen und in deren Zuordnung zueinander zu erreichen, um einerseits Spitzenanforderungen gewachsen zu sein und andererseits in Zeiten geringer Beanspruchung die Wirtschaftlichkeit des Bankbetriebs nicht zu stark zu belasten.

Grundsätzlich ist für die Erreichung der optimalen Kapazitätsauslastung des gesamten Kreditinstituts eine günstige Beanspruchung der Kapazitäten pro Arbeitsplatz Voraussetzung. Allerdings führt die optimale Kapazitätsauslastung pro Arbeitsplatz nicht zwingend zur optimalen Kapazitätsauslastung des Gesamtbetriebs.

---

45) Eine Ausnahme bilden z. B. die Geld-, Sorten- und Goldbestände oder die Vorbereitung von Inkassowechseln vor dem Versandtag.

Vielmehr muß die günstigste Auslastung aller Arbeitsplätze, die innerhalb eines bestimmten Produktionsprozesses durchlaufen werden, nicht isoliert, sondern gemeinsam betrachtet werden. Bei dieser Gesamtschau zeigt sich, daß innerhalb einer Kette von mehreren Arbeitsplätzen eines Produktionsprozesses die gesamte Kapazitätsauslastung dadurch verbessert werden kann, daß die bewußt ungünstige Auslastung eines Arbeitsplatzes toleriert und durch eine weit günstigere Auslastung eines vorgeschalteten oder nachgelagerten Arbeitsplatzes überkompensiert wird.

Die Analyse der Arbeitsablauf-Organisation setzt daher am einzelnen Arbeitsplatz an. Bei der Zusammenfügung einzelner Arbeitsplätze zu Verbundabläufen sind die Kapazitäten der einzelnen Arbeitsplätze zur Erreichung der optimalen Kapazität des gesamten Kreditinstituts entsprechend aufeinander abzustimmen.

aa) Ablauf am Arbeitsplatz

Die Untersuchung der Haupteinflußfaktoren der Beschäftigungsschwankungen stellt eine wichtige Voraussetzung für eine günstige Kapazitätsauslastung pro Arbeitsplatz dar. Im wesentlichen lassen sich die kurzfristigen Schwankungen auf folgende Faktoren zurückführen:

(1) Periodische Schwankungen

Unter periodischen Schwankungen sind fortlaufend wiederkehrende Änderungen der Stückzahlen der Bankleistungen zu verstehen, die von den verschiedenen Wochen- und Kalendertagen und von Saisoneinflüssen abhängen. Die Häufung der Stückzahlen am Montag und Freitag in einigen Abteilungen der Bank ist auf die Arbeitsunterbrechung des Leistungserstellungs- und -verwertungsprozesses am Wochenende zurückzuführen. Einerseits stauen sich über das Wochenende angelieferte, jedoch noch nicht erledigte Aufträge (Posteingang am Samstag, Nachttresoreinzahlungen von Freitag bis Sonntag), andererseits verlagern Kunden verschiedene Bankgeschäfte auf den Freitag (z. B. Barabhebungen), weil sie an den beiden folgenden Tagen bei den Banken nicht bedient werden. Die Arbeitsspitzen an bestimmten Kalendertagen sind entweder Konvention (z. B. Kupon- und Dauerauftragstermine, Einzahlungen für Stadtwerke) oder richten sich an gesetzlichen Vorschriften aus (z. B. Freiwerden von Sparverträgen) oder hängen vom Eingang der Gutschriften auf den Kundenkonten (z. B. Gehaltsabhebungen) ab.

Zu den jahreszeitlichen Schwankungen gehören die Arbeitsbelastungen in der Buchhaltung, im Rechenzentrum, in der Geldstelle und auch im Schalterverkehr an Steuerterminen, vor und nach Festtagen, während des Saisonschlußverkaufs, an Kontoabschlußterminen und während der Reisezeit an der Sortenkasse.

(2) Aperiodische Schwankungen

Unter aperiodischen Schwankungen sind unregelmäßig wiederkehrende und einmalige Änderungen der Stückzahlen der Bankleistungen zu verstehen. Der Arbeitsanfall im Effektenhandel und die Abwicklung der Plazierung von Volksaktien bilden hierzu gute Beispiele. Ebenso sind hier die unterschiedlichen Arbeitsbelastungen einzuordnen, die sich aus notenbankpolitischen Beschlüssen bei den Kreditinstituten ergeben, wie z. B. Entscheidungen über neue Kreditkonditionen bei Änderungen des Diskont- und/oder Lombardsatzes.

Den Kreditinstituten stehen bei der Verwirklichung einer möglichst günstigen Kapazitätsauslastung grundsätzlich zwei Wege offen.

Erstens können sie versuchen, den Arbeitsanfall entsprechend der personellen und sachlichen Ausstattung des einzelnen Arbeitsplatzes zu steuern, oder sie können sich zweitens an den zeitlich unterschiedlichen Arbeitsanfall anpassen.

Mit Hilfe der Steuerung streben die Banken einen gleichmäßigen Arbeitsanfall oder zumindest eine Verringerung der Schwankungen im Arbeitsanfall an. Das Bemühen um Steuerung muß damit bei den Arbeitsspitzen und in Zeiten der Unterbeschäftigung ansetzen. Im Idealfall wird dabei der Arbeitsanfall von Spitzenzeiten in Zeiträume mit wenig Arbeit verlagert. Der erste Schritt eines solchen Vorgehens besteht in einer Vorhersage der zu erwartenden Schwankungen pro Arbeitsplatz und der Feststellung, welche Arbeiten zeitlich vorgezogen bzw. verschoben werden können, ohne daß Verärgerungen der Kunden auftreten und eine Beeinträchtigung sonstiger Ziele eintritt. Der Andrang am Schalter am Ultimo kann vereinzelt durch Sonderabsprachen mit den Arbeitgebern der Kunden abgeschwächt werden. Ebenso lassen sich Einzahlungen zugunsten Dritter (z. B. Stadtwerke) durch Erhebungen einer zeitabhängigen Gebühr zwischen dem 26. eines Monats und dem 3. des Folgemonats auf Zeiten mit geringerer Leistungsabnahme am Schalter verlagern.

Selbst wenn sich eine Bank bemüht, die periodischen Schwankungen abzuflachen und den beeinflußbaren aperiodischen Arbeitsanfall (z. B. Übernahmearbeiten von einzelnen Sachgebieten auf die elektronische Datenverarbeitung) möglichst in Zeiten mit geringer Leistungsbeanspruchung zu legen, wird ihr eine vollständige Ausschaltung der Schwankungen nicht gelingen.

Die Kreditinstitute müssen daher versuchen, sich an die Schwankungen anzupassen; diese Anpassung kann zeitlich, intensitätsmäßig oder quantitativ erfolgen[46]).

bb) Verbundabläufe

Die einzelnen Arbeitsplätze, die innerhalb eines Verbundablaufs zusammengehören, sind so organisatorisch aneinanderzureihen, daß die gesamte Durch-

[46]) Vgl. Gutenberg, E., Die Produktion, S. 354 ff.

laufzeit eines Arbeitsvorgangs durch alle Arbeitsplätze möglichst gering ist. Die gesamte Durchlaufzeit ergibt sich aus der Summe der Transport-, Warte- und Bearbeitungszeiten. Die genaue Erfassung dieser Zeiten gelingt am besten durch die Aufstellung eines Arbeitsdiagramms. Das Beispiel der Disposition und Auszahlung einer Barabhebung zu Lasten eines Kundenkontos dient zur näheren Erläuterung.

Arbeitsablauf der Disposition und Auszahlung einer Barabhebung zu Lasten eines Kundenkontos

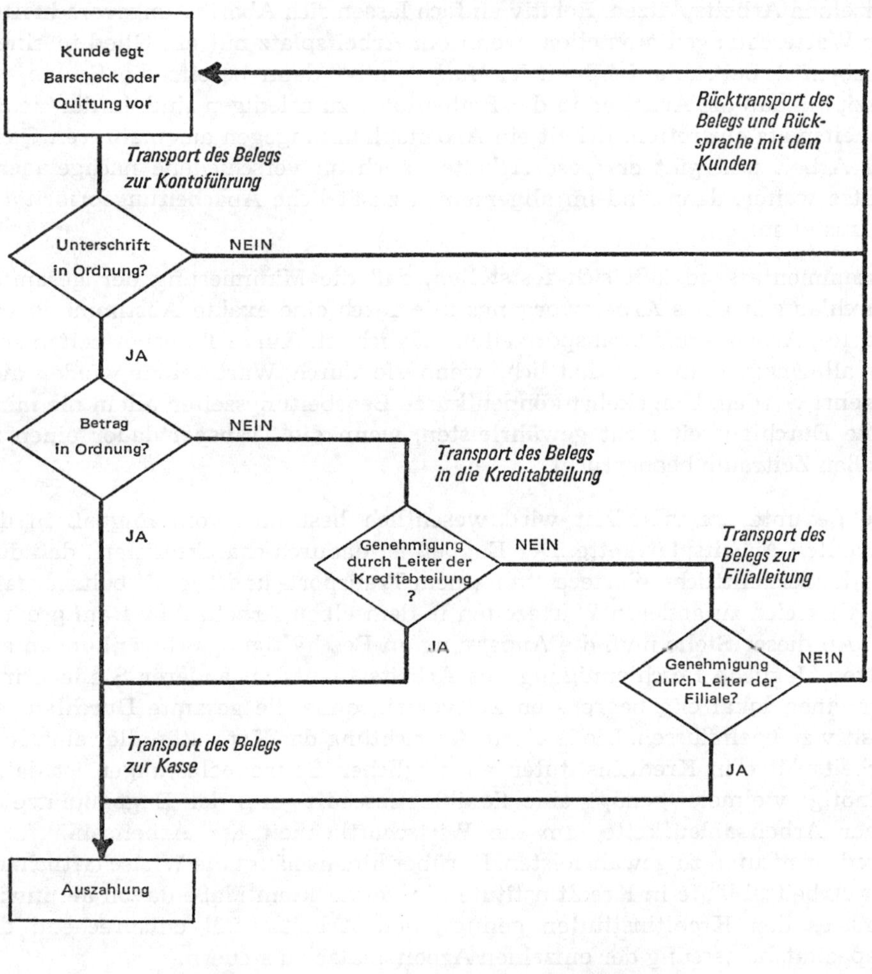

Wie das Schaubild zeigt, setzt sich die gesamte Durchlaufzeit für die Bearbeitung einer Barauszahlung im günstigsten Falle zusammen aus:

(1) Entgegennahme des Barschecks oder der Quittung am Schalter,
(2) Transport des Belegs zur Kontoführung,
(3) Unterschrifts- und Betragsprüfung durch Kontoführer,
(4) Transport des Belegs zur Kasse,
(5) Auszahlung des Betrags an der Kasse.

Im günstigsten Fall brauchen keine Wartezeiten berücksichtigt zu werden, die vor jedem Arbeits- und Transportvorgang auftreten können. Wartezeiten entstehen immer dann, wenn der Arbeitsanfall und die Leistungskapazität pro Arbeitsplatz im Zeitablauf nicht synchron verlaufen. Bildlich gesprochen entstehen in diesen Fällen Schlangen von wartenden Arbeitsvorgängen an den einzelnen Arbeitsplätzen. Relativ einfach lassen sich Abarbeitungsvorschriften für Warteschlangen aufstellen, wenn ein Arbeitsplatz nur ein Glied in einem einzigen Arbeitsablauf bildet. Vielfach genügt dann bereits die Schlangendisziplin, daß die Arbeiten in der Reihenfolge zu erledigen sind, in der sie am Arbeitsplatz eintreffen. Erhält ein Arbeitsplatz hingegen aus mehreren Quellen Arbeit und gibt er diese Arbeiten auch an verschiedene nachgelagerte Plätze weiter, dann sind im allgemeinen zusätzliche Abarbeitungsprioritäten aufzustellen.

Zusammenfassend läßt sich feststellen, daß die Minimierung der gesamten Durchlaufzeit eines Arbeitsvorgangs nur durch eine exakte Abstimmung von Warte-, Arbeits- und Transportzeiten möglich ist. Kurze Transportzeiten sind im allgemeinen unwirtschaftlich, wenn sie durch Wartezeiten wieder aufgezehrt werden. Umgekehrt können kurze Bearbeitungszeiten allein die minimale Durchlaufzeit nicht gewährleisten, wenn die Transportdauer einen zu großen Zeitraum beansprucht.

Die gesamte Durchlaufzeit wird wesentlich bestimmt vom Engpaß in der gesamten Arbeitsplatzkette. Der Engpaß ist dadurch charakterisiert, daß dort die durchschnittliche Wartezeit vor einem Transport- und/oder Arbeitsvorgang im Vergleich zu anderen Wartezeiten in demselben Arbeitsablauf am größten ist. An dieser Stelle muß die Anpassung an Beschäftigungsschwankungen ansetzen. Jegliche Beschleunigung des Arbeitsablaufs an anderer Stelle bringt nur einen lokal eng begrenzten Zeitvorteil, ohne die gesamte Durchlaufzeit positiv zu beeinflussen. Die isolierte Ausrichtung der Kapazität aller einzelnen Arbeitsplätze in Kreditinstituten an möglichen Spitzenbelastungen ist daher unnötig; vielmehr genügt eine flexible Beschäftigung der Engpaßplätze in einer Arbeitsablaufkette, um die Wirtschaftlichkeit der Arbeitsabläufe in Kreditinstituten zu gewährleisten. Darüber hinaus hängt die Wirtschaftlichkeit der Arbeitsabläufe in Kreditinstituten in verstärktem Maße davon ab, inwieweit es den Kreditinstituten gelingt, den Arbeitsanfall entsprechend der Kapazitätsbemessung der einzelnen Arbeitsplätze zu steuern.

Das folgende Beispiel charakterisiert einen sachbezogenen, arbeitsplatzübergreifenden Arbeitsablaufplan.

ARBEITSABLAUFÜBERSICHT

Funktion: Anschaffungsdarlehen

Ist ☐ aufgestellt von Organisation/Arbeitsanalysen **am:**
Soll ☒ überprüft von **am**

Diagramm	*Beschreibung*

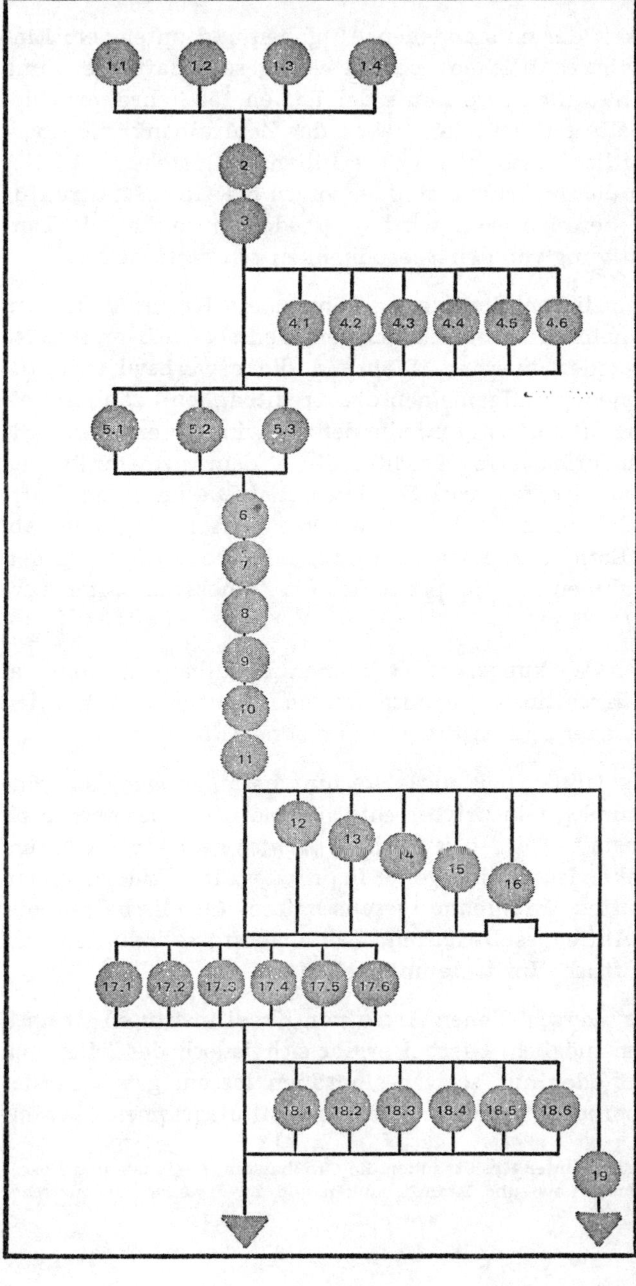

1. Anfrage eines Interessenten und Vorgespräch
- 1.1 persönlich
- 1.2 telefonisch
- 1.3 schriftlich
- 1.4 durch Vermittler

2. Bearbeitung des Darlehensantrags

3. Kreditgenehmigung

4. zusätzliche Besicherung
- 4.1 Kfz.-Sicherungsübereignung
- 4.2 Lebensversicherung
- 4.3 Bürgschaft Dritter
- 4.4 interne Sperre
- 4.5 Restschuldversicherung
- 4.6 sonstige

5. Zurverfügungstellung des Darlehensbetrages
- 5.1 Barauszahlung
- 5.2 Gutschrift auf Konto/ Überweisung an Dritte
- 5.3 Kombination aus 5.1 bis 5.2

6. Kontoeröffnung

7. SCHUFA-Meldung

8. Anlegen der Kreditakte

9. Kreditbestätigung und Buchung der Kreditkosten

10. Entgegennahme der Rückzahlungen

11. Überwachung des Darlehensbestandes

zusätzliche Arbeiten bei

12. Stundung
13. vorzeitiger Rückzahlung
14. Aufstockung
15. vorübergehender Sicherheitenaushändigung
16. SCHUFA-Nachmeldungen

17. Krediterledigung -kontomäßig-
- 17.1 Vorzeitige Tilgung
- 17.2 Darlehenskonto ist kreditorisch
- 17.3 Kredit ausgelaufen, Saldo 0
- 17.4 kleiner Debetsaldo
- 17.5 Löschung vorgemerkt
- 17.6 Eröffnung und Löschung

18. Krediterledigung -sicherheitenmäßig
- 18.1 Kfz-Sicherungsübereignung
- 18.2 Lebensversicherung
- 18.3 Bürgschaft Dritter
- 18.4 interne Sperre
- 18.5 Restschuldversicherung
- 18.6 sonstige

19. Abwicklung notleidender Darlehen

Ablage

E. Arten der Kreditinstitute

Infolge der Vielgestaltigkeit der entstandenen Aufgaben und unter dem Einfluß der allgemeinen wirtschaftlichen, politischen, gesellschaftlichen und rechtlichen Entwicklung haben sich im Laufe der letzten 150 Jahre verschiedene Arten von Kreditinstituten gebildet. Neben der Zentralbank, die überwiegend gesamtwirtschaftliche Aufgaben zu erfüllen hat, stehen die Geschäftsbanken. Innerhalb dieser Gruppe sind — sofern die Geschäftsstruktur als Gliederungsmerkmal herangezogen wird — wiederum solche mit Tendenz zu universeller Betätigung von den Spezialbanken zu unterscheiden.

Nach der betriebswirtschaftlichen Zielsetzung können die Kreditinstitute in erwerbswirtschaftlich, gemeinwirtschaftlich und genossenschaftlich orientierte Betriebswirtschaften gegliedert werden. Während die erwerbswirtschaftlichen Bankbetriebe, zu denen im allgemeinen die Kreditbanken[1]) zählen, Leistungen erstellen, um einen (langfristig maximalen) Gewinn zu erzielen, ordnen gemeinwirtschaftlich orientierte Kreditinstitute dem gemeinnützigen Zweck, dem sie dienen, das Streben nach Gewinn unter. Die genossenschaftlichen Kreditinstitute zielen primär auf die Förderung ihrer Mitglieder ab, und das Streben nach Erzielung eines Ertrages, der die Aufwendungen übersteigt, soll nur im Rahmen des Hauptzweckes der Genossenschaften verfolgt werden[2]).

Nach dem geographischen Wirkungsbereich können Lokalbanken, regional und überregional tätige Kreditinstitute unterschieden werden und bei den letzten beiden Gruppen wiederum Institute mit und ohne Filialnetz.

Wird die Rechtsform als Unterscheidungskriterium herangezogen, so können die Kreditinstitute zunächst in privatrechtliche und öffentlich-rechtliche (Körperschaften bzw. Anstalten des öffentlichen Rechts) gegliedert werden. Die privatrechtlichen Banken lassen sich weiter in private (Einzelunternehmen, Offene Handelsgesellschaften, Kommanditgesellschaften, Gesellschaften mit beschränkter Haftung, Aktiengesellschaften, Kommanditgesellschaften auf Aktien) und genossenschaftliche Institute unterteilen.

Eine Systematisierung der verschiedenen Arten von Kreditinstituten ist nach allen genannten Kriterien möglich. Hierbei ergibt sich jedoch das Dilemma, daß sich Grenzfälle nicht oder nur schwer einordnen lassen, gewisse Wiederholungen bei den Besprechungen der einzelnen Institutsgruppen notwen-

---

[1]) Die Deutsche Bundesbank erfaßt unter Kreditbanken die Großbanken, Regional- und Lokalbanken, Privatbankiers, Spezial-, Haus- und Branchebanken und Zweigstellen ausländischer Banken.

[2]) Vgl. § 1 GenG.

dig werden und aus diesem und einer Reihe anderer Gründe die Übersichtlichkeit leidet.

In dem Bestreben, diese Nachteile möglichst klein zu halten, wurde im folgenden die Rechtsform als Haupteinteilungskriterium zugrunde gelegt und eine grobe Gliederung in

I. privatrechtliche Kreditinstitute und

II. öffentlich-rechtliche Kreditinstitute

vorgenommen. Um Wiederholungen zu vermeiden, wurden die privatrechtlich und öffentlich-rechtlich organisierten Realkreditinstitute, für die sich weitgehend gleiche Ausführungen machen lassen, unter Punkt

III. Realkreditinstitute

ausgegliedert. Eine weitere Ausnahme von der grundsätzlich nach der Rechtsform ausgerichteten Systematik mußte bei der Einordnung der Deutschen Bundesbank gemacht werden. Auch in einer Darstellung, die sich vornehmlich um eine Beschreibung des Wesens und der Probleme von Geschäftsbanken bemüht, muß die Bedeutung, die die Notenbank für die übrigen Kreditinstitute und generell für die Gesamtwirtschaft hat, schon durch eine gliederungsmäßige Hervorhebung zum Ausdruck gebracht werden. Die Deutsche Bundesbank wird deshalb anstatt unter den öffentlich-rechtlichen Kreditinstituten, zu denen sie ihrer Rechtsform nach gehört, in dem Sonderabschnitt

IV. Deutsche Bundesbank

abgehandelt.

I. Privatrechtliche Kreditinstitute

Innerhalb der Gruppe der privatrechtlichen Kreditinstitute wird die weitere Untergliederung wiederum primär nach der Rechtsform vorgenommen. Bedingt durch die arteigene Aufgabenstellung, wird die Abhandlung der privatrechtlichen Spezialkreditinstitute und der Kreditinstitute mit Sonderaufgaben in besonderen Abschnitten durchgeführt.

1. Einzelunternehmen und Personengesellschaften (Privatbankiers)

Eine umfassende betriebswirtschaftliche Definition des Begriffes „Privatbankier“ zu geben ist schwierig, weil die Zwecksetzung der einzelnen Unternehmen im Privatbankiergewerbe sehr unterschiedlich ist. Eine klare Abgrenzung von anderen Kreditinstituten ist mit Hilfe geschäftlicher und betrieblicher Merkmale und Prinzipien nicht eindeutig möglich. Ein relativ günstiges Kriterium für die Begriffsbildung sind die Rechtsformen der Privatbankierunternehmen, aus denen sich wiederum betriebswirtschaftliche Arteigenheiten bezüglich Umfang der Haftung und Art der Unternehmensführung ableiten lassen.

Zum Privatbankiergewerbe zählen alle Kreditinstitute in der Rechtsform des Einzelunternehmens, der Offenen Handelsgesellschaft und der Kommanditgesellschaft; der Entwurf der Novelle zum Kreditwesengesetz vom Dezember 1974 sieht vor, daß die Rechtsform des Einzelunternehmens künftig bei allen Banken unzulässig sein soll. Bereits zugelassene Einzelbankiers können ihre Bankgeschäfte in der bisherigen Rechtsform weiterführen[3]). Der Einzelunternehmer und die (geschäftsführenden) Gesellschafter der Personengesellschaften werden als Privatbankiers bezeichnet. Bei ihnen steht das persönliche Moment, nämlich Aufbringung mindestens von Teilen des Eigenkapitals, Haftung mit dem gesamten Geschäfts- und sonstigen Vermögen sowie die eigene Verantwortung, im Vordergrund.

Privatbankiers sind diejenigen Unternehmer des privaten Bankgewerbes, die unter Einsatz eigenen Kapitals, unbeschränkter Haftung mit ihrem Gesamtvermögen und mit Entscheidungsbefugnis ohne übergeordnete Organe unter Hervorhebung des persönlichen Moments, d. h. individueller Beratung und engster Zusammenarbeit mit privaten Kunden und Betriebswirtschaften, im Sinne des § 1 KWG Bankgeschäfte betreiben[4]).

a) Geschichtliche Entwicklung

Anfänge des Privatbankiergewerbes sind in Deutschland bereits im Mittelalter zu finden. Angeregt durch die Entwicklung in Italien, die Gepflogenheiten der deutschen Handelshäuser Fugger und Welser und nicht zuletzt durch das vielgestaltige Münzwesen der damaligen Zeit, erachteten es manche Handelsunternehmen als vorteilhaft, für ihre Kunden auch Geldwechsel- und Kreditgeschäfte zu übernehmen. Diese Erwägungen führten z. B. dazu, daß die Weinhandlung Koch, Lauteren & Co., Frankfurt a. M. (gegr. 1586)[5]), und die Farbholzhandlung von Jaeger, Düsseldorf (gegr. 1785)[6]), Geldgeschäfte für

---

[3]) Vgl. Deutscher Bundestag, 7. Wahlperiode, Drucksache 7/3657 vom 20. 5. 1975, Anlage 1: Entwurf eines Zweiten Gesetzes zur Änderung des Gesetzes über das Kreditwesen, Anlage 2: Stellungnahme des Bundesrates, Anlage 3: Gegenäußerung der Bundesregierung zur Stellungnahme des Bundesrates.

[4]) Der Begriff Privatbankier wird im folgenden auch synonym für das gesamte Unternehmen eines Privatbankiers verwendet.

[5]) Vgl. Frankfurt a. M. als Bankplatz, hrsg. von Mushake, E. und L. M. A., Trautheim über Darmstadt o. J. (1951/52).

[6]) Vgl. Wilden, J., 150 Jahre C. G. Trinkaus, ein Beitrag zur heimischen Wirtschaftsgeschichte, Düsseldorf o. J. (1925), S. 22. Seit 1852 firmiert die Firma Jaeger: C. G. Trinkaus; seit 1972: C. G. Trinkaus & Burkhardt. Vgl. hierzu: Wilden, J., a. a. O., S. 39 und C. G. Trinkaus & Burkhardt, Geschäftsbericht 1972, S. 4.

ihre Warenkunden durchführten. Beide Handelshäuser entwickelten sich später zu reinen Privatbankierunternehmen.

Ein anderer Ursprungszweig für Privatbankierunternehmen war das Speditionsgewerbe. Die Häuser von Metzler seel. Sohn & Co., Frankfurt a. M.[7]), und Georg Hauck & Sohn, Frankfurt a. M.[8]), die ein Speditions- und Kommissionsgeschäft betrieben, befaßten sich frühzeitig mit dem Kreditgeschäft, da ihre Kunden vielfach die beträchtlichen Summen für Zölle, sonstige Abgaben und Transportkosten erst nach Veräußerung der Waren aufbringen konnten.

Gegen Ende des 19. Jh. herrschte in Deutschland in immer stärkerem Maße die Tendenz vor, die Handelsgeschäfte zugunsten der bankgeschäftlichen Tätigkeit aufzugeben, weil eine solche Spezialisierung durch das starke Anwachsen der Geld- und Kreditgeschäfte zweckmäßig erschien. Heute gibt es in Deutschland infolgedessen nur noch wenige Privatbankiers, die Warenhandels- und Bankgeschäfte zugleich betreiben und dem englischen Beispiel folgend als „Merchant Bankers" bezeichnet werden[9]).

Eine Folge der im 19. Jh. stark einsetzenden Industrialisierung und des damit verbundenen hohen Kapitalbedarfs war die Gründung von Aktienbanken[10]). Ihre Errichtung erfolgte vielfach auf Initiative oder unter Mitwirkung von Privatbankiers. Die Aktienbanken ergänzten zunächst die finanzielle Betreuung der Großfirmen durch die Privatbankiers und lösten letztere schließlich in vielen Fällen — gestützt auf ihre eigene größere Kapitalkraft — ab. Trotzdem gibt es auch heute noch eine relativ große Anzahl von Privatbankiers, die Kapitalgeber und vor allem persönliche Berater bedeutender gewerblicher Unternehmen sind. Dies ist nicht zuletzt auf die engen Beziehungen zwischen den Privatbankiers und den jeweiligen Inhabern der gewerblichen Unternehmen in den verschiedenen Generationen zurückzuführen.

Die Anzahl der Privatbankierfirmen unterlag, wie die der Institute anderer Rechtsformen, ständigen Schwankungen.

In Frankfurt allein gab es z. B. im Jahre 1855: 109 (bei nur 1131 gewerblichen Unternehmen insgesamt), 1869: 192[11]) und im Jahre 1962: 19[12]) Privatbankiers. Nach Mitteilungen der Reichsbank wurden im Gesamtreich 1913: 1221, 1925: 1406, 1933: 709[13]) Firmen gezählt. Durch die Verluste an

---

7) Vgl. Frankfurt a. M. als Bankplatz, a. a. O., S. 102.

8) Vgl. Frankfurt a. M. als Bankplatz, a. a. O., S. 74.

9) Vgl. Zahn, J. C. D., Der Privatbankier, Frankfurt/Main 1963, S. 17.

10) Vgl. Riesser, J., Die deutschen Großbanken und ihre Konzentration im Zusammenhang mit der Entwicklung der Gesamtwirtschaft in Deutschland, 4. Aufl., Jena 1912, S. 36/37.

11) Vgl. Groh, F., Die Bedeutung der Privatbankiers in der heutigen Wirtschaft, Diss. Nürnberg 1957, S. 21.

12) Lt. Statistik der Deutschen Bundesbank.

13) Vgl. Untersuchung des Bankwesens, II. Teil (Statistiken), S. 9.

Eigenkapital nach dem ersten Weltkrieg und teilweise bedingt durch den damaligen Rückgang der Börsentätigkeit sah sich mancher Privatbankier zur Liquidation oder Fusion mit anderen Banken gezwungen. In der Zeit von 1914 bis 1933 gingen 267 Privatbankierfirmen, das sind 64,3 % der insgesamt übernommenen Kreditinstitute, in den Großbanken auf[14]). Nach 1933 machten sich noch immer die Folgen der Nachkriegszeit und der Weltwirtschaftskrise bemerkbar; hinzu kam der einsetzende Arisierungsprozeß. Beides ließ den Privatbankierstand bis zum Jahre 1941 auf 493[15]) Unternehmen zusammenschrumpfen. Von diesen hatten 344 ihren Sitz innerhalb der heutigen Grenzen der Bundesrepublik. Ende 1973 bestanden in der Bundesrepublik Deutschland noch 144 Privatbankierfirmen[16]).

Diese zahlenmäßige Abnahme der Privatbankierunternehmen kann jedoch nicht als parallel verlaufend mit ihrer Bedeutung und symptomatisch für ihre Stellung im gesamten Kreditgewerbe angesehen werden. Die Bedeutung des Privatbankierstandes innerhalb der gesamten Kreditwirtschaft war im fünften Jahrzehnt dieses Jahrhunderts wesentlich größer als im dritten Jahrzehnt; die Privatbankiers konnten ihre Stellung im gesamten Bankgewerbe von 1950 bis 1973 — gemessen an dem bilanziellen Niederschlag ihrer Tätigkeit, der keineswegs ihre gesamten Leistungen erfaßt — nicht vollständig behaupten[17]). Ein gravierender Einschnitt erfolgte jedoch in den Jahren 1973/74 als Folge sowohl der Hochzins- und Stabilitätspolitik der Bundesbank als auch eines durch die Insolvenz des Bankhauses I. D. Herstatt KGaA ausgelösten Vertrauenseinbruches bei der Privatbankenkundschaft; beides führte zur Gründung der „Liquiditäts-Konsortialbank GmbH“, Frankfurt.

Während in den 50er Jahren nur 19 Bankinsolvenzen zu verzeichnen waren, davon 15 Privatbankhäuser, und in den 60er Jahren 16 Insolvenzen, darunter 12 Privatbankhäuser, mußten 1973 bereits 5 Institute ihre Schalter schließen, 1974 waren es 13 Institute[18]).

b) Klassifizierung

Der seiner Struktur nach sehr heterogene Stand der Privatbankiers läßt sich nach folgenden Gesichtspunkten aufgliedern. Zunächst bietet es sich an, nach dem Eigenkapital und der Bilanzsumme zu klassifizieren. Als weiteres Merkmal kommen die Hauptgeschäftsarten in Frage. Ferner können Institute mit

---

14) Vgl. Bank-Archiv, Jg. 1934/35, S. 18, Übersicht 5.

15) Vgl. Bank-Archiv, Jg. 1941, S. 141, Übersicht 2.

16) Vgl. Monatsberichte der Deutschen Bundesbank, Juli 1974, S. 41.

17) Vgl. Die Stellung des Privatbankiers im deutschen Kreditgewerbe, in: Monatsberichte der Deutschen Bundesbank, November 1961, S. 11—23, hier S. 22; vgl. u. a. ferner: Hassmann, H., Die Gestalt des Privatbankiers, Bielefeld 1953; Heide, K., Stellung und Aufgaben der deutschen privaten Banken in der Gegenwart, in: Verhandlungen des IX. Deutschen Bankiertages zu Köln am Rhein am 9. und 10. Oktober 1958, Frankfurt/Main 1959, S. 81—93; Neumann, R., Der deutsche Privatbankier — Seine Stellung im deutschen Kreditgewerbe nach 1948, Wiesbaden 1965; Zahn, J. C. D., Der Privatbankier, 3. Aufl., Frankfurt am Main 1972.

18) Vgl. „Chronologie der Nachkriegsinsolvenzen“, in: Blick durch die Wirtschaft vom 11. 9. 1974.

oder ohne Filialen unterschieden werden. Da keinerlei Unterlagen hinsichtlich des Eigenkapitals vorhanden sind, sei die Struktur zunächst anhand des Geschäftsvolumens aufgezeigt[19]).

Geschäftsvolumen in Mill. DM	Anzahl der Institute (Stand Ende Dez. 1973)
unter 1	12
1 bis unter 5	17
5 bis unter 10	20
10 bis unter 25	17
25 bis unter 50	24
50 bis unter 100	12
100 bis unter 500	31
500 bis unter 1 000	8
1 000 bis unter 5 000	7

Der Sitz der großen Privatbankierfirmen liegt an bekannten Handels- und Börsenplätzen, und ihre Geschäfte erstrecken sich nicht nur über die gesamte Bundesrepublik, sondern auch über das europäische und außereuropäische Ausland. 70 % der Anzahl der Privatbankiers besaßen Ende 1973 ein Geschäftsvolumen von unter 100 Mill. DM. Damit sind die meisten Privatbankfirmen kleinere und mittlere Bankbetriebswirtschaften, jedoch haben sie in vielen Fällen eine erhebliche lokale Bedeutung. Zum Teil sind sie wie die Mittel- und Großbetriebe des Standes in größeren Städten anzutreffen.

Aber auch in ländlichen Bezirken — vor allem in Bayern — arbeiten Privatbankiers, die an ihrem Platz Geltung und Einfluß besitzen und dem Standort, der finanziellen Grundlage und den Familieninteressen entsprechend auf eine Ausdehnung des Geschäftsbereiches verzichten.

Eine Aufschlüsselung der Privatbankiers nach Filialinstituten und solchen ohne Filialen zeigt, daß der Gruppe der Filialinstitute mit mehr als 10 Zweigstellen im März 1972 nur 7 Institute zuzurechnen waren. Die übrigen „Filialbankiers“ mit 10 und weniger Zweigstellen gehören strukturmäßig zu den filiallosen Instituten[20]).

Schließlich kann eine Typisierung der Privatbankierunternehmen nach ihrer bankbetrieblichen Betätigung vorgenommen werden. Einmal gibt es Betriebswirtschaften dieses Standes, die alle bei Kreditbanken üblichen Geschäfte durchführen, weil die Standortverhältnisse es erfordern oder die Struktur des Kundenstammes und die Größe des Unternehmens keine Spezialisierung ratsam erscheinen lassen. Die andere Gruppe ist auf Grund der

---

19) Vgl. Monatsberichte der Deutschen Bundesbank, Juli 1974, S. 41.

20) Vgl. Deutsche Bundesbank, Verzeichnis der Kreditinstitute und ihrer Verbände sowie der Treuhänder für Kreditinstitute in der Bundesrepublik Deutschland, Frankfurt 1972, S. 34—40.

Standortverhältnisse, der von der Betriebswirtschaft ursprünglich durchgeführten Handelsgeschäfte, der besonderen Interessen der Privatbankiers und ihrer Beziehungen zu anderen Unternehmen bzw. unter dem Einfluß der allgemeinen Wirtschaftsentwicklung dazu übergegangen, der einen oder anderen Geschäftssparte mehr Aufmerksamkeit zu widmen. Nach den sich daraus ergebenden geschäftlichen Schwerpunkten der Betätigung können Privatbankierunternehmen bezeichnet werden als:

(1) Universalbankier,

(2) Außenhandelsbankier,

(3) Bankier für Großfinanzierung,

(4) Börsenbankier,

(5) Bankier für Vermögensverwaltung,

(6) Merchant Banker.

c) Eigene Mittel

Das Eigenkapital wird — wie bei allen Personenunternehmen — von den Einzelunternehmern bzw. den Gesellschaftern der OHG, den Komplementären und Kommanditisten der KG und möglicherweise auch von stillen Gesellschaftern aufgebracht. Das haftende Eigenkapital des Privatbankiers setzt sich nach § 10 KWG aus folgenden Positionen zusammen:

(1) Eingezahltes Geschäftskapital
(2) + Rücklagen
(3) + Gewinn (soweit Zuweisung zu 1 und 2 beschlossen)
(4) + Vermögenseinlagen stiller Gesellschafter (soweit sie bis zur vollen Höhe am Verlust teilnehmen)
(5) + Anerkanntes freies Vermögen
(6) ./. Entnahmen der Inhaber
(7) ./. Kredite an Inhaber
(8) ./. Schuldenüberhang beim freien Vermögen des Inhabers
(9) ./. Entstandene Verluste

= *Haftendes Eigenkapital*

Das gesamte Vermögen des Inhabers (bei Einzelunternehmen) bzw. der unbeschränkt haftenden Gesellschafter (bei OHG und KG) wird durch die Trennung in Geschäftskapital und freies Vermögen wirtschaftlich gesehen in zwei Bestandteile aufgeteilt: in das unmittelbar dem Geschäftsbetrieb dienende Kapital und das nicht im Unternehmen arbeitende Vermögen. Hinsichtlich der Haftung hat diese Unterscheidung keine Bedeutung, sie muß jedoch berücksichtigt werden bei Überlegungen hinsichtlich weiterer vom Eigenkapital zu übernehmender Funktionen.

Das effektive Geschäftskapital ist nicht in vollem Umfang aus der Bilanz ersichtlich; die ausgewiesene Summe vergrößert sich vielmehr um die vorhandenen stillen Rücklagen. Die Haftungsgrundlage aller Unternehmen, also auch der Privatbankierfirmen, ist demnach normalerweise breiter, als die Bilanz sie offenbart; stille Rücklagen dürfen aus Sicherheitsgründen nicht in das haftende Eigenkapital mit einbezogen werden.

Das haftende Eigenkapital begrenzt weitgehend den gesamten Geschäftsumfang eines Kreditinstituts[21]). Diese Tatsache ist für die Privatbankiers von ganz besonderer Bedeutung; denn die Möglichkeiten der Eigenkapitalaufbringung sind bei ihnen wesentlich geringer als bei Aktienbanken, die sich über den Kapitalmarkt an einen großen Kreis von Aktionären wenden können.

Manche Privatbankiers, die ihren Betrieb als Einzelunternehmen führten, wandelten ihr Unternehmen wegen der besseren Kapitalbeschaffungsmöglichkeiten in eine Personengesellschaft um. Die bevorzugte Unternehmensform ist dabei die Kommanditgesellschaft, weil bei dieser die Einflußmöglichkeiten der zusätzlichen Kapitalgeber beschränkt bleiben können und es auch einfacher ist, reine Kapitalgeber zu finden als zusätzliche Vollhafter, die neben dem Kapital auch die berufliche Qualifikation zur Unternehmensführung mitbringen, die nach § 33 KWG vorhanden sein muß, wenn sie Geschäftsführerfunktionen ausüben wollen, was in der Regel der Fall ist.

Eigenkapital und Bilanzsumme bei den Privatbankiers[22])

Ende des Jahres	Eigenkapital in Mill. DM	Bilanzsumme in Mill. DM	Eigenkapital in v. H. der Bilanzsumme
1950	52,8	1 308,8	3,8
1954	156,3	2 625,4	6,0
1958	318,2	4 263,7	7,5
1962	555,3	7 155,6	7,8
1966	720,5	9 674,0	7,4
1970	1 292,0	18 404,0	7,0
1973	1 588,0	24 597,0	6,5

Trotz der Schwierigkeiten bei der Eigenkapitalbeschaffung — und der Eigenkapitalerhaltung nach Erbfällen — liegt der Anteil des Eigenkapitals an der

---

21) Vgl. Grundsätze I und I a des Bundesaufsichtsamtes für das Kreditwesen i. V. m. § 10 Abs. 1 KWG.

22) 1950—1955: Entnommen einer Sonderarbeit des Seminars für Bankbetriebslehre an der Johann-Wolfgang-Goethe-Universität Frankfurt/M.

1956—1973: Monatsberichte der Deutschen Bundesbank, März 1961, S. 74 f., Dezember 1967, S. 57, April 1968, S. 71, April 1971, S. 26 * und März 1974, S. 28 *.

Bilanzsumme auch Ende 1973 mit 6,5 % weit über dem Durchschnitt aller Bankengruppen, der 3,5 % erreichte.

d) Geschäftstätigkeit

Die Geschäftstätigkeit der Privatbankiers umfaßt grundsätzlich alle bei privaten Kreditbanken üblichen und zulässigen Geschäftssparten. Auch die technische Abwicklung der Geschäfte erfolgt in ähnlicher Weise wie bei den anderen Gruppen von Kreditinstituten. Allerdings wirkt es sich bei der Durchführung des Zahlungsverkehrsgeschäfts bei den Privatbankiers nachteilig aus, daß ihnen ein eigenes Zahlungsverkehrsnetz fehlt, wie es den Sparkassen und Kreditgenossenschaften zur Verfügung steht[23]).

Charakteristische Merkmale für die Tätigkeit des Privatbankiers zeigen sich in der elastischen Geschäftspolitik, in der schwerpunktmäßigen Bevorzugung bestimmter Geschäfte und in der individuellen und besonders ausgeprägten Beratung der Kundschaft. Durch engen persönlichen Kontakt mit der Kundschaft und individuelle Beratung wird ein Vertrauensverhältnis zwischen Bank und Kunden geschaffen, das sich immer wieder als fruchtbare Grundlage der bankbetrieblichen Betätigung erwiesen hat. Als Berater ist der Privatbankier vor allem für finanzielle Fragen von Personenunternehmen prädestiniert, da seine eigene Betriebswirtschaft in einer dieser Gesellschaftsformen geführt wird und damit zusammenhängende Probleme ihm aus eigener Anschauung bekannt sind. Während bei kleineren und mittleren Unternehmen die Privatbankiers in vielen Fällen die Hauptbankverbindung darstellen, führen Großbetriebe häufig Nebenkonten bei ihnen und pflegen ihre Hauptverbindung mit Aktienbanken. Nicht selten kommt es vor, daß von den Privatbankiers Meta- und Konsortialgeschäfte zusammen mit Großbanken durchgeführt werden. Auf Grund der besonderen Vertrauensbeziehungen zwischen Kunden und Privatbankier wird den Privatbankiers vielfach die Vermögensverwaltung übertragen.

Für die schwerpunktmäßige Betonung einzelner Arten von Geschäften ist der Standort von erheblicher Bedeutung. In Hamburg gibt es ca. 20 Privatbankierfirmen, die fast ausschließlich das Börsengeschäft pflegen. Auch an anderen Börsenplätzen wie Frankfurt/Main, Düsseldorf und München sind fast reine „Börsenbankiers" zu finden. Für das Außenhandelsgeschäft gilt ähnliches. Vorwiegend in den Seehafenstädten Hamburg und Bremen befinden sich Privatbankiers, deren Hauptgeschäftszweig das Außenhandelsgeschäft ist. Aber auch an internationalen Handelszentren des Binnenlandes, wie z. B. Düsseldorf, Frankfurt/Main, Köln, München, domizilieren Privatbankierfirmen mit umfangreichem Auslandsgeschäft.

---

[23]) Vgl. auch Kaven, I.-P., Kooperation der Privatbankiers — ein Vorschlag, in: ZfgK, 1963, S. 1092, insbes. S. 1094, mit Vorschlag, ein eigenes Gironetz der Privatbanken zu schaffen durch Gründung einer „Deutsche Privatbank A.G." als zentrale Verrechnungsstelle.

Die Finanzierung der Aktivgeschäfte wird bei den Privatbankiers wie bei anderen Instituten überwiegend mit fremden Mitteln durchgeführt. Die Fremdkapitalquellen sind dabei grundsätzlich die gleichen wie bei anderen Kreditbanken. Allerdings befassen sich die filiallosen Privatbankiers im allgemeinen nicht intensiv mit der Spareinlagensammlung; lediglich die Filialinstitute wenden sich betont diesem Geschäftszweig zu[24]).

e) Bilanzierung und Publizität

Die Aufstellung und Veröffentlichung des Jahresabschlusses erfolgt bei Privatbankierfirmen nach den allgemeinen gesetzlichen Bestimmungen, den Grundsätzen ordnungsmäßiger Buchführung und Bilanzierung und den für das Kreditgewerbe erlassenen besonderen Vorschriften. Zu letzteren zählen insbesondere die Formblätter für die Gliederung der Jahresbilanz und der Gewinn- und Verlustrechnung und die Richtlinien für die Aufstellung der Jahresbilanzen der Kreditinstitute.

Das zur Zeit gültige Formblatt für die Bilanzgliederung bei Kreditinstituten in der Rechtsform des Personenunternehmens (Privatbankiers) wurde durch die Verordnung über Formblätter für die Gliederung des Jahresabschlusses der Kreditinstitute vom 20. 12. 1967 geschaffen[25]). Gegenüber den Formblättern für andere Kreditbanken weist das der Personenunternehmen, abgesehen von dem Ausweis der Einlagen von Kommanditisten und von stillen Gesellschaftern unter der Passivposition „11. Kapital", kaum Besonderheiten auf.

Die Aufstellung der Gewinn- und Verlustrechnung der Privatbankierunternehmen erfolgt nach einer erstmals im Jahre 1937 erlassenen und heute ebenfalls in den genannten Formblättern enthaltenen Vorschrift[26]). Sie erklärt die Bruttorechnung als verbindlich und enthält darüber hinaus die Bestimmung, daß der Gewinn- und Verlustrechnung eine genaue Verteilung des Jahresgewinnes bzw. des Jahresverlustes und außerdem die genaue Entwicklung des Kapitalkontos anzufügen sind.

Der Jahresabschluß der Privatbankiers unterliegt im Gegensatz zu dem von Personenunternehmen anderer Wirtschaftszweige einer Pflichtprüfung[27]). Eine generelle Publizitätspflicht besteht für die Jahresabschlüsse der Privatbankierunternehmen nicht. Sie müssen jedoch wie alle Kreditinstitute ihre Jahresbilanz sowie die Gewinn- und Verlustrechnung dem Bundesaufsichtsamt für das Kreditwesen einreichen; darüber hinaus sind auch Privatbankiers auf Grund des Publizitätsgesetzes seit dem Geschäftsjahr 1971 teilweise zur

---

24) Vgl. auch. v. Bethmann, J. P., Privatbankier heute und morgen, in: ZKW, 1968, S. 661—664.

25) Vgl. Verordnung über Formblätter für die Gliederung des Jahresabschlusses von Kreditinstituten vom 20. 12. 1967 (BGBl I S. 1300), Muster 3.

26) Erlaß des Reichskommissars für das Kreditwesen vom 9. 12. 1937; vgl. Birck, H., a. a. O., S. 485; Verordnung über Formblätter, a. a. O.

27) § 27 Abs. 1 und 2 KWG.

öffentlichen Rechnungslegung verpflichtet, wenn ihr Geschäftsvolumen an drei aufeinanderfolgenden Abschlußstichtagen 300 Mill. DM übersteigt[28]).

Eine zusätzliche Überwachung der Kreditinstitute, also auch aller Privatbankiers, erfolgt durch die Erhebungen der Deutschen Bundesbank, da die Bundesbank auf Grund des § 18 des Gesetzes über die Deutsche Bundesbank ermächtigt ist, Erhebungen zur Feststellung kreditwirtschaftlicher und währungspolitischer Entwicklungen durchzuführen. Hilfsmittel sind hierbei u. a. die einzureichenden Monatsbilanzen und Zinsertragsbilanzen der Institute.

f) Verbandswesen[29])

Die historische Entwicklung des Verbandswesens im Privatbankiergewerbe wird hier gemeinsam mit dem Verbandswesen des gesamten privaten Bankgewerbes betrachtet, da die Privatbankiers diese Art der Gemeinschaftstätigkeit mit anderen privaten Kreditbanken zusammen pflegten und eigene Standesvertretungen nur zeitweilig oder auch nur auf regionaler bzw. lokaler Basis unterhielten. Der erste organisatorische Zusammenschluß von Kreditinstituten erfolgte im Jahre 1883 durch zwölf Berliner Banken und Bankiers unter Führung der Direction der Discontogesellschaft zum „Verein zum Zwecke der Erzielung gerichtlicher Entscheidungen über zweifelhafte Stempelfragen" (Stempelvereinigung). Diese Vereinigung dehnte ihren Tätigkeitsbereich bald auf alle bankgeschäftlichen Fragen aus und wurde 1900 umbenannt in „Vereinigung von Berliner Banken und Bankiers". Auch an anderen Bankplätzen wurde dem Berliner Beispiel gefolgt; z. B. wurden 1908 in Köln, 1909 in Mannheim und München gleichartige Institutionen ins Leben gerufen. Alle im Jahre 1913 bestehenden Zusammenschlüsse gaben gemeinsam die am 1. 7. 1913 in Kraft gesetzten „Allgemeinen Abmachungen der Vereinigung von Banken und Bankiers" heraus, in denen Geschäftsbedingungen festgelegt wurden. Da aber die in den Allgemeinen Abmachungen enthaltenen Bedingungen für die Effektenprovisionen nicht ausreichend waren, konstituierte sich außerdem der „Verein für die Interessen der Fondsbörse", Berlin. Dieser begründete in Gemeinschaft mit der Berliner Stempelvereinigung im Jahre 1917 die „Berliner Bedingungsgemeinschaft für den Wertpapierverkehr" (BBW), die bindende, ja sogar erzwingbare Beschlüsse faßte. Die Berliner Bedingungsgemeinschaft für den Wertpapierverkehr war Dachorganisation der Stempelvereinigung und der Interessengemeinschaft der Berliner Privatbankfirmen. Die Interessengemeinschaft umfaßte ca. 350 Berliner Banken als Mitglieder, die nicht der Stempelvereinigung angehörten. Die Berliner Bedingungsgemeinschaft für den Wertpapierverkehr fand Nachahmung in Bremen, Hamburg und Frankfurt a. M.

---

[28]) § 26 KWG sowie „Gesetz über die Rechnungslegung von bestimmten Unternehmen und Konzernen" (Publizitätsgesetz) vom 15. 8. 1969 (BGBl I S. 1189), § 1 Abs. 3.

[29]) Vgl. Szagunn, V., Standesorganisation des privaten Bankgewerbes, in: Enzyklopädisches Lexikon, 3. Aufl., Frankfurt/Main 1967/68, Bd. 2, S. 1554 ff.

Die erwähnten Bankenvereinigungen befaßten sich ausschließlich mit der Regelung von Wettbewerbsfragen innerhalb des Bankgewerbes, d. h., sie versuchten, einzelbetriebliche erwerbswirtschaftliche Interessenunterschiede auszugleichen, um ruinöser Konkurrenz entgegenzuwirken. Die eigentliche Standesvertretung, die die Belange des Bankgewerbes gegenüber den gesetzgebenden Körperschaften und der Öffentlichkeit vertrat, war der im Jahre 1901 als Spitzenorganisation gegründete Centralverband des Deutschen Bank- und Bankiergewerbes (e. V.), Berlin. Neben der Wahrnehmung der Standesinteressen nach außen bemühte er sich um den Ausgleich der gegensätzlichen Anschauungen bei den ihm angehörenden verschiedenen Institutsgruppen. Der Centralverband gab die Monatsschrift „Bankarchiv" heraus und hielt in unregelmäßigen Abständen die Allgemeinen Deutschen Bankiertage ab, bei denen sowohl Fachfragen als auch aktuelle volkswirtschaftliche Probleme erörtert wurden. Auf diesen Bankiertagen, vielfach als Bankenparlament bezeichnet, wurden Anregungen und Leitsätze für die bankbetriebliche Arbeit proklamiert.

Im Jahre 1920 konstituierte sich der Verband Deutscher Privatbankiers, Dresden. Die Hoffnungen, seine Standesinteressen außerhalb des Centralverbandes erfolgreicher vertreten zu können, erwiesen sich jedoch als nicht realisierbar, so daß diese Standesvereinigung schon im Jahre 1925 vom Centralverband als korporatives Mitglied wieder aufgenommen wurde.

Neben der Vielzahl der verschiedenen Bankenvereinigungen, die hauptsächlich Konditionenprobleme zu lösen versuchten, und dem Centralverband des Deutschen Bank- und Bankiergewerbes (e. V.) als Spitzenorganisation, der Standesinteressen nach außen zu vertreten hatte, bestand noch die Gruppe der sozialpolitischen Organisationen. Zu ihr gehörten einerseits der 1920 gegründete Reichsverband der Bankleitungen (Arbeitgeberverband) und andererseits der Deutsche Bankbeamtenverein, Berlin, der Allgemeine Verband der Deutschen Bankangestellten, Berlin, der Reichsverband der Bankkassenboten und technischen Bankangestellten, Frankfurt am Main, der Deutschnationale Handlungsgehilfenverband, Hamburg, und die Reichsfachgruppe Banken.

Mit der staatlichen Neuordnung im Jahre 1933 vollzog sich auch die Neugestaltung des Verbandswesens innerhalb des privaten Bankgewerbes. Der Centralverband des Deutschen Bank- und Bankiergewerbes (e. V.) blieb als eingetragener Verein bestehen, erhielt jedoch zusätzliche Aufgaben als „Wirtschaftsgruppe Privates Bankgewerbe". Zwangsmitglieder der Wirtschaftsgruppe waren alle Kreditbanken in der Rechtsform der Aktiengesellschaft oder Kommanditgesellschaft auf Aktien, in der gleichen Unternehmensform geführte Hypothekenbanken, alle Privatbankiers sowie die Kursmakler und freien Börsenmakler. Auch im sozialpolitischen Verbandswesen trat 1933 eine einschneidende Veränderung ein, als die bisherigen Arbeitnehmer- und Arbeitgeberverbände aufgelöst wurden.

Mit dem Zusammenbruch im Jahre 1945 kam zunächst die gesamte Verbandsarbeit zum Stillstand. Die Voraussetzungen für anschließende neue Zusammenschlüsse waren entsprechend dem Wechsel vom zentralen Wirtschaftsaufbau zum föderalistischen System verändert. So erfolgte zunächst die Bildung von verschiedenen Verbänden des privaten Bankgewerbes auf Länderebene. Zehn Landesverbände konstituierten sich, außerdem schlossen sich die privaten Hypothekenbanken mit Unterorganisationen in einigen Ländern und die privaten Schiffsbanken zusammen. In Hamburg und Niedersachsen gab es außerdem reine Privatbankiervereinigungen. Die Aufgaben der Verbände des privaten Bankgewerbes bestanden darin, die Rechte und Interessen des privaten Bank- und Bankiergewerbes wahrzunehmen, die Öffentlichkeit über Beruf und Aufgaben des Bankgewerbes aufzuklären, die Behörden in allen das Bankgewerbe betreffenden Fragen zu beraten und die Mitglieder zu betreuen.

Bald erwies es sich jedoch als notwendig, eine geschlossene Interessenvertretung auf breiterer Basis zu schaffen. So begründeten 1949 einige Landesverbände in Frankfurt am Main die „Arbeitsgemeinschaft der Verbände des privaten Bankgewerbes im Vereinigten Wirtschaftsgebiet“. Diese Zwischenlösung wurde im Jahre 1951 durch den Bundesverband des privaten Bankgewerbes (e. V.), Bonn (Sitz der Geschäftsführung Köln), ersetzt und damit wieder eine zentrale Interessenvertretung analog dem Centralverband des Deutschen Bank- und Bankiergewerbes (e. V.) ins Leben gerufen. Der Name „Bundesverband des privaten Bankgewerbes“ führte mehrfach zu Mißdeutungen, da die Öffentlichkeit darunter oft ausschließlich einen Zusammenschluß der Privatbankiers sah, während ihm alle privaten Banken angehören. Aus diesem Grund änderte der Verband im Oktober 1968 seinen Namen in „Bundesverband deutscher Banken“. Die privaten Hypotheken- und Schiffsbanken errichteten eigene Organisationen innerhalb der Bundesrepublik, einmal den Verband privater Hypothekenbanken e. V., Bonn, und zum anderen den Verband deutscher Schiffsbanken, Bremen, die beide als Mitgliedsverbände dem Bundesverband deutscher Banken angehören.

Der Bundesverband deutscher Banken fungiert als Verband der Landesverbände, denen die Institute als freiwillige Mitglieder angehören können. Seine Organe sind die Mitgliederversammlung, der Hauptausschuß, der Vorstand und die Geschäftsführung. Dem Hauptausschuß stehen Arbeitsausschüsse[30]) für:

Kreditpolitik,
Kapitalmarkt,
Fragen der Außenwirtschaft und der Europäischen Wirtschaftsgemeinschaft,
Wertpapier- und Börsenfragen,
Rechtsfragen,
Steuerrecht,

---

30) Vgl. Bundesverband deutscher Banken, Jahresbericht 1973/74, S. 41—59.

Organisations- und Rationalisierungsfragen,
Mittelstandsausschuß,
Öffentlichkeitsarbeit

zur Seite. Außerdem werden die Interessen einzelner Institutsgruppen von zwei weiteren Arbeitsausschüssen wahrgenommen, und zwar vom Ausschuß für Privatbankiers und vom Ausschuß für Regionalbanken.

Hinsichtlich aktueller Sonderfragen wird das Material für die Arbeit des Hauptausschusses von Sonderkommissionen, z. B. der Aktienrechtskommission, der Kommission für betriebswirtschaftliche Kooperation, der Kommission für Bilanzierungsfragen und der Kommission für Kostenrechnung, der KWG-Kommission sowie der Kommission für Mengengeschäft und Marketing und der Wettbewerbskommission, aufbereitet. Weiterhin besitzt der Verband einen Volkswirtschaftlichen Beirat, einen Ausschuß für den Gemeinschaftsfonds und eine Ständige Kommission für Angelegenheiten des Handels in amtlich nichtnotierten Werten[31]).

Im Gegensatz zum Centralverband schuf der Bundesverband ein Ehrengericht, das Inhaber oder gesetzliche Vertreter der Unternehmen zur Verantwortung ziehen kann, wenn sie durch ihre berufliche Tätigkeit die Standesehre oder den Anspruch auf kaufmännisches Vertrauen gröblich verletzt haben.

Der Bundesverband des privaten Bankgewerbes (e. V.) — heute: Bundesverband deutscher Banken — übernahm bis Oktober 1954 auch die früher von den sozialpolitischen Organisationen innegehabten Aufgaben. Seitdem nimmt der mit dem Bundesverband in enger Verbindung stehende „Arbeitgeberverband des privaten Bankgewerbes e. V., Köln“, die Rechte der Arbeitgeberseite wahr, dem von Arbeitnehmerseite folgende Vereinigungen gegenüberstehen: die Deutsche Angestellten-Gewerkschaft (DAG), Hamburg, die Gewerkschaft für Handel, Banken und Versicherungen im DGB (HBV), Düsseldorf, der Deutsche Bankbeamtenverein (DBV), Düsseldorf, der Deutsche Handels- und Industrieangestelltenverband (DHV), Hamburg, und der Verband der weiblichen Angestellten, Hannover.

Auf Grund der Heterogenität des Privatbankiergewerbes ist es bisher nicht gelungen, eine Standesvertretung aller Privatbankiers in der Form eines eigenen Verbandes ins Leben zu rufen. Die Privatbankierunternehmen sind vielmehr als freiwillige Mitglieder mit anderen Instituten des privaten Bankgewerbes in den Landesverbänden zusammengeschlossen, deren Dachorganisation der Bundesverband deutscher Banken darstellt. Lediglich zwei reine Privatbankiervereinigungen existieren auf regionaler Basis, nämlich der „Verein Hamburger Privatbankiers e. V.“, Hamburg und der „Verband niedersächsischer Privatbankiers e. V.“, Hannover.

---

31) Vgl. Bundesverband deutscher Banken; Jahresbericht 1973/74, S. 41—59.

2. Aktienbanken

Eine weitere Gruppe des privaten Bankgewerbes bilden die Kapitalgesellschaften. Bei den Instituten in der Rechtsform der Aktiengesellschaft und der Kommanditgesellschaft auf Aktien handelt es sich im Gegensatz zu den Privatbankiers um Gesellschaften mit eigener Rechtspersönlichkeit (juristische Personen), die durch die Stückelung des Aktienkapitals die Möglichkeit besitzen, über den organisierten Kapitalmarkt Eigenkapital zu beschaffen, und bei denen die Kapitalgeber- und die Unternehmerfunktion getrennt sind. Letzteres kommt in den verschiedenen Organen der Aktiengesellschaft, nämlich Hauptversammlung, Aufsichtsrat und Vorstand, zum Ausdruck. Die GmbH-Banken[32]) können sich über den offenen Markt kein Eigenkapital beschaffen. Gewisse Möglichkeiten bestehen allenfalls im „private-placement", durch das ein kleinerer Kreis von Interessenten zur Zeichnung von Anteilen angesprochen wird. Meistens befinden sich die Anteile an GmbH-Banken fest in den Händen weniger Teilhaber, die dann auch die Geschäftspolitik bestimmen und nicht selten den oder die Geschäftsführer stellen. Im übrigen ähneln die GmbH-Banken indes den Aktienbanken so stark, daß es sich eingebürgert hat, zu diesen auch die GmbH-Banken zu zählen, so daß auch im folgenden keine Trennung erfolgt.

a) Geschichtliche Entwicklung

Der Unternehmensformen der Aktiengesellschaft und der Kommanditgesellschaft auf Aktien bedienen sich die Banken seit noch nicht allzu langer Zeit. Um die Mitte des vorigen Jahrhunderts wurden die ersten Aktienbanken in Deutschland gegründet. Bis dahin war das Bankgeschäft vorwiegend in den Händen von Privatbankiers. Mit Beginn der Eisenbahnbauten in den 30er Jahren des 19. Jahrhunderts und der einsetzenden Industrialisierung wurden an die Banken hohe Kreditanforderungen gestellt. Dabei zeigten sich die Grenzen der Kapitalkraft der Privatbankiers, die in der Hauptsache mit eigenen Mitteln arbeiteten und sich nur auf verhältnismäßig geringe Kundeneinlagen stützten. Die Schwierigkeiten wurden zunächst dadurch zu überwinden versucht, daß sich bei der Finanzierung großer industrieller Objekte mehrere Bankhäuser zusammenschlossen und die Geschäfte gemeinsam durchführten. Auf die Dauer waren die bestehenden Banken jedoch den Anforderungen, die infolge der wirtschaftlichen Entwicklung an sie gestellt wurden, nicht gewachsen. Daher mußten neue Wege der Kapitalbeschaffung gefunden werden. Aus diesem Bedürfnis erklärt sich die sprunghaft einsetzende Gründung von Banken in der Rechtsform der Aktiengesellschaft und der Kommanditgesellschaft auf Aktien.

---

32) In der Rechtsform der GmbH werden relativ wenig Kreditinstitute geführt. Größere Bedeutung hat diese Rechtsform bei den Teilzahlungskreditinstituten und den Kapitalanlagegesellschaften erlangt. Daneben gibt es GmbH-Banken in den Gruppen der Regional- und Lokalbanken, Spezial-, Haus- und Branchebanken und der Kreditinstitute mit Sonderaufgaben (z. B. Ausfuhrkredit-GmbH).

Die breitere Kapitalbasis, die durch die Aufbringung des Kapitals aus zahlreichen Quellen ermöglicht wurde, versetzte die Aktienbanken in die Lage, Großkredite zu gewähren und Vorfinanzierungen von Emissionen zu übernehmen. Bemerkenswert ist hierbei die Tatsache, daß anfänglich die Rechtsform der Kommanditgesellschaft auf Aktien bevorzugt wurde. Dies war deshalb der Fall, weil neben den anonymen Kapitalgebern wenigstens ein vollhaftender Gesellschafter vorhanden war, der im allgemeinen die Geschäftsführung innehatte. Das Bankgewerbe stand damals dem Gedanken der völligen Anonymität der Anteilseigner der Unternehmen — wie sie bei der Aktiengesellschaft gegeben ist — noch ablehnend gegenüber. Außerdem unterlag die Gründung von reinen Aktiengesellschaften bis 1870 in Preußen und in der Freien Stadt Frankfurt einem staatlichen Konzessionszwang. Um die Schwierigkeiten und Langwierigkeit einer Konzessionseinholung zu umgehen, wurde in diesen Gebieten die Unternehmensform der Kommanditgesellschaft auf Aktien bevorzugt (z. B. „Direction der Discontgesellschaft", Berlin, 1851, „Berliner Handelsgesellschaft", Berlin, 1856). Als reine Aktiengesellschaft gegründete Banken hatten ihren Sitz vornehmlich in Randgebieten um Preußen (z. B. in Darmstadt die „Bank für Handel und Industrie AG", später „Darmstädter und Nationalbank", in Meiningen die „Mitteldeutsche Creditbank AG").

Zu den ersten deutschen Aktienbanken gehören die 1835 in München gegründete „Bayerische Hypotheken- und Wechsel-Bank", der 1848 in Köln unter Gustav v. Mevissen aus dem in Zahlungsschwierigkeiten geratenen Bankhaus Abraham Schaaffhausen hervorgegangene „A. Schaaffhausen'sche Bankverein" und die „Vereinsbank in Hamburg" (1852). Gustav v. Mevissen — ein Anhänger von Saint Simon — gründete außerdem fünf Jahre später die „Bank für Handel und Industrie A. G." in Darmstadt, deren Satzung eine wörtliche Übersetzung des Statuts der im vorangegangenen Jahr von Schülern Saint Simons in Paris errichteten „Société Générale du Crédit Mobilier" war und in deren Vorstand eine führende Persönlichkeit des Pariser Instituts berufen wurde[33]).

Die Art der Geschäftsführung und -politik des Crédit Mobilier[34]) übte einen wesentlichen Einfluß auf die neuentstandenen deutschen Aktienbanken aus. Viele deutsche Banken bekannten sich offen zur Geschäftspolitik des Cré-

---

33) Vgl. Löffelholz, J., Die Geschichte der Banken, S. 26.

34) Der Crédit Mobilier war eine Aktienbank, deren Anteile weit gestreut waren. Nach ihrer Satzung sollte sie

1. Depositen annehmen,
2. Darlehen gegen Effekten gewähren,
3. Effektenkommissions- und -handelsgeschäfte betreiben,
4. als Finanzier industrieller Unternehmen tätig sein und
5. eigene kurz- und langfristige Obligationen ausgeben, um mit den Erlösen Wertpapiere zu kaufen.

Damit verkörperte der Crédit Mobilier erstmals den Typus der Universalbank. Vgl. Achterberg, E., Crédit Mobilier, in: Enzyklopädisches Lexikon, Bd. 1, S. 325 ff.

dit Mobilier, so die vom ehemaligen Preußischen Finanzminister und Direktor der Preußischen Bank, David Hansemann, geleitete „Direction der Discontogesellschaft“, die „Mitteldeutsche Creditbank“, Meiningen (1856) und die „Allgemeine Deutsche Creditanstalt“, Leipzig (1856)[35]).

Der Fortfall des Konzessionszwanges und die 1871 erfolgte Gründung des Deutschen Reiches, mit der eine wirtschaftliche und politische Vereinheitlichung Hand in Hand ging, waren Anlaß zu einer neuen Gründungswelle und starken Ausbreitung der Aktienbanken in den Jahren 1870 bis 1873; in diesen Jahren entstanden 125 Banken in der Rechtsform der AG[36]), von denen allerdings 73 in der allgemeinen Krise von 1873 liquidieren mußten. In die Zeit von 1870 bis 1873 fällt auch die Gründung der späteren Großbanken, die bald die führende Stellung im deutschen Bankwesen übernahmen[37]). In den folgenden Jahren versuchten die größeren Institute, ihre Geschäftstätigkeit auszudehnen, und verlegten ihren geschäftlichen Schwerpunkt nach Berlin, dem Sitz der Reichsregierung und der wirtschaftlichen Metropole des Reiches. Dies geschah zunächst dadurch, daß die interessierten Banken in Berlin Filialen errichteten. Ende des Jahrhunderts hatten alle „Großbanken“ ihren Sitz in Berlin. Von Berlin aus bauten sie im Laufe der Zeit ihre Filialnetze aus, die sich über das gesamte Reichsgebiet erstreckten; dies geschah weniger durch Neuerrichtung, sondern hauptsächlich durch Übernahme von anderen Banken bzw. Fusion mit ihnen[38]). Die nachstehenden Zahlen zeigen, in welchem Umfang sich die Großbanken[39]) in der Zeit von 1877 bis 1913 Filialen und Depositenkassen angliederten.

	1877	1895	1913/14
Zahl der Filialen	7	15	227
Zahl der Depositenkassen	—	25	255

Die räumliche Expansion der Aktienbanken in der Zeit ab 1870 war die Voraussetzung für einen bestmöglichen Ausgleich des Geldbedarfs und des Geldüberschusses innerhalb des Reichsgebietes. Die Banken wurden auf diese Weise in die Lage versetzt, den an sie herantretenden, mit dem Aufblühen der Industrie immer größer werdenden Kreditbedarf zu befriedigen, denn sie konnten vor allem mittels ihrer weitverzweigten Filialnetze erhebliche Mittel sammeln und im Aktivgeschäft einsetzen.

Nach dem ersten Weltkrieg, der eine Unterbrechung der Entwicklung gebracht hatte, setzte sich die Konzentrationsbewegung im Bankgewerbe fort. In dieser Zeit kam es zu großen Verflechtungen. So fusionierte die Deutsche

---

35) Vgl. Löffelholz, J., Die Geschichte der Banken, S. 26.

36) Vgl. ebenda.

37) Deutsche Bank, Berlin (1870); Commerz- und Discontobank, Hamburg (1870); Dresdner Bank, Dresden (1872).

38) Vgl. Riesser, J., a. a. O., S. 489 ff.; Jeidels, O., Das Verhältnis der deutschen Großbanken zur Industrie, Leipzig 1905, S. 65 ff.

39) Vgl. Untersuchung des Bankwesens, Teil I, Bd. 2, S. 146.

Bank mit der Discontogesellschaft unter gleichzeitiger Eingliederung der Norddeutschen Bank, des A. Schaaffhausen'schen Bankvereins, der Rheinischen Creditbank und der Süddeutschen Discontogesellschaft (1929)[40]. Zum Ausbau ihres Filialnetzes übernahm die Commerz- und Discontobank 1918 acht mittlere Banken und Bankiers im Wege der Fusion und konnte damit ihr Zweigstellennetz mehr als verdreifachen; 1921 vereinigte sie sich mit der besonders in Mitteldeutschland und Sachsen vertretenen Mitteldeutschen Privatbank AG, Magdeburg, die über mehr als 100 Filialen verfügte, zur „Commerz- und Privatbank". Diese gliederte sich wiederum in den folgenden Jahren u. a. den Bankverein Göttingen mit sechs Filialen, die Löbauer Bank mit 18 Filialen, die Thüringische Landesbank mit 51 Filialen und die Vogtländische Kreditanstalt in Falkenstein mit 18 Filialen[41]) ein.

Neben dieser Konzentrationstendenz erfolgten aber auch zahlreiche Neugründungen insbesondere in der Unternehmensform der Aktiengesellschaft, so daß sich die Gesamtzahl der Kreditinstitute nicht verminderte. Sehr bald zeigte sich allerdings, daß im Verhältnis zu den wirtschaftlichen Erfordernissen zuviel Banken vorhanden waren, und die Konzentrationsbewegung verstärkte sich. Die Bankenkrise im Jahre 1931 hatte weitere Zusammenschlüsse von Banken zur Folge. Unter staatlicher Lenkung erfuhr das deutsche Kreditwesen — durch die Krise ausgelöst — weitere strukturelle Änderungen. Infolge der starken Übersetzung des deutschen Bankwesens erschien es im Anschluß an die Bankenkrise, in der zahlreiche große und kleine Kreditinstitute in Schwierigkeiten geraten waren, angebracht, die Zahl und Kapitalkraft der Kreditinstitute sowie ihre Filialnetze dem tatsächlichen Bedarf anzupassen. Deshalb wurde die Darmstädter und Nationalbank, die durch die Schließung ihrer Schalter den Anstoß zum Ausbruch der Bankenkrise gegeben hatte, von der Dresdner Bank übernommen, und der Barmer Bankverein ging in der Commerz- und Privatbank auf. Auch innerhalb der als Regionalbanken tätigen Aktienbanken schlossen sich auf Veranlassung des Reichskommissars für das Bankgewerbe mehrere Institute zusammen, um dadurch zur Kräftigung der Provinzbanken beizutragen[42]. Daneben wurde aber trotzdem versucht, „die kleineren Provinzbanken in der Form der Aktiengesellschaft nach Möglichkeit selbständig zu erhalten"[43].

Das Ende des zweiten Weltkrieges brachte eine völlige Zerschlagung des deutschen Kreditwesens. In Berlin und den sowjetisch besetzten Gebieten Deutschlands wurden die Banken geschlossen; ebenso mußten die Kreditinstitute in den Gebieten östlich der Oder-Neiße-Linie ihre Geschäftstätig-

---

40) Vgl. Untersuchung des Bankwesens, Teil I, Bd. 2, S. 14.

41) Vgl. Reinhart, F., Die Aktienbanken, in: Die Deutsche Bankwirtschaft, a. a. O., Bd. 2, S. 94.

42) In Schleswig-Holstein wurde z. B. der Bankverein für Schleswig-Holstein auf die Schleswig-Holsteinische Bank AG übergeführt. In Pommern übernahm die Pommersche Bank für Landwirtschaft und Gewerbe AG, Stettin, die Neuvorpommersche Spar- und Creditbank AG, Stralsund, und die Stolper Bank AG, Stolp.

43) Paersch, F., Maßnahmen des Staates hinsichtlich einer Beaufsichtigung und Reglementierung des Bankwesens, in: Untersuchung des Bankwesens, a. a. O., Teil I, Bd. 2, S. 49.

keit einstellen[44]). In Westdeutschland erfolgte eine Dezentralisierung der Großbanken. Nach den Anordnungen der Militärregierungen, die später durch Militärregierungsgesetze ersetzt wurden, durften Banken, die in einem Lande eine Hauptniederlassung hatten, in einem anderen Lande keine Zweigniederlassung unterhalten. Diese Einschränkung galt nicht für solche Kreditinstitute, deren Tätigkeit sich lediglich auf die Gewährung von lang- oder mittelfristigen Krediten erstreckte[45]). Bedeutungsvoll war diese Ausnahme also für Hypothekenbanken, die in mehreren Ländern Niederlassungen unterhielten. Von den Dezentralisierungsbestimmungen wurden insbesondere die Großbanken getroffen, die in jedem der neugeschaffenen Länder ihre Filialen zu einem organisatorischen und geschäftlich selbständigen „Nachfolgeinstitut" zusammenfassen mußten. Aus den drei Filialgroßbanken entstanden insgesamt 30 Nachfolgeinstitute. Diese relativ kleinen Banken konnten jedoch die ihnen obliegenden Aufgaben wegen der geringen Kapitalausstattung nicht erfüllen, insbesondere weil der Kreditbedarf der deutschen Wirtschaft durch den Wiederaufbau außerordentlich groß war.

Mit der Aufwärtsentwicklung der deutschen Wirtschaft setzte sich die Überzeugung durch, daß es unbedingt notwendig sei, funktionsfähige Banken zu schaffen[46]). Ihren Niederschlag fanden diese Überlegungen in dem „Gesetz über den Niederlassungsbereich von Kreditinstituten vom 29. 3. 1952"[47]). Danach wurde das Bundesgebiet in drei Niederlassungsbereiche eingeteilt: einen nördlichen Bezirk, umfassend die Länder Bremen, Hamburg, Niedersachsen und Schleswig-Holstein, einen westlichen Bezirk, bestehend aus dem Land Nordrhein-Westfalen, und einen südlichen Bezirk mit den Ländern Baden-Württemberg, Bayern, Hessen und Rheinland-Pfalz. Jedem Kreditinstitut wurde gestattet, jeweils in einem der Niederlassungsbereiche Zweigstellen zu unterhalten. Dieses Gesetz war die Grundlage dafür, daß die Nachfolgeinstitute der Großbanken in den drei Bereichen sich jeweils zu einem Institut vereinigten und insgesamt neun Nachfolgeinstitute entstanden.

Ihr Ende fand die Dezentralisation im Jahre 1957 bzw. 1958, als jeweils die drei Nachfolgeinstitute der Deutschen Bank und der Dresdner Bank fusionierten[48]) und ihren alten Namen wieder annahmen. Die Nachfolgeinstitute der Commerzbank zogen es zunächst vor, als selbständige Unternehmen — wenn auch bei enger Zusammenarbeit — tätig zu sein. Im Herbst 1958 entschloß sich aber auch die Commerzbank-Gruppe zur rückwirkenden Fusion ab 1. 7. 1958.

---

44) Vgl. Sawitzki, E., Das Geld- und Kreditwesen in Mitteldeutschland, Frankfurt am Main 1964; Mülhaupt, L. und Fox, U., Das Bankwesen der Deutschen Demokratischen Republik, Wiesbaden 1971; Kunze, Ch., Änderungen in Bankpolitik und Bankwesen als Teil der Wirtschaftsreformen der DDR, Berlin 1972.

45) Verordnung Nr. 133 der britischen Militärregierung; Gesetz Nr. 57 der amerikanischen Militärregierung vom 6. 5. 1947.

46) Vgl. Ehlen, J., Die Filialgroßbanken, Stuttgart 1960, S. 11.

47) BGBl I S. 217.

48) Gesetz zur Aufhebung der Beschränkung des Niederlassungsbereiches von Kreditinstituten vom 24. 12. 1956, BGBl I S. 1073.

b) Klassifizierung

Zu den Aktienbanken gehören die Universalbanken[49]), die Hypothekenbanken und verschiedene Spezialbanken[50]). Die Hypothekenbanken und Schiffspfandbriefbanken nehmen innerhalb der Aktienbanken eine Sonderstellung ein, denn sie widmen sich mit Ausnahme der gemischten Hypothekenbanken[51]) fast ausschließlich dem Realkreditgeschäft[52]). Eine andere Einteilung der Aktienbanken gruppiert nach Filialgroßbanken, filiallosen Banken, Regional- und Lokalbanken, wobei Institute mit weitgehend gleicher Geschäftsstruktur zusammengefaßt werden.

Besonders zu erwähnen sind diejenigen Aktienbanken, die im öffentlichen Interesse liegende Aufgaben erfüllen, obwohl sich das Grundkapital dieser Institute in privaten Händen befindet. Ein typisches Beispiel hierfür ist die Industriekreditbank AG/Deutsche Industriebank, Düsseldorf und Berlin. Dieses Institut hat die Aufgaben der als Zentralinstitut für die Kreditversorgung der gewerblichen Wirtschaft (insbesondere kleinerer und mittlerer Betriebe) tätig gewesenen Deutschen Industriebank, Berlin, übernommen, deren Verschmelzung durch Übertragung des Vermögens der Deutschen Industriebank auf die Industriekreditbank AG am 6./7. 8. 1974 durch Handelsregistereinträge in Berlin und Düsseldorf erfolgte. Die Ausfuhrkredit-Gesellschaft m. b. H. (AKA), Frankfurt am Main, die im Jahre 1952 von etwa 30 Kreditinstituten errichtet wurde, übernahm ebenfalls gesamtwirtschaftliche Funktionen, nämlich mittel- und langfristig die Finanzierung des deutschen Exports. Seit 1959 führt die Privatdiskont AG den amtlichen Handel mit Privatdiskonten durch.

Eine hinsichtlich der Kapitalgeber und der Zwecksetzung besondere Art der Universalbank im Rahmen der Aktienbanken stellt die Bank für Gemeinwirtschaft mit Hauptsitz in Frankfurt am Main dar. Alleinige Aktionäre dieses Instituts sind die Konsumgenossenschaften und die Gewerkschaften. Als besondere Aufgaben können genannt werden einmal die bestmögliche Anlage der Gewerkschaftsgelder, die finanzielle Betreuung der Konsumgenossenschaften und ihrer Einrichtungen und schließlich die Möglichkeiten der Einflußnahme auf die Gesamtwirtschaft[53]).

Die folgenden Ausführungen über die Aktienbanken beziehen sich, sofern nicht ausdrücklich etwas anderes angegeben ist, auf deren Grundtyp, die Kreditaktienbanken (Universalbanken in der Rechtsform der Kapitalgesellschaft).

---

49) Das sind Kreditinstitute, die alle Arten von Bankgeschäften mit Ausnahme des Pfandbriefgeschäfts sowie der Ausgabe von Investmentzertifikaten betreiben.

50) Als Spezialbanken werden solche Kreditinstitute bezeichnet, die nur bestimmte Arten von Bankgeschäften ausführen (z. T. Teilzahlungsbanken, Wertpapiersammelbanken).

51) Bayerische Vereinsbank und Bayerische Hypotheken- und Wechsel-Bank, beide München, Norddeutsche Hypotheken- und Wechselbank, Hamburg.

52) Deshalb werden diese Aktienbanken im Kapitel „Realkreditinstitute“ behandelt.

53) Vgl. Müggenburg, G., Bank für Gemeinwirtschaft AG, in: Enzyklopädisches Lexikon, Bd. 1, S. 147 f.

c) Eigene Mittel

Während es bei den ersten Aktienbanken, wie allgemein im Bankgewerbe, noch üblich war, mit so hohem Eigenkapital zu arbeiten, daß damit die Aktivgeschäfte weitgehend finanziert werden konnten, gingen die Institute allmählich von diesem alten Prinzip ab[54]). Daß sich diese Änderung der Geschäftspolitik nur langsam vollzog, lag unter anderem daran, daß die Gesellschaften zum Teil von Privatbankiers gegründet oder geleitet wurden[55]) und die neuerrichteten Banken zunächst die Geschäftsprinzipien der Privatbankiers zu ihren eigenen machten.

Die traditionellen Finanzierungsprinzipien konnten jedoch nicht beibehalten werden, da die Kreditbedürfnisse der deutschen Wirtschaft schneller wuchsen als die Eigenmittel der Kreditinstitute, so daß die Banken gezwungen waren, immer mehr fremde Mittel heranzuziehen. Insbesondere die Deutsche Bank, die durch die Errichtung von Depositenkassen die Sammlung von Einlagen zielbewußt anstrebte, trieb diese Entwicklung voran.

Das Anwachsen des Kapitals und die Änderung der Kapitalstruktur geben die nachfolgenden Zahlen von acht Berliner Großbanken wieder[56]).

	1875	1895 (in Mill. Mark)	1913
Aktienkapital und Rücklagen	326	666	1 491
Depositen, Kreditoren und Akzepte	302	1 236	6 182

Der Anteil des Eigenkapitals am Bilanzvolumen hat sich im Laufe der Zeit immer mehr verringert. Im Jahre 1913 betrug der Anteil des Eigenkapitals der Kreditaktienbanken (Großbanken, Provinzbanken, Lokalbanken, Überseebanken, Haus- und Branchebanken) an der Bilanzsumme 21,8 %; 1932 war dieser Anteil auf 8,6 % gesunken[57]), 1954 sogar auf 3,4 %[58]) und erreichte 1959

[54]) Der Schaafhausen'sche Bankverein schreibt z. B. in seinem Geschäftsbericht 1850: „Wir erachten es im Interesse vollkommener Sicherheit unseres Institutes nicht für zweckmäßig, durch erleichternde Bedingungen auf eine Steigerung der Depositen hinzuwirken, da wir es weit vorziehen, den Betrieb der Geschäfte, so weit als dies bei der Natur des Bankverkehrs möglich und mit dem Interesse des Korrespondenten vereinbar ist, nur mit eigenen Mitteln zu bewirken." Entnommen: Müller-Jabusch, M.: Franz Urbig, überarbeiteter und ergänzter Neudruck der Erstauflage von 1939, Berlin 1954.

[55]) An der Gründung der Berliner Handelsgesellschaft waren z. B. u. a. folgende Privatbankierfirmen beteiligt: Mendelssohn & Co., S. Bleichröder, Robert Warschauer, Gebr. Schickler. Die Dresdner Bank übernahm 1872 bei ihrer Gründung das Geschäft des Dresdner Bankhauses Michael Kaskel. — Vgl. Reinhart, F., Die Privatbanken, in: Die Deutsche Bankwirtschaft, a. a. O., Band 2, S. 88 ff.

[56]) Vgl. Untersuchung des Bankwesens, Teil I, Band 3, S. 146.

[57]) Vgl. Untersuchung des Bankwesens, Teil II, S. 123.

[58]) Vgl. Statistisches Handbuch der Bank deutscher Länder, 1948—1954, S. 136 ff.

wieder 4,7 %[59]) und 1973 4,4 %[60]). Diese Verschiebung der Relation zwischen Eigenkapital und Fremdkapital wurde besonders dadurch bedingt, daß die Kreditinstitute immer mehr zu Kapitalsammelstellen wurden und die Nichtbankbetriebswirtschaften ihre Geldgeschäfte in stärkerem Maße — nicht zuletzt durch die Erfordernisse der Kreditwirtschaft — über die Banken abwickeln mußten bzw. müssen. Der relativ geringe Anteil des Eigenkapitals am Bilanzvolumen der Kreditaktienbanken ist jedoch keine Besonderheit; diese Entwicklung ist im gesamten Kreditgewerbe festzustellen. Im Durchschnitt aller Institute betrug der Anteil des Eigenkapitals 1954 3,1 %, lag also noch etwas niedriger als bei den Kreditaktienbanken. Ende 1973 war der Anteil des ausgewiesenen Eigenkapitals an der Bilanzsumme im Durchschnitt aller von der Bundesbank statistisch erfaßten Bankengruppen auf 3,5 % angestiegen, der der Kreditaktienbanken auf 4,6 %.

Das Eigenkapital der Aktienbanken setzt sich aus dem Grundkapital und den Rücklagen zusammen. Die Aktienbanken sind bemüht, neben einem hohen Grundkapital möglichst umfangreiche Rücklagen aufzuweisen. Erstrebt wird im allgemeinen, daß offene Rücklagen in gleicher Höhe wie das Grundkapital vorhanden sind. Außerdem werden stille Rücklagen gebildet, um etwaige Verluste ohne Ausweis in der Bilanz auffangen zu können. Im allgemeinen kann unterstellt werden, daß stille Rücklagen in gleicher Höhe wie Grundkapital und offene Rücklagen vorhanden sind.

Im Kreditwesengesetz kommt dem Begriff des „haftenden Eigenkapitals" eine besondere Bedeutung zu. Gemäß § 10 Abs. 2 Ziff. 2 KWG setzt es sich bei den Aktienbanken aus dem eingezahlten Grundkapital und den offenen Rücklagen abzüglich des Betrages der eigenen Aktien zusammen. Bei Kommanditgesellschaften auf Aktien kommen Vermögenseinlagen der persönlich haftenden Gesellschafter hinzu, die nicht auf das Grundkapital geleistet worden sind, unter Abzug der Entnahmen der persönlich haftenden Gesellschafter und der diesen gewährten Kredite. Das haftende Eigenkapital stellt im Hinblick auf den im Rahmen des § 10 KWG vom Bundesaufsichtsamt erlassenen Grundsätze I und Ia über das Eigenkapital der Kreditinstitute einen wesentlichen Faktor für die Begrenzung des Geschäftsvolumens der Aktienbanken dar.

Um die Bedeutung der Aktienbanken und einzelner Gruppen innerhalb der Aktienbanken aufzuzeigen, soll das Eigenkapital mit dem der übrigen Kreditinstitute verglichen werden. Dabei ist zu berücksichtigen, daß ca. 160 Aktienbanken ca. 6 900 andere Kreditinstitute gegenüberstehen. Trotzdem zeigt

---

59) Vgl. Monatsberichte der Deutschen Bundesbank, Oktober 1960, S. 84 ff. und April 1968, S. 71. Ermittelt wurde die Zahl aus den Angaben über Großbanken, Staats-, Regional- und Lokalbanken sowie Spezial-, Haus- und Branchebanken; die Werte der Staatsbanken wurden nicht eliminiert.

60) Vgl. Monatsberichte der Deutschen Bundesbank, März 1974, S. 23. Ermittelt wurde die Zahl aus den Angaben über Großbanken, Regionalbanken und sonstige Kreditbanken.

sich, daß 1973 ca. 30 % des gesamten Eigenkapitals der deutschen Banken bei den Aktienbanken konzentriert waren[61]). Auf die einzelnen Gruppen von Aktienbanken verteilt sich der Anteil Ende 1973 wie folgt:

Aktienbanken	Zahl der Banken	Eigenkapital		Bilanzvolumen	
		in Mill. DM	in % des Eigenkapit. aller Kreditinstitute[62])	in Mill. DM	in % des Bilanzvolum. aller Kreditinstitute[63])
Großbanken	6	5 130	12,6	113 024	9,7
Regional- und sonstige Kreditbanken	123	5 455	13,4	128 791	11,1
Private Hypothekenbanken	28	2 397	5,9	83 378	7,2
Insgesamt	157	12 982	31,9	325 193	28,0

d) Geschäftstätigkeit

Grundsätzlich können Aktienbanken alle Arten von Bankgeschäften betreiben. Lediglich die Hypothekenbanken und Schiffspfandbriefbanken und einzelne Spezialinstitute sind durch besondere Gesetze bzw. durch ihre Satzung in ihrem Geschäftskreis eingeschränkt. Etwa die Hälfte der gegenwärtig bestehenden Aktienbanken ist als Universalbank tätig.

Die Aktienbanken[64]) werden als diejenige Gruppe von Kreditinstituten angesehen, die am konsequentesten das erwerbswirtschaftliche Prinzip bei ihrer Geschäftstätigkeit verfolgt. Sie streben dabei langfristige Gewinnmaximierung an. Dieses Gewinnstreben ist dadurch bedingt, daß einerseits die Aktionäre eine möglichst hohe Verzinsung ihres Kapitals erwarten und andererseits die geschäftsführenden Organe der Aktiengesellschaften darauf bedacht sein müssen, die Eigenkapitalbasis der Institute zu stärken.

Den größten Umfang nehmen bei den Kreditbanken das kurzfristige Kreditgeschäft und das Depositengeschäft mit Kunden und Banken ein. Im kurzfristigen Kreditgeschäft mit Kunden herrschen die Kontokorrentkredite und Diskontkredite vor, wobei das Kreditgeschäft mit den privaten Haushalten zunehmend an Bedeutung gewinnt[65]), langfristige Kredite spielen heute noch

61) Vgl. Statistische Beihefte zu den Monatsberichten der Deutschen Bundesbank, Reihe 1, Juli 1974, S. 4—32.

62) Eigenkapital aller Kreditinstitute Dezember 1973 = 40 627 Mill. DM.

63) Bilanzsumme aller Kreditinstitute Dezember 1973 = 1 161 155 Mill. DM.

64) Von Sonderfällen (z. B. Industriekreditbank AG) ist hier abgesehen.

65) Vgl. Knothe, R., Der neue Bankkunde, Wie bemühen sich die Kreditbanken um den „kleinen Mann"?, Wiesbaden 1967.

eine untergeordnete, aber an Gewicht zunehmende Rolle[66]). Außerdem pflegen die Aktienbanken das Akzeptkreditgeschäft. Insgesamt gesehen stehen die Aktienbanken im kurz- und mittelfristigen Kreditgeschäft an erster Stelle im deutschen Bankwesen.

Kurzfristige Kredite an Kunden (einschl. Akzeptkredite und rediskontierter Wechsel) der Kredit-Aktienbanken, Sparkassen und Kreditgenossenschaften per Ende 1973[67])

	in Mill. DM	in %
Alle Kreditinstitute außerhalb des Zentralbanksystems	175 894	100,0
davon		
Kredit-Aktienbanken	69 951	39,8
Sparkassen einschl. Girozentralen	49 765	28,3
Kreditgenossenschaften einschl. Zentralkassen	29 881	17,0

In Anbetracht ihrer Kapitalkraft sehen die Aktienbanken ihre Hauptaufgabe darin, die Wirtschaft — insbesondere Handel und Industrie — mit Krediten zu versorgen. Im Gegensatz zu den Sparkassen übertreffen bei den Aktienbanken im Einlagengeschäft die Depositeneinlagen (Sichteinlagen und befristete Einlagen) die Spareinlagen.

Große Bedeutung kommt den Aktienbanken auf dem Gebiet des Effektengeschäfts zu. In besonders starkem Maße sind die größeren Aktienbanken bei Emissionen eingeschaltet, die in den meisten Fällen als Konsortialgeschäfte abgewickelt werden. Das Emissionsgeschäft war vor allem um die Jahrhundertwende eines der Hauptgeschäfte der aufwärtsstrebenden Aktienbanken. Zahlreiche heute bestehende industrielle Großunternehmen sind in der damaligen Zeit von Bankenkonsortien, die sich besonders quotenmäßig zum überwiegenden Teil aus Aktienbanken zusammensetzten, gegründet worden. Bei Emissionsgeschäften befassen sich heute die Kreditinstitute weniger mit Erstemissionen von Aktien als mit Kapitalerhöhungen und der Ausgabe von festverzinslichen Wertpapieren.

Auch auf dem Gebiet des Auslandsgeschäfts nehmen die Aktienbanken unter den Kreditinstituten die führende Stellung ein, da gerade bei Beziehungen zwischen Banken verschiedener Staaten den Kapitalverhältnissen der in Frage kommenden Institute besondere Beachtung geschenkt wird. Hinzu

66) Vgl. Münker, D., Das langfristige Kreditgeschäft der Großbanken, Stuttgart 1967.

67) Vgl. Statistische Beihefte zu den Monatsberichten der Deutschen Bundesbank, Reihe 1, Juli 1974, S. 2—12.

kommt, daß die Großbanken vor dem zweiten Weltkrieg Filialen und Tochterunternehmen im Ausland unterhielten und auch jetzt wieder aufgebaut haben und dadurch über sehr gute Verbindungen im Ausland verfügen.

Der Zahlungsverkehr wird ebenfalls zu einem erheblichen Teil über Aktienbanken abgewickelt; dabei kommen den Großbanken ihre weitverzweigten Filialnetze zugute.

e) Bilanzierung und Publizität

Für die Aufstellung, Prüfung und Veröffentlichung der Jahresabschlüsse der Aktienbanken gelten die allgemeinen gesetzlichen Bestimmungen, nämlich die Vorschriften des Handelsgesetzbuches (insbesondere die §§ 38 bis 40) und des Aktiengesetzes (insbesondere die §§ 148 bis 161), sowie die für das Kreditgewerbe erlassenen besonderen Vorschriften. Die Aktienbanken müssen wie alle anderen Aktiengesellschaften und Kommanditgesellschaften auf Aktien eine Jahresbilanz, eine Gewinn- und Verlustrechnung und einen Geschäftsbericht aufstellen und die Bilanz und die Gewinn- und Verlustrechnung veröffentlichen. Die Aktienbanken unterliegen der vollen Publizitätspflicht.

Hinsichtlich der Gliederungsvorschriften sind die Bestimmungen des § 151 Abs. 1 AktG für die Jahresbilanz und die des § 157 Abs. 1 AktG für die Gewinn- und Verlustrechnung auf die Jahresabschlüsse der Aktiengesellschaften und Kommanditgesellschaften auf Aktien, die Bankgeschäfte betreiben, jedoch nicht anzuwenden. Die Jahresbilanzen der Aktienbanken sind nach einem besonderen, gesetzlich vorgeschriebenen Formblatt aufzustellen, in dem die aus der bankbetrieblichen Tätigkeit resultierenden Eigenarten der Bankbilanzierung berücksichtigt sind. Im Anschluß an das Aktiengesetz von 1965 wurden auch den Aktienbanken verbindliche Formblätter für die Brutto-Gewinn- und Verlustrechnung vorgeschrieben[68]), so daß die Aktienbanken nunmehr ebenso wie die Kreditinstitute anderer Rechtsform ihre Gewinn- und Verlustrechnung nicht mehr nach eigenem Ermessen gestalten können.

Außerdem wurde für Kreditinstitute § 152 Abs. 1 Satz 2 AktG betreffend die Angabe der jährlichen Zu- und Abgänge sowie der Abschreibungen und Wertberichtigungen bei den Posten des Anlagevermögens außer Kraft gesetzt[69]) und dafür angeordnet, daß die Kreditinstitute diese Angaben im Geschäftsbericht veröffentlichen müssen.

Wie alle Kreditinstitute haben die Aktienbanken ferner die zu den Formblättern erlassenen Richtlinien für die Aufstellung der Jahresbilanz zu beachten.

---

68) Vgl. Verordnung über Formblätter für die Gliederung des Jahresabschlusses von Kreditinstituten vom 20. 12. 1967 (BGBl I S. 1300), Muster 1, Formblatt für den Jahresabschluß der Kreditinstitute in der Rechtsform der AG, KGaA und der GmbH.

69) Vgl. ebenda, § 3.

Die Hypothekenbanken und Schiffspfandbriefbanken müssen darüber hinaus die §§ 25 und 26 HypBkG bzw. die §§ 23 und 24 SchiffsBkG berücksichtigen.

Die Prüfung des Jahresabschlusses richtet sich bei den Aktienbanken nach den für alle Aktiengesellschaften und Kommanditgesellschaften auf Aktien geltenden Vorschriften des Aktiengesetzes, also insbesondere den §§ 162 bis 169 AktG. In bezug auf die Rechtsgrundlage ergeben sich daher für die Aktienbanken keine Besonderheiten.

Auf Grund der Vorschriften über die monatliche Bankenstatistik haben die Aktienbanken der Bundesbank ihre Monatsausweise einzureichen. Außerdem werden von den Großbanken und den bedeutendsten Regionalbanken Zwischenausweise, die sogenannten „Zweimonatsbilanzen", per Ende Februar, April, Juni, August und Oktober erstellt und veröffentlicht[70]).

f) Verbandswesen

Die Aktienbanken gehören über die Verbände in den einzelnen Ländern dem „Bundesverband deutscher Banken", Köln, an. Die Entwicklung des Verbandswesens der Aktienbanken wurde aus Zweckmäßigkeitsgründen bei der Abhandlung der Privatbankiers dargestellt.

3. Kreditgenossenschaften

Kreditgenossenschaften sind Gesellschaften mit nicht geschlossener Mitgliederzahl, die mittels eines gemeinschaftlichen Geschäftsbetriebes durch Gewährung von Darlehen und Durchführung sonstiger bankmäßiger Geschäfte den Erwerb oder die Wirtschaft ihrer Mitglieder fördern wollen. Für sie gelten die Bestimmungen des Genossenschaftsgesetzes[71]); außerdem unterliegen sie als Kreditinstitute den Vorschriften des Kreditwesengesetzes.

a) Geschichtliche Entwicklung

Die Gründung von Kreditgenossenschaften erfolgte — ähnlich wie bei den Aktienbanken —, um eine Lücke in der Kreditversorgung der deutschen Wirtschaft zu schließen. Da sich das private Kreditgewerbe in immer stärkerem Maße der Kreditversorgung von Industriebetrieben zuwandte, wurde das Fehlen von Kreditinstituten, die sich insbesondere der kapitalschwäche-

---

[70]) Zweimonatsbilanzen werden von folgenden — sämtlich in der Rechtsform der Aktiengesellschaft geführten — Kreditinstituten publiziert: a) Deutsche Bank AG, Frankfurt am Main; b) Dresdner Bank AG, Frankfurt am Main; c) Commerzbank AG, Frankfurt am Main; d) Bayerische Hypotheken- und Wechsel-Bank, München; e) Bayerische Vereinsbank, München; f) Berliner Bank AG, Berlin.

[71]) Vgl. insbesondere die Sondervorschriften für Kreditgenossenschaften in den §§ 33 bis 33 i GenG.

ren, kleineren landwirtschaftlichen und gewerblichen Betriebe annahmen, ständig fühlbarer.

Der Genossenschaftsgedanke war bereits im Mittelalter in Marktgenossenschaften der Bauern, in Zünften der Handwerker und Gilden der Händler und Kaufleute lebendig, geriet aber mit dem Verfall dieser Zusammenschlüsse wieder in Vergessenheit. Die wirtschaftliche und soziale Entwicklung im 19. Jahrhundert führte nicht nur zu einer fortschreitenden Industrialisierung, sondern forderte auch die Deckung neuer Kreditbedürfnisse. Deshalb wurde bereits Ende des 18. Jahrhunderts die Genossenschaftsidee erneut wach. Hilfsleihkassen (Rettungskassen, Bürger- und Rettungsinstitute) wurden ins Leben gerufen, die den Bedrängten durch eine zur rechten Zeit gewährte Unterstützung ermöglichen sollten, ihr Gewerbe fortzusetzen und sich durch Fleiß und Sparsamkeit von erlittenen Verlusten zu erholen[72]) [73]).

Zur Linderung der Kreditnot der Landwirtschaft schlug der Bayerische Medizinalrat Prof. Dr. A. Ryß 1831 in „Über Viehassekuranz-Kreditanstalten" die Errichtung von Viehkreditkassen vor, in denen „jeder Kreditsucher sein Vieh versichert haben muß, während der Versichernde zur Kreditnahme nicht gezwungen sein sollte"[74]). Auch zahlreiche Wohltätigkeitsvereine wurden gegründet, die mit Hilfe von Sammlungen die Mittel für „Vorschüsse" an notleidende Gewerbetreibende und Landwirte aufbringen sollten. 1844 wurde der „Zentralverein für das Wohl der arbeitenden Klasse" ins Leben gerufen, nach dessen Vorbild zahlreiche Vorschußkassen in Berlin, Bonn, Koblenz und anderen Orten entstanden[75]); 1848 folgte in der Gemeinde Homburg im Amt Nassau eine „Hilfskasse zur Anschaffung von Vieh für unbemittelte Gutsbesitzer"[76]). Als Versuche, das genossenschaftliche Prinzip auch zur Befriedigung des Kreditbedürfnisses der städtischen Bevölkerung anzuwenden, wurden 1848 die Handwerkerbank in Elbing, 1849 der Vorschußverein in Cüstrin und 1850 der Vorschußverein in Delitzsch als Wohltätigkeitsvereine konstituiert[77]).

Bald zeigte sich jedoch, daß diese Art Hilfe nicht ausreichte und auf die Dauer durch andere Institutionen ersetzt werden mußte. Stellen mußten geschaffen werden, die der Landwirtschaft und den Gewerbetreibenden ständig zur Seite stehen, sie mit Krediten versorgen und auf finanziellem Gebiet betreuen und beraten konnten. Aus dieser Notwendigkeit wurde die Idee der Selbsthilfe, die genossenschaftliche Idee, wiederaufgegriffen.

---

72) Vgl. Rau, K.-H., Grundsätze der Volkswirtschaftspolitik, 5. Aufl., Leipzig und Heidelberg 1862, 2. Abteilung, S. 413 f.

73) Berliner Rettungsinstitut, Patent vom 30. 11. 1796; Kieler Leihkasse, 1796, Hamburger Casse, 1797.

74) Faßbender, M., F. W. Raiffeisen, Berlin 1902, S. 70.

75) Vgl. Grünfeld, E., Handbuch des Genossenschaftswesens, Band I, Halberstadt 1928, S. 190 und Faßbender, M., a. a. O., S. 71.

76) Vgl. Faßbender, M., a. a. O., S. 72.

77) Vgl. Faßbender, M., a. a. O., S. 102.

Franz Hermann Schulze aus Delitzsch hatte bereits im Jahre 1847 einen Wohltätigkeitsverein[78]) gegründet. 1849 entstand wiederum auf Initiative von Schulze in Delitzsch die erste Genossenschaft Deutschlands, die allerdings den Mitgliedern keine direkte finanzielle Hilfe bringen sollte, sondern den Zweck verfolgte, durch gemeinsame Beschaffung der in den Handwerksbetrieben benötigten Rohstoffe deren wirtschaftliche Lage zu bessern (Einkaufsgenossenschaften). Die erste Genossenschaft war eine „Rohstoffassoziation der Tischler", der bald darauf eine Genossenschaft der Schuhmacher folgte[79]). Die Gründungen waren erfolgreich und fanden zahlreiche Nachahmungen.

Durch diese Erfolge ermutigt, versuchte Schulze mit Hilfe der Genossenschaft, auch die Kapitalnot der gewerblichen Wirtschaft zu mildern. Im Jahre 1850 wurde die erste gewerbliche Kreditgenossenschaft gegründet, deren Geschäftszweck die Gewährung von kurzfristigen Betriebskrediten aus Mitteln der Geschäftsguthaben der Mitglieder war[80]) [81]). Dieser Kreditgenossenschaft folgten sehr bald weitere Gründungen, die in der ersten Zeit „Vorschußvereine", später „Volksbanken" genannt wurden.

Wie groß der Bedarf der mittelständischen Wirtschaft an kurzfristigem Kredit war, der zu einem tragbaren Zinssatz aufgenommen werden konnte, und in welch großem Maße die Kreditgenossenschaften die an sie gestellten Anforderungen erfüllen konnten, zeigt das rasche Anwachsen ihrer Zahl[82]); die Entwicklung des Bestandes der gewerblichen Kreditgenossenschaften im Deutschen Reich bzw. in der BRD zeigt die Tabelle auf S. 113 oben.

Die Notwendigkeit, nicht nur den gewerblichen Mittelstand mit Betriebskrediten zu versorgen, sondern auch der Landwirtschaft, die in bezug auf die Kreditversorgung vor ähnlichen Problemen stand, die Möglichkeit der Kreditaufnahme zu einem tragbaren Zinsfuß zu geben, führte etwa zur gleichen Zeit, jedoch unabhängig von Schulze und der von ihm geführten Bewegung, zur Gründung von landwirtschaftlichen Kreditgenossenschaften.

Friedrich Wilhelm Raiffeisen schuf 1846/47 — ebenso wie anfangs Schulze-Delitzsch — zunächst Hilfsvereine für notleidende Landwirte, die auf dem

---

78) Schulze-Delitzsch gründete 1847 in Delitzsch einen Hilfsverein zur Linderung der Not, die durch die Mißernte des Jahres 1846 entstanden war. Vgl. Wygodzinski, W., Das Genossenschaftswesen in Deutschland, 2. Aufl., Leipzig und Berlin 1929, S. 20.

79) Vgl. Wygodzinski, W., a. a. O., S. 20 f.

80) Vorschußverein in Eilenburg, am 1. 10. 1850 gegründet von Dr. Bernhardi und Schneidermeister Bürmann, die mit Schulze-Delitzsch befreundet waren. Vgl. Schulze-Herzmann, Vorschußvereine als Volksbanken, Leipzig 1855, abgedruckt in: Thorwart, F., Hermann Schulze-Delitzsch's Schriften und Reden, I. Band, Berlin 1909, S. 112 ff., wo auch interessante Einzelheiten über die Organisation und die anfängliche Entwicklung dieser ersten Kreditgenossenschaften zu finden sind.

81) Auch der Vorschußverein in Delitzsch wurde 1852 durch Schulze in eine echte Kreditgenossenschaft auf Grund der guten Erfahrungen, die in Eilenburg gemacht worden waren, umgewandelt. Vgl. Schulze, H., Assoziationsbuch für deutsche Handwerker und Arbeiter, Leipzig 1853, abgedruckt in: Thorwart, F., a. a. O., S. 74 ff.

82) Vgl. Lang, J., Aufbau der Kreditgenossenschaften, in: Die deutsche Bankwirtschaft, a. a. O., Band 2, S. 199.

Prinzip der Wohltätigkeit aufgebaut waren[83]). Die Mitglieder dieser Vereine setzten sich aus wohlhabenden Landwirten zusammen, die durch ihre Beiträge die Mittel für geringverzinsliche oder unverzinsliche Kredite an unbemittelte Bauern aufbrachten. Auch hier zeigte sich aber sehr bald, daß eine nach diesem System durchgeführte Kredithergabe auf die Dauer für die Vereine nicht tragbar war, da ihre Kreditfonds in der Regel nur eine geringe Höhe aufwiesen. Trotzdem hielt Raiffeisen zunächst auch bei weiteren Gründungen an dem karitativen Gedanken fest.

Erst 1862, als die Entwicklung der gewerblichen Kreditgenossenschaften bereits nachahmenswerte Fortschritte gemacht hatte, baute Raiffeisen landwirtschaftliche Kreditgenossenschaften auf der Idee der Selbsthilfe auf. Die erste Raiffeisengenossenschaft war der in Anhausen 1862 gegründete Darlehensverein[84]). Aber auch bei den in der Folgezeit gegründeten Spar- und Darlehnskassen blieb neben dem genossenschaftlichen Prinzip als Motiv für das geschäftliche Handeln das Wohltätigkeitsstreben bestehen. Dies ist ein Grund dafür, daß sich die Selbsthilfeeinrichtungen auf dem gewerblichen und landwirtschaftlichen Sektor nicht zu einer einheitlichen Organisation entwickelten. Zum Teil lag das allerdings auch an dem völlig verschiedenartigen Kundenkreis dieser Genossenschaften.

Im Jahre 1872 gründete Wilhelm Haas unabhängig von Raiffeisen ebenfalls landwirtschaftliche Genossenschaften und später auch landwirtschaftliche Kreditgenossenschaften, die streng nach dem Grundsatz der Selbsthilfe organisiert waren (sogenanntes „Offenbacher System"). Im Laufe der Zeit glichen sich die Systeme von Raiffeisen und Haas aber so weit aneinander an, daß heute eine Unterscheidung nach dem Raiffeisenschen und dem Offenbacher System nicht mehr getroffen wird. Diese Entwicklung wurde unterstützt durch die Vereinigung der beiden Spitzenverbände im Jahre 1932[85]).

Auch bei den ländlichen Kreditgenossenschaften, die sich meistens Spar- und Darlehnskassen nennen, zeigt das schnelle Anwachsen ihrer Zahl die Bedeutung, die sie innerhalb des Kreditwesens erlangt haben.

Im Gebiet des Deutschen Reiches bzw. der Bundesrepublik Deutschland vollzog sich die Entwicklung der gewerblichen und ländlichen Kreditgenossenschaften wie folgt[86]):

---

83) Hilfsverein zum billigen Bezug von Brot, Kartoffeln und Saatfrucht in Weyerbusch, 1847. — Flammersfelder Hilfsverein zur Unterstützung unbemittelter Landwirte, Flammersfeld, 1849. Diesem Hilfsverein war auch eine Sparkasse für Gesinde, Gesellen und geringe Landleute angeschlossen. — Heddersdorfer Wohltätigkeitsverein, Heddersdorf, 1854. Vgl. Faßbender, M., a. a. O., S. 167 f.

84) Vgl. Wygodzinski, W., a. a. O., S. 24.

85) Vgl. Lang, J., Aufbau der Kreditgenossenschaften, S. 202.

86) Zahlenangaben für 1868 bis 1934 entnommen aus: Lang, J., Aufbau der Kreditgenossenschaften, S. 203, und für 1950 bis 1970 aus: Deutsche Genossenschaftskasse, Die Genossenschaften der Bundesrepublik Deutschland im Jahre 1970, S. 77, für 1971 aus: Monatsberichte der Deutschen Bundesbank, September 1972, S. 41, für 1972 und 1973 aus: Monatsberichte der Deutschen Bundesbank, Juli 1974, S. 41.

Anzahl der Kreditgenossenschaften von 1868 bis 1973

Jahr	Kreditgenossenschaften	
	gewerblich	ländlich
1868	.	41
1869	.	70
1870	121	.
1890	.	1 729
1900	1 136	9 793
1920	1 514	18 331
1931	2 236	19 416
1950	774	11 216
1955	793	10 931
1960	822	10 840
1965	807	9 497
1970	740	6 362
1971	673	5 675
1972	5 743	
1973	5 481	

1868 bis 1931: Reichsgebiet; ab 1950: Bundesgebiet.

Die über einhundertjährige Trennung zwischen gewerblichen und ländlichen Kreditgenossenschaften wurde durch die zum 1. 1. 1972 wirksam gewordene Gründung des Bundesverbandes der Deutschen Volksbanken und Raiffeisenbanken aufgehoben[87]).

Zur Interpretation der zahlenmäßigen Abnahme der Kreditgenossenschaften — insbesondere im ländlichen Bereich — dient folgende Übersicht:

Anzahl der Kreditgenossenschaften in den Jahren 1957 und 1973[88])

	1957	1973	Veränderung
1. Kreditinstitute	11 765	5 481	./. 6 284
2. Zweigstellen	2 266	13 687	+ 11 421
(1.+2.) Bankstellen	14 031	19 168	+ 5 137

Die Verringerung der Anzahl der Kreditgenossenschaften und die gleichzeitige Zunahme der Zweigstellen ist durch die Fusionen kleinerer Institute zu erklären. Während sich bis zum Jahre 1971 die Vereinigungen innerhalb der beiden

87) Vgl. Ausführungen zu Verbandswesen, S. 126.

88) Zahlenangaben für 1957 aus: Monatsberichte der Deutschen Bundesbank, Februar 1961, S. 13, für 1973 vgl. Angaben Fußnote 86.

Institutsgruppen vollzogen, schließen sich nunmehr auch Institute zusammen, die früher zu den Volks- und Raiffeisenbanken gehörten. Nach der Fusion zweier Genossenschaften verringert sich zwar die Anzahl der Genossenschaften; da die Bankstellen der übernommenen Kreditinstitute jedoch in der Regel als Zweigstellen weitergeführt werden, wirken sich solche Fusionen als Zuwachs bei den Zweigstellen aus. Diese Entwicklung zeigt die verstärkten Bestrebungen dieser Institutsgruppe, die Betriebsgröße ihrer Genossenschaften wettbewerbsfähiger zu gestalten.

b) Gesetzliche Bestimmungen

Das Genossenschaftswesen fand seine erste gesetzliche Regelung in dem im wesentlichen aus einem Entwurf von Schulze-Delitzsch hervorgegangenen preußischen „Gesetz, betreffend die privatrechtliche Stellung der Erwerbs- und Wirtschaftsgenossenschaften vom 27. 3. 1867“, das ab 1869 als Norddeutsches Bundesgesetz und ab 1871 als Reichsgesetz galt. Dieses Gesetz wurde durch das Gesetz betreffend die Erwerbs- und Wirtschaftsgenossenschaften vom 1. 5. 1889 abgelöst, welches allerdings 1898 neu gefaßt wurde. Erstmals bot dieses Gesetz die Möglichkeit, Genossenschaften mit beschränkter Haftpflicht (eGmbH) zu gründen, nachdem bis dahin nur die Bildung von Genossenschaften mit unbeschränkter Haftpflicht (eGmuH) möglich war. Außerdem wurde durch dieses Gesetz im Gegensatz zu den bisherigen Bestimmungen gestattet, daß eine Genossenschaft bei einer anderen Genossenschaft Mitglied werden kann; das ist insbesondere für die Kreditgenossenschaften im Hinblick auf die Errichtung von Zentralkassen wichtig. Darüber hinaus wurde die Pflichtprüfung für Genossenschaften eingeführt.

Nach dem zweiten Weltkrieg ersuchten bereits im Jahre 1954 Bundesrat und Bundestag die Bundesregierung, das geltende Genossenschaftsgesetz zu überarbeiten. 1962 legte das Bundesjustizministerium einen Referentenentwurf eines Genossenschaftsgesetzes vor; er wurde jedoch in einer gemeinsamen Stellungnahme der beiden genossenschaftlichen Spitzenverbände abgelehnt. Die Arbeiten zur Anpassung des Genossenschaftsgesetzes an die wirtschaftlichen Erfordernisse der Gegenwart zogen sich bis Ende 1973 hin, am 1. 1. 1974 trat die Novelle zum Genossenschaftsgesetz in Kraft. Sie zielt vor allem auf eine Stärkung der genossenschaftlichen Eigenkapitalbasis und der Geschäftsführung ab. Als wesentliche Neuerung enthält die Novelle[89]): Das Geschäftsguthaben kann ohne Rücksicht auf das Ergebnis eines Geschäftsjahres fest verzinst werden. Die Genossenschaft kann einen Beteiligungsfonds bilden, aus dem beim Ausscheiden eines Gesellschafters zusätzlich zum Geschäftsguthaben Beträge ausgezahlt werden können. Die Satzung einer Genossenschaft kann festlegen, daß bei einer Erhöhung der Beteiligung durch Erwerb zusätzlicher Anteile eine Erhöhung der Haftsumme unterbleibt. Der Vorstand der Genossen-

89) Vgl. Lang/Weidmüller, Genossenschaftsgesetz, Kommentar, 30. Aufl., Berlin, New York 1974, S. XX.

schaft kann nunmehr Prokura und Handlungsvollmacht erteilen. Außerdem ist das Verbot der Kreditvergabe an Nichtmitglieder aufgehoben.

Nach dem Haftungsumfang wurden bis zum Inkrafttreten der Novelle Genossenschaften mit beschränkter Haftpflicht und solche mit unbeschränkter Haftpflicht unterschieden. Das neue Gesetz gestattet neben diesen beiden Konstruktionen die Einführung eines Genossenschaftstyps ohne Nachschußpflicht der Gesellschafter. Bei der unbeschränkten Haftpflicht haften die Genossen mit ihrem gesamten Vermögen für die Verbindlichkeiten der Genossenschaft. Allerdings haben die Gläubiger der Genossenschaft seit der Novelle vom 20. 12. 1933 keinen direkten Anspruch mehr gegen die Genossen; die Genossen können im Konkursfall nur über die Genossenschaft, als deren Mitglieder sie für alle Verbindlichkeiten der Genossenschaft unbeschränkt einstehen müssen, in Anspruch genommen werden. Diese Genossenschaftsform ist seitdem also praktisch eine Genossenschaft mit unbeschränkter Nachschußpflicht. Demgegenüber bedeutet die beschränkte Haftpflicht für die Genossen eine Begrenzung ihres Verlustrisikos; denn bei dieser Form der Genossenschaft können die Genossen nur in Höhe der in der Satzung festgelegten Haftsumme, die nicht niedriger sein darf als der Geschäftsanteil und im allgemeinen 100 bis 200 % des Geschäftsanteils beträgt, in Anspruch genommen werden, wenn die Gläubiger der Genossenschaft nicht aus dem Vermögen derselben befriedigt werden können.

Anzahl der Kreditgenossenschaften nach Rechtsformen (ohne Zentralen)

Jahr	Kreditgenossensch. insgesamt		eGmuH		eGmbH		Sonstige Rechtsformen
	Raiffeisen	Schulze-Delitzsch	Raiffeisen	Schulze-Delitzsch	Raiffeisen	Schulze-Delitzsch	
1927 [90])	20 230	2 105	17 822	526	2 408	1 579	•
1934 [91])	18 879	2 177	16 787	501	2 071	1 663	•
1938 [92])	11 883	823	10 932	2	945	821	•
1956 [92])	10 864	795	8 147	1	2 714	771	26
1961 [92])	10 726	820	6 112	—	4 611	794	29
1966 [93])	9 034	797	675	—	8 355	770	31
1967 [93])	8 557	798	421	—	8 132	771	31
1971 [93])	5 657	673	43	—	5 610	646	31

1927 bis 1938: Reichsgebiet; ab 1956: Bundesgebiet.

90) Vgl. Wygodzinski, W., a. a. O., S. 65.

91) Vgl. Lang, J., Aufbau der Kreditgenossenschaften, S. 204.

92) Vgl. Geschäftsbericht der Deutschen Genossenschaftskasse, Frankfurt am Main 1961, S. 49.

93) Vgl. Deutsche Genossenschaftskasse, Die Genossenschaften der Bundesrepublik Deutschland im Jahre 1967, S. 53 und 1971, S. 92; Jahrbuch des Deutschen Genossenschaftsverbandes für 1966 und 1967 sowie Jahrbuch des Deutschen Raiffeisenverbandes e. V. 1966 und 1967.

Alle Kreditgenossenschaften werden heute — wenn von einigen Instituten anderer Rechtsformen (Vereine) abgesehen wird — im wesentlichen in der Rechtsform der Genossenschaft mit beschränkter Haftpflicht betrieben. Die Kreditgenossenschaften (Raiffeisen) arbeiteten bis 1961 — wie aus der Tabelle auf Seite 115 ersichtlich — überwiegend als Genossenschaften mit unbeschränkter Haftpflicht.

Inwieweit der neue Genossenschaftstyp ohne Nachschußpflicht in den Satzungen Berücksichtigung finden wird, läßt sich noch nicht absehen. Mit Inkrafttreten der Novelle entfiel bei allen Genossenschaften im Firmennamen der Hinweis über die Haftungsverhältnisse. Die Löschung dieser Zusätze zum Firmennamen wurde von Amts wegen im Genossenschaftsregister vorgenommen. Die Unterscheidung eGmuH oder eGmbH im Firmennamen gehört damit der Vergangenheit an; lediglich die Satzung einer Genossenschaft enthält Angaben über die Haftungsverpflichtungen der Genossen.

c) Eigene Mittel

Die eigenen Mittel einer Kreditgenossenschaft setzen sich aus den Geschäftsguthaben der Mitglieder und den Rücklagen zusammen. Da die Mitgliederzahl nicht konstant ist, sondern durch Zu- und Abgänge ständigen Schwankungen unterliegt, weisen die eigenen Mittel der Genossenschaft keine gleichbleibende Höhe auf. Die durch Selbstfinanzierung geschaffenen Rücklagen, die wegen der schwankenden Höhe der eigenen Mittel der Genossenschaft entsprechend der Mitgliederzahl besonders große Bedeutung haben, werden als „neutrales Kapital" bzw. drittes Kapital bezeichnet, wenn ausscheidende Genossen während des Bestehens der Genossenschaft keinen Anspruch auf Auszahlung eines entsprechenden Anteils an diesen Rücklagen haben[94]). Erst bei Liquidation der Genossenschaft darf das neutrale Kapital an die Mitglieder verteilt werden oder einer Person für einen bestimmten Zweck oder aber der Gemeinde, in der die Genossenschaft ihren Sitz hatte, zufallen[95]). Da dieser Teil des Eigenkapitals der Genossenschaft unabhängig von der Höhe der Mitgliederzahl dauernd zur Verfügung steht, hat er sehr große Bedeutung für das Unternehmen. Aus der Sicht des einzelnen Gesellschafters ist der Ausschluß des Rückgriffs auf das neutrale Kapital insbesondere beim Ausscheiden nachteilig. Die im Januar 1974 in Kraft getretene Novelle zum Genossenschaftsgesetz sieht daher die Möglichkeit der Bildung eines Beteiligungsfonds vor. Er soll die Beteiligung an Genossenschaften attraktiver machen, da Beträge aus dieser speziellen Rücklage beim Ausscheiden zusätzlich zum Geschäftsguthaben bereitgestellt werden können. Um die Sicherheit der Genossenschaft zu erhöhen, ist es notwendig, darauf bedacht zu sein, insbesondere das „neutrale Kapital" nach Möglichkeit zu erhöhen. Das wird auch in der vom Deutschen Genossenschaftsverband (Schulze-Delitzsch) e. V. herausgegebenen Mustersatzung berücksichtigt, in der es heißt, daß die Rücklagen durch eine

94) Vgl. § 73 GenG.

95) §§ 91 f. GenG.

jährliche Zuweisung von mindestens 10 % des Reingewinns gebildet werden, solange die Rücklagen die Höhe von 10 % der Gesamtverpflichtungen einschließlich Indossamentsverbindlichkeiten nicht erreichen[96]). Beachtenswert ist hierbei, daß als Bezugsgröße die Gesamtverbindlichkeiten der Kreditgenossenschaft zugrunde gelegt werden. Dadurch wird eine wesentlich höhere Sicherheit für die Gläubiger erreicht. Die Bildung von Rücklagen ist auch deswegen erforderlich, weil den Kreditgenossenschaften im allgemeinen über die Geschäftsguthaben von den Mitgliedern nur relativ geringe Beträge zufließen. Schulze-Delitzsch hat zwar eine Relation von 1 : 3 für das Verhältnis von Eigenkapital zu Fremdkapital gefordert[97]), doch ließ sich dieses Verhältnis nicht aufrechterhalten. Ende 1954 betrug dieses Verhältnis bei den Kreditgenossenschaften (Schulze-Delitzsch) 1 : 11,6[98]); es hat sich kontinuierlich verschlechtert und erreichte Ende 1959 1 : 13,9, Ende 1962 1 : 14,5 und Ende 1967 1 : 17,2[99]). Ende 1973 betrug der Eigenkapitalanteil bei allen Kreditgenossenschaften noch 4,0 %[100]); das entspricht einem Verhältnis von 1 : 25.

Große Bedeutung kommt bei den Kreditgenossenschaften den Haftsummen zu. Dies gilt nicht nur hinsichtlich der Verbindlichkeiten der Kreditgenossenschaften, sondern auch in bezug auf das Aktivgeschäft, da dem haftenden Eigenkapital der Kreditgenossenschaften ein sogenannter Haftsummenzuschlag zugerechnet wird.

Nach § 10 Abs. 2 Ziff. 3 KWG sind als haftendes Eigenkapital bei eingetragenen Genossenschaften anzusehen die Geschäftsguthaben und sämtliche Rücklagen, d. h. inkl. spezieller Rücklagen, die wegen der Einrichtung eines Beteiligungsfonds gebildet werden, zuzüglich eines vom Bundesminister für Wirtschaft nach Anhörung der Deutschen Bundesbank durch Rechtsverordnung festzusetzenden Zuschlags, welcher der Haftsummenverpflichtung der Genossen Rechnung trägt. Der Haftsummenzuschlag beträgt zur Zeit bei Genossenschaften mit beschränkter Haftpflicht drei Viertel des Gesamtbetrages der Haftsummen und bei Genossenschaften mit unbeschränkter Haftpflicht das Doppelte des Gesamtbetrags der Geschäftsanteile[101]). Der Haftsummenzuschlag darf jedoch die Hälfte des ohne Zuschlag vorhandenen haftenden Eigenkapitals nicht übersteigen[102]). Bei Zentralkassen in der Rechtsform der eingetrage-

---

96) § 42 der Mustersatzung für Volksbanken vom Januar 1964; die Gewinnverwendungsvorschriften der Kreditgenossenschaften (Raiffeisen) enthalten die §§ 36 und 42 der Mustersatzung dieser Institutsgruppe.

97) Vgl. Lang, J., Die städtischen Kreditgenossenschaften, in: Die Deutsche Bankwirtschaft, a. a. O., Bd. 2, S. 215.

98) Vgl. Statistik der Kreditgenossenschaften des Deutschen Genossenschaftsverbandes, 1950 bis 1954.

99) Vgl. Monatsberichte der Deutschen Bundesbank, Oktober 1960, S. 89 f., Februar 1963, S. 62 f. und Februar 1968, S. 74 f.

100) Vgl. Monatsberichte der Deutschen Bundesbank, März 1974, S. 28 *.

101) § 1 Abs. 1 Nr. 1 und 2 der Verordnung über die Festsetzung eines Zuschlags für die Berechnung des haftenden Eigenkapitals von Kreditinstituten in der Rechtsform der eingetragenen Genossenschaft (Zuschlagsverordnung) vom 6. 12. 1963, BGBl I S. 871.

102) § 1 Abs. 3 Zuschlagsverordnung.

nen Genossenschaft beträgt der Zuschlag 35 % des Gesamtbetrags der Haftsummen, jedoch nicht mehr als ein Viertel des ohne Zuschlag vorhandenen haftenden Eigenkapitals[103]).

Der Haftsummenzuschlag spielt z. B. bei den Anlagevorschriften eine Rolle, da die Anlagen eines Kreditinstituts in Grundstücken, Gebäuden und dauernden Beteiligungen den Betrag des haftenden Eigenkapitals nicht übersteigen sollen (§ 12 KWG). Von außerordentlicher Wichtigkeit sind die Haftsummenzuschläge auch in bezug auf die in den Grundsätzen über das Eigenkapital zu § 10 KWG genannten Relationen, denn bei Grundsatz I und I a gilt als Bemessungsgrundlage das haftende Eigenkapital[104]). Die Beschränkung des Devisengeschäfts durch den Grundsatz I a hat nur bei großen Instituten Bedeutung. Außerdem dienen die Haftsummen der Mitglieder der Kreditgenossenschaften als Grundlage für die Beschaffung von Haftsummenkrediten bei den Zentralkassen[105]).

d) Geschäftstätigkeit

Die Vorschußvereine von Schulze-Delitzsch betrachteten die Gewährung von kurzfristigen Betriebskrediten an die gewerbliche Wirtschaft, die in der Regel als Blankokredite gegeben wurden[106]), als ihre Hauptaufgabe. Die Darlehnskassenvereine Raiffeisens verfolgten primär den Zweck, den Kreditbedarf der Landwirtschaft, insbesondere der kleineren Landwirte, zu befriedigen. Hieraus resultierte, was lange Zeit volle Gültigkeit hatte, daß die Fristen der von den Kreditgenossenschaften (Raiffeisen) gewährten Kredite wegen des langsameren Kapitalumschlages in landwirtschaftlichen Betrieben länger sein mußten als die Fristen der von Kreditgenossenschaften (Schulze-Delitzsch) ausgereichten Kredite. Inzwischen hat sich aber auch bei den Kreditgenossenschaften (Schulze-Delitzsch) in Anpassung an den Investitionskreditbedarf der Kundschaft der Trend zum langfristigen Kredit erheblich verstärkt[107]), so daß in bezug auf die Fristigkeit der ausgereichten Kredite sich eine Annäherung beider Institutsgruppen vollzieht[107]) [108]).

Im Laufe der Entwicklung erweiterten sowohl die gewerblichen als auch die ländlichen Kreditgenossenschaften ihren Geschäftskreis immer mehr. Heute führen die Banken des Genossenschaftssektors die meisten vorkommenden Bankgeschäfte durch. Sie nehmen Depositen und Spareinlagen entgegen, geben Kredite (früher vorwiegend als Schuldscheindarlehen, heute besonders

---

103) § 2 Zuschlagsverordnung.

104) Vgl. Monatsberichte der Deutschen Bundesbank, März 1969, S. 37 ff.

105) Vgl. Draheim, G., Die Genossenschaft als Unternehmungstyp, Göttingen 1952, S. 143.

106) Vgl. Schulze-Delitzsch, H., Vorschußvereine als Volksbanken, Leipzig 1855, abgedruckt in: Thorwart, F., a. a. O., S. 130 ff.

107) Vgl. Jahrbuch des Deutschen Genossenschaftsverbandes (Schulze-Delitzsch) e. V. für 1971, S. 65 f.

108) Vgl. Jahrbuch des Deutschen Raiffeisenverbandes e. V. 1971, S. 65 und 66.

Diskont-, Kontokorrent- und langfristige Kredite), besorgen den Zahlungsverkehr und betreiben das Inkasso-, Auslands- und Effektengeschäft[109]).

Bei den zahlreichen kleinen Kreditgenossenschaften bringt es der breite Rahmen der Geschäftstätigkeit mit sich, daß das Schwergewicht auf einigen Teilbereichen, z. B. auf dem Kredit-, Spar- und Zahlungsverkehrsgeschäft, liegt. Für bestimmte Geschäftszweige, welche die Kreditgenossenschaften nicht oder nur wenig pflegen, bestehen genossenschaftliche Spezialinstitute, z. B. eine Genossenschafts-Hypothekenbank und genossenschaftliche Teilzahlungkreditinstitute. Eine Reihe von ertragreichen Geschäften kommt wegen der besonderen Geschäftsstruktur der Kreditgenossenschaften im allgemeinen nicht in Betracht. Dabei handelt es sich um die sogenannten Eigengeschäfte, z. B. in Effekten und Devisen, und um die Emission von Wertpapieren[110]).

Die Betonung einzelner Geschäftszweige zu Lasten anderer bleibt nicht ohne Folgen für die Kosten- und Erlösverhältnisse der Kreditgenossenschaften. Allerdings ist hierbei zu berücksichtigen, daß Geschäftsumfang und Geschäftsstruktur der einzelnen Kreditgenossenschaften unterschiedlich sind, je nachdem, ob es sich um ein Institut in einer Großstadt oder in einem kleinen Dorf handelt. Für alle Kreditgenossenschaften gilt aber in gleichem Maße, daß sich die Gesamtsumme der ausgereichten Kredite aus einer relativ großen Zahl kleinerer Kredite zusammensetzt. Der Durchschnittsbetrag der von den Volksbanken gewährten Kredite betrug z. B. Ende 1952 nur rund 4500 DM, Ende 1961 rund 12 100 DM; Ende 1971 betrug die durchschnittliche Höhe der Kredite rund 31 400 DM[111]). Dadurch werden verhältnismäßig hohe Kosten für die Kreditbearbeitung verursacht, und die Relation zwischen Aufwand und Ertrag wird ungünstiger als bei Kreditinstituten mit durchschnittlich höheren Einzelkrediten.

Hinsichtlich des Erfolgsstrebens der Kreditgenossenschaften ist darauf hinzuweisen, daß es grundsätzlich nicht dem Sinn eines genossenschaftlichen Unternehmens entspricht, Gewinnmaximierung anzustreben, denn die primäre Aufgabe einer Genossenschaft ist die Förderung des Erwerbs oder der Wirtschaft ihrer Mitglieder[112]).

Die Genossen treten im allgemeinen nicht einer Genossenschaft bei, um aus ihrer Kapitalanlage einen möglichst hohen Ertrag zu erhalten, sondern

---

109) Vgl. z. B. die vom Deutschen Genossenschaftsverband (Schulze-Delitzsch) e. V. herausgegebene Mustersatzung für Volksbanken, insbesondere § 39.

110) In der vom Deutschen Genossenschaftsverband (Schulze-Delitzsch) e. V. herausgegebenen Mustersatzung der Volksbanken heißt es z. B. in § 39: „Jede Art von Spekulationsgeschäften ist ausgeschlossen."

111) Vgl. Deutscher Genossenschaftstag 1953 Konstanz, Wiesbaden 1953, S. 117; Jahrbuch des Deutschen Genossenschaftsverbandes (Schulze-Delitzsch) e. V. für 1961, S. 61 und Jahrbuch des Deutschen Genossenschaftsverbandes (Schulze-Delitzsch) e. V. für 1971, S. 85.

112) § 1 GenG. Vgl. Henzler, R., Die Genossenschaft — eine fördernde Betriebswirtschaft, Essen 1957.

ihr Bestreben ist es, aus der aktiven Nutzung der Rechte ihrer Mitgliedschaft einen Vorteil zu ziehen. Aus anderen Gründen sind die Kreditgenossenschaften jedoch gehalten, Gewinne zu erzielen. Einerseits läßt es die meist geringe Höhe der Geschäftsguthaben ratsam erscheinen, über die Verteilung von Dividenden und die Zuschreibung dieser Beträge zu den Geschäftsguthaben diese zu erhöhen. Andererseits ist es für die Kreditgenossenschaften wichtig, aus dem Gewinn Rücklagen zu bilden. Darüber hinaus bedeuten Dividendenausschüttungen auf die Geschäftsguthaben für die Mitglieder einen Anreiz, ihre Einzahlungen auf die Geschäftsanteile zu erhöhen. Bei den Kreditgenossenschaften ist also praktisch eine Modifikation des genossenschaftlichen Wirtschaftsprinzips zu finden.

Da die Mitglieder einer Kreditgenossenschaft im allgemeinen in demselben Ort oder zumindest in einem engbegrenzten Gebiet wohnen und zudem nur bestimmten Wirtschaftszweigen angehören, ist eine regionale und branchenmäßige Risikostreuung für die einzelnen Kreditgenossenschaften in geringerem Maße möglich als z. B. für private Kreditbanken. Insbesondere gilt dies für die ländlichen Institute, weil sich bei diesen die Geschäftstätigkeit meist nur auf ein Dorf erstreckt und der überwiegende Teil der Genossen Landwirte sind[113]). Bei den in Städten domizilierenden Kreditgenossenschaften liegen die Verhältnisse zwar etwas günstiger, weil bei diesen einmal der Geschäftsbereich größer ist und zum anderen die Mitglieder, die in der Regel vor allem dem Kreis der Handwerker und kleinen Gewerbetreibenden angehören, in verschiedenen Branchen tätig sind; doch müssen auch diese Institute den Risikoproblemen besondere Beachtung schenken.

Welche Bedeutung die Kreditgenossenschaften hinsichtlich der Befriedigung des kurzfristigen Kreditbedarfs im Rahmen des gesamten Bankwesens einnehmen, lassen die Zahlen der Tabelle auf Seite 121 erkennen[114]).

Wenn auch die Kreditgenossenschaften Mitte des vorigen Jahrhunderts zunächst versuchten, die Mittel für das Kreditgeschäft durch die Geschäftsguthaben ihrer Mitglieder zu beschaffen, so erkannten sie doch sehr schnell die Notwendigkeit, fremde Gelder heranzuziehen. Sehr bald nahmen die Kreditgenossenschaften daher Einlagen in Form von Depositen oder Spareinlagen von Mitgliedern und Nichtmitgliedern entgegen. Ende 1973 entfielen von den

113) Mit der fortschreitenden Annäherung von Stadt und Land erhöht sich nunmehr auch der Anteil der Mitglieder, die dem ländlichen Handwerk oder Gewerbe angehören, und Sonstiger (Privater); vgl. Voßschmidt, Th., Die westdeutschen Kreditgenossenschaften, Karlsruhe 1958, S. 43 und Jahrbuch des Deutschen Genossenschaftsverbandes (Schulze-Delitzsch) e. V. für 1971, S. 76.

114) Vgl. Statistisches Handbuch der Bank deutscher Länder 1948—1954, S. 60 ff. und 80 ff. sowie Untersuchung des Bankwesens, a. a. O., II. Teil, S. 15 und 25 bzw. Monatsberichte der Deutschen Bundesbank, Februar 1963, S. 44 f., Februar 1966, S. 40 f., März 1971, S. 24 * f. und März 1974, S. 26 *.

Bei dem Kreditvolumen der Kreditgenossenschaften ist zu berücksichtigen, daß es sich bei den Kreditgenossenschaften nur um eine Teilerhebung handelt. Von insgesamt rd. 5 700 Instituten sind rd. 2 400 (vor dem 31. 12. 1973 nur rd. 2 000) erfaßt, auf die ca. 90 % des Kreditvolumens der Kreditgenossenschaften entfielen.

Jahr	Kurzfristige Kredite insgesamt in Mill.	Kurzfristige Kredite der Kreditgenossenschaften	
		in Mill.	in % des Gesamtbetrages
1913	19 608,0	3 930,0	20,0
1932	20 429,0	3 155,0	15,4
1948	5 783,0	361,0	6,3
1954	29 038,0	2 638,0	9,1
1958	32 528,9	3 823,1	11,8
1960	41 410,1	5 103,8	12,3
1965	67 730,5	9 065,5	13,4
1970	121 787,0	16 417,0	13,5
1973	175 884,0	26 263,0	14,9

1913 und 1932: Reichsgebiet; ab 1948: Bundesgebiet.

299,1 Mrd. DM Spareinlagen (einschließlich Sparbriefe) in der Bundesrepublik Deutschland 60,7 Mrd. DM = 20,3 % auf Kreditgenossenschaften (einschließlich Zentralkassen), während die Sparkassen (einschließlich Girozentralen) 171,2 Mrd. DM = 57,2 % und die Kreditbanken 51,4 Mrd. DM = 17,2 % verwalteten[115]). Die Kreditgenossenschaften versuchen, durch verschiedene Einrichtungen des Kleinsparwesens — Abholverfahren, Schulsparen usw. — auch kleine und kleinste Beträge zu erfassen. Auf Grund all der Bemühungen betrugen Ende 1973 die Spareinlagen dieser Kreditgenossenschaften (ohne Zentralkassen) 54,6 % der Bilanzsumme[116]).

Auf dem Gebiet des Zahlungsverkehrs können die Kreditgenossenschaften den Anforderungen ihrer Mitglieder in vollem Umfang gerecht werden. Bereits in der zweiten Hälfte des 19. Jahrhunderts wurden auf dem gewerblichen und ländlichen Sektor mehrere Giro- und Inkassoverbände aufgebaut, deren Netze allerdings zunächst — und zwar vor allem auf dem ländlichen Sektor — nur einzelne Bezirke umfaßten[117]). Die Bestrebungen zur Bildung eines einheitlichen Gironetzes wurden jedoch fortgesetzt und führten zum Aufbau des Deutschen Genossenschaftsringes mit seinem Gironetz, dem sowohl gewerbliche als auch ländliche Kreditgenossenschaften angehören. Der Nachteil dieses Systems ist allerdings, daß dem Deutschen Genossenschaftsring nicht alle, insbesondere nicht die kleinen ländlichen Kreditgenossenschaften als Mitglieder angehören.

Eine Besonderheit der Geschäftstätigkeit der Kreditgenossenschaften besteht darin, daß sich Kreditgenossenschaften vor allem in ländlichen Gebieten auch mit Warengeschäften, z. B. dem An- und Verkauf von Saatgut, Düngemitteln und landwirtschaftlichen Produkten, befassen.

115) Vgl. Monatsberichte der Deutschen Bundesbank, März 1974, S. 28* und 29*.

116) Vgl. ebenda.

117) Vgl. Wygodzinski, W., a. a. O., S. 161 und 164.

e) Bilanzierung und Publizität

Für die Aufstellung der Jahresabschlüsse der Kreditgenossenschaften gelten die Vorschriften des Handelsgesetzbuches[118]) und speziell die des Genossenschaftsgesetzes[119]). Die Kreditgenossenschaften müssen danach wie alle anderen Genossenschaften eine Jahresbilanz, eine Gewinn- und Verlustrechnung und einen Geschäftsbericht aufstellen und den Jahresabschluß, d. h. die Bilanz und die Gewinn- und Verlustrechnung, veröffentlichen. Generell unterliegen die Kreditgenossenschaften damit der vollen Publizitätspflicht. Allerdings brauchen kleinere Genossenschaften[120]) ihren Jahresabschluß nicht zu veröffentlichen; im übrigen kann das zuständige Amtsgericht, bei dem das Genossenschaftsregister geführt wird, den Vorstand von der Veröffentlichungspflicht befreien, sofern glaubhaft gemacht wird, daß die Kosten der Veröffentlichung in offenbarem Mißverhältnis zu der Vermögenslage der Genossenschaft stehen[121]).

Im übrigen gelten für Kreditgenossenschaften hinsichtlich der Gliederung des Jahresabschlusses und der Angabe der jährlichen Zu- und Abgänge sowie der Abschreibungen und Wertberichtigungen bei den Posten des Anlagevermögens grundsätzlich die gleichen Ausnahmeregelungen wie bei Aktienbanken. Für die Kreditgenossenschaften wurden ebenso wie für die Kreditinstitute in anderen Rechtsformen eigene Formblätter sowohl für die Gliederung der Jahresbilanz als auch für die Gliederung der Gewinn- und Verlustrechnung herausgegeben[122]).

Das Bilanzformblatt weist neben den allen Bankbilanzen eigenen Besonderheiten einige Arteigenheiten auf. Durch die Ausgliederung der Nostroguthaben bei den genossenschaftlichen Zentralkreditinstituten innerhalb der Aktivposition „Forderungen an Kreditinstitute“ und auf der Passivseite der Nostroverpflichtungen bei genossenschaftlichen Zentralkreditinstituten innerhalb der Position „Verbindlichkeiten gegenüber Kreditinstituten“ können die finanziellen Verflechtungen der Kreditgenossenschaften mit ihren Zentralkassen auch vom externen Bilanzleser erkannt werden. Außerdem finden Warengeschäfte der Kreditgenossenschaften in der Bilanz eine gesonderte Berücksichtigung. Auf der Aktivseite erscheint die Position „Warenbestand“, und die Warenforderungen werden aus der Position „Forderungen an Kunden“ ausgegliedert. Die Verbindlichkeiten aus dem Warengeschäft werden auf der Passivseite unter Position „3. Verpflichtungen aus Warenbezugsgeschäften und aufgenommenen Warenkrediten“ ausgewiesen. „Unter dem Strich“ müssen die Kreditgenossenschaften Auskunft erteilen über die Zahl

118) §§ 38—40 HGB.

119) §§ 33—33 i GenG.

120) § 33 Abs. 3 GenG.

121) Vgl. § 33 Abs. 3 GenG.

122) Vgl. Verordnung über Formblätter für die Gliederung des Jahresabschlusses von Kreditinstituten vom 20. 12. 1967 (BGBl I S. 1300), Muster 2, Formblatt für den Jahresabschluß der Kreditinstitute in der Rechtsform der eingetragenen Genossenschaft.

der Mitglieder und der Geschäftsanteile, über die Höhe des einzelnen Geschäftsanteils und der Haftsumme je Geschäftsanteil sowie über die betragsmäßige Entwicklung der Geschäftsguthaben und der Haftsummen. Auch die rückständigen und fälligen Pflichteinzahlungen auf Geschäftsanteile müssen besonders aufgeführt werden; schließlich müssen die Kreditgenossenschaften in einer auf der Aktivseite unter dem Strich vorgesehenen Position den Gesamtbetrag aller in den Aktiven und Rückgriffsforderungen enthaltenen „Forderungen an Mitglieder" gesondert ausweisen.

Das Formblatt für die Gewinn- und Verlustrechnung der Kreditgenossenschaften ist ebenso wie das Formblatt bei Kreditinstituten anderer Rechtsformen nach dem Bruttoprinzip aufgebaut.

Die Jahresabschlußprüfung erfolgt bei den größeren Kreditgenossenschaften jährlich, bei kleineren alle zwei Jahre durch die zuständigen genossenschaftlichen Verbände. Jede Kreditgenossenschaft muß einem solchen Verband, dem das Prüfungsrecht verliehen wurde, angehören[123]). Der betreffende Verband hat zwecks Feststellung der wirtschaftlichen Verhältnisse und der Ordnungsmäßigkeit der Geschäftsführung die Einrichtungen, die Vermögenslage sowie die Geschäftsführung der Genossenschaft zu prüfen[124]). Der Prüfungsumfang ist also gegenüber der aktienrechtlichen Pflichtprüfung erweitert und umfaßt neben der formellen und materiellen Prüfung auch eine Prüfung der Geschäftsgebarung. Im übrigen gelten für die Kreditgenossenschaften die Vorschriften der „Verordnung über die Prüfung der Jahresabschlüsse von Kreditinstituten" vom 7. 7. 1937[125]), in der angeordnet wird, daß bei sämtlichen Kreditinstituten eine Jahresabschlußprüfung vorgenommen werden muß.

f) Verbandswesen und Zentralkassen

Schon wenige Jahre nach Gründung der ersten Genossenschaften war zu erkennen, daß das Genossenschaftswesen wegen seiner starken Ausdehnung und seines dezentralisierten Aufbaus einer strafferen Organisation bedürfe, um den Zusammenhalt der einzelnen Genossenschaften zu gewährleisten und die gemeinsamen Interessen aller Genossenschaften wahrzunehmen. Auf wirtschaftlichem Gebiet sollte die ausgleichende Wirkung einer Vielzahl von Geschäften ausgenutzt — z. B. Liquiditätsausgleich — und durch gemeinsame Geschäfte die Marktstellung verbessert werden. Eine zentrale Stelle sollte außerdem ermöglichen, die von einzelnen Genossenschaften gesammelten Erfahrungen auszuwerten und unter den Genossenschaften auszutauschen.

Durch diese Erfordernisse bedingt, „haben sich die Genossenschaften nach zwei Richtungen hin zusammengeschlossen. In den Verbänden wird — ne-

---

123) § 54 GenG.

124) § 53 GenG.

125) RGBl I S. 763.

ben der Revision — das gemeinsame Interesse aller Genossenschaften gepflegt"; die Zentralgenossenschaften fassen dagegen die einzelnen Genossenschaften in wirtschaftlicher Beziehung zwecks gemeinsamer Geschäftstätigkeit zusammen[126]).

Wie bei den Genossenschaftsbanken selbst hat sich die Verbandsbildung in den beiden Genossenschaftsbereichen Schulze-Delitzsch und Raiffeisen über ein Jahrhundert lang unabhängig voneinander entwickelt. Die separate Verbandsorganisation fand im Jahre 1971 durch die Gründung des genossenschaftlichen Dachverbandes mit dem Namen „Deutscher Genossenschafts- und Raiffeisenverband e. V." ihren Abschluß. Bei den Kreditgenossenschaften (Schulze-Delitzsch) nahm die Verbandsbildung 1859 ihren Anfang auf dem ersten Vereinstag deutscher Vorschuß- und Kreditvereine, als die Errichtung eines „Zentral-Korrespondenzbureaus" beschlossen wurde. Ende 1859 hatten sich diesem Büro 30 Vereine angeschlossen[127]); die Leitung lag in den Händen von Schulze-Delitzsch. Aus diesem Büro, das 1861 in eine „Anwaltschaft deutscher Erwerbs- und Wirtschaftsgenossenschaften" umgewandelt wurde[128]), ging 1864 der „Allgemeine Verband der auf Selbsthilfe beruhenden Erwerbs- und Wirtschaftsgenossenschaften" hervor[129]). Dieser Verband, der überwiegend Kreditgenossenschaften zu seinen Mitgliedern zählte und unbeschränkte Haftpflicht verlangte, fand jedoch keine allgemeine Zustimmung. Insbesondere in Handwerkerkreisen entwickelten sich — teils auch aus politischen Gründen — gegenläufige Bestrebungen, die 1901 nach der Verkündung des Genossenschaftsgesetzes zur Gründung eines „Hauptverbandes deutscher gewerblicher Genossenschaften" durch den Handwerkskammersekretär Korthaus führten[130]). Die gleichgerichteten Bemühungen um das Wohl des Mittelstandes und nicht zuletzt die durch den Krieg aufgetretenen Schwierigkeiten bedingten 1920 den Zusammenschluß der beiden Spitzenverbände zu dem „Deutschen Genossenschaftsverband"[131]).

Dieser Verband war bis zum Ende des zweiten Weltkrieges der alleinige Spitzenverband aller gewerblichen Genossenschaften. Auch nach 1945 versuchte der Deutsche Genossenschaftsverband von Berlin aus, eine alle Besatzungszonen umfassende Organisation aufrechtzuerhalten; dieser Versuch erwies sich jedoch als undurchführbar. Nachdem sich nach Kriegsende in den Westzonen bereits eine „Arbeitsgemeinschaft gewerblicher Genossenschaften" gebildet hatte, erfolgte daher 1949 in Wiesbaden die Neugründung des „Deutschen Genossenschaftsverbandes (Schulze-Delitzsch) e. V."[132]). Diesem neuen Deutschen Genossenschaftsverband waren Ende 1971 10 regionale

126) Vgl. Wygodzinski, W., a. a. O., S. 91.

127) Vgl. Thorwart, F., a. a. O., S. 512.

128) Vgl. Thorwart, F., a. a. O., S. 519.

129) Vgl. Lang, J., Die städtischen Kreditgenossenschaften, S. 220.

130) Vgl. Grünfeld, E., a. a. O., S. 217.

131) Vgl. Lang, J., Die Kreditgenossenschaften, S. 237.

132) Ebenda.

Verbände angeschlossen, die Kredit- und Warengenossenschaften betreuen (Erfahrungsaustausch, Schulung durch Fachlehrgänge und Tagungen, Beratung, Durchführung der Prüfung der Genossenschaften, Interessenwahrung), sowie sechs überregionale Verbände für fachliche Prüfungen.

Im Jahre 1937 wurde ein kreditgenossenschaftlicher Garantiefonds des Deutschen Genossenschaftsverbandes für gewerbliche Kreditgenossenschaften ins Leben gerufen, der jedes Institut zu einer jährlichen Beitragsentrichtung verpflichtet. Der Zweck dieses Garantiefonds war darin zu sehen, „daß durch seinen ebenso raschen wie stillen Einsatz gelegentlich auftretende Schwierigkeiten bei gewerblichen Kreditgenossenschaften behoben werden sollen, dadurch Vertrauensstörungen bei den Mitgliedern, die mit Geschäftsanteilen beteiligt und mit Haftsummen verpflichtet sind, verhindert werden und als Folge davon die Sicherheit der Spareinlagen, Depositengelder und Kontokorrentguthaben der Kundschaft weiter erhöht wird"[133]). Die Kreditgenossenschaften haben jedoch keinen Rechtsanspruch auf Beihilfe aus dem Garantiefonds.

Da durch den zweiten Weltkrieg der Garantiefonds mit dem Zusammenbruch des Genossenschaftsverbandes zerfiel, bildeten nach der Währungsreform zunächst die einzelnen Prüfungsverbände neue Garantiefonds, die im Jahre 1953 in einem zentralen Fonds beim Deutschen Genossenschaftsverband zusammengeschlossen wurden.

Bei den Kreditgenossenschaften (Raiffeisen) entwickelte sich die Verbandsbildung insofern anders, als sich bei diesen die bereits bestehenden landwirtschaftlichen Vereine der genossenschaftlichen Idee annahmen[134]).

Erst relativ spät — nämlich im Jahre 1877 — erfolgte die Gründung des „Generalanwaltschaftsverbandes ländlicher Genossenschaften" (sog. Raiffeisenverband)[135]). Dieser Verband blieb nicht der einzige, sondern im Jahre 1893 wurde von Hofrat Wilhelm Haas für die seiner Richtung angehörenden landwirtschaftlichen Genossenschaften die „Vereinigung landwirtschaftlicher Genossenschaften" (sog. Reichsverband) ins Leben gerufen. Fast 40 Jahre blieb dieser Dualismus bestehen, denn erst 1932 vereinigten sich die beiden Spitzenverbände zu dem „Reichsverband der deutschen landwirtschaftlichen Genossenschaften — Raiffeisen"[136]). Auch dieser Verband hat das Ende des letzten Krieges nicht überlebt. Deshalb erfolgte im Jahre 1949 in Bonn die Gründung des „Deutschen Raiffeisenverbandes e. V.".

---

133) Fuchs, H., Kreditgenossenschaftlicher Garantiefonds, in: Die Bank, Wochenschrift für Finanz- und Bankwesen, Berlin 1937, S. 1533.

134) Im Jahre 1867 beschloß z. B. der „Landwirtschaftliche Verein für Rheinpreußen", „die Gründung von Vereinen nach Raiffeisenschem Vorbilde zur Vereinsangelegenheit zu machen. Eine eigene Abteilung des weitverzweigten Vereins wurde der Propaganda der Spar- und Darlehnskassen gewidmet und Raiffeisen selbst zur Mitarbeit eingeladen", Grünfeld, E., a. a. O., S. 238.

135) Vgl. Lang, J., Die Kreditgenossenschaften, S. 240.

136) Vgl. ebenda.

Die Kreditgenossenschaften (Raiffeisen) schufen vor dem zweiten Weltkrieg aus denselben Motiven wie die Kreditgenossenschaften (Schulze-Delitzsch) einen Garantiefonds. Heute wird er beim Deutschen Raiffeisenverband unterhalten.

Über das Zusammenführen der ländlichen und gewerblichen Kreditgenossenschaften in einen gemeinsamen Verband wurde bereits seit Mitte der 50er Jahre diskutiert[137]). Die ersten sichtbaren Zeichen der Bemühungen zeigten die Gründungen gemeinsamer Verbundunternehmen. 1956 wurde „Die Bausparkasse der deutschen Volksbanken AG“ in „Bausparkasse Schwäbisch Hall AG“ mit dem Zusatz „Bausparkasse der Volksbanken und Raiffeisenbanken“ umfirmiert. 1958 wurde die Zusammenarbeit der beiden Genossenschaftsbereiche im Versicherungswesen vereinbart und durch die Gründung der „Raiffeisen- und Volksbanken-Versicherung“ dokumentiert. Ab 1960 stand auch den ländlichen Zentralkassen die Möglichkeit offen, Anteile an der „Union-Investment-Gesellschaft mbH“ zu erwerben, an deren Gründung sich bereits 1956 der gewerbliche Genossenschaftsbereich beteiligt hatte.

Die Bemühungen um den Zusammenschluß der beiden Genossenschaftsbereiche fanden Ende 1971 ihr vorläufiges Ende. Am 30. November 1971 schlossen der Deutsche Genossenschaftsverband (Schulze-Delitzsch) e. V. und der Deutsche Raiffeisenverband e. V. einen Kooperationsvertrag. Wesentlicher Bestandteil dieses Vertrages ist die Einigung über die Gründung des „Deutschen Genossenschafts- und Raiffeisenverbandes“, des „Bundesverbandes der Deutschen Volksbanken und Raiffeisenbanken“ sowie je eines Bundesverbandes für gewerbliche und ländliche Waren- und Dienstleistungsgenossenschaften[138]). Gemäß Ziff. 16 des Kooperationsvertrages sind nach Ablauf von 5 Jahren, gerechnet vom Zeitpunkt des Inkrafttretens, die Bestimmungen des Vertrages auf ihre Zweckmäßigkeit hin zu überprüfen. Die bisherigen Genossenschaftsverbände bleiben vorerst noch bestehen.

Die Neuorganisation des Genossenschaftswesens hat sich bereits bewährt. Durch den Zusammenschluß hofft der Genossenschaftssektor, die Schwierigkeiten, die sich aus der Zinsliberalisierung, der Automation, der Schulung und Werbung sowie der Personalführung und dem Problem der optimalen Betriebsgröße ergeben, besser meistern zu können.

In engem Zusammenhang mit der Verbandsbildung steht die Errichtung der genossenschaftlichen Zentralkassen. Auch auf diesem Gebiet ist keine einheitliche Entwicklung festzustellen; jeder der genossenschaftlichen Spitzenverbände versuchte, für die ihm angeschlossenen Genossenschaften eine eigene Organisation für den Geld- und Kreditverkehr aufzubauen.

---

[137]) Vgl. Baumann, H., Die Neuordnung der gewerblichen und ländlichen Genossenschaftsorganisation in Deutschland, in: Blätter für Genossenschaftswesen, Mai 1973, S. 129—142, insb. S. 129.

[138]) Vgl. Kooperationsvertrag DGV/DRV, Neuwied o. J., S. 7.

Bereits 1865 gründete Schulze-Delitzsch als erste genossenschaftliche Zentralbank in der Form der Kommanditgesellschaft auf Aktien die Deutsche Genossenschaftsbank von Soergel, Parisius & Co. in Berlin, deren Aktionäre die Genossenschaften waren. Dieses Kreditinstitut hatte die Aufgabe, als Zentralbank für die dem „Allgemeinen Verband" angeschlossenen Kreditgenossenschaften tätig zu sein[139]). Schon 1867 wurde ihr ein Giroverband, „der die kostenlose Ausgleichung der Forderungen der Genossenschaften untereinander bezweckte und das Inkasso von Wechseln auf Orte, an denen Mitglieder des Giroverbandes wohnten, vereinfachen und verbilligen sollte", angeschlossen[140]). Im Streben nach möglichst großer Rentabilität führte die Bank auch nichtgenossenschaftliche Bankgeschäfte aus und entwickelte sich zunächst zu einer bedeutenden Berliner Handelsbank. Nach Jahren erfolgreicher Tätigkeit geriet die Bank aber 1902 durch genossenschaftsfremde Geschäfte in Schwierigkeiten und wurde von der Dresdner Bank übernommen. Die Dresdner Bank verpflichtete sich damals, die Aufgaben der Geldausgleichsstelle der Genossenschaften des „Allgemeinen Verbandes" zu übernehmen, und errichtete zu diesem Zweck in Berlin und Frankfurt am Main Genossenschaftsabteilungen. Erst 1939 wurden diese Abteilungen aufgelöst, und das Geschäft wurde auf die Deutsche Zentralgenossenschaftskasse übertragen[141]).

Auch Raiffeisen erkannte bald die Notwendigkeit eines Geldausgleichs und einer Finanzierungs- bzw. Refinanzierungsmöglichkeit innerhalb des Systems ländlicher Genossenschaften. Auf seine Anregung hin „wurde 1872 eine Zentralstelle als Genossenschaft gegründet, die unter dem Namen ‚Rheinische landwirtschaftliche Genossenschaftsbank' den Geldausgleich, die Revision und den gemeinschaftlichen Bezug für die Mitgliedergenossenschaften besorgen sollte"[142]). Ähnliche Institute wurden 1874 als „Landwirtschaftliche Zentralkasse für das Großherzogtum Hessen" in Darmstadt und als „Westfälische landwirtschaftliche Bank" in Iserlohn errichtet. Als Spitzeninstitut für diese Zentralkassen gründete Raiffeisen 1874 die „Deutsche landwirtschaftliche Generalbank"[142]). Der Aufbau dieses Systems mußte aber eingestellt werden, weil es damals noch nicht zulässig war, daß Genossenschaften bei anderen Genossenschaften Mitglieder waren. Die genannten Banken wurden deshalb 1876/77 aufgelöst; dafür wurde 1876 in Neuwied die „Landwirtschaftliche Zentral-Darlehenskasse für Deutschland Aktiengesellschaft", die spätere Deutsche Raiffeisenbank AG, gegründet. Aktionäre dieser Bank konnten nur dem Verband Raiffeisens angehörende Spar- und Darlehnskassen werden. Dieses Institut, das auch das Warengeschäft pflegte, hat mit mehreren Filialen in Deutschland wesentlich zur Förderung des landwirtschaftlichen

139) Vgl. Lang, J., Wirtschaftliche Zentralorganisationen, in: Die Deutsche Bankwirtschaft, a. a. O., Band 2, S. 232.

140) Vgl. Wygodzinski, W., a. a. O., S. 161.

141) Vgl. Lang, J., Wirtschaftliche Zentralorganisationen, S. 233; derselbe, Die Kreditgenossenschaften, S. 242 f.

142) Grünfeld, E., a. a. O., S. 239 f.

Aufbau des genossenschaft

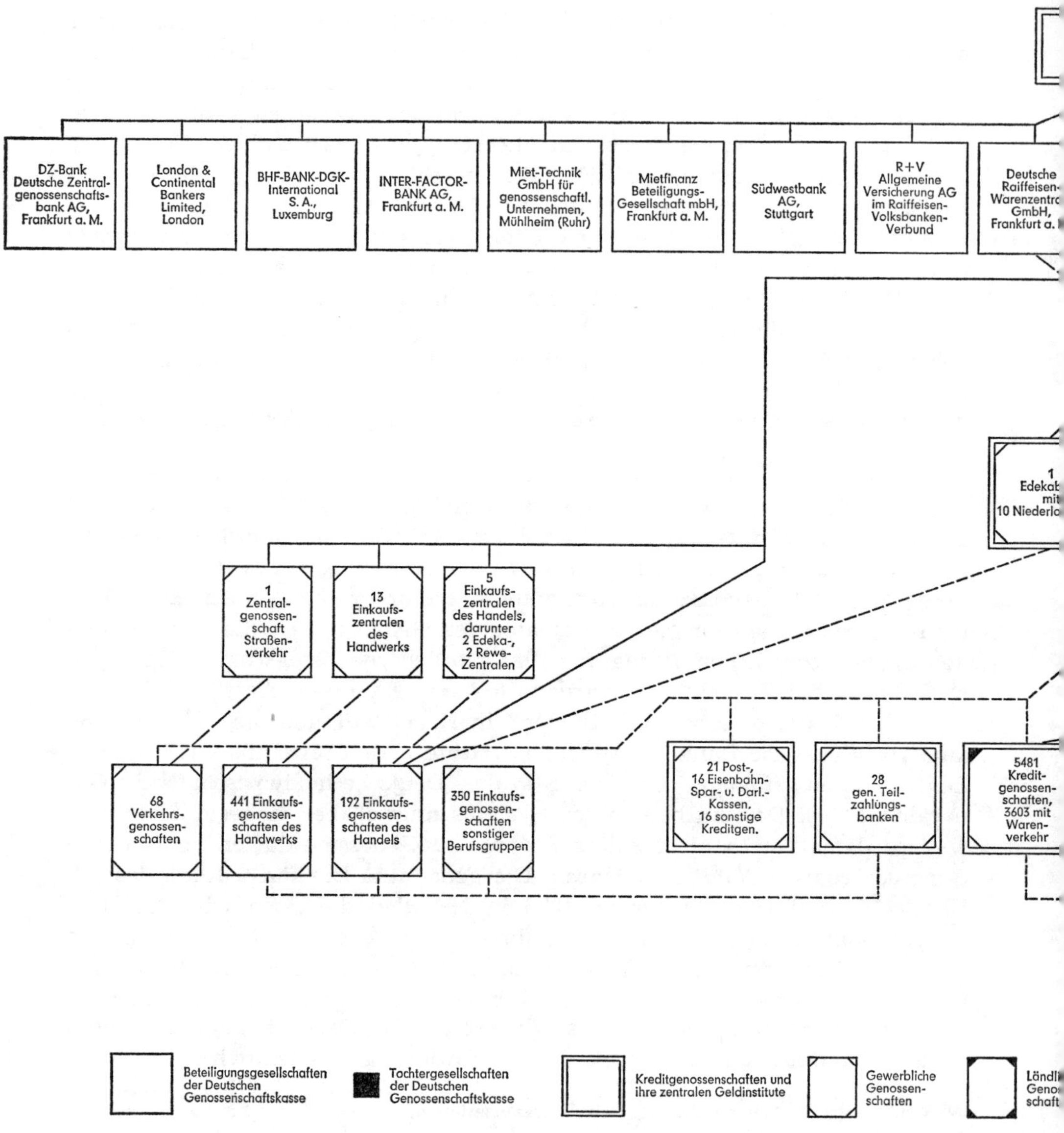

d- und Warenverkehrs

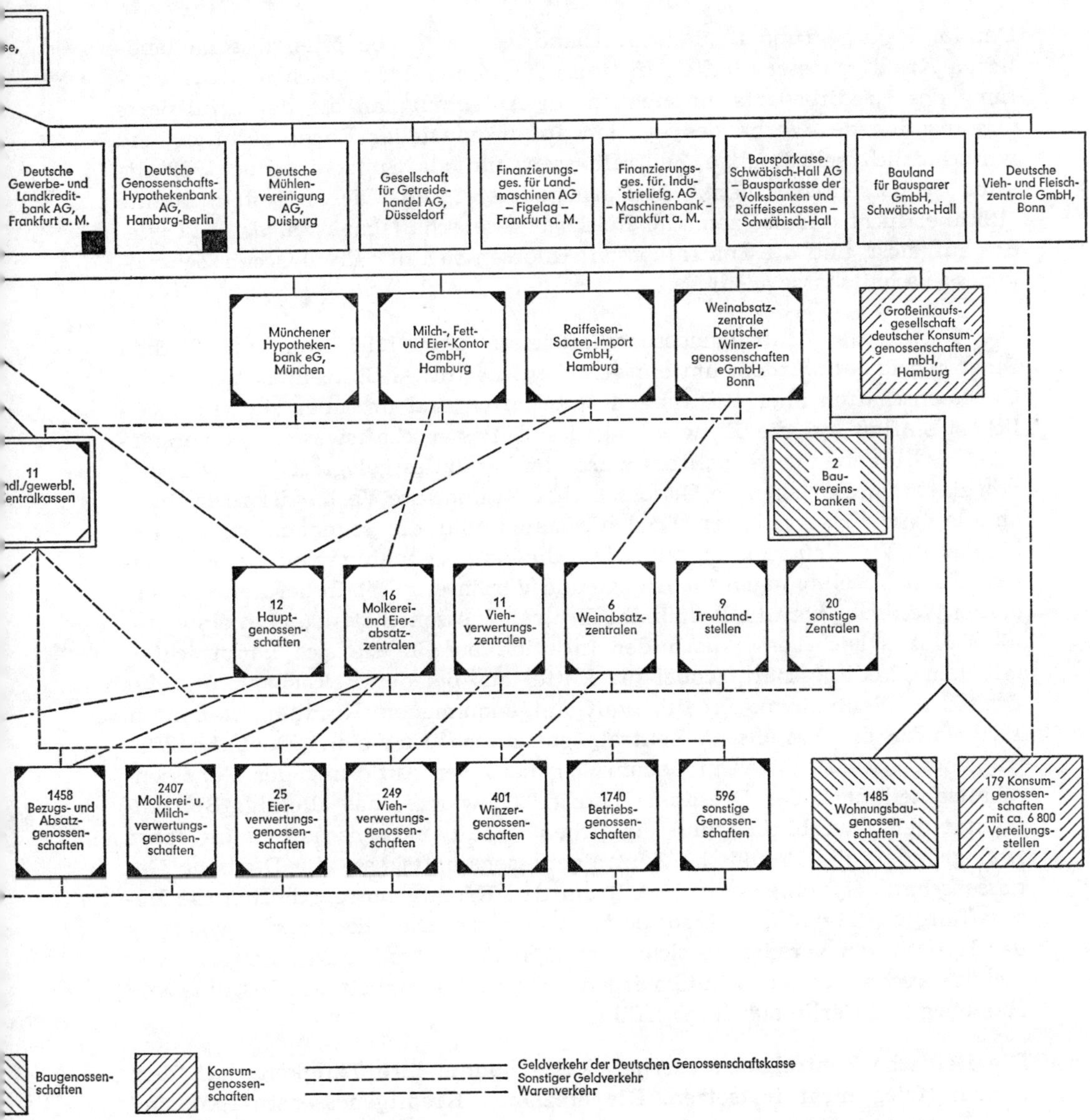

Genossenschaftswesens beigetragen. In der Inflation erlitt die Bank aber — teilweise durch gewagte und für nichtgenossenschaftliche Zwecke eingesetzte Kredite — so erhebliche Verluste, daß sie ihre Selbständigkeit nicht mehr wahren konnte. Im Jahre 1928 wurde deshalb die Raiffeisenbank von der Preußischen Zentralgenossenschaftskasse übernommen.

Der von Haas gegründete „Reichsverband" versuchte ebenfalls, für seine ländlichen Kreditgenossenschaften Institute für den Geldausgleich und die Dekkung des Kreditbedarfs aufzubauen. In Anlehnung an die dezentralisierte Organisation des Verbandes wurden auf provinzieller Ebene rechtlich und wirtschaftlich selbständige Zentralkassen und als Spitzeninstitut 1902 die „Reichsgenossenschaftsbank" in Darmstadt errichtet. Dieses System konnte sich aber nicht durchsetzen. Die Reichsgenossenschaftsbank wurde 1912 wieder aufgelöst, und die Zentralkassen schlossen sich der Preußischen Zentralgenossenschaftskasse an[143]).

Die Preußische Zentralgenossenschaftskasse war 1895 vom preußischen Staat gegründet worden, um ein genossenschaftliches Spitzeninstitut für die Genossenschaften aller Richtungen zu schaffen und um über sie den staatlichen Einfluß auf die Entwicklung des Genossenschaftswesens zu verstärken. Als Aufgabe dieses Instituts wurde im Gesetz festgelegt: „Die Gewährung von zinsbaren Darlehen an Genossenschaften und ihre Verbandskassen sowie an die landwirtschaftlichen Darlehnskassen und die sogenannten Landesbanken in Westdeutschland, außerdem die Entgegennahme von Geldern seitens dieser Vereinigungen zur Anlage und Verzinsung"[144]). In der Zeit vor dem ersten Weltkrieg war die Preußische Zentralgenossenschaftskasse in erster Linie Geldausgleichskasse; nach der Inflation befaßte sie sich hauptsächlich mit dem Kreditgeschäft, wobei die Mittel aus bei der Reichsbank und der Deutschen Rentenbank-Kreditanstalt aufgenommenen Krediten stammten. 1932 wurde die Preußische Zentralgenossenschaftskasse in „Deutsche Zentralgenossenschaftskasse" umbenannt[145]); nach der Auflösung der Genossenschaftsabteilungen der Dresdner Bank (1939) war sie das alleinige Spitzeninstitut der gewerblichen und ländlichen Kreditgenossenschaften. Im Jahre 1921 gründete die Preußische Zentralgenossenschaftskasse die Deutsche Genossenschafts-Hypothekenbank AG, um den Kreditgenossenschaften die Beschaffung von Hypothekarkrediten zu erleichtern. Die Mittel zur Gewährung der Hypotheken verschaffte sich diese Hypothekenbank durch Ausgabe von Schuldverschreibungen. Heute wird die Geschäftstätigkeit des Instituts von Hamburg und Berlin aus durchgeführt.

Die Deutsche Zentralgenossenschaftskasse konnte ihre Tätigkeit nach dem letzten Krieg nicht fortsetzen. Die einzelnen Kreditgenossenschaften sind

---

143) Vgl. Lang, J., Wirtschaftliche Zentralorganisationen, S. 233; derselbe, Die Kreditgenossenschaften, S. 243.

144) Vgl. Wygodzinski, W., a. a. O., S. 174.

145) Vgl. Lang, J., Wirtschaftliche Zentralorganisationen, S. 239.

heute 11 regionalen Zentralkassen angeschlossen. Als übergeordnetes Spitzeninstitut fungiert die Deutsche Genossenschaftsbank, Frankfurt am Main, die durch Gesetz vom 11. 5. 1949 als Anstalt des öffentlichen Rechts gegründet wurde[146]) [147]).

Die Beteiligung am Grundkapital dieser Bank beruht auf Gesetz oder Vertrag. Der gesetzlich festgelegte Anteil des Bundes beträgt 1 Mill. DM. Durch Vertrag sind die Länder, die regionalen genossenschaftlichen Zentralbanken (82 %) und sonstige juristische Personen mit genossenschaftlichem Mitgliederkreis (16 %) an der Aufbringung des Kapitals beteiligt[148]). Hauptaufgabe dieses Instituts ist es nach dem Gesetz, der genossenschaftlichen Wirtschaft die von ihr benötigten Kredite zuzuführen. Das Kreditgeschäft konzentriert sich damit auf Kredite an regionale Zentralkassen, an Waren- und Dienstleistungsgenossenschaften, an Konsum- und Verkehrsgenossenschaften sowie an die genossenschaftliche und gemeinnützige Wohnungswirtschaft.

Für die langfristige Kreditgewährung konnte sich die Deutsche Genossenschaftsbank die entsprechenden Mittel in den ersten Jahren nur bei zentralen Kreditinstituten beschaffen. Erst im Jahre 1957 erhielt sie das Recht, Schuldverschreibungen auszugeben. Ihre Emissionen dürfen höchstens das Fünffache des haftenden Eigenkapitals erreichen, die Laufzeit beträgt maximal zehn Jahre[149]). Für die Deckung der Schuldverschreibungen gelten die Vorschriften des Hypothekenbankgesetzes sinngemäß[150]).

---

146) Gesetz über die Deutsche Genossenschaftsbank und zur Änderung des Gesetzes über die Landwirtschaftliche Rentenbank v. 22. 12. 1975 (BGBl I S. 3171). Den regionalen Zentralkassen kommt ohnehin in stärkerem Maße die Betreuung der einzelnen Genossenschaften zu; dies gilt vor allem im ländlichen Bereich, da die kleineren Genossenschaftsbanken oftmals von weniger geschäftserfahrenen Personen geleitet werden und daher des fachmännischen Rates bedürfen.

147) Das Schaubild auf S. 128/129 stellt die geschäftlichen Verbindungen der Deutschen Genossenschaftsbank sowie ihrer Tochter- und Beteiligungsgesellschaften im Rahmen des dreistufigen Aufbaus der deutschen genossenschaftlichen Wirtschaft dar nach dem Stand vom 31. 12. 1973 (vgl. Deutsche Genossenschaftskasse, Bericht über das Geschäftsjahr 1973, S. 69 und 70; die Angaben über den Mittel- und Unterbau stellte der Deutsche Genossenschafts- und Raiffeisenverband e. V., Bonn, zur Verfügung). — Die Tochter- und Beteiligungsgesellschaften sind ohne Rücksicht auf den Umfang der Beteiligung der Deutschen Genossenschaftsbank und ihres geschäftlichen Volumens in gleicher Größe dargestellt; die Deutsche Genossenschaftskasse weist in ihrem Geschäftsbericht für 1973 insgesamt 43 Beteiligungen aus. — Da sämtliche Gesellschaften mit dem genossenschaftlichen Mittel- und/oder Unterbau arbeiten, wurde aus Gründen der Übersichtlichkeit des Schaubildes auf die zeichnerische Darstellung dieser Verbindungen verzichtet. Lediglich die überregionale Tätigkeit der Deutschen Raiffeisen-Warenzentrale GmbH, Frankfurt am Main, im landwirtschaftlichen Warenverkehr mit den Hauptgenossenschaften ist dargestellt. — Die Südwestbank AG, Stuttgart, ist eine auf den Raum Baden-Württemberg beschränkte Regionalbank, an deren Kapital neben der Deutschen Genossenschaftskasse insbesondere die ländlichen Genossenschaften sowie das Land Baden-Württemberg und die Raiffeisen- und Volksbanken-Versicherungen beteiligt sind. — Die Münchener Hypothekenbank eGmbH, München, ist eine vorwiegend im Land Bayern tätige genossenschaftliche Hypothekenbank, deren Kapital sich in Händen der bayerischen Genossenschaften befindet.

148) Vgl. Deutsche Genossenschaftskasse (ab Dezember 1975: Deutsche Genossenschaftsbank), in: Enzyklopädisches Lexikon, a. a. O., Band 1, S. 384 f. — Am 31. 12. 1973 betrug das Grundkapital 234 735 000 DM. Vgl. Deutsche Genossenschaftskasse, Bericht über das Geschäftsjahr 1973, S. 55.

149) Vgl. Faust, H., Die Zentralbank der deutschen Genossenschaften, Frankfurt a. M. 1967, S. 81.

150) Vgl. § 14 Gesetz über die Deutsche Genossenschaftsbank und zur Änderung des Gesetzes über die Landwirtschaftliche Rentenbank v. 22. 12. 1975 (BGBl. I. S. 3171).

Die Zentralkassen sind dadurch charakterisiert, daß ihnen — im Gegensatz zu den Girozentralen — keine Aufgaben kommunal- oder staatswirtschaftlicher Art gestellt sind. Ihre Aufgaben bestehen in erster Linie darin, Zentralstelle für den Giroverkehr, Geldausgleichsstelle und Liquiditätsrückhalt, Durchleitstelle für zentrale Kreditaktionen und Zentralstelle für Dienstleistungsgeschäfte zu sein.

Im Jahre 1927 wurde der Deutsche Genossenschaftsring geschaffen, der in seinem Wesen dem Gironetz der Sparkassenorganisation ähnlich ist. Dem Genossenschaftsring gehören die Kreditgenossenschaften als Ringstellen an, während den Zentralkassen die Aufgabe von Ringhauptstellen zukommt. Die von den einzelnen Kreditgenossenschaften bei den regionalen Zentralkassen unterhaltenen Konten dienen dabei auch der Abwicklung des Zahlungsverkehrs innerhalb des Genossenschaftsringes. Zur Erfüllung der Aufgabe, Liquiditätsrückhalt zu sein, d. h. für die Kreditgewährung der Zentralkassen an die Genossenschaftsbanken, werden die Einlagen ihrer Mitglieder in Zeiten angespannter Liquidität jedoch nicht ausreichen, so daß die Zentralkassen sich bei anderen Instituten refinanzieren müssen, insbesondere bei der Deutschen Genossenschaftsbank, bei welcher sich Geldbedarf und Geldüberschuß von einzelnen Regionalbezirken ausgleichen können. Die finanzielle Verflechtung der Zentralkassen mit der Deutschen Genossenschaftsbank und den Kreditgenossenschaften zeigt die Struktur der 11 zusammengefaßten Bilanzen dieser Institute; 25 % der Aktivseite entfallen auf Forderungen an die Deutsche Genossenschaftskasse, 26 % auf Forderungen an angeschlossene Kreditgenossenschaften, 60 % der Passivseite betreffen Verbindlichkeiten gegenüber angeschlossenen Kreditgenossenschaften[151]). Ebenso wie die Girozentralen gewähren die Zentralkassen Kredite nicht nur an die Kreditgenossenschaften, sondern auch in Gemeinschaft mit ihnen an deren Kunden (Meta-Kredite). Andere Kredite werden z. B. zur Zwischenfinanzierung von Hypothekendarlehen an die Bausparkasse der Genossenschaftsbanken und an sonstige Genossenschaften gegeben. Die Geschäftstätigkeit der Zentralkassen erstreckt sich ferner auch auf das Durchleiten zentraler Kreditaktionen, in welche häufig auch die Deutsche Genossenschaftsbank eingeschaltet ist. Im Bereich der Dienstleistungsgeschäfte arbeiten die Kreditgenossenschaften vor allem im Effekten- und Außenhandelsgeschäft mit den Zentralkassen eng zusammen, weil dieser Geschäftszweig nicht bedeutend und die Bearbeitung durch die Zentralkassen rationeller ist.

In der Organisation des Genossenschaftswesens hat sich also ein dreistufiges System entwickelt. Die einzelnen Kreditgenossenschaften gehören zur Unterstufe, die regionalen Zentralkassen bilden die Mittelstufe, und als Zentralinstitut fungiert die Deutsche Genossenschaftsbank in Frankfurt am Main.

---

[151]) Vgl. Deutsche Genossenschaftskasse, Bericht für das Geschäftsjahr 1973, S. 24.

4. Privatrechtliche Spezialkreditinstitute

(A) Teilzahlungskreditinstitute

Die Teilzahlungskreditinstitute geben als Spezialinstitute Kredite an Privatpersonen oder Gewerbebetriebe, „deren Rückzahlung in zwei oder mehr dem Betrage nach etwa gleich hohen Teilzahlungen zu regelmäßig wiederkehrenden Zahlungsterminen erfolgt, wobei die Höhe der Teilzahlungen und die Zahlungstermine bei der Kreditgewährung festgelegt werden und die letzte Zahlung nicht später als vier Jahre nach diesem Zeitpunkt fällig ist“[152]). Teilzahlungskredite werden aber nicht nur von Spezialbanken, also von Teilzahlungskreditinstituten, sondern auch von anderen Kreditinstituten, wie Sparkassen, Kreditgenossenschaften und Kreditbanken, sowie von Handels- und Industriebetrieben im Rahmen der Absatzfinanzierung gewährt, wobei allerdings bei den genannten Kreditinstitutsgruppen im Rahmen des Anschaffungsdarlehens die Kreditlaufzeit vier Jahre übersteigen kann. Dabei muß zwischen dem organisierten und dem unorganisierten Teilzahlungskredit unterschieden werden; als typische Merkmale des organisierten Teilzahlungskredits gelten die Trennung des Kreditgeschäftes vom Warengeschäft und eine systematische Wahrnehmung der Kreditfunktionen, d. h. die Bereitstellung des erforderlichen Kapitals, die Kreditwürdigkeitsprüfung, die Übernahme des Risikos und die Abwicklung des Kredits, durch besondere Institute[153]). Die organisierten Teilzahlungskredite können wiederum unterteilt werden in solche im engeren Sinne, die von Teilzahlungskreditinstituten herausgelegt werden, und solche im weiteren Sinne, die von Handel, Industrie und sonstigen Kreditinstituten, wie Sparkassen, Genossenschaften und Kreditbanken, gewährt werden.

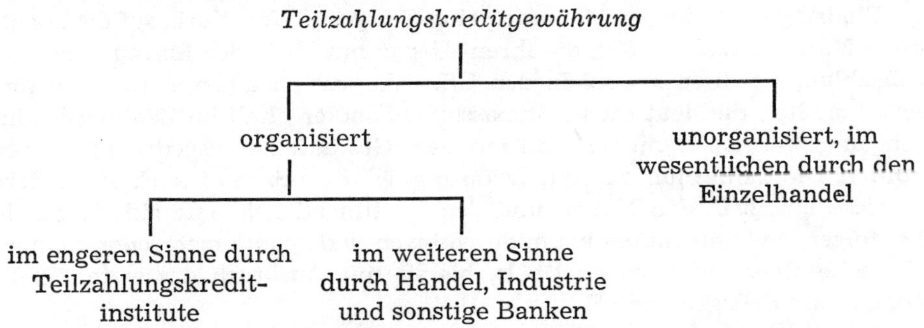

Teilzahlungsbanken sind Kreditinstitute, deren Geschäftstätigkeit darauf gerichtet ist, an Konsumenten und Produzenten für die Beschaffung von Gütern und Dienstleistungen Kredite zu gewähren, deren Rückzahlung in gleichen Raten und gleichen Zeitabschnitten erfolgt.

---

152) Kaminsky, W., Teilzahlungskredit, in: Enzyklopädisches Lexikon, a. a. O., Band 2, S. 1597.

153) Vgl. Reuschel, H., Der organisierte Teilzahlungskredit, Berlin 1953, S. 20.

a) Geschichtliche Entwicklung

Die Entwicklung des organisierten Teilzahlungskredits und die der Teilzahlungskreditinstitute gehen Hand in Hand. Zurückzuführen ist die Entstehung der Teilzahlungskreditinstitute auf das Bedürfnis von Konsumenten und kleinen Fertigungsbetrieben nach Kredit zum Kauf von Waren und Investitionsgütern, die sie nicht gegen Barzahlung erwerben konnten und bei denen die Verkäufer kein Ziel gewähren wollten. Während die Einräumung organisierter Teilzahlungskredite im weiteren Sinne insbesondere durch Handelsunternehmen z. B. in Frankreich, England und in den Vereinigten Staaten von Amerika schon zu Beginn des 19. Jahrhunderts und in Deutschland vor etwa 100 Jahren begann, setzte die Gewährung von Teilzahlungskrediten durch am Warenabsatz nur mittelbar interessierte Kreise, d. h. Finanzierungsgesellschaften, in Amerika erst zu Beginn dieses Jahrhunderts und in Deutschland nach dem ersten Weltkrieg ein.

1849 „begann Alex Friedländer in Hamburg als Vater des Teilzahlungskreditsystems in Deutschland den Verkauf von Anzügen usw. gegen Teilzahlungskredite“[154]), indem er Bekleidungsstücke unter Vereinbarung kleiner Wochenraten ohne Forderung besonderer Sicherheiten, nur auf die Ehrlichkeit und Zahlungsmoral seiner Kunden vertrauend, verkaufte. „Sein Verkaufssystem bewährte sich so, daß er bald in Hamburg und auch in anderen Städten Filialen errichten konnte“[155]). Andere Unternehmen ahmten Friedländers Methode nach. Dieser Entwicklung war auch die Gründung von Warenhäusern um das Jahr 1880, die unter dem Motto „Billigst, aber bar!“ ihre Waren absetzten, nicht abträglich.

Gleichzeitig mit der Entwicklung der sogenannten Warenkredithäuser fand das Ratenzahlungssystem auch in der Industrie Verbreitung. Veranlaßt durch das Eindringen der Singer Manufacturing Company, New York, auf dem deutschen Markt im Jahre 1850, die ihren Absatz mit Hilfe der Einräumung von Teilzahlungskrediten sowohl in den USA als auch in anderen Ländern förderte, mußten die deutschen Nähmaschinenhändler ähnliche Zahlungsbedingungen gewähren, wenn sie nicht aus dem Geschäft herausgedrängt werden wollten. Die Teilzahlungskreditgewährung dehnte sich zwar auch auf andere Bereiche aus, z. B. den Möbel- und den Textilhandel, konnte sich jedoch in den folgenden Jahrzehnten kaum durchsetzen und spielte mehr oder weniger die Rolle eines notwendigen Übels, bis sie mit Ausbruch des ersten Weltkrieges zum Erliegen kam[156]).

Die nächste Entwicklungsstufe im deutschen Teilzahlungskreditgeschäft setzte nach dem ersten Weltkrieg ein, indem sich Banken an der Teilzahlungsfinanzierung beteiligten, so daß dadurch die Vorteile einer Trennung

---

[154]) Halbig, J., Finanzierung und Organisation der Teilzahlungskredit-Geschäfte, Diss. Coburg 1930, S. 8.

[155]) Ebenda.

[156]) Vgl. Fischer, W., Das Teilzahlungskreditgeschäft, Stuttgart und Köln 1952, S. 14 f.

von Warengeschäft und Finanzierungsfunktion ausgenutzt wurden. Äußerer Anlaß hierzu war einmal die Tatsache, daß besonders dem Einzelhandel das notwendige Kapital zur Durchführung des Teilzahlungskreditgeschäfts fehlte, und zum anderen, daß ausländische Finanzierungsgesellschaften den Markt in Deutschland entdeckten, nachdem in den USA bereits kurz nach der Jahrhundertwende die ersten Gründungen von Teilzahlungsfinanzierungsinstituten – anfänglich ausschließlich zur Finanzierung des Automobilabsatzes – erfolgt waren. Mit der Übernahme der Finanzierungsfunktion durch besondere Institute wurde eine Verringerung des Kreditrisikos erwartet, da eine genauere Prüfung der Kreditnehmer und eine schärfere Kreditauslese erfolgten sowie eine größere Risikostreuung erreicht wurde. „Aus der Erkenntnis einer rationelleren, kostensparenden und risikomindernden Abwicklung der Teilzahlungskredite durch zentrale, bankmäßig organisierte Institute entstanden in der Zusammenarbeit zwischen allgemeinen Geschäftsbanken und Einzelhändlern die speziellen Teilzahlungsfinanzierungsinstitute“[157]). Allerdings wurde die beabsichtigte Trennung von Waren- und Finanzierungsgeschäft zunächst nur teilweise erreicht, da anfänglich der größte Teil der Institute tatsächlich nur die eigentliche Finanzierungsfunktion übernahm und die Funktion der Kreditprüfung und der Kreditabwicklung beim Händler verblieb. Erst mit der später erfolgten vollständigen Trennung von Warenabsatz und Finanzierung des Absatzes entstand eine wirtschaftliche Arbeitsteilung mit allen ihren Vorteilen für die Beteiligten.

Die Errichtung von Teilzahlungsfinanzierungsinstituten begann in Deutschland im Jahre 1926. Dabei waren ausländische Kapitalgeber maßgeblich an den Gründungen beteiligt. Der Anstoß zu dieser Gründungswelle ging von der Automobilindustrie aus, die zur Förderung des Absatzes diese Finanzierungsart benutzen wollte. Auch auf andere Industriezweige dehnte sich die Teilzahlungsfinanzierung aus. Die „Finanzierungsgesellschaft für Landkraftmaschinen AG (Traktorbank)“ wurde 1926 und die „Finanzierungsgesellschaft für Industrielieferungen AG (Maschinenbank)“ 1928 ins Leben gerufen. Neben der Gründung von Instituten, die mehr den Absatz industrieller Unternehmen finanzierten, entstanden ab 1926 auch solche Institute, die den Kunden des Einzelhandels Teilzahlungskredite einräumten. Hierbei wurde das Gründungskapital entweder von interessierten Handelsunternehmen aufgebracht, oder die Institute waren Gründungen von bereits bestehenden Teilzahlungsbanken des industriellen Sektors, die nach weiteren Anwendungsgebieten der Teilzahlungsfinanzierung suchten. Die „Kreditanstalt für Verkehrsmittel AG“, die zum Zwecke der Automobilabsatzfinanzierung ins Leben gerufen worden war, gründete 1926 die „Diskontvereinigung des kreditgebenden Einzelhandels eGmbH, Berlin“. In Königsberg wurde am 30. 8. 1926 in Zusammenarbeit von Einzelhandel und Königsberger Stadtbank die erste „Kundenkredit-GmbH“ und am 23. 11. 1926 in Hamburg das erste genossenschaftliche Teilzahlungsinstitut, die „Warenkredit-Gesellschaft des Hambur-

157) Wirtschaftsverband Teilzahlungsbanken, Jahresbericht 1950, o. S.

ger Einzelhandels eGmbH, Hamburg“[158]), gegründet. Danach breiteten sich die Kundenkreditgesellschaften in den größten Städten — meist mit Unterstützung lokaler Bankgruppen — über das gesamte Reichsgebiet aus. 1929 folgte in Berlin die Gründung der „Gesellschaft für Finanzierung von Kreditgemeinschaften (Gefi)“ durch ein Berliner Bankenkonsortium[159]).

Schon bald zeigten sich aber trotz der beachtlichen Erfolge der Teilzahlungsinstitute erhebliche Schwierigkeiten, die verschiedene Ursachen hatten. Infolge des Konjunkturrückganges Ende der zwanziger Jahre und der damit verbundenen Arbeitslosigkeit wurden zahlreiche Debitoren dubios. Dazu kam, daß die Abwicklung der Kredite, die Einziehung der fälligen Raten, die meist den Händlern überlassen worden war, Mängel aufwies und hieraus Verluste resultierten. Schließlich zeigten einzelne Institute, teilweise durch starke Konkurrenz bedingt, kein solides Geschäftsgebaren. Alle diese Schwierigkeiten lösten nicht nur eine starke Fluktuation in der Zusammensetzung der Kapitalgeber aus, sondern es war auch nicht zu vermeiden, daß zahlreiche Teilzahlungsbanken liquidieren mußten bzw. eine Reihe von Stützungsaktionen erforderlich waren. Insbesondere große Geschäftsbanken gaben dem Teilzahlungsfinanzierungsgeschäft in dieser Zeit neuen Auftrieb, als zahlreiche bestehende Institute ihre Tätigkeit eingestellt hatten. In dieser neuen Gründungswelle in den Jahren 1929/30 entstand eine Reihe von neuen Instituten, die sich die Erfahrungen der älteren Institute zunutze machen konnten[160]).

Der zweite Weltkrieg brachte eine weitgehende Zerstörung des deutschen Teilzahlungsbankensystems mit sich, da das Teilzahlungskreditgeschäft während des Krieges zum Erliegen gekommen war. Nur wenige Institute waren imstande, eine Liquidation zu vermeiden. Eine neue Situation entstand für die Teilzahlungsbanken nach der Währungsreform im Jahre 1948 und in der Folgezeit, als sich wieder ein breites Betätigungsfeld für sie eröffnete. Das Warenangebot erhöhte sich schlagartig, und um Güter absetzen zu können, mußten die Verkäufer vielfach Teilzahlungsfinanzierungsmöglichkeiten bieten, zumal Barkäufe durch den Verlust der Ersparnisse der Bevölkerung weitgehend eingeschränkt waren. Außerdem galt es, den erheblichen Nachholbedarf der potentiellen Käufer zu berücksichtigen und ihnen mittels Ratenzahlungen zu ermöglichen, größere Anschaffungen durchzuführen. Schließlich erleichterten die Teilzahlungsfinanzierungsinstitute durch ihr Finanzierungssystem auch die Anschaffung von Gütern des gehobenen Bedarfs, wie Kraftfahrzeuge, Kühlschränke, Waschmaschinen, Fernsehgeräte. Insbesondere diejenigen Teilzahlungsfinanzierungsinstitute entstanden erneut, die bereits vor dem zweiten Weltkrieg jahrelang erfolgreich gearbeitet hatten.

---

158) Vgl. Mönnich, H.-J., Die genossenschaftlichen Teilzahlungsbanken, Marburg/Lahn 1962, S. 25.

159) Über weitere Gründungen von Teilzahlungskreditinstituten vgl. Kaminsky, W., Die Teilzahlungsbanken, Frankfurt am Main 1962, S. 14—17.

160) Vgl. Kundenkreditbank KGaA, Düsseldorf, „Werden und Wirken einer deutschen Teilzahlungsbank 1926—1951“, o. S.

Im Mai 1950 wurde die „Landmaschinen Finanzierung Aktiengesellschaft Figelag“[161]) mit Sitz in Frankfurt am Main wiedererrichtet. Auch die Kundenkreditgesellschaften nahmen ihre Tätigkeit wieder auf. Außerdem wurden zahlreiche neue Teilzahlungskreditinstitute gegründet. Die vor dem Krieg in Berlin ansässig gewesenen Finanzierungsgesellschaften nahmen ihren Sitz als Nachfolgeinstitute oder Neugründungen in Westdeutschland. Ende 1973 gab es in der Bundesrepublik 174 Teilzahlungskreditinstitute, die sich, nach ihrem Geschäftsvolumen gegliedert, auf folgende Größenklassen verteilen[162]):

Unter 1 Mill. DM	15
1 bis unter 5 Mill. DM	41
5 bis unter 10 Mill. DM	21
10 bis unter 25 Mill. DM	22
25 bis unter 50 Mill. DM	15
50 bis unter 100 Mill. DM	22
100 bis unter 500 Mill. DM	31
500 bis unter 1 Mrd. DM	5
1 Mrd. DM bis unter 5 Mrd. DM	2

b) Klassifizierung

Eine Klassifizierung kann der Geschäftstätigkeit entsprechend vorgenommen werden, da die Teilzahlungsbanken in der Bundesrepublik ihr Geschäft meist mehr oder weniger nach bestimmten Systemen[163]) betreiben:

(1) Teilzahlungskreditinstitute, die nach dem Anweisungssystem arbeiten, d. h., der Warenkäufer beantragt den Kredit unmittelbar bei der Teilzahlungsbank und erhält von dieser gegebenenfalls einen Warenkreditbrief in der Form eines Heftes mit einer Reihe auf verschiedene feste Beträge lautender Zahlungsanweisungen, die den Inhaber zum Erwerb von Gütern in bestimmten Unternehmen berechtigen.

(2) Teilzahlungskreditinstitute, die nach dem Einzelfinanzierungssystem arbeiten, d. h. bestimmte Projekte finanzieren.

(3) Allgemeine Teilzahlungskreditinstitute.

(4) Teilzahlungsverwaltungsgesellschaften.

Eine andere Aufteilung der Teilzahlungsinstitute kann danach erfolgen, ob sie

(1) nur für die Zwecke des Einzelhandels arbeiten, also entweder dem Verkäufer oder dem Käufer Kredit gewähren,

(2) nur für die Industrie oder

(3) sowohl für den Einzelhandel als auch die Industrie arbeiten.

161) Seit 1958: „Finanzierungsgesellschaft für Landmaschinen AG — Figelag —“.

162) Vgl. Monatsberichte der Deutschen Bundesbank, Juli 1974, S. 40 *.

163) Vgl. Schrameier, A., Der organisatorische Aufbau der deutschen Teilzahlungsbanken, Düsseldorf 1951, S. 5.

Nur für die Absatzfinanzierung der Industrie sind sowohl reine Werksgründungen tätig, die den Teilzahlungskreditverkauf der Erzeugnisse des betreffenden Werkes finanzieren und abwickeln, als auch Institute, die mit einzelnen Industriezweigen zusammenarbeiten. Die Initiative zu Gründungen der ersten Art geht von den einzelnen Industrieunternehmen aus und hat primär absatzpolitische Gründe. Derartige Finanzierungsgesellschaften haben sich z. B. die Automobilhersteller Ford, Opel und das Volkswagenwerk angegliedert. Als Beispiel für die zweite Art ist die „Finanzierungsgesellschaft für Landmaschinen AG — Figelag —", Frankfurt am Main, zu nennen, an deren Gründung landwirtschaftliche Kreise, Fabrikanten, Händler und der Bund beteiligt waren. Daneben gibt es Institute, die ohne besondere Bindungen an einzelne Industriezweige die Absatzfinanzierung von größeren industriellen Erzeugnissen, wie Maschinen, Lastkraftwagen usw., übernehmen. Den zahlenmäßig größten Teil bilden diejenigen Teilzahlungskreditinstitute, die mit dem Einzelhandel zusammenarbeiten. Hierzu zählen die sogenannten WKV-Gesellschaften, d. h. die Waren-Kredit-Verkehrs- bzw. Waren-Kredit-Vermittlungsgesellschaften. Eine Reihe von Teilzahlungskreditinstituten machte sich die Kreditgewährung sowohl für Produktions- als auch für Konsumgüter zum Geschäftsprinzip. Dies ist hauptsächlich bei den sogenannten Kundenkreditgesellschaften der Fall.

Eine weitere Klassifizierung der Teilzahlungsinstitute ist dadurch möglich, daß nicht ein, sondern mehrere Kriterien für die Gruppenbildung dienen. Der Wirtschaftsverband Teilzahlungsbanken legte im Jahr 1974 eine der aktuellen Struktur der Teilzahlungsbanken angepaßte Systematik vor, die eine Eingruppierung an Hand der Merkmale Kundengruppe, Absatzwege und Angebotsform vornimmt[164]). Danach sind im wesentlichen vier Typen von Teilzahlungsbanken zu unterscheiden:

(1) Die „Kreditbank für den privaten Haushalt" zielt ausschließlich auf den Konsumenten und arbeitet mit einem Zweigstellennetz; sie ist auf das Angebot von Ratenkrediten ohne Einschaltung von Vermittlern spezialisiert.

(2) Die „Universalbank für den privaten Haushalt" unterscheidet sich von Instituten der ersten Gruppe nur durch das breite Leistungsangebot. Diese Gruppe der Teilzahlungsbanken bietet den privaten Haushalten kurz-, mittel- und langfristige Kredite an, betreibt das Einlagengeschäft und wickelt den Zahlungsverkehr für ihre Kunden ab.

(3) Die „Absatzkreditbank für den privaten Haushalt" schließt nur Ratenkredite ab. Institute dieser Gruppe besitzen kein Zweigstellennetz; sie arbeiten mit Händlern und Vermittlern zusammen.

(4) Die „Investitions- und Absatzkreditbank für den gewerblichen Kreditnehmer" ist zentral organisiert. Die Geschäfte werden über fremde Absatzwege oder von einem eigenen Außendienst abgewickelt. Das Ratenkredit-

164) Vgl. Wirtschaftsverband Teilzahlungsbanken, 25 Jahre, Jahresbericht 1973, S. 17 und 18.

geschäft stellt die Hauptgeschäftssparte dar. Zu dieser Gruppe von Teilzahlungsbanken zählen auch Institute, die das Leasinggeschäft betreiben.

c) Gesetzliche Bestimmungen

Nach dem KWG von 1961 sind die Teilzahlungsfinanzierungsinstitute Kreditinstitute im Sinne des § 1 und ihrem Charakter nach Spezialbanken. Für die Geschäftsabwicklung haben sie die Bestimmungen des Gesetzes betreffend die Abzahlungsgeschäfte vom 16. 5. 1894 zu beachten. Dieses Gesetz war erlassen worden, um bestehenden Mißständen bei der Teilzahlungskreditgewährung abzuhelfen. Verbunden mit der raschen Entwicklung und Ausdehnung des Teilzahlungskreditgeschäfts, waren nämlich zahlreiche Rechtsstreitigkeiten zwischen Kreditgebern und Kreditnehmern aufgetreten. Dazu kam, daß es nicht wenige Teilzahlungskreditgeber gab, die auf Grund besserer Kenntnisse und Erfahrungen die Kreditnehmer in den vertraglichen Vereinbarungen erheblich benachteiligten, so daß interessierte Kreise zahlreiche Reformvorschläge unterbreiteten. Als Ergebnis der umfangreichen Erörterungen über den Teilzahlungskredit hat dann der Reichstag am 12. 4. 1894 den entsprechenden Gesetzesvorschlag des Reichskanzlers angenommen. Trotz zahlreicher Änderungs- und Ergänzungsvorschläge gilt dieses Gesetz, das führend in seiner Art war und in anderen Ländern für vergleichbare Gesetze als Vorbild diente, heute noch.

Neben dieser lex specialis gelten für die Teilzahlungskreditinstitute die allgemeinen Rechtsvorschriften. Insbesondere kommen hier die Bestimmungen des BGB über den Kauf (§§ 433 ff. BGB), Eigentumsübergang (§§ 929 ff. BGB) und Eigentumsvorbehalt (§ 455 BGB) sowie die allgemeinen Bestimmungen der §§ 1 bis 240 BGB und die besonderen schuldrechtlichen Vorschriften der §§ 241 bis 432 BGB in Betracht.

d) Eigene Mittel

Das Eigenkapital der Teilzahlungskreditinstitute ist wie bei fast allen Instituten relativ gering, so daß sie sich stark auf Fremdkapital stützen müssen, wenn sie der Nachfrage nach Teilzahlungskrediten entsprechen wollen.

Die Kapitalbeschaffung ist für die Teilzahlungsbanken allerdings schwieriger als für die übrigen Kreditinstitute, da sie gewissen Beschränkungen in der Hereinnahme von Depositen unterliegen[165]). Die Passiva der Teilzahlungskreditinstitute bestehen deshalb zu etwa 60 % aus Verbindlichkeiten gegenüber Kreditinstituten, während die Verbindlichkeiten aus dem Bankgeschäft gegenüber anderen Gläubigern (vielfach Firmensperrkonten) durchschnittlich etwa 18 % der Bilanzsumme betragen[166]). Die Beteiligungsfinanzierung hat seit der Entstehung der Teilzahlungskreditinstitute für diese eine besondere Be-

---

165) Eine einheitliche Regelung besteht nicht; doch kann das Bundesaufsichtsamt für das Kreditwesen im Rahmen der Erlaubniserteilung nach § 32 KWG solche Beschränkungen auferlegen.

166) Vgl. Monatsberichte der Deutschen Bundesbank, März 1974, S. 29 *.

deutung. Als Kapitalgeber kommen Banken, Versicherungsgesellschaften, Industrie und Handel in Betracht. In den Jahren 1926 bis 1929 wie auch in der letzten Zeit waren an der Gründung von Teilzahlungsbanken insbesondere Banken allein oder in Verbindung mit dem Handel beteiligt[167]). Bei der Beteiligung von Versicherungsgesellschaften stand bzw. steht das Interesse an der Versicherung von Teilzahlungskrediten oder der Versicherung der durch Teilzahlungskredit finanzierten Güter im Vordergrund. In einzelnen Fällen wirkt sogar der Staat bei der Eigenkapitalaufbringung der Teilzahlungskreditinstitute mit; dies zeigt das Beispiel der Figelag.

Zur Verstärkung ihrer Eigenmittel bilden die Teilzahlungskreditinstitute im allgemeinen reichlich dotierte Rücklagen. Außerdem wurden in den letzten Jahren Erhöhungen des Grundkapitals vorgenommen. Insgesamt hat jedoch die Erhöhung der Eigenkapitalausstattung mit der Geschäftsausweitung innerhalb der letzten 10 Jahre nicht voll Schritt gehalten; wie folgende Tabelle zeigt, ist in diesem Zeitraum der Anteil des Eigenkapitals an der Bilanzsumme zurückgegangen[168]).

Ende des Jahres	Zahl der berichtenden Institute	Eigenkapital in Mill. DM	Bilanzsumme in Mill. DM	Eigenkapital i. v. H. der Bilanzsumme
1950	67	10,8	180,8	6,0
1954	120	61,2	912,4	6,7
1958	174	159,1	2 042,1	7,8
1962	242	309,9	4 048,8	7,7
1966	208	433,1	5 528,5	7,8
1970	185	585,0	8 483,0	6,9
1973	173	851,0	14 120,0	6,0

Die Zusammensetzung des haftenden Eigenkapitals, das im Hinblick auf den Grundsatz I über das Eigenkapital der Kreditinstitute gemäß § 10 KWG von besonderer Bedeutung ist, richtet sich nach der Rechtsform, in der die Teilzahlungsbanken betrieben werden.

e) Geschäftstätigkeit

Im Teilzahlungsgeschäft haben sich verschiedene Arten der Kreditgewährung herausgebildet, wobei zwischen direkter und indirekter Kundenfinanzierung zu unterscheiden ist[169]).

167) Vgl. Kaminsky, W., Die Teilzahlungsbanken, S. 64.

168) Vgl. Monatsberichte der Bank deutscher Länder, Januar/Februar 1952, S. 74, Februar 1953, S. 64 und Dezember 1956, S. 79; Monatsberichte der Deutschen Bundesbank, März 1961, S. 81, Februar 1965, S. 66 f., Februar 1968, S. 78 f., April 1971, S. 24* f. und März 1974, S. 29*.

169) Vgl. Kaminsky, W., Die Teilzahlungsbanken, S. 46 ff.

Die direkte Kundenfinanzierung ist als Anweisungsgeschäft (A-Geschäft) oder Königsberger System bekannt. Der Kunde beantragt hierbei den Kredit ohne Vermittlung des Händlers bei einem Finanzierungsinstitut; von diesem erhält er entsprechend der Kredithöhe auf feste Beträge lautende Anweisungen (Warenschecks), die von allen durch einen Rahmenvertrag dem Institut angeschlossenen Händlern in Zahlung genommen und dem Institut zur Einlösung eingereicht werden.

Seit einigen Jahren wird das Anweisungsgeschäft immer mehr von der Barauszahlung verdrängt, weil diese Kredite eine völlig freie Wahl der Einkaufsquelle erlauben. Zahlreiche Institute, z. B. die Kundenkreditbank KGaA, haben sich bereits seit einigen Jahren entschlossen, das Anweisungssystem (A-Geschäft) zugunsten der Barauszahlung aufzugeben[170]). Das A-Geschäft spielt heute somit im Gegensatz zum Bardarlehen nur mehr eine unbedeutende Rolle[171]).

Im Gegensatz zur „direkten Kundenfinanzierung" im sogenannten A-Geschäft und bei der Barauszahlung, bei der zwischen dem Käufer als Kreditnehmer und dem Teilzahlungsfinanzierungsinstitut direkte Kreditbeziehungen bestehen, handelt es sich um „indirekte Kundenfinanzierung" oder Händlerfinanzierung, „wenn der Kauf eines Sachgutes oder die Inanspruchnahme einer Dienstleistung durch einen Kunden (Käufer) in der Weise finanziert wird, daß der Kunde einen Teilzahlungskredit verwendet, den ein Bankinstitut mittelbar durch Einschaltung der Verkäuferfirma zur Verfügung stellt"[172]). Diese indirekte Kundenfinanzierung tritt einmal in der Form der Einzel- oder Listenfinanzierung, zum anderen in Form des C-Geschäftes auf[173]). Bei Einzelfinanzierung schließt das Bankinstitut mit der Verkäuferfirma einen Rahmenfinanzierungsvertrag ab, in dem der Verkäuferfirma ein Kreditkontingent eingeräumt wird, das von dieser „im Namen und für Rechnung des Kreditinstituts zur Finanzierung von Kundenkäufen verwendet werden kann, wenn sie den Nachweis der geforderten Anzahlung des Kunden (etwa 20 bis 30%) für den Kaufgegenstand erbringt"[174]). Um Listenfinanzierung handelt es sich dann, wenn die von einem Kunden bei einer Verkäuferfirma gekauften Gegenstände von einem Bankinstitut „listenmäßig in Form einer Zusammenstellung mehrerer Vertragsabschlüsse und Geschäftsvorgänge in der Weise finanziert werden, daß der Verkäuferfirma in Höhe des jeweiligen Listenendbetrages ein Teilzahlungskredit gewährt wird, der seiner Verwendung nach von der Verkäuferfirma in eigener Regie bereits vorher an Kunden (Käufer) gegeben wurde"[175]). Heute tritt diese Art der Teilzahlungsfinanzierung nur noch selten auf.

---

170) Vgl. Kaminsky, W., Die Teilzahlungsbanken, S. 47.

171) Vgl. Zur Entwicklung der Konsumentenkredite der Banken, in: Monatsberichte der Deutschen Bundesbank, Juni 1966, S. 18.

172) Handbuch der Teilzahlungswirtschaft, hrsg. vom Wirtschaftsverband Teilzahlungsbanken e. V., Frankfurt am Main, S. 53 f.

173) Vgl. Handbuch der Teilzahlungswirtschaft, S. 54.

174) Vgl. ebenda.

175) Handbuch der Teilzahlungswirtschaft, S. 55.

C-Geschäfte werden vor allem bei größeren Objekten, wie Kraftfahrzeugen, gewerblichen Maschinen usw., durchgeführt. Der Verkäufer zieht in Höhe der monatlichen Raten Wechsel auf den Käufer, die dieser akzeptiert. Das Teilzahlungskreditinstitut kauft diese Papiere an und läßt sich gleichzeitig das Eigentum an dem Kaufgegenstand übertragenen (Sicherungsübereignung).

f) Bilanzierung und Publizität

Hinsichtlich der Bilanzierung und der Publizität der Teilzahlungskreditinstitute wurden die allgemeinen gesetzlichen Vorschriften bis Ende 1967 durch Sonderregelungen ergänzt. Die Erstellung des Jahresabschlusses einer Teilzahlungsbank ist wie bei einer Geschäftsbank den betreffenden Bestimmungen des Handelsrechts und des Gesellschaftsrechts, dem Kreditwesengesetz sowie den betreffenden Erlassen der Bankenaufsicht unterworfen. Darüber hinaus waren aber „durch die gemeinsame Bekanntmachung der Bankenaufsichtsbehörden vom 22. 12. 1955 (Bundesanzeiger Nr. 1/1956) ergänzende Richtlinien für die Aufstellung der Jahresbilanz der Kreditinstitute, die Teilzahlungsgeschäfte finanzieren, angeordnet worden, um die immer umfangreicher gewordenen Teilzahlungsfinanzierungsgeschäfte der Banken in ihren wesentlichen Auswirkungen auf die Bilanzen kenntlich zu machen“[176]). Diese ergänzenden Richtlinien trugen den Arteigenheiten der Teilzahlungsbanken Rechnung. Sie wurden beim Erlaß der Verordnung über Formblätter für die Gliederung des Jahresabschlusses von Kreditinstituten vom 20. 12. 1967 ersatzlos gestrichen. Die Teilzahlungskreditinstitute haben sich daher bei der Aufstellung ihrer Jahresabschlüsse entsprechend ihrer Rechtsform ausschließlich nach den neuerlassenen Vorschriften zu richten[177]).

Hinsichtlich der Publizität gelten die Prinzipien des privaten Bankgewerbes.

g) Verbandswesen

Der erste verbandsmäßige Zusammenschluß von Teilzahlungskreditinstituten erfolgte 1930 in der Arbeitsgemeinschaft deutscher und österreichischer Kunden-Kredit-Gesellschaften e. V.; seit dem Ende des zweiten Weltkrieges wird diese als Arbeitsgemeinschaft Kundenkreditgesellschaften e. V. fortgeführt. Angeschlossen sind in der Hauptsache die nach dem sogenannten Königsberger System arbeitenden Kundenkreditinstitute. Im wesentlichen befaßte sich diese Arbeitsgemeinschaft nach ihrer Gründung mit betriebswirtschaftlichen Fragen; heute hat sie nur mehr oder weniger traditionelle Bedeutung. Die eigentlichen verbandspolitischen Aufgaben der Teilzahlungskreditinstitute wurden von 1935 bis 1945 von der Fachgruppe Teilzahlungs-Kreditunternehmungen, einer Zwangsorganisation, wahrgenommen. Diese Fachgruppe bildete zusammen mit der Fachgruppe Bausparkassen und der Fachgruppe private Leihhausbetriebe die Wirtschaftsgruppe Kreditunter-

---

176) Birck, H., a. a. O., S. 223.

177) Vgl. Verordnung über Formblätter für die Gliederung des Jahresabschlusses von Kreditinstituten vom 20. 12. 1967 (BGBl I S. 1300).

nehmungen verschiedener Art, die wiederum in die Reichsgruppe Banken eingegliedert war. Allerdings umfaßte die Fachgruppe Teilzahlungs-Kreditunternehmungen nicht alle Teilzahlungskreditinstitute, sondern infolge des Widerstandes der Kraftfahrzeug-Finanzierungsinstitute nur diejenigen Teilzahlungskreditinstitute, die nicht hauptsächlich im Wechselgeschäft tätig waren. Die Fachgruppe hatte einen Beirat, in dem die wichtigsten Gruppen der deutschen und österreichischen Teilzahlungsbanken sowie der finanzierenden Gas- und Elt-Versorgungsunternehmen vertreten waren. Im Jahre 1949 haben sich die meisten Teilzahlungskreditinstitute zu dem „Wirtschaftsverband Teilzahlungsbanken e. V." mit dem Sitz in Düsseldorf zusammengeschlossen. Dieser Verband stellt die Nachfolgeorganisation der aufgelösten Fachgruppe dar. Zweck des Wirtschaftsverbandes Teilzahlungsbanken e. V. ist die gemeinsame Interessenvertretung der Teilzahlungskreditinstitute sowie die Sicherung der dem Teilzahlungsbankgewerbe gebührenden Stellung im öffentlichen und wirtschaftlichen Leben. Darüber hinaus hat er die Aufgabe, zu den das Teilzahlungsbankgewerbe berührenden Fragen der Gesetzgebung, Verwaltung und Wirtschaft Stellung zu nehmen, die Arbeitgeberinteressen der Mitgliedsinstitute wahrzunehmen, Schulungskurse für Mitarbeiter von Teilzahlungsbanken durchzuführen und Kontakt mit den EUROFINAS-(= Europäische Vereinigung der Verbände von Teilzahlungsinstituten)Mitgliedern zu pflegen; der Wirtschaftsverband ist Mitglied in der EUROFINAS[178]).

Innerhalb des Wirtschaftsverbandes Teilzahlungsbanken e. V. bzw. neben diesem bestehen verschiedene Arbeitsgemeinschaften. Die genossenschaftlichen Teilzahlungsinstitute haben die „Arbeitsgemeinschaft genossenschaftlicher Teilzahlungsbanken e. V." gebildet, die korporatives Mitglied des Wirtschaftsverbandes ist. Die „Arbeitsgemeinschaft Kundenkredit-Gesellschaften" wurde eingangs bereits erwähnt. Einige reine Absatzfinanzierungsinstitute bildeten 1953 die „Arbeitsgemeinschaft der Absatzkreditbanken", und schließlich gibt es noch die „ORGAN Arbeitsgemeinschaft der WKV-Teilzahlungsbanken e. V.", die in der kapitalmäßigen Verbundenheit der betreffenden Institute ihren Ursprung hat, sowie die „ORGAN Organisationsgesellschaft für Konsumkredite mbH".

(B) Investmentgesellschaften (Kapitalanlagegesellschaften)

Kapitalanlagegesellschaften sind „Unternehmen, deren Geschäftsbereich darauf gerichtet ist, bei ihnen eingelegtes Geld im eigenen Namen für gemeinschaftliche Rechnung der Einleger nach dem Grundsatz der Risikomischung in Wertpapieren oder Grundstücken sowie Erbbaurechten gesondert von dem eigenen Vermögen anzulegen und über die hieraus sich ergebenden Rechte der Einleger (Anteilinhaber) Urkunden (Anteilscheine) auszustellen"[179]). Dabei

178) Vgl. Handbuch der Teilzahlungswirtschaft, S. 457 und Wirtschaftsverband Teilzahlungsbanken, 25 Jahre, Jahresbericht 1973, S. 5—7.

179) § 1 Abs. 1 Gesetz über Kapitalanlagegesellschaften vom 14. 1. 1970 (BGBl I 127); vgl. auch Hügi, B., Der amerikanische Investment Trust, Diss. Bern 1936, S. 17; Prager, W. K., Marktstrategie der Investmentgesellschaft, Frankfurt am Main 1971, S. 22; Monatsberichte der Deutschen Bundesbank, Januar 1973, Immobilienfonds in der Bundesrepublik Deutschland, S. 11—17.

nehmen die Investmentgesellschaften aber nicht nur die Anlage vor, sondern verwalten auch die Vermögenswerte und überwachen laufend die angelegten Mittel.

Da die Investmentgesellschaften in ihren sogenannten Fonds Wertpapiere von zahlreichen Unternehmen verschiedener Wirtschaftszweige vereinigen und die einzelnen Anteile am Fonds relativ klein gestückelt, d. h. für die einzelnen Anteile verhältnismäßig niedrige Beträge zu zahlen sind, bieten sie auch kapitalschwächeren Sparern die Möglichkeit, ihre Mittel in Effekten anzulegen, ohne auf die Vorteile einer Risikominderung infolge gestreuten Wertpapierbesitzes, der einen Ausgleich von Kursschwankungen und relativ konstante Ertragsaussichten bedeutet, verzichten zu müssen. Darüber hinaus sollen die Investmentsparer nicht nur an den Ausschüttungen aus den zum Fonds gehörenden Wertpapieren, sondern auch an dem wachsenden Wert der Unternehmen, deren Papiere sie besitzen, durch Kursgewinne beteiligt sein.

Die Investmentgesellschaften verfolgen im Interesse ihrer Anteilseigner folgende Zwecke:

(1) die Erzielung eines fortlaufenden, möglichst hohen Ertrages des angelegten Kapitals,

(2) die Verhütung von Kapitalverlusten sowohl nomineller als auch realer Art und

(3) Risikominderung durch Diversifikation.

a) Geschichtliche Entwicklung

Die erste Investmentgesellschaft entstand 1860 in Schottland[180]). In der Folgezeit werden insbesondere in England neue Investmentgesellschaften gegründet. Ende 1972 gab es in Großbritannien 295 Investmentfonds, die ein Vermögen von 20 Mrd. DM verwalteten[181]). Erst etwa 1930 fand die Idee des Investmentsparens auch in der Schweiz[182]) und in Holland Verwirklichung. Nach dem ersten Weltkrieg setzte eine neue Welle der Gründung von Investmentgesellschaften ein, diesmal in den USA, Kanada und Frankreich. In Deutschland, Dänemark, Österreich und anderen Ländern begann die Gründung von Investmentgesellschaften erst nach dem zweiten Weltkrieg. 1949 ergriffen in der Bundesrepublik Deutschland „einige Banken — unter ihnen die Bayerische Staatsbank, München, die Bayerische Hypotheken- und Wechsel-Bank, München, die Württembergische Bank in Stuttgart sowie das Bankhaus Seiler & Co., München — die Initiative und gründeten als erste deutsche Investmentgesell-

---

180) Vgl. Tormann, W., The Investment Institutions, Frankfurt am Main 1973, S. 12.

181) Vgl. Investment 74, Die deutschen Investmentgesellschaften, herausgegeben vom Bundesverband Deutscher Investment-Gesellschaften e. V., Frankfurt, S. 39.

182) Vgl. Frank, V. C., Zur Problematik der Investmenttrusts, Zürich 1961, S. 9 ff. und 18 ff.

schaft die „Allgemeine Deutsche Investmentgesellschaft, München“[183]). Zwar fanden beide Fonds dieser Gesellschaft gute Aufnahme im Publikum; trotzdem kam es in den folgenden Jahren zu keinen weiteren Gründungen von Investmentgesellschaften. Erst 1956 wurden noch vier Investmentgesellschaften von anderen Bankengruppen ins Leben gerufen. Ende 1973 gab es in der Bundesrepublik Deutschland 16 Investmentgesellschaften mit 67 unterschiedlich zusammengesetzten Wertpapierfonds und 6 Gesellschaften mit 8 unterschiedlich zusammengesetzten Immobilienfonds. Der Inventarwert der Wertpapierfonds betrug Ende 1973 rund 12,6 Mrd. DM, der Wert der Immobilienfonds rund 2,6 Mrd. DM[184]).

b) Rechtliche Grundlagen[185])

Investmentgesellschaften sind Kreditinstitute im Sinne von § 1 KWG. Grundlage für die Geschäftstätigkeit der Investmentgesellschaften ist neben allgemeinen Rechtsvorschriften, dem KWG und den für Kreditinstitute geltenden gesetzlichen Vorschriften insbesondere das Gesetz über Kapitalanlagegesellschaften vom 14. 1. 1970[186]). Im folgenden sollen deshalb die wichtigsten Bestimmungen dieses Spezialgesetzes kurz genannt werden[187]).

Nach den Bestimmungen des Gesetzes über Kapitalanlagegesellschaften dürfen Investmentgesellschaften in der Bundesrepublik Deutschland nur in der Rechtsform der Aktiengesellschaft oder der Gesellschaft mit beschränkter Haftung betrieben werden. Zur Übertragung von Aktien bzw. Gesellschaftsanteilen der Kapitalanlagegesellschaft bedarf es der Zustimmung der Gesellschaft.

Das bei einer Kapitalanlagegesellschaft eingelegte Geld und die damit beschafften Wertpapiere und Bezugsrechte bilden ein oder mehrere Sondervermögen. Dabei bleibt es der Regelung in den Vertragsbedingungen vorbehalten, ob das Sondervermögen im Miteigentum der Anteilscheininhaber oder in treuhänderischem Eigentum der Kapitalanlagegesellschaft stehen soll.

Für das Wertpapier-Sondervermögen[188]) dürfen nur börsengängige Wertpapiere erworben werden bzw. solche, deren Ausgabebedingungen eine Börsenzulassung vorsehen. Weiterhin sind Wertpapiere aus Bezugsrechten des Sondervermögens, Gratisaktien und Wertpapiere aus Bezugsrechten, die erworben werden können, zulässig. Die Kapitalanlagegesellschaften sind er-

183) Beine, G., Die deutschen Investmentgesellschaften und das Investmentsparen — kritisch betrachtet, in: Die Aktiengesellschaft 1958, S. 282.

184) Vgl. Statistische Beihefte zu den Monatsberichten der Deutschen Bundesbank, Reihe 2, Wertpapierstatistik, Oktober 1974, 21 „Kapitalanlagegesellschaften“.

185) Vgl. Schäcker, H.-E., Entwicklung und System des Investmentsparens, Frankfurt am Main 1961, S. 32 ff.

186) BGBl. I S. 127.

187) §§ 1—16 Gesetz über Kapitalanlagegesellschaften.

188) Für Grundstücks-Sondervermögen gelten entsprechende Vorschriften; vgl. §§ 26 bis 37 Gesetz über Kapitalanlagegesellschaften.

mächtigt, in eigenem Namen „nach Maßgabe dieses Gesetzes und der Vertragsbedingungen“[189]) die zugestandenen Rechte auszuüben. Sie dürfen jedoch weder Gegenstände des Sondervermögens verpfänden oder belasten noch Forderungen gegen die Gesellschaft und Forderungen, die zu einem Sondervermögen gehören, gegeneinander aufrechnen. Das Sondervermögen haftet nicht für Verbindlichkeiten der Gesellschaft, auch nicht für solche, die für gemeinschaftliche Rechnung der Anteilscheininhaber eingegangen werden.

Zur Sicherheit der Anteilscheininhaber muß das Sondervermögen bei einem mit Zustimmung der Bankaufsichtsbehörde gewählten Kreditinstitut (Depotbank) in Verwahrung gegeben werden. Dieses hat für Wertpapiere und Barbestände des Sondervermögens gesperrte Depots bzw. Konten anzulegen. Entsprechend seiner Zweckbestimmung übt es nur formelle Überwachungsfunktionen aus und besitzt kein sachliches Mitspracherecht bei der Führung der Geschäfte der Investmentgesellschaft.

Zum Schutze der Anteilscheininhaber sind unabdingbare Vorschriften für die Vertragsbedingungen festgelegt, nämlich Auswahlgrundsätze für die Wertpapiere, Eigentumsverhältnisse der Anteilinhaber am Fonds, Anteil des Bankguthabens (Höchst- bzw. Mindestanteil), Vergütung für die Gesellschaft, Ausgabe- und Rückkaufbedingungen der Anteilscheine, Zeitpunkt und Art des Rechenschaftsberichtes, Umfang der Ausschüttung von Erträgen und Verwendung von Kursgewinnen. Die Vertragsbestimmungen haben nur Gültigkeit, wenn sie von der Bankaufsichtsbehörde genehmigt sind.

Die Zertifikate verbriefen die Ansprüche der Anteilscheininhaber gegenüber der Kapitalanlagegesellschaft. Die Anteilscheine können auf den Inhaber oder auf den Namen lauten.

c) Eigene Mittel

Hinsichtlich des Eigenkapitals bestehen für die Kapitalanlagegesellschaften erheblich schärfere gesetzliche Bestimmungen als bei anderen Unternehmen der gleichen Rechtsform. Das Mindestkapital einer Investmentgesellschaft beträgt 500 000 DM[190]), während normalerweise bei Gesellschaften mit beschränkter Haftung nur 20 000 DM und bei Aktiengesellschaften nur 100 000 DM[191]) vorgeschrieben sind. Eine weitere Verschärfung liegt darin, daß das Nennkapital bei Kapitalanlagegesellschaften voll eingezahlt sein muß[192]), während grundsätzlich bei Unternehmen in der Rechtsform der AG lediglich ein Viertel des Grundkapitals und das Agio bzw. bei der GmbH ein Viertel des Stammkapitals einzuzahlen sind[193]).

Diese strengen Bestimmungen sind darauf zurückzuführen, daß das Eigenkapital der Investmentgesellschaften nur zum geringen Teil Betriebsmittel-

---

189) § 9 Abs. 1 Gesetz über Kapitalanlagegesellschaften.
190) Vgl. § 2 Abs. 2 Gesetz über Kapitalanlagegesellschaften.
191) Vgl. § 5 GmbHG und § 7 AktG.
192) Vgl. § 2 Abs. 2 b Gesetz über Kapitalanlagegesellschaften.
193) Vgl. § 36 Abs. 2 AktG und § 7 Abs. 2 GmbHG.

funktion, in erster Linie jedoch Haftungsfunktion gegenüber den Einlegern erfüllen soll. Das Verhältnis zwischen Gesellschaftskapital und Fondsvermögen gestaltet sich bei den Kapitalanlagegesellschaften jedoch mit zunehmender Vergrößerung des Fondsvermögens laufend ungünstiger, während bei den anderen Kreditinstituten eine Anpassung des Eigenkapitals an den wachsenden Geschäftsumfang vorgenommen wird. Das bei den Investmentgesellschaften höhere und voll einzuzahlende Mindesteigenkapital erhöht somit die Sicherheit der Zertifikatsinhaber und erschwert die Gründung kleiner Kapitalanlagegesellschaften, „die in betrügerischer oder spekulativer Absicht geplant sind“[194]).

d) Geschäftstätigkeit

Nach Maßgabe des Gesetzes über Kapitalanlagegesellschaften dürfen sich die deutschen Gesellschaften langfristig ihr Anlagekapital nur durch die Ausgabe von Anteilscheinen, der sogenannten Zertifikate, beschaffen. Die Aufnahme von Fremdkapital durch Ausgabe von Schuldverscheibungen ist ausgeschlossen. Nach der Novellierung des KAGG durch das „Gesetz über den Vertrieb ausländischer Investmentanteile, über die Besteuerung ihrer Erträge sowie zur Änderung und Ergänzung des Gesetzes über Kapitalanlagegesellschaften“ vom 28. 7. 1969 (BGBl I S. 986) ist es nach § 9 Abs. 3 KAGG Investmentgesellschaften erlaubt, „in besonderen Fällen und für kurze Zeit“ Kredite in Höhe von bis zu 10 % des Wertes des Sondervermögens aufzunehmen.

Die deutschen Investmentgesellschaften arbeiten nach dem „open-end-System“; sie sind also bereit, je nach Bedarf laufend Investmentanteile auszugeben bzw. auf Verlangen der Zertifikatinhaber zurückzukaufen. Übersteigen die Rückkäufe die Verkäufe und sind entsprechende Barmittel nicht vorhanden, so müssen Effekten aus dem Portefeuille verkauft werden. Die Größe des Fondsvermögens ist variabel; einige Gesellschaften behalten sich jedoch eine Begrenzung der Zahl der auszugebenden Anteilscheine vor.

Der Kauf- und Rückkaufpreis der Anteilscheine wird börsentäglich aus dem Tageswert des gesamten Fondsvermögens ermittelt. Der Preis des einzelnen Zertifikates ergibt sich aus der Division dieses Liquidationswertes durch die Zahl der ausgegebenen Anteilscheine. Zu diesem Inventarwert je Anteil werden bei der Ausgabe die anteiligen Spesen für den Ankauf der Wertpapiere und ein Zuschlag für die Ausgabekosten (oft z. B. 3 %) hinzugerechnet; bei der Rücknahme werden vom Inventarwert vereinzelt die anteiligen Verkaufsspesen und ein Abschlag für die Rücknahmekosten (z. B. 0,5 %) abgezogen.

Im Gegensatz zum „open-end-System“ sieht das „closed-end-System“ vor, daß die Investmentgesellschaften ihre Anteilscheine nur einmal bei Errichtung

194) Vgl. Barocka, E., Investment-Sparen und Investmentgesellschaften, Stuttgart 1956, S. 140.

des Fonds zur Zeichnung auflegen, bis das Effektenportefeuille die festgelegte Größe erreicht hat. Über diese Höhe gehen die Gesellschaften nicht hinaus. Außerdem verpflichten sich bei dieser Methode die Gesellschaften nicht, ihre Anteilscheine zurückzunehmen.

Für die rechtliche Gestaltung der Eigentumsverhältnisse der Anteilscheineigner am Fonds gibt es grundsätzlich zwei Möglichkeiten:

1. Eigentümer des eingezahlten Geldes wird die Kapitalanlagegesellschaft, an der die Einleger als Gesellschafter beteiligt sind (echte Kapitalanlagegesellschaft).
2. Das bei der Kapitalanlagegesellschaft eingezahlte Geld bildet ein Sondervermögen. Dieses Sondervermögen kann nach Maßgabe der Vertragsbedingungen
   a) im treuhänderischen Eigentum der Kapitalanlagegesellschaft (Treuhandlösung) oder
   b) im Miteigentum der Anteilscheineigner (Miteigentumslösung) stehen[195]).

Nach den Bestimmungen des Investmentgesetzes sind in Deutschland die Miteigentums- und die Treuhandlösung möglich.

Bei vielen bisher in der Bundesrepublik Deutschland bestehenden Investmentgesellschaften ist die Form des Miteigentums der Zertifikatinhaber an dem Fondsvermögen nach Bruchteilen verwirklicht worden.

Das ist u. a. auch historisch begründet, da bis zum Erlaß des Gesetzes über Kapitalanlagegesellschaften die Treuhandlösung für deutsche Investmentgesellschaften nicht praktikabel war, weil im Konkursfall einer Kapitalanlagegesellschaft das Aussonderungsrecht der Anteilscheininhaber nicht zweifelsfrei gewährleistet war[196]).

Da dem Investmentsparer größtmögliche Sicherheit seiner Anlage in formeller und materieller Art und die Erzielung eines angemessenen Ertrages ermöglicht werden sollen, ist die Risikopolitik der Investmentgesellschaften darauf einzustellen. Die Investmentgesellschaften versuchen deshalb, durch eine möglichst weitgehende Streuung der Anlagewerte das Risiko zu mindern.

Die breite Streuung bewirkt, daß ein an einem einzelnen Anlagepapier des Fonds eventuell eintretender Verlust bzw. eine Ertragsschmälerung von der Masse der stabilen Papiere aufgefangen und ausgeglichen wird. Grundsätzlich bestehen insbesondere folgende Möglichkeiten der Risikostreuung:

(1) nach der Art der Effekten
durch Verteilung des Anlagekapitals auf verschiedene Effektenarten, wie Aktien und Renten,

---

[195]) Vgl. § 6 Abs. 1 Gesetz über Kapitalanlagegesellschaften.

[196]) Vgl. Baur, J., Investmentgesetze, Kommentar, Berlin 1970, S. 123.

Investmentgesellschaften[197])

Gesellschaft	Anzahl der Fonds (Stand 31. 12. 1973)	Inventarwert aller von der Gesellschaft verwalteten Fonds am Jahresende in Mio. DM					
		1956	1960	1964	1968	1972	1973
I. WERTPAPIERFONDS							
ADIG Allgemeine Deutsche Investmentgesellschaft mbH, München-Düsseldorf	8	37	710	674	1 130	2 237	2 112
AEGIS Allgemeine Deutsche Kapitalanlagegesellschaft mbH, Düsseldorf	2	—	—	—	—	25	16
Allfonds Gesellschaft für Investmentanlagen mbH, München	4	—	55	152	304	404	317
Anlage-Gesellschaft für Französische Aktienwerte mbH, Düsseldorf	—	—	92	58	40[198])	—	—
Anlage-Gesellschaft für englische und holländische Aktienwerte mbH, Düsseldorf	—	—	15	9	8[198])	—	—
Bayerische Kapitalanlagegesellschaft mbH, München	2	—	—	—	—	76	60
Commerzbank Fonds-Verwaltungsgesellschaft mbH (Cofo), Düsseldorf	1	—	—	—	—	28	21
Deutsche Gesellschaft für Wertpapiersparen mbH, Frankfurt am Main	8	—	748	795	1 659	2 927	2 833
Deutsche Kapitalanlagegesellschaft mbH, Frankfurt am Main	6	9	204	245	513	1 165	1 030
Deutsche Vermögensbildungsgesellschaft mbH, Frankfurt am Main	3	—	—	—	—	41	49
Deutscher Investment-Trust Gesellschaft für Wertpapieranlagen mbH, Frankfurt/M.	8	52	1 028	895	1 760	3 709	3 447
FRANKFURT-TRUST Investment-Gesellschaft mbH, Frankfurt am Main	5	—	—	—	—	170	140
Germania Invest Gesellschaft für Kapitalanlagen mbH, München	2	—	—	—	—	22	17
Hansainvest Hanseatische Investment Gesellschaft mbH, Hamburg	3	—	—	—	—	71	69
Internationale Kapitalanlagegesellschaft mbH, Düsseldorf	4	—	—	32	24	50	405
Investors Fonds Kapitalanlagegesellschaft mbH, München	1	—	—	—	54	294	200
Kapitalfonds-Kapitalanlagegesellschaft mbH, Köln	5	—	—	—	21	203	261
Union-Investment-Gesellschaft mbH, Frankfurt am Main	5	11	296	441	745	1 623	1 605
Wertpapierfonds insgesamt	67	109	3 148	3 301	6 258	13 045	12 582
II. IMMOBILIENFONDS							
A.G.I. Allgemeine Grundbesitz-Investment-Gesellschaft mbH, Wiesbaden	1	—	—	—	—	25	35
CO-OP Immobilien Fonds Aktiengesellschaft, Hamburg	1	—	—	—	—	512	520
Deutsche Gesellschaft für Immobilienfonds mbH, Frankfurt am Main	1	—	—	—	—	27	85
Deutsche Grundbesitz-Investmentgesellschaft mbH, Köln	2	—	—	—	—	650	741
Deutsche Sparkassen-Immobilien-Anlagegesellschaft mbH, Frankfurt am Main	1	—	—	—	—	253	272
Internationales Immobilien-Institut AG, München	2	—	—	—	—	856	924
Immobilienfonds insgesamt	8	—	—	—	—	2 323	2 577
Investmentgesellschaften insgesamt	75	109	3 148	3 301	6 258	15 368	15 159

197) Vgl. Monatsberichte der Deutschen Bundesbank, Februar 1961, S. 64 f. und Februar 1968, S. 94 f.; Statistische Beihefte zu den Monatsberichten der Deutschen Bundesbank, Reihe 2, Wertpapierstatistik, Februar 1974, 21 „Kapitalanlagegesellschaften“.

198) Umtausch der Fonds Ende 1969 in einen Fond der „ADIG“.

(2) nach Wirtschaftszweigen (Branchen),
indem sich das Anlagekapital aus Effekten von Unternehmen verschiedener Wirtschaftszweige zusammensetzt,

(3) nach der geographischen Lage der Unternehmen,
indem die Anlagen nach der örtlichen Lage verschiedener Unternehmen bzw. Wirtschaftszentren (z. B. auch getrennt nach Ausland und Inland) ausgewählt werden.

Die Einnahmen, welche die Investmentgesellschaften aus den Anlagewerten der Fonds erzielen, setzen sich aus Zinsen, Dividenden, Verkaufserlösen aus Bezugsrechten und Kursgewinnen zusammen. Die Kapitalanlagegesellschaften in der Bundesrepublik Deutschland stellen in die Erfolgsrechnung für die einzelnen Fonds außer den bar eingegangenen Beträgen die bis zum Stichtag aufgelaufenen Zinsansprüche ein. Die erklärten Dividenden werden sofort als Dividendenanspruch gebucht, in die Erfolgsrechnung aber erst nach effektivem Eingang bei der Investmentgesellschaft einbezogen.

Die Ausschüttung der Investmentgesellschaften kann verschiedene Wege beschreiten. Verzichtet eine Gesellschaft auf hohe Ausschüttungen, so steigt das Fondsvermögen im Wert. Werden möglichst hohe Beträge ausgeschüttet, so wird der Wert der Anteile ungefähr gleichbleiben, die ausgeschütteten Beträge können aber je nach der Marktsituation in ihrer Höhe stärkeren Schwankungen unterworfen sein. Der Gesetzgeber hat die Gestaltung der Grundsätze, nach welchen die Ausschüttung von Erträgen erfolgt, den Gesellschaften überlassen und verweist auf die Maßgeblichkeit der Vertragsbedingungen.

Über die Veränderungen der Geschäftstätigkeit der verschiedenen deutschen Kapitalanlagegesellschaften gibt die Tabelle auf der vorhergehenden Seite Aufschluß. Die Schwankungen der Fondsvermögen im Zeitablauf ergeben sich einerseits durch ein unterschiedliches Mittelaufkommen bei den einzelnen Fonds und zum anderen durch die Kursänderungen der in den einzelnen Fonds enthaltenen Wertpapiere.

e) Bilanzierung und Publizität

Die Besonderheit der Geschäftstätigkeit der Investmentgesellschaften bedingt, daß diese im Interesse der Investmentsparer nicht nur den für Aktiengesellschaften bzw. Gesellschaften mit beschränkter Haftung bestehenden Bilanzierungs- und Publizitätsvorschriften unterworfen sind, sondern weiter gehende Bestimmungen zu befolgen haben. Das Gesetz über Kapitalanlagegesellschaften sieht vor, daß eine Kapitalanlagegesellschaft am Schluß eines jeden Geschäftsjahres einen Rechenschaftsbericht zu erstatten und im Bundesanzeiger zu veröffentlichen hat. Der Rechenschaftsbericht hat eine Ertragsrechnung und eine Aufstellung der zu dem Sondervermögen gehörenden Wertpapiere und Bezugsrechte unter Angabe von Art, Zahl und Kurswert sowie den Stand der zu dem Sondervermögen gehörenden Konten zu enthalten.

Außerdem hat die Kapitalanlagegesellschaft für die Mitte eines jeden Geschäftsjahres eine Aufstellung der zum Sondervermögen gehörenden Wertpapiere und Bezugsrechte unter Angabe von Art, Zahl und Kurswert sowie den Stand der zum Sondervermögen gehörenden Konten im Bundesanzeiger bekanntzumachen, sofern sie nicht für diesen Stichtag einen weiteren Rechenschaftsbericht erstattet[199]). Hinsichtlich der Veröffentlichungspflicht läßt das Gesetz über Kapitalanlagegesellschaften „auf die Unterstellung des Gesetzgebers schließen, daß sich die Kapitalanlagegesellschaft schon aus eigenem werblichem Interesse einer größeren Publizität befleißigen und deswegen in ihren Vertragsbedingungen festlegen wird, daß sie ihre Berichte außer im Bundesanzeiger in dafür geeignet erscheinenden Tages- oder Fachzeitungen veröffentlichen und sie überdies für jedermann ihre gedruckten Berichte an den Schaltern der von ihr in die Unterbringung von Anteilscheinen eingeschalteten Kreditinstitute auslegen wird“[200]).

Für die Aufstellung der Jahresbilanz haben die Investmentgesellschaften das Formblatt für die Kreditinstitute in der Rechtsform der AG, KGaA und der GmbH zu verwenden.

f) Verbandswesen

Ein verbandsmäßiger Zusammenschluß der deutschen Kapitalanlagegesellschaften besteht erst seit jüngster Zeit. Die Interessen der Investmentgesellschaften wurden ab 1966 von der „Arbeitsgemeinschaft Deutscher Investmentgesellschaften“ wahrgenommen. Im März 1970 wurde der Bundesverband Deutscher Investmentgesellschaften e. V. (BVI) gegründet. Der Verband dient der Förderung des Investmentgedankens und der Wahrung der Interessen der Mitglieder. Gemäß § 3 der Satzung bezweckt der Verband insbesondere die Aufklärung der Öffentlichkeit über das Investmentwesen; außerdem führt er die Gemeinschaftswerbung für die Mitglieder durch.

(C) Kassenvereine (Wertpapiersammelbanken)

Kassenvereine sind Spezialinstitute für die Sammelverwahrung von Wertpapieren und für den Effektengiroverkehr. Sie stehen nur mit Kreditinstituten in Geschäftsverbindung und tragen die Bezeichnung „Wertpapiersammelbank“[201]).

---

199) Vgl. § 25 Gesetz über Kapitalanlagegesellschaften.

200) Pröhl, H., Lexikon des Kreditwesens, Loseblattsammlung, Peine/Hann., o. J. (1951 ff.), Band 2, Kommentar zum Investmentgesetz, S. 148.

201) Nach § 1 Abs. 3 DepG sind Wertpapiersammelbanken solche Banken, „die vom Reichsminister für Justiz im Einvernehmen mit dem Reichswirtschaftsminister durch Bekanntmachung im Reichsgesetzblatt als solche bezeichnet sind“. Heute sind die entsprechenden Ministerien der Länder für die Verleihung dieser Bezeichnung zuständig.

a) Geschichtliche Entwicklung

Der erste deutsche Kassenverein war die „Bank des Berliner Kassenvereins AG“. Sie wurde 1823 als „Handelssocietät“ von zehn Berliner Banken gegründet, erhielt 1824 den Namen „Cassenverein Berlin“ und firmierte schließlich ab 1850 als „Bank des Berliner Kassenvereins AG“. Das Institut sollte ursprünglich die Abwicklung des Giro- und Inkassoverkehrs erleichtern. Im Jahre 1872 wurde die Führung von sogenannten „Giro-Effekten-Depots“ aufgenommen, in welche Wertpapiere gegen Depotschein eingelegt wurden. Der Zweck war dabei, Effektentermingeschäfte geld- und stückmäßig durch Skontierung abrechnen zu können. Im Zusammenhang mit diesem stückelosen Wertpapierverkehr kam es zur Errichtung von Sammeldepots, d. h., das Institut verwahrte die eingelieferten vertretbaren Wertpapiere ungetrennt von den Beständen anderer Kontoinhaber und etwaigen eigenen Beständen derselben Art. Bereits zwei Jahre später mußte dieser Geschäftszweig wegen mangelnder Rentabilität jedoch wieder aufgegeben werden. Erst 1882 kam es erneut zur Einrichtung von Giro-Effekten-Depots, wobei über die eingelieferten Effekten nicht mehr durch Depotscheine, sondern durch Schecks verfügt wurde.

Auch an anderen Börsenplätzen entstanden in den folgenden Jahren ähnliche Einrichtungen, z. B. die Liquidationskasse in Hamburg (1887), der Kassen-Verein AG in Köln (1923) und der Rheinisch-Westfälische Kassenverein AG in Essen (1924).

Nach 1925 begann ein schneller und erheblicher Aufschwung in der Geschäftstätigkeit der Kassenvereine, weil durch Einführung des erweiterten Effektengiroverkehrs auch die Kundschaftsdepots der Banken in Girosammelverwahrung genommen werden konnten. Bis 1942 wurde der Effektengiroverkehr durch elf Wertpapiersammelbanken vermittelt. Auf Anordnung des Reichswirtschaftsministers gingen 1942 alle Kassenvereine zwangsweise in der Deutschen Reichsbank auf, die dann als einzige Wertpapiersammelbank in Deutschland tätig war.

Nach dem zweiten Weltkrieg erhielten zunächst die Landeszentralbanken die Bezeichnung Wertpapiersammelbank. Sie wurden jedoch nicht als solche tätig, weil das deutsche Bankgewerbe 1949 wieder private regionale Wertpapiersammelbanken ins Leben gerufen hat. Heute gibt es folgende Kassenvereine:

(1) Bayerischer Kassen-Verein AG, München,

(2) Berliner Kassenverein AG, Berlin,

(3) Frankfurter Kassenverein AG, Frankfurt am Main,

(4) Niedersächsischer Kassenverein AG, Hannover,

(5) Norddeutscher Kassenverein AG, Hamburg,

(6) Wertpapiersammelbank Nordrhein-Westfalen AG, Düsseldorf,

(7) Stuttgarter Kassenverein Wertpapiersammelbank AG, Stuttgart,

(8) Deutscher Auslandskassenverein AG, Frankfurt am Main.

Aktionäre der regionalen Kassenvereine sind die am jeweiligen Börsenplatz ansässigen Kreditinstitute. Der Deutsche Auslandskassenverein wurde 1970 gegründet. Aktionäre sind die regionalen Kassenvereine. Das Grundkapital beträgt 2 000 000 DM, das Ende 1973 zur Hälfte eingezahlt war.

Neben den Kassenvereinen sind auch andere zentrale Kreditinstitute als Sammelverwahrer tätig. Allerdings beschränken sich diese auf den Geschäftsverkehr mit den ihnen organisatorisch verbundenen Instituten. So verwahren z. B. die Girozentralen die Wertpapiere der Sparkassen und ihrer Kunden teilweise im Sammeldepot.

b) Geschäftstätigkeit

Die Hauptaufgabe der regionalen Kassenvereine besteht darin, den als Kontoinhaber (Effektengirokunden) angeschlossenen Kreditinstituten und damit auch deren Depotkunden die Girosammelverwahrung und den Effektengiroverkehr zu vermitteln. Die Kassenvereine führen auch untereinander Girosammeldepotkonten. Dadurch wird der Effektenferngiroverkehr, d. h. die stückelose Wertpapierlieferung von Börsenplatz zu Börsenplatz, ermöglicht. Außerdem wickeln die Kassenvereine den Jungscheingiroverkehr und den Schuldbuchgiroverkehr ab.

Daneben sind sie mit der laufenden Verwaltung der hinterlegten Wertpapiere betraut. Es handelt sich hier insbesondere um die Einziehung von Zins- und Dividendenscheinen sowie die Weiterleitung der Gegenwerte, um die Besorgung neuer Bogen, um den Umtausch von Wertpapieren sowie um Verwaltungsarbeiten bei der Ausübung der Stimm- und Bezugsrechte.

Vorübergehend waren die Kassenvereine auch mit der Erfüllung von Sonderaufgaben beauftragt. Hier ist insbesondere die Wertpapierbereinigung zu nennen.

Der Deutsche Auslandskassenverein wurde im Interesse deutscher Banken zur Überwindung der Schwierigkeiten gegründet, die bei der grenzüberschreitenden Regulierung von Geschäften in ausländischen Wertpapieren auftreten[202]). Aufgabe dieses Kassenvereins ist es, „als Treuhänder bei der Einführung von ausländischen Aktien zum Handel und zur amtlichen Notierung an in- und ausländischen Wertpapierbörsen mitzuwirken und für im Ausland verwahrte Wertpapiere einen Treuhandgiroverkehr über Treuhandgirokonten durchzuführen“[203]). Das Schwergewicht der Tätigkeit liegt im Treuhandgiroverkehr. Ende 1973 waren insgesamt 10 355 Titel aus 11 wichtigen Kapitalmarktländern — Großbritannien noch ausgenommen — in den Giroverkehr einbezogen[204]).

202) Vgl. Delorme, H., Die Girosammelverwahrung von ausländischen Wertpapieren und der Effektengiroverkehr mit dem Ausland, in: Die Deutschen Wertpapiersammelbanken, Frankfurt 1974, S. 93—104, S. 96.

203) Deutscher Auslandskassenverein AG, Frankfurt am Main, Geschäftsbericht für 1972, S. 7.

204) Deutscher Auslandskassenverein AG, Frankfurt am Main, Geschäftsbericht für 1973, S. 9.

c) Bilanzierung und Publizität

Die Kassenvereine bilanzieren nach dem Formblatt für den Jahresabschluß der Kreditinstitute in der Rechtsform der Aktiengesellschaft[205]). In der Bilanz der Kassenvereine schlägt sich deren treuhänderische Tätigkeit, sofern sie in der Effektenverwahrung und im Effektenverkehr besteht, nicht nieder. Das Bilanzbild ist vielmehr durch die mit der Effektenverwaltung verbundenen Geldbewegungen bestimmt. Auf der Passivseite fallen die als täglich fällige Verbindlichkeiten gegenüber Kreditinstituten zu bilanzierenden Anschaffungen der Effektenaussteller zur Bedienung von Zins- und Dividendenscheinen erheblich ins Gewicht, denen auf der Aktivseite täglich fällige Forderungen an Kreditinstitute gegenüberstehen.

d) Verbandswesen

Die elf früheren Wertpapiersammelbanken waren von 1926 bis 1942 zum Zwecke der Einführung und reibungslosen Abwicklung des Effektenferngiroverkehrs zu einer Arbeitsgemeinschaft zusammengeschlossen. Die Federführung lag bei der Bank des Berliner Kassenvereins AG.

Aus dem gleichen Grund wurde nach dem zweiten Weltkrieg eine „Arbeitsgemeinschaft deutscher Kassenvereine" ins Leben gerufen. Ihr Sitz ist Frankfurt am Main; die Geschäftsführung liegt in den Händen des Frankfurter Kassenvereins. Es handelt sich dabei nur um eine lose Vereinigung.

5. Privatrechtliche Kreditinstitute mit Sonderaufgaben

a) Industriekreditbank AG Deutsche Industriebank

Die Industriekreditbank AG Deutsche Industriebank, Düsseldorf und Berlin (Kurzbezeichnung: Industriebank), ist am 6./7. 8. 1974 aus der Fusion der Industriekreditbank AG, Düsseldorf, und der Deutschen Industriebank, Berlin, hervorgegangen. Aufgabe dieses Instituts ist die Versorgung mittlerer und kleiner gewerblicher Unternehmen mit langfristigen Krediten. Die „Industriebank" soll damit eine Lücke im deutschen Banksystem schließen.

Die Kapitalbeschaffung zur Finanzierung langfristiger Investitionen stellt für die kleineren Betriebswirtschaften ein besonders schwieriges Problem dar. Der Eigenkapitalerhöhung auf dem Wege der Selbstfinanzierung oder durch Aufnahme von Gesellschaftern sind Grenzen gesetzt. Die Kapitalmarktfinanzierung durch Emission von Aktien und Schuldverschreibungen ist Großunternehmen vorbehalten. Daher liegt es nahe, daß die nicht emissionsfähigen Unternehmen ihren Kapitalbedarf durch Aufnahme langfristi-

---

205) Vgl. Verordnung über Formblätter für die Gliederung des Jahresabschlusses von Kreditinstituten vom 20. 12. 1967 (BGBl I S. 1300), Muster 1.

ger Bankkredite zu decken suchen. Zur Gewährung derartiger Kredite finden sich die Geschäftsbanken, mit Ausnahme der Sparkassen und der Genossenschaftsbanken, jedoch noch nicht in ausreichendem Maße bereit. Auch die bestehenden Realkreditinstitute können diese Aufgabe nicht übernehmen. Die aus diesen Gegebenheiten resultierende Notlage sollte durch die Gründung von Spezialinstituten für den langfristigen gewerblichen Kredit überwunden werden, wobei sich die betreffenden Banken ihre Mittel durch die Emission von Schuldverschreibungen und durch die Aufnahme langfristiger Darlehen beschaffen sollten.

Das erste derartige Institut war die 1924 errichtete Bank für Industrieobligationen. Sie war zunächst mit der Einziehung und Abführung der Reparationszahlungen der gewerblichen Wirtschaft betraut. Nach der Neuregelung der deutschen Reparationsschulden gewährte die Bank langfristige Darlehen zur Sanierung der landwirtschaftlichen Betriebe im deutschen Osten. Die Tilgungsrückflüsse aus dieser „Osthilfeaktion" wurden schließlich als langfristige Kredite an die mittelständische industrielle Wirtschaft ausgelegt. 1938 wurde die Bank für Industrieobligationen in Deutsche Industriebank umbenannt. Nach der Währungsreform von 1948 nahm sie zunächst das Neugeschäft nicht mehr auf, da inzwischen die personell und organisatorisch aus ihr am 29. 3. 1949 hervorgegangene Industriekreditbank AG tätig geworden war; seit 1954 war sie jedoch in West-Berlin zum Neugeschäft wieder zugelassen. Die engen personellen, geschäftlichen und kapitalmäßigen Beziehungen zwischen beiden Instituten führten 1973 zu dem Beschluß, durch Übertragung des Vermögens der Deutschen Industriebank auf die Industriekreditbank die Institute zu verschmelzen.

Die „Industriebank" ist ein privates Kreditinstitut in der Rechtsform der Aktiengesellschaft. Da ihre Betätigung jedoch im gesamtwirtschaftlichen Interesse liegt, sind ihr durch ein besonderes Gesetz[206]) gewisse Privilegien zugestanden worden. Nach § 1 Abs. 1 dieses Gesetzes kann sie für bestimmte Gattungen von Schuldverschreibungen gesonderte Deckungsmassen bilden. Der Bundeswirtschaftsminister bestimmt nach § 2 des Gesetzes einen Treuhänder, der die Ausgabe, Verwaltung und Deckung der Schuldverschreibungen überwacht.

Das Grundkapital der „Industriebank" beträgt 110 Mill. DM[207]). Vor der Fusion betrug das Grundkapital der Industriekreditbank AG 78 Mill. DM. Davon wurden 42 Mill. DM durch private Zeichner freiwillig aufgebracht (A-Aktien). In Höhe der restlichen 36 Mill. DM hatte sich 1954 die Deutsche Industriebank an der Industriekreditbank AG beteiligt (B-Aktien), indem sie in gleicher Höhe Ausgleichsforderungen an die Industriekreditbank AG abtrat. An dem Grundkapital der „Industriebank" ist die „Stiftung zur Förderung der

206) Vgl. Gesetz betreffend die Industriekreditbank Aktiengesellschaft vom 15. 7. 1951 (BGBl I S. 447).

207) Vgl. Industriekreditbank AG, Deutsche Industriebank, Zwischenbericht zum 30. 9. 1974, Düsseldorf und Berlin.

Forschung für die gewerbliche Wirtschaft", die an die Stelle der bisherigen treuhänderischen Aktionäre der Deutschen Industriebank trat, mit 28,4 % beteiligt. 17 größere Versicherungsgesellschaften besitzen ca. 20 % des Grundkapitals. Ein Anteil von 25,8 % liegt zur Zeit bei den drei Großbanken. Die gestreute Unterbringung dieser Aktien am Markt ist vorgesehen; sie war jedoch wegen der schlechten Verfassung des Wertpapiermarktes sofort nach der Fusion nicht möglich. Der Streubesitz gehört überwiegend kleineren und mittleren Unternehmern, den Kunden der „Industriebank". Die offenen Rücklagen beliefen sich am 30. 9. 1974 auf 152 Mill. DM, so daß die „Industriebank" zu diesem Zeitpunkt über ein Eigenkapital von 262 Mill. DM, das sind 4,1 % der Bilanzsumme von 6,41 Mrd. DM, verfügte.

Am 30. 9. 1974 verteilten sich die fremden Mittel des Instituts u. a. auf Schuldverschreibungen im Umlauf in Höhe von 2,55 Mrd. DM und auf Verbindlichkeiten mit einer Laufzeit oder Kündigungsfrist von vier Jahren und länger von 1,39 Mrd. DM gegenüber Kreditinstituten und von 1,19 Mrd. DM gegenüber anderen Gläubigern. In den ersten Jahren ihrer Geschäftstätigkeit war die Industriekreditbank AG im wesentlichen auf die Aufnahme langfristiger Darlehen angewiesen. Darlehensgeber war überwiegend die öffentliche Hand. Erst ab 1953 erreichte die Obligationenausgabe nennenswerte Ausmaße.

Die langfristigen Ausleihungen an Kunden beliefen sich am 30. 9. 1974 auf 5,03 Mrd. DM oder auf ca. 80 % der Bilanzsumme. Diese Ausleihungen sind fast ausschließlich durch Grundpfandrechte gesichert, ohne daß es sich dabei jedoch um reine Objektkredite handelt. Die „Industriebank" leiht auch die Beträge des „Mittelstandsfonds" aus. Dieser Fonds entstand im Frühjahr 1964 auf Grund der Zusammenarbeit zwischen dem Bundesverband deutscher Banken und dem Bundesverband der Deutschen Industrie. Sie führte dazu, daß ein großer Kreis von privaten Kreditinstituten sich bereit erklärte, die Investitionsfinanzierung der privaten gewerblichen Wirtschaft durch zinsgünstige, längerfristige Darlehen zu erleichtern. Die privaten Kreditinstitute und die Industriekreditbank selbst stellen die Fondsmittel zur Verfügung.

b) AKA Ausfuhrkredit-Gesellschaft mbH

Die Gesellschaft wurde am 28. 3. 1952 als Spezialinstitut für die Finanzierung mittel- und langfristiger Ausfuhrgeschäfte deutscher Exporteure gegründet. Sie wurde zunächst in der Rechtsform einer AG geführt; im Jahre 1966 erfolgte die Umwandlung in eine GmbH.

Die mittel- und langfristige Exportfinanzierung in der Bundesrepublik war bis zur Gründung der AKA von der Kreditanstalt für Wiederaufbau wahrgenommen worden. Diese gewährte deutschen Exporteuren Kredite für die Dauer der Produktion und des handelsüblichen Zahlungsziels in Höhe von 80 % des Auftragswertes. Die Refinanzierung erfolgte über die Bank deutscher Länder. Die Bearbeitung dieser Kredite und die Refinanzierungslinie der Bank deutscher Länder wurden der AKA kurz nach ihrer Gründung übertragen (Plafond B).

Als die Nachfrage nach mittel- und langfristigen Exportkrediten im Rahmen der Rediskontlinie der Bank deutscher Länder nicht mehr befriedigt werden konnte, schlossen sich die im Außenhandel besonders engagierten Kreditinstitute in der AKA zu einem Konsortium zusammen, um den deutschen Exporteuren ergänzende Fazilitäten zur Verfügung zu stellen (Plafond A). Dem Gründungskonsortium gehörten 32 Groß-, Staats-, Regional- und Lokal-Banken sowie eine Reihe führender Privatbankiers an. Als Konsortialführerin fungierte die Rheinisch-Westfälische Bank AG[208]) in Düsseldorf. Im Zuge der Umwandlung der Gesellschaftsform wurden weitere Banken, insbesondere die 13 Girozentralen, in das Konsortium aufgenommen. Dem Konsortium gehören derzeit 55 Institute an.

Das Stammkapital der AKA betrug am 31. 12. 1973 40 Mill. DM, wovon 23 Mill. DM eingezahlt waren. Die Abtretung von Geschäftsanteilen ist nur mit Zustimmung des Aufsichtsrates der Ausfuhrkredit-Gesellschaft mbH möglich[209]). Rechtlich gesehen stellt die AKA zwar ein privates Kreditinstitut im Sinne der Bestimmungen des KWG dar, laut Satzung darf sie jedoch nicht sämtliche Bankgeschäfte betreiben; so ist ihr z. B. die Annahme von Depositen und Spareinlagen generell untersagt[210]). Ihre Betätigung ist „nicht vornehmlich auf das Ziel gerichtet, Gewinne zu erwirtschaften, sondern eine möglichst rationelle Durchleitung der Rediskontkredite sicherzustellen und für deren ordnungsgemäße Abwicklung Sorge zu tragen“[211]).

Der AKA stehen heute 3 Plafonds zur Verfügung. Im Rahmen des Plafonds A (Mittel der AKA-Konsortialbanken) und des Plafonds B (Rediskontlinie der Deutschen Bundesbank, die aus der Refinanzierungslinie der Bank deutscher Länder hervorgegangen ist) refinanziert die AKA Lieferantenkredite, die deutsche Exporteure ihren ausländischen Käufern eingeräumt haben. Ende 1973 hatten beide Plafonds einen Umfang von je 3 Mrd. DM. Im Rahmen des Plafonds C gewährt die AKA Kredite an ausländische Käufer (gebundene Finanzkredite). Dieser Plafond betrug Ende 1973 600 Mio. DM. Die Alimentierung des Plafonds erfolgte zunächst provisorisch durch Abzweigung entsprechender Mittel aus dem Plafond A. Zu geeigneter Zeit soll die AKA die Mittel für diesen Plafond am Kapitalmarkt aufnehmen.

Laut Satzung[212]) ist der AKA die Fremdkapitalbeschaffung durch Ausgabe von Teilschuldverschreibungen gestattet.

---

208) Die Rheinisch-Westfälische Bank war nach der Entflechtung der früheren deutschen Großbanken durch die alliierte Gesetzgebung nach dem zweiten Weltkrieg eines der Nachfolgeinstitute der Deutschen Bank AG. Im Rahmen des im Jahre 1957 erfolgten Großbankenzusammenschlusses wurde sie wieder mit der Deutschen Bank AG fusioniert.

209) Vgl. § 6 der Satzung der AKA i. d. F. vom 16. 7. 1971.

210) Vgl. § 2 der Satzung der AKA i. d. F. vom 16. 7. 1971.

211) Geschäftsbericht der Ausfuhrkredit-AG für das Jahr 1952, S. 2.

212) § 2 der Satzung der AKA i. d. F. vom 16. 7. 1971.

c) Privatdiskont-AG

Die Privatdiskont-Aktiengesellschaft wurde am 27. 1. 1959 von 85 — überwiegend privaten — Kreditinstituten in Frankfurt am Main gegründet. Dadurch ist nach beinahe zwanzig Jahre andauernder Unterbrechung der börsenmäßig organisierte Privatdiskonthandel in Deutschland wiederaufgenommen worden. Ein Privatdiskontmarkt hat in Deutschland schon in den letzten Jahrzehnten des vergangenen Jahrhunderts bestanden. Als Privatdiskonten galten damals Akzepte von Banken und bedeutenden Industrie- und Handelsunternehmen, die von Banken und privaten Wirtschaftssubjekten als kurzfristige Geldanlage gekauft wurden. Der erste Weltkrieg und die nachfolgende Inflation bedeuteten eine große Zäsur in der Geschichte des deutschen Privatdiskontmarktes. Zu seinem Wiederaufbau und zur Sicherung der Fungibilität der Privatdiskonten wurden dann nach 1925 bestimmte Anforderungen an das Akzeptmaterial gestellt, das als privatdiskontfähig anerkannt werden sollte. Diese Institutionalisierung des Privatdiskontmarktes wurde 1931 nach der Bankenkrise noch verstärkt. Es kam zur Gründung der Akzeptbank AG (1931), die hauptsächlich die Aufgabe hatte, den Banken die dritte Unterschrift auf selbstdiskontierten Akzepten zu beschaffen[213]). Wegen seiner einseitigen Zwecksetzung stellte das Institut seine Tätigkeit bald ein. Als zweckmäßige institutionelle Grundlage für ein neues Ingangkommen des Handels mit Privatdiskonten wurde noch im gleichen Jahr unter maßgeblicher Mitwirkung der Reichsbank die „Diskont-Kompagnie Aktiengesellschaft" in Berlin gegründet. „Jedoch verlor der Markt in den folgenden Jahren auf Grund der Auswirkungen der Finanzpolitik des Reiches auf die Liquidität der Wirtschaft und der Kreditinstitute mehr und mehr an Bedeutung. Er führte schließlich nur noch ein Scheindasein, das im Laufe des zweiten Weltkrieges erlosch"[214]). Bereits kurz nach der Neuordnung des deutschen Geldwesens im Jahre 1948 stand eine Neubelebung des Privatdiskontmarktes zur Diskussion; doch war der Umlauf von Bankakzepten durch das Erfordernis einer Grundgeschäftserklärung, die über das jedem Bankakzept zugrundeliegende Handelsgeschäft Auskunft gab, gehemmt. Seit 1954 fiel diese Bedingung zwar weg, doch trat das Gespräch über den Privatdiskontmarkt erst nach der Errichtung der Deutschen Bundesbank wieder in den Vordergrund. Da die Bundesbank im Prinzip mit diesen Plänen einverstanden war, bildete Anfang 1958 der Bundesverband des privaten Bankgewerbes einen besonderen Ausschuß, um die Schaffung eines neuen Privatdiskontmarktes vorzubereiten. Diese Vorarbeiten führten dann Anfang 1959 zur Gründung des organisatorischen Mittelpunktes dieses Marktes, der Privatdiskont-Aktiengesellschaft in Frankfurt am Main. Die Gründer brachten ein Grundkapital in Höhe von 5 Mill. DM ein, wovon 50 % eingezahlt sind.

---

213) Vgl. Lipfert, H., Der deutsche Privatdiskontmarkt, Frankfurt a. M. 1959, S. 15.

214) Zur Wiedereröffnung des Privatdiskontmarktes, in: Monatsberichte der Deutschen Bundesbank, Februar 1959, S. 12.

Nach den Bestimmungen über den Privatdiskontmarkt galten als Privatdiskonten zunächst nur solche DM-Bankakzepte, die der Erstfinanzierung von Einfuhr- und Transitgeschäften dienen. Seit dem 1. 10. 1962 finanziert die Privatdiskont-AG auch deutsche Exportgeschäfte. Privatdiskonten unterscheiden sich äußerlich von den übrigen Bankakzepten nur durch die auf ihnen am oberen Rand vermerkte statistische Nummer des finanzierten Einfuhr-, Ausfuhr- oder Transitgeschäfts oder des grenzüberschreitenden Lohnveredelungsgeschäfts. Darüber hinaus werden an die Privatdiskonten noch eine Reihe weiterer Bedingungen geknüpft: Sie müssen über mindestens 100 000 DM lauten und sollen 1 000 000 DM nicht übersteigen. Sie sollen über Beträge ausgestellt sein, die durch 5 000 teilbar sind. Die Laufzeit der Akzepte muß mindestens noch 10 und darf höchstens 90 Tage betragen[215]). Privatdiskontfähig sind jedoch nur die Akzepte zugelassener Akzeptbanken. Zugelassen werden solche Institute, deren Eigenkapital mindestens 6 Mill. DM beträgt. Der Betrag der im Umlauf befindlichen privatdiskontfähigen Akzepte eines Kreditinstituts darf das Eineinhalbfache des Eigenkapitals nicht übersteigen. Der Handel mit Privatdiskonten wickelt sich an der Frankfurter Börse ab. Hier werden täglich um 13 Uhr die Sätze für Privatdiskonten notiert, und zwar ein Geld- und Briefkurs für Privatdiskonten mit einer Restlaufzeit von 10 bis 90 Tagen und ein Mittelsatz für Privatdiskonten mit einer Restlaufzeit von 30 bis 90 Tagen; zwischen dem Ankaufs- und dem Verkaufssatz besteht stets eine Differenz von 0,15 Prozentpunkten.

Die Aufgabe der Privatdiskont-AG besteht nun darin, Makler bei der Abwicklung der börsenmäßigen Umsätze von Privatdiskonten zu sein, also Angebot von und Nachfrage nach Privatdiskonten — in erster Linie durch die Gestaltung des Privatsatzes — zum Ausgleich zu bringen. Ist die Nachfrage größer als das Angebot, dann muß das Institut die Abgabe von Abschnitten rationieren. Überwiegt das Angebot, so hat die Privatdiskont-AG mehrere Möglichkeiten, die nicht von Kreditinstituten gekauften Abschnitte zu plazieren. Zunächst kann sie die Abschnitte ins eigene Portefeuille nehmen und sich bei günstigem Zinsverhältnis zwischen Geldmarktzins und dem Zinssatz für Privatdiskonten am Geldmarkt kurzfristig refinanzieren. Zum anderen hat sich die Deutsche Bundesbank verpflichtet — um die Funktionsfähigkeit des Marktes zu gewährleisten —, Privatdiskonten von der Privatdiskont-AG zu einem bis maximal 1 % über dem Diskontsatz liegenden Zinssatz zu übernehmen; gemäß einem Beschluß des Zentralbankrats der Deutschen Bundesbank vom 26. 5. 1966 ist der Privatdiskont-AG ein Limit gesetzt, bis zu dem Privatdiskonten bei der Bundesbank refinanziert werden können. Im Dezember 1973 bestanden bei der Privatdiskont-AG Indossamentsverbindlichkeiten aus weitergegebenen Wechseln in Höhe von 0,9 Mrd. DM, die nahezu ausschließlich Refinanzierungen bei der Bundesbank betrafen.

---

215) Vgl. Geschäftsbedingungen der Privatdiskont-AG, Stand November 1973, Absatz 1.

II. Öffentlich-rechtliche Kreditinstitute

Öffentlich-rechtliche Kreditinstitute sind Banken, deren Rechtsform nicht durch die Vorschriften des Privatrechts, d. h. des bürgerlichen und Handelsrechts, bestimmt wird, sondern durch öffentliches Recht. Die Bestimmungen des öffentlichen Rechts sind deshalb maßgebend, weil diese Kreditinstitute entweder von Trägern hoheitlicher Gewalt (z. B. Staat, Land, Kommunalverband) verwaltet werden oder weil ihnen durch besonderes Gesetz die Eigenschaft einer juristischen Person des öffentlichen Rechts verliehen worden ist.

Die Errichtung öffentlich-rechtlicher Kreditinstitute erfolgt durch Hoheitsakt. Ist für das zu errichtende Kreditinstitut bereits eine rechtliche Grundlage vorhanden, so genügt es, wenn der Hoheitsakt aus einem Verwaltungsakt besteht; andernfalls muß zur Errichtung des betreffenden Instituts ein besonderes Gesetz erlassen werden. Durch den Hoheitsakt wird u. a. festgelegt, ob das Bankinstitut als Körperschaft, als rechtlich selbständige Anstalt — die staatliche Aufsicht erstreckt sich dann nur auf die Rechtmäßigkeit der getroffenen Maßnahmen — oder als unselbständige Anstalt, die den Anweisungen des Rechtsträgers unterliegt, tätig sein soll[216]).

Das eventuell anfänglich notwendige Eigenkapital (Dotationskapital) wird den öffentlich-rechtlichen Kreditinstituten von den sie errichtenden Stellen zur Verfügung gestellt. Die Haftung ist aber normalerweise nicht auf dieses Dotationskapital und die zum Eigenkapital zählenden Rücklagen beschränkt, sondern in den meisten Fällen übernimmt der betreffende Staat, die Kommune oder der Kommunalverband als Gewährträger die Haftung für alle Verbindlichkeiten des Instituts.

Für die öffentlich-rechtlichen Kreditinstitute ist charakteristisch, daß sie bei ihrer Geschäftstätigkeit nach dem gemeinwirtschaftlichen Prinzip handeln, d. h., daß ihre Tätigkeit primär auf den Nutzen der Allgemeinheit gerichtet sein soll und nicht auf Gewinnerzielung. Dieses Prinzip schließt allerdings nicht aus, daß die Geschäfte nach kaufmännischen Gesichtspunkten geführt und Gewinne erzielt werden, sondern es besagt lediglich, daß Rentabilitätsgesichtspunkte in vielen Fällen untergeordnete Bedeutung haben.

Die öffentlich-rechtlichen Kreditinstitute können in fünf Gruppen aufgegliedert werden:

(1) Sparkassen einschließlich Girozentralen,

(2) Staatsbanken[217]),

---

216) Bis 1931 waren z. B. die kommunalen Sparkassen unselbständige Anstalten des öffentlichen Rechts. Erst durch die Notverordnung vom 6. 10. 1931 wurde ihnen die eigene Rechtspersönlichkeit zuerkannt.

217) Nach dem Zusammenschluß der beiden in der Bundesrepublik arbeitenden Staatsbanken in den Jahren 1970 und 1971 mit anderen Banken arbeiten derzeit in der Bundesrepublik Deutschland keine Staatsbanken. Vgl. S. 182/183.

(3) öffentlich-rechtliche Kreditinstitute mit Sonderaufgaben,
(4) öffentlich-rechtliche Realkreditinstitute,
(5) Deutsche Bundesbank.

Von diesen Gruppen werden nur die ersten drei in diesem Kapitel behandelt, während auf die öffentlich-rechtlichen Realkreditinstitute und die Deutsche Bundesbank in besonderen Kapiteln eingegangen wird.

Von den öffentlich-rechtlichen Kreditinstituten sind privatrechtlich organisierte Banken, die sich im Eigentum der öffentlichen Hand befinden, zu unterscheiden. Zwar erfüllen auch diese Institute oftmals im öffentlichen Interesse liegende Aufgaben, rechtlich sind sie jedoch den privaten Bankunternehmen gleichgestellt.

1. Sparkassen

Sparkassen sind Kreditinstitute, die unter dem Leitgedanken der Förderung und Pflege des Sparens mit jedermann im Rahmen der satzungsmäßigen Bestimmungen alle Formen von Bankgeschäften betreiben[218]).

Diese Definition umfaßt sowohl die kommunalen als auch die sogenannten freien Sparkassen. Letztere unterliegen in ihrer Rechtsform nicht dem öffentlichen Recht, sondern dem Privatrecht. Die Rechtsformen, unter denen diese Institute geführt werden, sind sehr unterschiedlich[219]). Obwohl die „freien" Sparkassen unter den Begriff „private Kreditinstitute" fallen, sollen sie in diesem Kapitel zusammen mit den öffentlich-rechtlichen behandelt werden, da sie sich in ihren wesentlichen Merkmalen von diesen nicht unterscheiden.

a) Geschichtliche Entwicklung[220])

Die Sparkassenidee ging von Frankreich und England aus. Hugues Delestre soll bereits im Jahre 1611 in Frankreich seine Ideen in einem Memorandum dem königlichen Hof dargelegt haben. Daniel Defoe veröffentlichte 1697 seine Gedanken in dem Buch „An Essay on Projects". Realisiert wurde die Sparkassenidee zuerst in Deutschland.

Die Entstehung der Sparkassen geht auf Reformbestrebungen des Armenwesens in der zweiten Hälfte des 18. Jahrhunderts zurück[221]). Die erste Sparkasse wurde im Jahre 1778 in Hamburg von der „Patriotischen Gesell-

---

218) Vgl. Mühl, J., Sparkassen, in: Enzyklopädisches Lexikon, Band 2, S. 1524—1533.

219) Zum Beispiel ist die Sparkasse in Bremen eine „juristische Person kraft staatlicher Verleihung", die „Hamburger Sparcasse" eine „juristische Person alten hamburgischen Rechts" und die „Sparkasse zu Lübeck" eine „rechtsfähige Stiftung". Vgl. Banken-Ortslexikon, Darmstadt (Loseblattsammlung) und Stolzenburg, G., Die rechtliche Sonderstellung der Freien Sparkassen im deutschen Sparkassenwesen, Hamburg 1956, S. 32 ff.

220) Vgl. zu diesem Abschnitt insbesondere Trende, A., Geschichte der deutschen Sparkassen, Stuttgart 1957 und Röper, B., Die Wettbewerbsfunktion der deutschen Sparkassen und das Subsidiaritätsprinzip, Berlin 1973, S. 19—42.

221) Vorläufer der Sparkassen waren die sogenannten „Waisenkassen", die zur Sicherstellung von Mündelgeldern errichtet wurden, so z. B. 1749 in Salem (Bodensee), 1761 in Stettin, 1765 in Bonndorf. Vgl. Trende, A., a. a. O., S. 10 ff.

schaft“ gegründet und war als „Ersparungskasse“ ein Teil der „Allgemeinen Versorgungsanstalt“[222]). In ihrer Satzung (§ 94) kommt der soziale und gemeinnützige Charakter der Institution deutlich zum Ausdruck: „Die Ersparungskasse dieser Versorgungsanstalt ist zum Nutzen geringer fleißiger Personen beiderlei Geschlechts, als Dienstboten, Tagelöhner, Handarbeiter, Seeleute, errichtet, um ihnen Gelegenheit zu geben, auch bei Kleinigkeiten etwas zurückzulegen und ... sicher zu einigen Zinsen belegen zu können, wobei man hoffet, daß sie diese ihnen verschaffte Bequemlichkeit sich zur Aufmunterung gereichen lassen mögen, um durch Fleiß und Sparsamkeit dem Staate nützlich und wichtig zu werden“[223]).

Sicherheit und Verzinsung sind heute für ersparte Geldbeträge fast eine Selbstverständlichkeit. Damals war jedoch diese Möglichkeit etwas Neues, besonders für die finanziell schwachen Bevölkerungskreise. Da sich bis dahin keine Institution um die Heranziehung solch kleiner Beträge, wie sie von dem vorgenannten Personenkreis aufgebracht werden konnten, bemüht hatte, nahmen sich die Sparkassen dieser Aufgabe an. Die anderen Kreditinstitute kamen nicht in Frage, da sie ihre Aktivgeschäfte mit eigenen Mitteln finanzierten und vom ertragsmäßigen Gesichtspunkt aus diese Art von Geschäften keinen Anreiz für sie bot. Außerdem gewährten die Sparkassen schon damals Darlehen gegen geringen Zins an minderbemittelte Privatleute, die wegen des hohen Zinsfußes bei anderen Kreditinstituten keinen Kredit aufnehmen konnten. Andere Geschäfte wurden zunächst nicht durchgeführt.

Die Art des Geschäfts der Sparkassen machte es notwendig, auf das Streben nach Gewinnerzielung zu verzichten, wenn das aus sozialer Hilfsbereitschaft und aus Verantwortungsbewußtsein heraus gesteckte Ziel erreicht werden sollte. Und dieses Ziel war, den Sparsinn der Bevölkerung zu wecken und zu fördern. Menschen, die in Notzeiten auf die Hilfe der staatlichen Armenfürsorge angewiesen waren, sollten sich durch Zurücklegen von kleinen und kleinsten Beträgen einen eigenen finanziellen Rückhalt schaffen können. Dazu sollten ihnen die Sparkassen eine Möglichkeit geben. Die Sparkassen waren also von Anfang an — das geht aus den ihnen übertragenen Aufgaben hervor — gemeinnützige Einrichtungen. Obwohl von Anfang an Kostendeckung erstrebt wurde, waren z. B. in den ersten Jahren nach der Gründung der Hamburger Sparcasse mitunter Zuschüsse von privater Seite erforderlich, um den Geschäftsbetrieb aufrechterhalten zu können.

Das Hamburger Beispiel fand in den darauffolgenden Jahren in anderen Städten Nachahmung. Auch diese Sparinstitute wurden von privater Hand gegründet. Erst im Jahre 1818 wurde als erste kommunale Sparkasse in Preußen die Städtische Sparkasse in Berlin[224]) ins Leben gerufen,

222) Vgl. Trende, A., a. a. O., S. 29.

223) Trende, A., a. a. O., S. 30.

224) Vgl. Trende, A., a. a. O., S. 83. Die älteste kommunale Sparkasse Deutschlands ist allerdings die 1801 gegründete Sparkasse in Göttingen; vgl. Trende, A., a. a. O., S. 55.

nachdem durch die Steinsche Städteordnung, die den Gemeinden weitgehend das Recht der Selbstverwaltung einräumte, die Voraussetzung für die Gründung öffentlich-rechtlicher Sparkassen geschaffen worden war. Träger dieser Sparkasse war die Stadt Berlin, welche die volle Haftung für die Verbindlichkeiten der Sparkasse übernahm. Die private Initiative blieb seit der Steinschen Reform hinter der kommunalen Initiative weit zurück.

Einen starken Auftrieb erhielt das Sparkassenwesen durch die fördernde Gesetzgebung Anfang bis Mitte des 19. Jahrhunderts. Vor allem war Preußen an der Errichtung von Sparkassen interessiert, nachdem dort ihre Bedeutung erkannt worden war. Das „Reglement, die Einrichtung des Sparkassenwesens betreffend“[225]), aus dem Jahre 1838, das die Verwaltung der Sparkassen einheitlich regelte, übte auf die Entwicklung eine besonders günstige Wirkung aus. Die Folge war eine rasche Ausdehnung des Sparkassennetzes über das gesamte Landesgebiet von Preußen. Während es 1838 erst 85 Sparkassen in Preußen gab, bestanden 1850 bereits 234, 1870 waren es 932 und um die Jahrhundertwende 1500[226]). Die Entwicklung in den übrigen Gebieten des nachmaligen Deutschen Reiches verlief ähnlich. In Deutschland gab es um die Jahrhundertwende 2700 Sparkassen[227]).

Mit dem zahlenmäßigen Anwachsen der Sparkassen ging eine Ausdehnung ihres Geschäftsumfanges Hand in Hand. Zuerst wurden die ursprünglich einschränkenden Bestimmungen über die Höhe der Einzahlungen auf Sparguthaben und über den Kundenkreis aufgehoben. Während anfangs nur Dienstboten, Tagelöhner usw. zum Sparen angeregt werden sollten und auch die Darlehensgewährung nur diesen gegenüber erfolgen sollte, wurden, nachdem die Bedeutung der Sparkapitalbildung erkannt worden war, weitere Bevölkerungskreise angesprochen, um durch intensive Werbung ihren Sparsinn zu fördern. Der Einlegerkreis setzte sich bald nicht mehr nur aus finanziell schwachen Bevölkerungsschichten zusammen. Mit dem wachsenden Einlagengeschäft war der Ausbau des Aktivgeschäfts verbunden; dem Charakter der Spareinlagen entsprechend konnte das Aktivgeschäft vorwiegend langfristiger Natur sein. Die von Anfang an bestehende regionale Beschränkung im Kreditgeschäft wurde beibehalten, und die Sparkassen sind auch heute noch gehalten, die örtlichen Kreditbedürfnisse zu befriedigen, d. h., ihre Mittel in Krediten an diejenigen Kunden auszureichen, deren Grundstücke im Geschäftsbereich des Gewährträgers liegen oder die im Bezirk des Gewährträgers ihren Wohnsitz oder ihre gewerbliche Niederlassung haben[228]).

Die Sparkassen entwickelten sich mit dem Ausbau des Passiv- und Aktivgeschäftes allmählich zu regulären Bankinstituten, insbesondere nach-

---

225) Reglement, die Einrichtung des Sparkassenwesens betreffend, vom 12. 12. 1838 (GS 1839 S. 5), abgedruckt in: Marquardt, H. - Perdelwitz, J., Das preußische Sparkassenrecht, unveränderter Nachdruck der 2. Auflage, Köln 1955, S. 57 ff.

226) Vgl. Hoffmann, J., Sparkassen und Girozentralen, S. 210 ff.

227) Vgl. ebenda.

228) Vgl. § 14 Hess. MuSa (in der Fassung des Erlasses des Hess. Ministers für Wirtschaft und Technik vom 2. 1. 1973).

dem ihnen durch das Scheckgesetz vom 11. 3. 1908[229]) die passive Scheckfähigkeit[230]) verliehen wurde, sie die Führung von Depositen- und Kontokorrentkonten übernehmen konnten und ihnen durch die zuständigen Landesbehörden die Aufnahme des Scheck- und Giroverkehrs gestattet wurde[231]). Die Möglichkeit, Scheck- und Girokonten einzurichten, führte dazu, daß die Sparkassen innerhalb ihrer Organisation ein eigenes Gironetz für den Überweisungs- und Inkassoverkehr (Spargiroverkehr) aufbauten. Auf Grund des dichten Sparkassennetzes waren sie in der Lage, den bargeldlosen Zahlungsverkehr in starkem Maße zu fördern.

Eine weitere Ausdehnung der Geschäfte wurde durch Ministerialerlasse im Jahre 1921 ermöglicht[232]), nach denen die Sparkassen fast alle Bankgeschäfte ausführen können. Ausgenommen bleiben nur Geschäfte, die mit der ursprünglichen Aufgabe der Sparkassen, den Sparsinn zu fördern und als öffentliches Kreditinstitut zu dienen, unvereinbar sind oder die die Sicherheit der Einlagen gefährden. Deshalb sind den Sparkassen z. B. spekulative Geschäfte verboten. Eine gewisse Einschränkung der universellen Betätigungsmöglichkeit erfolgte im Jahre 1924 durch zwei Ministerialerlasse, die den Geschäftskreis der Sparkassen an die diesen gestellten Aufgaben, nämlich Spareinlagensammlung und Betreuung des gewerblichen Mittelstandes, anpaßten. In diesem Umfang legten auch die 1927 vom Deutschen Sparkassen- und Giroverband aufgestellte Mustersatzung und die später auf dem Erlaßwege in den einzelnen Ländern eingeführten Mustersatzungen[233]) die Geschäftstätigkeit der Sparkassen fest. Auch die neuen Mustersatzungen aus dem Jahre 1969 bzw. 1973 brachten in dieser Beziehung keine gravierende Änderung.

Mit der Aufnahme des Depositengeschäfts wandten sich die Sparkassen zwangsläufig stärker dem kurzfristigen Kreditgeschäft zu, das vor allem nach dem ersten Weltkrieg größere Bedeutung erlangte, und traten damit in Konkurrenz zu den Kreditgenossenschaften, die weitgehend den gleichen Bevölkerungskreis ansprechen. Heute stehen die Sparkassen als Universalbanken in direktem Wettbewerb mit den Kreditgenossenschaften und entsprechenden Instituten des privaten Bankgewerbes.

Aus den beiden Tabellen auf Seite 165 ist die Entwicklung des Einlagen- und Kreditgeschäfts der Sparkassen zu erkennen. Bei den Einlagen haben besonders die Sicht- und Termineinlagen seit 1913 erheblich zugenommen, so daß ihr Anteil an den Gesamteinlagen heute mit 24,6 % beachtlich ist.

---

229) RGBl S. 71.

230) Passive Scheckfähigkeit bedeutet die Berechtigung eines Kreditinstituts, Schecks auf sich ziehen zu lassen.

231) In Preußen z. B. durch den Erlaß des Preußischen Ministers des Innern vom 20. 4. 1909 (MBliV S. 124).

232) Runderlaß des Preußischen Ministers des Innern vom 15. 4. 1921 (MBliV S. 128) und vom 15. 12. 1921 (MBliV S. 137).

233) In Preußen z. B. Mustersatzung für Sparkassen vom 26. 8. 1932 (MBliV S. 853) i. d. F. vom 27. 12. 1934 (MBlWiA 1935, S. 2).

Einlagenstruktur[234])

Jahr	Gesamt-einlagen in Mill. M, RM, DM	davon			
		Spareinlagen		Sicht- und Termin-einlagen	
		in Mill.	in %	in Mill.	in %
1913	19 750,0	19 689,0	99,7	61,0	0,3
1926	2 938,9	2 159,2	73,5	779,7	26,5
1950	6 153,3	2 801,0	45,5	3 352,4	54,5
1955	19 970,4	13 555,1	67,9	6 415,3	32,1
1960	46 326,1	33 723,9	72,8	12 602,2	27,2
1965	89 180,0	69 364,5	77,8	19 815,5	22,2
1970	158 174,2	124 963,0	79,0	33 211,2	21,0
1973	224 014,0	169 003,7	75,4	55 010,3	24,6

Struktur des Kreditgeschäfts[235])

Jahr	Kredite insgesamt[236]) in Mill. M, RM, DM	davon					
		in Mill. M, RM, DM			in % der Kredite insgesamt		
		Personal kredite[237])	Hypoth.-kredite	Kommunal-kredite[238])	Pers.-kred.	Hyp.-kred.	Komm-kred.
1913	15 477,0	407,0	12 722,0	2 318,0	2,6	82,4	15,0
1926	2 304,9	1 327,1	739,5	238,3	57,6	32,1	10,3
1950	3 785,4	2 512,5	1 041,0	231,9	66,4	27,5	6,1
1955	13 688,0	6 697,2	5 451,0	1 539,8	48,9	39,8	11,3
1960	29 587,4	10 334,7	14 591,0	4 661,7	34,9	49,3	15,8
1965	62 448,1	20 658,9	31 401,9	10 387,3	33,1	50,3	16,6
1970	112 811,0	44 045,1	51 319,2	17 446,7	39,0	45,5	15,5
1973	163 463,9	69 955,9	67 559,2	25 948,8	42,8	41,3	15,9

234) Die Zahlen für 1913 und 1926 beziehen sich auf das Reichsgebiet, die übrigen auf das Gebiet der Bundesrepublik (einschl. West-Berlin, ab 1959 einschl. Saarland). — Zahlen für 1913 entnommen aus: Hoffmann, J., Sparkassen und Girozentralen, S. 213; übrige Zahlen aus: Deutscher Sparkassen- und Giroverband e. V., Die Sparkassen in Zahlen, 3. Aufl., Stuttgart 1959 (ergänzte Loseblattsammlung), S. 330 f. und 4. Aufl., Stuttgart 1973, S. 3000. Die Zahlen ab 1970 beinhalten ausschließlich Einlagen und andere Verbindlichkeiten gegenüber Nichtbanken; in den Spareinlagen sind Sparkassenbriefe und -obligationen eingeschlossen.

235) Die Zahlen für 1913 und 1926 beziehen sich auf das Reichsgebiet, die übrigen auf das Gebiet der Bundesrepublik (einschl. West-Berlin, ab 1959 einschl. Saarland). — Zahlen für 1913 entnommen aus: Hoffmann, J., Sparkassen und Girozentralen, S. 216; übrige Zahlen aus: Deutscher Sparkassen- und Giroverband e. V., Die Sparkassen in Zahlen, S. 403 f. und 4. Aufl., Stuttgart 1973, S. 4041 f.

236) Ohne durchlaufende Kredite und Ausleihungen an Kreditinstitute.

237) Kurz-, mittel- und langfristige Ausleihungen an Wirtschaft und Private ohne Hypotheken.

238) Kurz-, mittel- und langfristige Ausleihungen an öffentliche Haushalte ohne Hypotheken.

Nur kurz nach der Währungsreform im Jahre 1948 waren die Sicht- und Termineinlagen höher als die Spareinlagen. Im Kreditgeschäft lag nach der Währungsreform das Schwergewicht zunächst beim Personalkredit, während im Lauf der Jahre eine Verschiebung zum Hypothekarkredit eintrat. 1965 erreichte der Hypothekarkredit mit 50,3 % Anteil sein relativ größtes Volumen. Ende 1973 hatten Personal- und Hypothekarkredit in etwa gleiche Anteile. Das Gewicht des Kommunalkredits hat sich in den letzten zehn Jahren kaum verändert.

Im Laufe der Entwicklung wurde das Sparkassenwesen ein bedeutender Zweig des deutschen Kreditwesens. Ende 1973 gab es in der Bundesrepublik 741 Sparkassen mit fast 16 100 Zweigstellen[239]) und einer Bilanzsumme von über 259 Mrd. DM. Das bedeutet, daß die Sparkassen nach den Kreditbanken, die Ende 1973 eine Bilanzsumme von 294 Mrd. DM aufweisen, die zweitgrößte Institutsgruppe in der Bundesrepublik Deutschland bilden[240]).

b) Gesetzliche Bestimmungen

Als gegen Ende des 18. und Anfang des 19. Jahrhunderts die ersten Sparkassen gegründet wurden, waren für ihre Verwaltung die damals in den betreffenden Ländern geltenden allgemeinen Rechtsnormen maßgebend. Nachdem das Sparkassenwesen immer mehr in kommunale Hände überging, wurden bald spezielle gesetzliche Regelungen — zunächst jeweils in den einzelnen Ländern — erlassen[241]). Auch heute wird die Sparkassengesetzgebung noch weitgehend von den Bundesländern wahrgenommen. Trotz dieser Rechtszersplitterung bestehen aber keine großen Unterschiede in den betreffenden gesetzlichen Regelungen der einzelnen Länder.

Einen wesentlichen Fortschritt in der Entwicklung der Sparkassengesetzgebung bedeutete die im Jahre 1927 vom Deutschen Sparkassen- und Giroverband entwickelte und in den darauffolgenden Jahren von allen Sparkassen angenommene „Mustersatzung".

Im Anschluß an die Bankenkrise des Jahres 1931 erfolgte eine umfangreiche Sparkassenreform, in deren Verlauf wichtige gesetzliche Bestimmungen erlassen wurden, die einen neuen Abschnitt in der Entwicklung des Sparkassenwesens einleiteten. Durch die Notverordnung vom 6. 10. 1931 wurde den Sparkassen die eigene Rechtspersönlichkeit verliehen[242]).

---

239) Vgl. Monatsberichte der Deutschen Bundesbank, Juli 1974, S. 41 *.

240) Vgl. Monatsberichte der Deutschen Bundesbank, März 1974, S. 29 *. Bei diesem Vergleich ist zu berücksichtigen, daß in den genannten Zahlen die Girozentralen, die zur Sparkassenorganisation gehören, nicht erfaßt sind. Ihr Bilanzvolumen betrug Ende 1973 rund 197 Mrd. DM.

241) a) In Preußen stand nach der Städteordnung vom 19. 11. 1908 z. B. den Städten das Recht zu, ohne behördliche Genehmigung Sparkassen zu errichten, während die Städteordnung von 1831 die Genehmigung durch die Regierung vorschrieb.
b) Z. B. Reglement, die Einrichtung des Sparkassenwesens betreffend. Auf die in den folgenden hundert Jahren herausgekommenen gesetzlichen und behördlichen Vorschriften soll hier nicht näher eingegangen werden.

242) Dritte Verordnung zur Sicherung von Wirtschaft und Finanzen usw., fünfter Teil, Kapitel I: Spar- und Girokassen, vom 6. 10. 1931 (RGBl S. 537, 554).

Darüber hinaus wurden „die Landesregierungen ermächtigt und verpflichtet, alle Maßnahmen im Verordnungswege zu treffen, die erforderlich sind, um die Organisation und den Geschäftsbetrieb der Spar- und Girokassen ... mit den nachstehenden" — d. h. in der Notverordnung bekanntgegebenen — „Vorschriften in Einklang zu bringen". Damit waren die Voraussetzungen geschaffen, um eine Mustersatzung im Erlaßwege einzuführen und die wesentlichen Fragen der Organisation und der Geschäftspolitik der Sparkassen einheitlich zu regeln. In Preußen wurden z. B. im Jahre 1932 eine Verordnung über Sparkassen sowie die kommunalen Giroverbände und kommunalen Kreditinstitute[243]) und eine „Mustersatzung für Sparkassen"[244]) erlassen.

In der „Verordnung" befinden sich Vorschriften u. a. über die Verselbständigung der Sparkassen, die Haftung des Gewährverbandes, die Rechtsstellung und Zusammensetzung des Vorstandes, Liquiditätsreserven, die Verwendung der Jahresüberschüsse, die Girozentralen und die Sparkassen- und Giroverbände sowie die Staatsaufsicht[245]). Durch die Notverordnung vom 5. 8. 1931 wurde den Sparkassen untersagt, den Kommunen neue Anleihen, Darlehen und Kassenkredite unmittelbar oder mittelbar einzuräumen.

Die „Mustersatzung" enthält alle Bestimmungen, die für eine ordnungsgemäße Führung einer Sparkasse notwendig sind und infolgedessen in der Satzung der Sparkasse niedergelegt sein müssen. In der Satzung muß zum Beispiel enthalten sein, daß für die Verbindlichkeiten der Sparkasse der Gewährverband, d. h. die Stadt, der Kreis usw., zu dessen kommunalen Einrichtungen die Sparkasse gehört, unbeschränkt haftet, soweit sich die Gläubiger nicht aus dem Sparkassenvermögen befriedigen können. Außerdem sind in der Mustersatzung Vorschriften über die Geschäftspolitik und den organisatorischen Aufbau der Sparkasse enthalten.

Das oberste Organ der Sparkasse ist nach dieser Mustersatzung der Vorstand, der sich aus dem Leiter des Gewährverbandes (z. B. Bürgermeister, Landrat) und einer in den einzelnen Ländern verschieden großen Anzahl von weiteren Mitgliedern zusammensetzt. Diesem Vorstand, der den Charakter einer öffentlichen Behörde hat, obliegen die Verwaltung sowie die

243) Vom 20. 7. und 4. 8. 1932 (GS S. 241, 275), geändert durch Verordnungen vom 14. 3. 1933 (GS S. 41), vom 2. 7. 1934 (GS S. 336) und vom 19. 11. 1934 (GS S. 41).

244) Vom 26. 8. 1932 (MBliV S. 853), geändert durch Runderlaß vom 27. 12. 1934 (MBlWiA 1935 S. 2).

245) Die Staatsaufsicht ist heute in den einzelnen Ländern verschieden geregelt.

§ 20 Abs. 1 Hessisches Sparkassengesetz i. d. F. vom 2. 1. 1973 (GVBl I S. 16 ff.) lautet: „Die Sparkassen stehen unter der Aufsicht des Staates. Aufsichtsbehörde ist der Regierungspräsident. Oberste Aufsichtsbehörde ist der Minister für Wirtschaft und Technik."

Art. 13 Abs. 1 und 2 Sparkassengesetz (Bayern) — zuletzt geändert durch Gesetz vom 27. 6. 1972 — lautet: „Die Aufsicht über die Sparkasse wird unter Leitung des Staatsministeriums des Inneren durch die Regierung ausgeübt. — Die Aufsicht erstreckt sich darauf, daß die Sparkasse ihre Geschäfte gesetz- und satzungsmäßig führt. Zu diesem Zweck kann die Aufsichtsbehörde jederzeit sämtliche Geschäfte und Verwaltungsvorgänge nachprüfen sowie schriftliche und mündliche Berichte sowie die Akten einfordern."

gerichtliche und außergerichtliche Vertretung der Sparkasse. Der Vorstand hat auch die Tätigkeit des Sparkassenleiters zu überwachen, der die laufenden Geschäfte nach Maßgabe der Satzung, der aufsichtsbehördlichen Anordnungen und den vom Vorstand erlassenen Geschäftsanweisungen selbständig und verantwortlich zu führen hat. Zu den Aufgaben des Vorstandes gehört ferner die Bewilligung von Krediten, soweit dies nicht in der Geschäftsanweisung dem Kreditausschuß zugewiesen ist und soweit nicht dem Sparkassenleiter in einer von der Aufsichtsbehörde ausdrücklich genehmigten Geschäftsanweisung eine solche Befugnis für kleinere Kredite unter Festsetzung eines Höchstbetrages übertragen worden ist. Zur Entlastung des Vorstandes und zur Erleichterung der Geschäftsführung wird ein Kreditausschuß gebildet.

Auch nach dem letzten Kriege und nach der Währungsreform des Jahres 1948 blieben die Sparkassengesetze und die Mustersatzung aus der Vorkriegszeit in Kraft. In Niedersachsen galt noch das preußische Recht, in Baden-Württemberg das badische Gesetz von 1940 bzw. das württembergische Gesetz von 1932. Die veränderten politischen und wirtschaftlichen Verhältnisse sowie die mannigfaltigen praktischen Erfahrungen im Rahmen der Sparkassenarbeit veranlaßten den Deutschen Sparkassen- und Giroverband jedoch, eine Erneuerung bzw. eine Änderung des Sparkassenrechts vorzuschlagen, die in den einzelnen Bundesländern bis Anfang 1969 auch durchgeführt wurde. Dazu wurden u. a. im Zusammenwirken mit den zuständigen Ministerien und sonstigen Behörden zunächst zwei neue Mustersatzungen ausgearbeitet[246]), die in ihren wesentlichen Punkten in die Sparkassengesetzgebung einzelner Länder übernommen wurden[247]). Die beiden Mustersatzungen unterscheiden sich nur hinsichtlich der Organe der Sparkassen voneinander. Im Muster A wurden die organisatorischen Schwierigkeiten zu beseitigen versucht, die bei der Aufteilung der Funktionen des bisherigen „Vorstandes" auf zwei Organe, nämlich den Vorstand und den Sparkassenleiter, entstanden. Nach der Mustersatzung A hatte die Sparkasse zwei Organe, „den Vorstand als Geschäftsführungs- und Vertretungsorgan und den Verwaltungsrat als Kontroll- und Überwachungsorgan"[248]) [249]). Demgegenüber war in der Mustersatzung B nur ein Organ vorgesehen, nämlich der Vorstand im Sinne der bisherigen Mustersatzung mit dem Sparkassenleiter als stimmberechtigtem Mitglied. Die im Jahr 1969 erneuerten Sparkassengesetze und Mustersatzungen enthielten nur noch die Organisationsmöglichkeit nach dem Muster der Satzung A. Mit Inkrafttreten der Sparkassen-

---

246) „Materialien zur Erneuerung des Sparkassenrechts", hrsg. von der Arbeitsgemeinschaft Deutscher Sparkassen- und Giroverbände und Girozentralen e. V., Stuttgart 1953.

247) Z. B. in Bayern: Bekanntmachung über den Erlaß einer „Bayerischen Mustersatzung für die öffentlichen Sparkassen" vom 22. 4. 1954 (GVBl S. 100). Die Mustersatzung wurde veröffentlicht im MABl der bayerischen inneren Verwaltung Nr. 22 S. 349 und 373. — In Hessen: Hessische Mustersatzungen A und B (Beilage zum Hess. StAnz Nr. 26 vom 25. 6. 1955).

248) Materialien zur Erneuerung des Sparkassenrechts, S. 7.

249) Mit dieser Zweiteilung wurde auch eine Angleichung an die in der übrigen Wirtschaft übliche Handhabung vollzogen. Vgl. z. B. den Aufbau einer Aktiengesellschaft oder einer Genossenschaft.

gesetze zu Beginn des Jahres 1973 wurde generell der Kreditausschuß als drittes Organ zusätzlich zum Vorstand und Verwaltungsrat eingeführt[250]). Im übrigen enthält die Mustersatzung u. a. Vorschriften über die Geschäftstätigkeit, wobei die neuesten Fassungen wieder den veränderten Verhältnissen angepaßt wurden (z. B. Erlaubnis zur Entgegennahme von Einlagen in ausländischer Währung sowie zur Ausstellung und Annahme von Wechseln, Ausweitung der Sicherheiten beim gedeckten Personalkredit, Erhöhung des Beleihungswertes des Rückkaufswertes von Lebensversicherungen, Anlagemöglichkeit in Anteilscheinen ausländischer Investmentgesellschaften, die von den Sparkassenzentralbanken der europäischen Länder ganz oder überwiegend getragen werden). Die Bestimmungen über die Liquidität sind bereits im Jahre 1969 geändert worden. Die Liquiditätsvorschriften sahen früher vor, daß 30 % der Spareinlagen und 50 % der sonstigen Einlagen in flüssigen Werten anzulegen waren. Davon waren mindestens 10 % der Spareinlagen und 20 % der sonstigen Einlagen bei den zuständigen Girozentralen als Liquiditätsreserven zu halten[251]). Die neueren Mustersatzungen enthalten keine detaillierten Liquiditätsvorschriften mehr; so schreibt die Hess. Mustersatzung z. B. vor, die Sparkasse habe die Mittel so anzulegen, daß jederzeit eine ausreichende Zahlungsbereitschaft gewährleistet sei. Soweit die hiernach notwendigen Mittel in Guthaben bestehen, sind diese in der Regel bei der zuständigen Girozentrale zu unterhalten[252]). Für die Girozentralen bestehen wiederum Anlagevorschriften für diese Mittel.

Ferner sind im Kreditwesengesetz Bestimmungen enthalten, die sich auf die Sparkassen beziehen. So wird in § 40 die Bezeichnung „Sparkasse" geschützt[253]) [254]).

Außerdem enthält das Kreditwesengesetz einen besonderen Abschnitt „Sparverkehr", in welchem die §§ 21 und 22 wichtige Bestimmungen über den Begriff „Spareinlagen", das Sparbuch sowie die Verzinsung, Anlage und Rückzahlung der Spareinlagen enthalten, die für alle Kreditinstitute gelten.

---

250) Vgl. z. B. § 4 Hess. Sparkassengesetz i. d. F. vom 2. 1. 1973 (GVBl I S. 16 ff.) und § 28 Hess. MuSa i. d. F. v. 2. 1. 1973 und Schlierbach, H., Die zweite Novelle zum Hessischen Sparkassengesetz, in: Sparkasse, Heft 2/1973 S. 63—67, insb. S. 65.

251) Die Liquiditätsvorschriften waren allerdings im Vollzug ausgesetzt (Beschluß des Sonderausschusses Bankenaufsicht vom 14./15. 8. 1953); im übrigen sind unabhängig davon die gesetzlichen Mindestreserven bei der Deutschen Bundesbank zu unterhalten, die jedoch auf nach anderen Gesetzen zu unterhaltende Liquiditätsreserven anzurechnen sind (§ 16 BBkG).

252) Vgl. § 25 Hessische MuSa i. d. F. vom 2. 1. 1973.

253) § 40 KWG:

(1) Die Bezeichnung „Sparkasse" oder eine Bezeichnung, in der das Wort „Sparkasse" enthalten ist, dürfen in der Firma, als Zusatz zur Firma, zur Bezeichnung des Geschäftszwecks oder zu Werbezwecken nur führen

1. öffentlich-rechtliche Sparkassen, die eine Erlaubnis nach § 32 besitzen;
2. andere Unternehmen, die bei Inkrafttreten dieses Gesetzes eine solche Bezeichnung nach den bisherigen Vorschriften befugt geführt haben.

254) Erstmalig wurde die Bezeichnung „Sparkasse" durch die bereits erwähnte Notverordnung vom 6. 10. 1931 (RGBl I S. 537, 554) geschützt.

c) Eigene Mittel

Im Hinblick auf die eigenen Mittel unterscheiden sich die Sparkassen sehr wesentlich von den übrigen Kreditinstituten; denn die Sparkassen kennen kein Grund- oder Stammkapital. Das Eigenkapital der Sparkassen besteht vielmehr ausschließlich aus den Rücklagen nach § 10 Abs. 2 Ziff. 4 KWG, die im wesentlichen mit der „Sicherheitsrücklage" identisch sind. Die Sicherheitsrücklage wird aus den „Überschüssen", welche die Sparkasse bei ihrer Geschäftstätigkeit erzielt hat, gebildet. In den Sparkassengesetzen befinden sich Vorschriften über die Verwendung der Überschüsse[255]). Die Eigenkapitalbasis der Sparkassen ist infolge des Fehlens eines Grund- oder Stammkapitals relativ eng. Die daraus in bezug auf die Sicherheit der Einlagen entstehenden Nachteile werden jedoch in vollem Umfang durch die Haftung des Gewährträgers — der Stadt, des Kreises oder eines anderen Kommunalverbandes, zu dem die Sparkasse gehört — ausgeglichen, der nach den Sparkassengesetzen für die Verbindlichkeiten der Sparkasse unbeschränkt haftet, soweit die Gläubiger nicht aus dem Vermögen der Sparkasse befriedigt werden können[256]).

Die werbende Wirkung, die bei Kreditinstituten anderer Rechtsformen dem Eigenkapital zukommt, wird bei den Sparkassen durch die Haftung des Gewährträgers ausgeübt; dabei ist auch auf die Zuerkennung der „Mündelsicherheit", die auf der Haftung des Gewährträgers beruht, hinzuweisen. Die Haftung des Gewährträgers kann das Fehlen eines Grundkapitals im Hinblick auf die Funktion der Begrenzung des Geschäftsvolumens, die dem haftenden Eigenkapital durch die Grundsätze über das Eigenkapital und die Liquidität übertragen ist, dagegen nicht ausgleichen; denn in den Grundsätzen gilt als Bezugsgrundlage das haftende Eigenkapital. Zu diesem zählen bei den Sparkassen nach § 10 Abs. 2 Ziff. 4 KWG aber nur die Rücklagen. Die Sparkassen sind deshalb stark daran interessiert, durch Selbstfinanzierung ihre Rücklagen zu verstärken.

---

[255]) Vgl. § 16 Abs. 3 Hess. Sparkassengesetz (i. d. F. vom 2. 1. 1973):

„(3) Die Sparkasse kann von dem Jahresüberschuß an den Gewährträger abführen:

1. ein Zehntel, wenn die Sicherheitsrücklage drei vom Hundert, aber noch nicht fünf vom Hundert ihrer gesamten Einlagen und der Erlöse aus dem Verkauf von Sparkassenbriefen und Sparkassenobligationen,
2. ein Viertel, wenn die Sicherheitsrücklage fünf vom Hundert, aber noch nicht siebeneinhalb vom Hundert ihrer gesamten Einlagen und der Erlöse aus dem Verkauf von Sparkassenbriefen und Sparkassenobligationen,
3. die Hälfte, wenn die Sicherheitsrücklage siebeneinhalb vom Hundert, aber noch nicht zehn vom Hundert ihrer gesamten Einlagen und der Erlöse aus dem Verkauf von Sparkassenbriefen und Sparkassenobligationen,
4. drei Viertel, wenn die Sicherheitsrücklage zehn vom Hundert oder mehr ihrer gesamten Einlagen und der Erlöse aus dem Verkauf von Sparkassenbriefen und Sparkassenobligationen

beträgt. Maßgebend ist die Höhe der Sicherheitsrücklage und der Einlagen am Bilanzstichtag; Vorwegzuführungen nach Abs. 2 bleiben unberücksichtigt."

[256]) Z. B. § 3 Hessisches Sparkassengesetz i. d. F. vom 2. 1. 1973 (GVBl I S. 16 ff.), Art. 4 Gesetz über die öffentlichen Sparkassen i. d. F. vom 1. 10. 1956 mit späteren Änderungen.

d) Geschäftstätigkeit

Die Geschäftstätigkeit der Sparkassen erstreckte sich ursprünglich ausschließlich auf die Annahme von Spareinlagen und die möglichst sichere Anlage dieser Mittel. Im Laufe der Zeit erweiterte sich aber mit der Ausdehnung des Kundenkreises die Geschäftstätigkeit immer mehr[257]).

Der Hauptgeschäftszweig der Sparkassen ist nach wie vor das Spargeschäft. Dabei bemühen sich die Sparkassen sehr intensiv auch um die Erfassung kleiner und kleinster Sparbeträge, indem sie die Formen des Kleinsparwesens — z. B. Schulsparen, Vereinssparen, Abholverfahren — fördern, obwohl diese Tätigkeit, kurzfristig gesehen, mehr Aufwand als Ertrag verursacht. Die Verpflichtung, für größte Sicherheit der Spareinlagen zu sorgen, bedingt, daß das Spargeschäft auch heute noch weitgehend das Geschäftsgebaren im Aktivgeschäft bestimmt.

Neben den Spareinlagen bildet das Geschäft mit sonstigen Einlagen (Sicht- und Termineinlagen) die zweite Art von Passivgeschäften. Außerdem dürfen Sparkassen kurzfristige Kredite zur Deckung vorübergehenden Geldbedarfs bei öffentlich-rechtlichen Kreditinstituten aufnehmen. Die Aufnahme langfristiger Darlehen ist auf Ausnahmefälle beschränkt.

In der Mustersatzung wird zur Erhöhung der Sicherheit der Spareinlagen das Spargeschäft mit dem Hypothekengeschäft gekoppelt[258]). Im Aktivgeschäft sind Kredit- und Anlagegeschäfte zu unterscheiden. Außerdem bestehen Vorschriften über die Unterhaltung liquider Werte. Kreditgeschäfte werden in Form von Real-, Personal- und Kommunalkreditgeschäften betrieben. Nur die in der Mustersatzung genannten Aktivgeschäfte dürfen von den Sparkassen betrieben werden[259]); spekulative Geschäfte sind ihnen ausdrücklich verboten.

Über die Grundsätze, nach denen das Kreditgeschäft auszurichten ist, sagt § 14 Abs. 4 MuSa: „Kredite sollen grundsätzlich nur an solche Personen

---

257) Vgl. Bauer, L., Leistungsveränderungen im Rahmen der Zielkonzeption öffentlich-rechtlicher deutscher Sparkassen, Berlin 1972.

258) In § 2 Abs. 3 der MuSa heißt es: „Die Spareinlagen sollen unter Berücksichtigung der Liquiditätserfordernisse grundsätzlich lang- oder mittelfristig angelegt werden . . .“ (Hessische MuSa i. d. F. vom 2. 1. 1973).

259) § 13 Hessische MuSa i. d. F. vom 2. 1. 1973 lautet:

„Die Mittel der Sparkasse dürfen nur angelegt werden

1. in Realkredit (§ 15);
2. in Personalkredit,
   a) gedecktem Personalkredit (§ 16),
   b) Blankokredit (§ 17);
3. in Körperschaftskredit (§ 19);
4. in Wertpapieren, Schuldbuch- und Schuldscheinforderungen sowie in Anteilscheinen von Kapitalanlagegesellschaften und von Grundstücksanlagegesellschaften (Immobilienfonds) (§ 20);
5. bei Kreditinstituten (§ 21);
6. in Schatzwechseln, Schatzanweisungen und Geldmarktwechseln (§ 22);
7. in Grundstücken (§ 23);
8. in Beteiligungen (§ 24).“

gegeben werden, die im Geschäftsbereich der Sparkasse ihren Wohnsitz oder eine gewerbliche Niederlassung haben. Beim Realkredit braucht in der Regel nur das beliehene Grundstück im Geschäftsbereich der Sparkasse belegen zu sein. Die Personalkredite der Sparkassen sollen in erster Linie dem Mittelstand und den wirtschaftlich schwächeren Bevölkerungskreisen zur Verfügung gestellt werden. Kredite zu Spekulationszwecken sind unzulässig."

Anlagen können die Sparkassen bei Kreditinstituten, in Schatzwechseln, Schatzanweisungen und Geldmarktwechseln, in Wertpapieren und Grundstücken vornehmen. Hinsichtlich der Anlage der Sparkassengelder in Wertpapieren heißt es in § 20 MuSa, daß die Sparkasse mündelsichere Inhaber-, Order-, Namensschuldverschreibungen, Schuldbuchforderungen und Schuldscheinforderungen erwerben darf, jedoch nicht Sparkassenbriefe und Sparkassenobligationen anderer Sparkassen. Der Ankauf von Dividendenwerten für eigene Rechnung ist grundsätzlich nicht zulässig, obwohl durch den zulässigen Erwerb von Anteilscheinen in- und ausländischer Investmentgesellschaften heute doch eine (indirekte) Anlage in Aktien möglich ist. Effektenkommissionsgeschäfte führen die Sparkassen wie alle anderen Kreditinstitute aus. Erlaubt ist den Sparkassen nach der neuen Mustersatzung die Ausstellung und Akzeptierung von Wechseln. In der alten Mustersatzung war ein Verbot zwar nicht ausdrücklich festgelegt, Ausnahmen waren jedoch nur mit Genehmigung der Aufsichtsbehörde statthaft. Beteiligungen dürfen die Sparkassen — von Ausnahmen wie der Beteiligung an Einrichtungen der Sparkassenorganisation und an gemeinnützigen Wohnungsbauunternehmen abgesehen — nur mit Genehmigung der obersten Aufsichtsbehörde eingehen. Neben diesen Geschäften ist es nach der Mustersatzung heute die Aufgabe der Sparkassen, den bargeldlosen Zahlungsverkehr, insbesondere den Spargiroverkehr (Sparkassenüberweisungsverkehr), zu pflegen. Zu diesem Zweck wurde innerhalb des Sparkassenwesens ein alle Sparkassenstellen umfassendes, gut organisiertes Spargironetz aufgebaut. Darüber hinaus gestattet die Mustersatzung die Durchführung einer Reihe von Dienstleistungsgeschäften, wie z. B. An- und Verkauf von Sorten und Gold, Verwahrung und Verwaltung von Wertpapieren oder Übernahme von Vermögensverwaltungen.

Die Entwicklung der Sparkassen von Spezialinstituten (Spareinlagensammlung) zu universellen Bankbetrieben hat zwar die Geschäftsstruktur verändert, doch nicht die Geschäftsprinzipien. Grundsätzlich verfolgen die Sparkassen auch heute noch das gemeinwirtschaftliche Prinzip. Dabei ist zu berücksichtigen, daß es diesem Prinzip nicht widerspricht, durch Überschüsse Sicherheitsrücklagen zu bilden, um bei wachsender Bilanzsumme die Höhe des Eigenkapitals den wirtschaftlichen Notwendigkeiten anzupassen. Eine Geschäftspolitik, die nach Erzielung solcher Überschüsse strebt, steht auch im Einklang mit der Mustersatzung[260]).

---

[260]) § 2 Abs. 4 Hessische MuSa i. d. F. vom 2. 1. 1973 lautet: „Die Geschäfte werden nach wirtschaftlichen Grundsätzen ohne Gewinnstreben geführt."

	Kreditinstitute außerhalb des Zentralbank-systems in Mill. DM	davon Sparkassen (einschließlich Girozentralen) in Mill. DM	in % des Gesamtbetrages
Spareinlagen (inkl. Sparbriefe)[261]	299 067	171 165	57,2
Buchkredite bis 1 Jahr einschl. und Wechselkredite	175 884	35 861	20,4
Buchkredite über 1 Jahr[262]	518 319	128 155	24,7

Die vorstehende Tabelle vermittelt einen Überblick über den Umfang der Geschäftstätigkeit der Sparkassenorganisation im Rahmen des gesamten deutschen Kreditwesens (Stand 31. 12. 1973).

Die Aussagekraft dieser Zahlen wird erhöht, wenn man berücksichtigt, daß bei den Sparkassen Ende 1973 über 56,6 Millionen Sparkonten geführt wurden, von denen rund 50 % Guthaben von weniger als 1 000 DM aufwiesen, und die durchschnittliche Höhe der Kontokorrentkredite 7 976 DM betrug[263]).

e) Bilanzierung und Publizität

Die Sparkassen haben heute ihr Rechnungswesen nicht mehr nach der kameralistischen, sondern nach den Grundsätzen der kaufmännischen, d. h. der doppelten Buchführung organisiert. Sie stellen jeweils zum Abschluß eines Rechnungsjahres eine Bilanz und eine Gewinn- und Verlustrechnung auf. Dieser Jahresabschluß ist gem. § 38 MuSa zusammen mit einem Geschäftsbericht vom Vorstand dem Verwaltungsrat zwecks Feststellung vorzulegen und von diesem der Verwaltung des Gewährträgers einzureichen. Für die Aufstellung des Jahresabschlusses bestehen besondere Vorschriften, die wie alle sparkassenrechtlichen Bestimmungen von den einzelnen Länderregierungen erlassen werden. Die Erlasse der einzelnen Länder weisen jedoch weitgehende Übereinstimmung auf. So wurden z. B. ein für alle Sparkassen geltendes Bilanzformblatt und ein Formblatt für die Gewinn- und Verlustrechnung eingeführt[264]).

261) Vgl. Monatsberichte der Deutschen Bundesbank, März 1974, S. 29 *.

262) Vgl. Monatsberichte der Deutschen Bundesbank, März 1974, S. 26 * und 27 *.

263) Vgl. Deutscher Sparkassen- und Giroverband e. V., Jahresbericht 1973, S. 92 und 93 und Deutscher Sparkassen- und Giroverband e. V., Die Sparkassen in Zahlen, 4. Aufl., Stuttgart 1973, S. 4021.

264) Zuständig für den Erlaß des Formblattes sind die obersten Sparkassenaufsichtsbehörden der Länder; vgl. für Hessen z. B.: Erlaß des Ministers für Wirtschaft und Verkehr des Landes Hessen vom 1. 11. 1968 (Staatsanzeiger für das Land Hessen S. 1 659 ff.).

Das Bilanzformblatt ist der Zwecksetzung und Geschäftsstruktur der Sparkassen angepaßt, so daß auf der Passivseite die Spareinlagen als erste Position aufgeführt sind. Eine Position, die dem Grund- oder Stammkapital bei anderen Kreditinstituten entsprechen würde, fehlt. Auf beiden Seiten der Bilanz befinden sich bei den Positionen „Forderungen an Kreditinstitute“ bzw. „Verbindlichkeiten gegenüber Kreditinstituten“ Ausgliederungen mit der Bezeichnung „darunter: gegenüber der eigenen Girozentrale“, so daß zu ersehen ist, in welchem Umfang finanzielle Verflechtungen bestehen. Auch unter „Beteiligungen“ müssen diejenigen bei der eigenen Girozentrale und beim zuständigen Sparkassen- und Giroverband gesondert ausgewiesen werden.

Die Bewertung richtet sich bei den Sparkassen zwar grundsätzlich nach den aufsichtsbehördlichen Anordnungen; doch besteht in der Praxis kein Unterschied zu der bei den übrigen Kreditinstituten, da die zuständigen Behörden übereinstimmend festgestellt haben, daß auch die Sparkassen die aktienrechtlichen Bewertungsgrundsätze bzw. die allgemeinen handelsrechtlichen Bewertungsvorschriften anwenden sollen[265]).

Die Mustersatzung[266]) sieht vor, daß die Sparkassen den Jahresabschluß nach Ablauf des Geschäftsjahres veröffentlichen. Die Prüfung des Jahresabschlusses erfolgt entsprechend den von einzelnen Ländern erlassenen Anordnungen und ist den Sparkassen- und Giroverbänden, die den Jahresabschluß mit einem Bestätigungsvermerk zu versehen haben, übertragen worden.

f) Verbandswesen und Girozentralen

Fast ein Jahrhundert entwickelten sich die Sparkassen in den einzelnen Ländern getrennt und ohne jede Zusammenarbeit. Als ein Vorläufer der Verbandsbewegung im Sparkassenwesen kann allerdings der im Zusammenhang mit den Genossenschaften genannte, 1844 gegründete „Centralverein für das Wohl der arbeitenden Klassen“ angesehen werden, der sich — wenn auch unter sozialpolitischen Gesichtspunkten — in starkem Maße mit Sparkassenfragen beschäftigte[267]). Den unmittelbaren Anlaß zu einem organisatorischen Zusammenschluß im Sparkassenwesen gab jedoch erst der im Jahre 1878 hervorgetretene Plan des Reichspostministers, eine Postsparkasse zu gründen. Dieser Plan und die durch die Reichsgründung hervorgerufenen Bestrebungen, auf rechtlichem und wirtschaftlichem Gebiet eine Vereinheitlichung zu erreichen, führten auch bei den Sparkassen zu dem Wunsch nach einer Zusammenarbeit und gemeinsamer Interessenvertretung auf Reichsebene.

---

265) Vgl. z. B. Erlaß des Reichs- und Preußischen Wirtschaftsministers vom 2. 11. 1937 — I 6482/37 —. Die gleiche Auffassung wird auch in einer Mitteilung des Bundesfinanzministeriums vom 4. 12. 1950 an die Bankaufsichtsbehörden zum Ausdruck gebracht. Vgl. Henze-Schmidt, Grundriß für die Sparkassenarbeit, Teil 8 b, Jahresabschluß und Rechnungslegung, Stuttgart 1954.

266) Vgl. § 38 Hessische MuSa i. d. F. vom 2. 1. 1973.

267) Vgl. Hoffmann, J., Deutsche Sparkasseneinheit, Berlin 1931, S. 23.

Den Anfang bildeten regionale Verbände. Als erster Sparkassenverband wurde im Jahre 1881 der „Verband der Sparkassen in Rheinland und Westfalen e. V." gegründet, der seinen Namen 1882 in „Verband der Sparkassen in Westdeutschland" änderte, um einen Zusammenschluß mit anderen westdeutschen regionalen Verbänden zu ermöglichen[268]). 1884 erfolgte die Umbildung dieses Verbandes in den „Deutschen Sparkassenverband", dem sich bis 1911 alle fünfzehn bestehenden regionalen Sparkassenverbände anschlossen. Aus dem Verband mit einzelnen Sparkassen als Mitgliedern war damit ein „Verband der Verbände" geworden, dem die einzelnen Regionalverbände angehörten[269]). Zu den wichtigsten Aufgaben des Deutschen Sparkassenverbandes zählten die Mitwirkung an der Vorbereitung und Durchführung von Gesetzgebungsakten sowie die Vereinheitlichung und Verbesserung des sehr unterschiedlichen Geschäftsbetriebes der einzelnen Sparkassen.

Die Einführung des Giroverkehrs bei den Sparkassen in den Jahren nach 1908 brachte eine Intensivierung der Verbandsbildung mit sich. Für den überörtlichen Überweisungsverkehr war die Schaffung von zentralen Verrechnungsstellen die erste Voraussetzung. Diese Verrechnungsstellen — die späteren Girozentralen — konnten weder von den Sparkassenverbänden noch von den Sparkassen selbst gegründet werden. Den Sparkassenverbänden war dies nicht möglich, weil sie für die Wahrnehmung wirtschaftlicher Interessen der Sparkassen, bei denen sie eine finanzielle Haftung hätten übernehmen müssen, nicht geschaffen waren. Die Sparkassen waren noch rechtlich unselbständige Einrichtungen ihrer Gewährträger, konnten also eine Girozentrale, für deren Verbindlichkeiten sie anteilig unbeschränkt hätten haften müssen, nicht ins Leben rufen. Aus diesen Gründen errichteten die Gewährträger innerhalb der einzelnen Länder sogenannte Giroverbände; diese wurden Träger der dann gegründeten, zunächst unselbständigen Girozentralen bzw. betrieben diese selbst. Den Giroverbänden oblagen also außer ihrer Verbandsarbeit teilweise auch die Aufgaben einer Geldausgleichsstelle. Der erste Giroverband wurde 1908 in Sachsen als „Giroverband Sächsischer Gemeinden" gegründet[270]). Innerhalb kurzer Zeit entstanden in fast allen deutschen Ländern Giroverbände[271]).

Die Giroverbände schlossen sich wie die Sparkassenverbände überregional zusammen. 1916 wurde der Deutsche Zentralgiroverband gegründet, der 1917 als seine Geschäftsstelle die Deutsche Girozentrale, Berlin, eröffnete. 1919 erhielt der Deutsche Zentralgiroverband die Form einer öffentlich-rechtlichen Körperschaft. Die Deutsche Girozentrale wurde als öffent-

268) Weitere Regionalverbände entstanden z. B. 1883 in Sachsen, 1884 in Brandenburg, 1885 in Schlesien.

269) Vgl. Kleiner, E., Die Sparkassen und Girozentralen, in: Die Deutsche Bankwirtschaft, a. a. O., Band 2, S. 177.

270) Vgl. Kleiner, E., a. a. O., S. 177.

271) Vgl. z. B. Preußisches Zweckverbandsgesetz vom 19. 7. 1912 (GS S. 115). In Württemberg: Württembergische Bezirksordnung (Württ. RegBl 1906 S. 491).

lich-rechtliche Bankanstalt anerkannt und erhielt gleichzeitig das Recht zur Ausgabe von Inhaberschuldverschreibungen und zur Gewährung von langfristigen Kommunalkrediten[272]). Im deutschen Sparkassenwesen bestanden also auf regionaler und überregionaler Basis zwei Verbandsorganisationen nebeneinander: die Sparkassenverbände und die Giroverbände, und es war nicht immer möglich, die Aufgabengebiete der Verbände streng voneinander abzugrenzen. Nebeneinanderarbeiten und Doppelarbeiten waren unvermeidbar, und die Bestrebungen zu einem Verschmelzen der Verbände waren sehr rege. Nach anfänglichen Schwierigkeiten, die vorwiegend rechtlicher Natur waren, vereinigten sich im Jahre 1920 in den einzelnen Ländern die Sparkassen- und Giroverbände zu jeweils einem Verband, dem Sparkassen- und Giroverband[273]).

Die Spitzenverbände — der Deutsche Sparkassenverband und der Deutsche Zentralgiroverband — schlossen sich im Jahre 1924 zu einem Einheitsverband, dem Deutschen Sparkassen- und Giroverband, zusammen. Bankanstalt des Verbandes blieb die Deutsche Girozentrale, die sich nun Deutsche Girozentrale — Deutsche Kommunalbank nannte[274]). Im Jahre 1931 wurde der Deutsche Sparkassen- und Giroverband als alleiniger Zentralverband des deutschen Sparkassenwesens zu einer „öffentlichen Körperschaft des Reiches" neu gestaltet und unter Reichsaufsicht gestellt[275]). Im Jahre 1945 mußte auch dieser Verband seine Tätigkeit einstellen. An seiner Stelle wurde 1947 eine „Arbeitsgemeinschaft deutscher Sparkassen- und Giroverbände" gebildet, aus der später der „Deutsche Sparkassen- und Giroverband e. V., Bonn", hervorging. Diesem Spitzenverband gehören die bestehenden elf regionalen Verbände sowie die Girozentralen und einige außerordentliche Mitglieder an. Die freien Sparkassen sind im Verband der deutschen freien öffentlichen Sparkassen e. V., Frankfurt, zusammengeschlossen.

Unter den heutigen Aufgaben des Deutschen Sparkassen- und Giroverbandes sind vor allem die Unterrichtung und die Beratung der Sparkassen zu nennen; außerdem hat er zusammen mit den einzelnen Regionalverbänden die Interessen des Sparkassenwesens bei den zuständigen Stellen zu vertreten. Gegenüber der Öffentlichkeit obliegt den Verbänden u. a. die Förderung des Spargedankens, z. B. durch Gemeinschaftswerbung. Einen wichtigen Zweig der Tätigkeit des Deutschen Sparkassen- und Giroverbandes bildet die alljährliche Durchführung eines Betriebsvergleichs innerhalb des Sparkassenwesens. Dabei ist hervorzuheben, daß in der Bundesrepublik auf dem Gebiet des Kreditwesens die Sparkassen mit ihrem Betriebsvergleich führend sind, da die gleichartigen Untersuchungen der

---

272) Vgl. v. Hippel, Th. G. - Kord-Ruwisch, W. - Schmidt, Fr., Die öffentlich-rechtlichen Kreditinstitute, Berlin 1927, S. 194.

273) Vgl. Kleiner, E., a. a. O., S. 178 und 184. Die Sparkassen selbst konnten zunächst wegen mangelnder Rechtsfähigkeit diesen Verbänden nicht angehören.

274) Vgl. Kleiner, E., a. a. O., S. 179.

275) Gesetz vom 6. 4. 1933 (RGBl S. 161).

Kreditgenossenschaften weniger umfangreich und intensiv sind und die anderen Bankengruppen zwischenbetriebliche Vergleiche fast gar nicht anstellen.

Auf dem Gebiet der Nachwuchsschulung betätigen sich sowohl der Deutsche Sparkassen- und Giroverband als auch die Regionalverbände. Sie können sich dabei auf eine jahrzehntelange Erfahrung stützen, denn bereits im Jahre 1907 richtete der Hannoversche Sparkassenverband Fortbildungskurse ein, und 1928 wurde zur Vereinheitlichung und Verbesserung der Nachwuchsausbildung das „Lehrinstitut für das kommunale Sparkassenwesen" gegründet.

Dieses Institut hat nach einer durch den Krieg bedingten Unterbrechung 1951 in Köln seine Tätigkeit wiederaufgenommen und befindet sich heute in Bonn. Daneben unterhalten die Regionalverbände eigene Sparkassenschulen[276]).

Die Regionalverbände haben darüber hinaus die wichtige Aufgabe, die Revision der Sparkassen durchzuführen. Bis 1925 wurden die Sparkassen im Rahmen der Staatsaufsicht von den Aufsichtsbehörden geprüft, und außerdem unterzogen sie sich meist freiwillig einer Verbandsrevision[277]). Im Jahre 1925 wurden diese beiden Prüfungen zusammengefaßt und mit deren Durchführung die regionalen Sparkassen- und Giroverbände beauftragt[278]). Diese Regelung hat sich als sehr zweckmäßig erwiesen, so daß auch heute die Prüfung der Sparkassen, einschließlich der Jahresabschluß- und Depotprüfungen, in den Händen der betreffenden Regionalverbände liegt.

Die Girozentralen sind — juristisch betrachtet — öffentlich-rechtliche Anstalten mit eigener Rechtspersönlichkeit[279]). Auf Grund ihrer Entstehungsgeschichte können wirtschaftlich zwei Typen unterschieden werden: reine Girozentralen und Gemeinschaftsbanken. Für die reinen Girozentralen ist charakteristisch, daß hier der jeweilige Sparkassen- und Giroverband allein das Kapital aufbringt und allein die Haftung übernimmt. Gemeinschaftsbanken entstanden aus dem Zusammenschluß von reinen Girozentralen und Landesbanken. An ihnen sind gewöhnlich die Sparkassen- und Giroverbände und die Länder hinsichtlich der Kapitalaufbringung und der Haftung je zur Hälfte beteiligt. Die meisten Girozentralen besitzen das Pfandbriefprivileg, so daß sie sich über den Kapitalmarkt langfristige finanzielle Mittel beschaffen können. Außerdem sind ihnen häufig Bausparkassen angegliedert.

---

[276]) Z. B. „Hanseatische Sparkassenschule", Hamburg, „Deutsche Sparkassenschule, Hannover", „Hessische Sparkassenschule", Frankfurt/M.

[277]) Der Hannoversche Sparkassenverband z. B. wurde 1887 in erster Linie gegründet, um fachmännische Prüfungen vorzunehmen.

[278]) In Preußen erfolgte die Neuregelung durch den RdErlaß des MdI vom 20. 12. 1925 (MBliV 1926, S. 14), geändert durch RdErlaß vom 13. 6. 1929 (MBliV S. 503).

[279]) Vgl. Fries, K., Die Girozentralen, Stuttgart 1959, S. 14 f.

Der Aufgabenkreis der Girozentralen hat sich im Laufe der Zeit erweitert, und ihre Zusammenarbeit mit den Sparkassen hat sich immer enger gestaltet[280]). Die Verflechtung zwischen Sparkassen und Girozentralen zeigt sich vor allem im Bereich des bargeldlosen Zahlungsverkehrs hinsichtlich der Unterhaltung von liquiden Mitteln seitens der Sparkassen bei den Girozentralen, in gegenseitiger und gemeinsamer Kreditgewährung, im Effekten- und Depotgeschäft und schließlich auch im Außenhandels- und Devisengeschäft.

Der bargeldlose Zahlungsverkehr begann für die Sparkassen mit der Verleihung der passiven Scheckfähigkeit im Jahre 1908 Bedeutung zu erlangen. Den Girozentralen ist es durch ihre Satzungen ausdrücklich zur Aufgabe gemacht worden, die Abwicklung des bargeldlosen Zahlungsverkehrs zu erleichtern und zu fördern. In § 5 der Satzung der Hessischen Landesbank — Girozentrale — heißt es z. B.: Die Bank „pflegt den bargeldlosen Zahlungsverkehr ...“. Die Bedeutung der Sparkassenorganisation für diesen Zweig der bankbetrieblichen Dienstleistungen läßt sich daran erkennen, daß sich Ende 1973 der bargeldlose Zahlungsverkehr bei Sparkassen und Girozentralen auf über 19 Millionen Girokonten vollzog[281]). Das bedeutet, daß nahezu jeder dritte Einwohner der Bundesrepublik (einschließlich West-Berlins) ständig am Spargiroverkehr teilnimmt. Zur Abwicklung des Zahlungsverkehrs unterhalten die Sparkassen bei ihren Girozentralen Verrechnungskonten, die als Kontokorrentkonten ausgestaltet sind, so daß die Sparkassen die Möglichkeit haben, den Kontokorrentkredit ihrer Girozentrale in Anspruch zu nehmen. Darüber hinaus führen die Girozentralen auch gegenseitige Verrechnungskonten, die im Abstand von einigen Tagen über die Deutsche Girozentrale — Deutsche Kommunalbank —, mit der sie ebenfalls kontenmäßig in Verbindung stehen, abgerechnet werden. „Sparkassen, regionale Girozentralen und Deutsche Girozentrale bilden also zusammen ein das gesamte Bundesgebiet umfassendes, infolge der großen Anzahl der Sparkassen, deren Zweigstellen ja ebenfalls als Kontostellen fungieren, weitverzweigtes Zahlungsverkehrssystem“[282]).

Die liquiditätsmäßige Verflechtung der Sparkassen mit den Girozentralen über die Erfordernisse des Zahlungsverkehrs hinaus datiert bereits aus der Zeit der Bankenkrise, als in der Reichsnotverordnung vom 6. 10. 1931 festgelegt wurde, daß die Sparkassen mindestens 10 % der Spareinlagen und 20 % der sonstigen Einlagen bei der zuständigen Girozentrale unterhalten mußten. Mit der Einführung der Mindestreservepflicht im Jahre 1948 sahen sich die Sparkassen vor eine doppelte Belastung gestellt, da sie nunmehr Liquiditätsreserven sowohl bei der Girozentrale als auch bei

---

280) Vgl. Bartschat, H., Die Geschäftspolitik der Girozentralen, Diss. Hamburg 1968.

281) Vgl. Jahresbericht des Deutschen Sparkassen- und Giroverbandes e. V., 1973, S. 31.

282) Dick, A., Die Verflechtung zwischen Sparkassen und Girozentralen, Berlin 1959, S. 26.

Aufbau des Spar- und Girowesens in der Bundesrepublik[283])

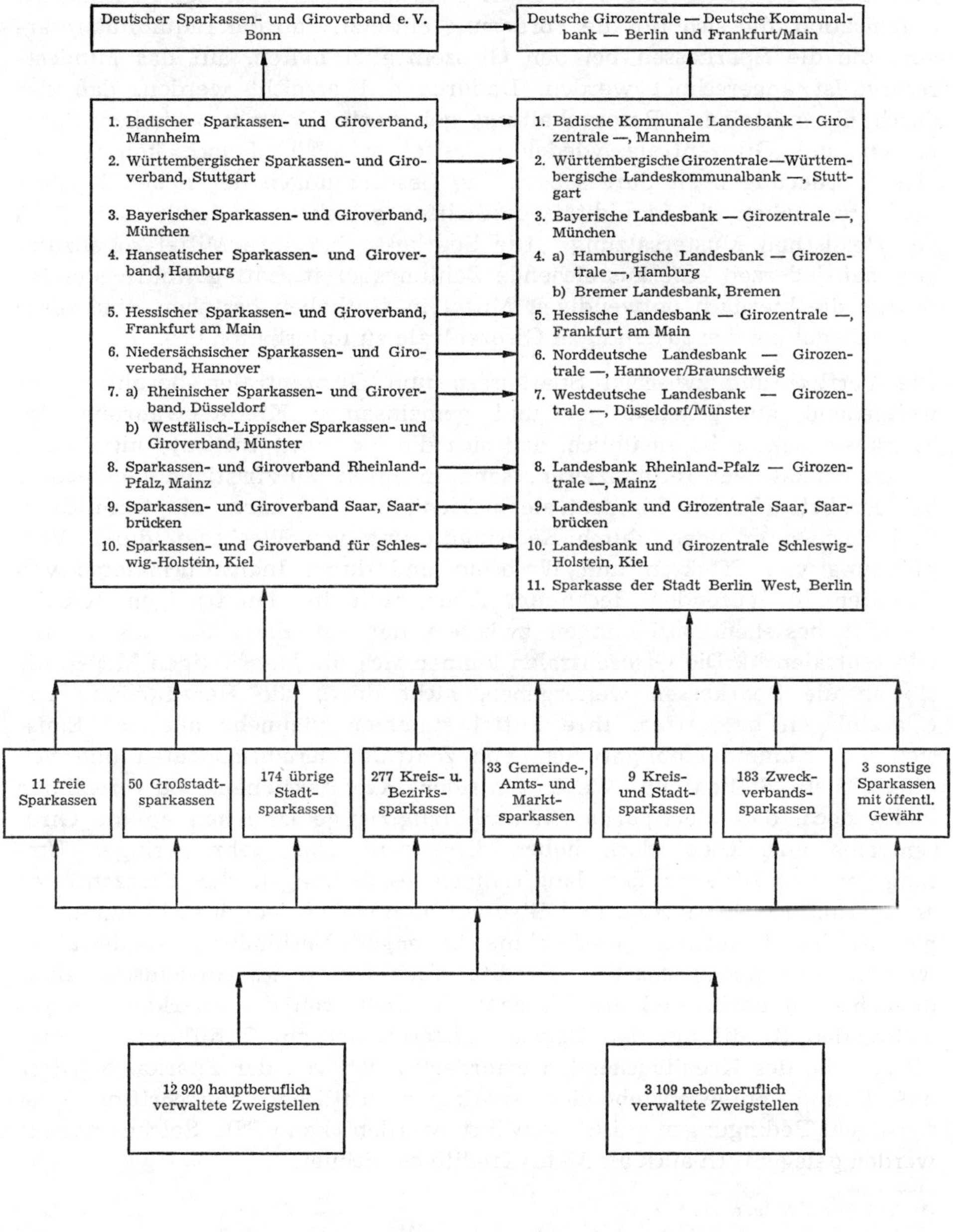

283) Vgl. Deutscher Sparkassen- und Giroverband, Jahresbericht 1973, S. 68 und S. 83.

der Landeszentralbank unterhalten mußten. Seine gesetzliche Lösung fand dieses Problem erst in § 16 BBkG, demzufolge die Mindestreserven auf die bei den Girozentralen zu haltenden Liquiditätsreserven anzurechnen sind. Diese Regelung entspricht nicht ganz den Wünschen der Sparkassenorganisation, die sich für die Forderung einsetzt, daß die Liquiditätsreserven, die die Sparkassen bei den Girozentralen halten, auf das Mindestreserve-Ist angerechnet werden. Dadurch soll erreicht werden, daß der durch die mittelbare Reservehaltung gelockerte Kontakt zwischen Sparkassen und Girozentrale wieder gefestigt wird[284]). Jedoch konnte sich diese Forderung nicht durchsetzen. Die Bestimmungen der neuen Mustersatzungen haben die Liquiditätsvorschriften gelockert; so heißt es in § 25 der Hessischen Mustersatzung: „Die Sparkasse hat ihre Mittel so anzulegen, daß jederzeit eine ausreichende Zahlungsbereitschaft gewährleistet ist. Soweit die hiernach notwendigen Mittel in Guthaben bestehen, sind diese in der Regel bei der zuständigen Girozentrale zu unterhalten"[285]).

Die Verflechtung zwischen Sparkassen und Girozentralen beruht ferner weitgehend auf gegenseitiger und gemeinsamer Kreditgewährung. Im Sparkassensektor ist es üblich, daß sich die einzelnen Institute nicht beim Zentralbanksystem refinanzieren, sondern ihren kurzfristigen Geldbedarf bei der betreffenden Girozentrale befriedigen. Dies kann hauptsächlich in drei Formen erfolgen: durch Rediskontierung von Wechseln, durch Verpfändung von Effekten und Wechseln und durch Inanspruchnahme von Krediten in laufender Rechnung. Aber auch im langfristigen Kreditgeschäft bestehen Beziehungen zwischen den einzelnen Sparkassen und Girozentralen[286]). Die Girozentralen können sich die langfristigen Mittel, die sie an die Sparkassen weitergeben, nicht durch die Hereinnahme von Spareinlagen beschaffen. Ihre Mittel stammen vielmehr aus der Emission von Kommunalobligationen, von zentralen Kreditinstituten und von öffentlichen Stellen im Wege zentraler Kreditaktionen. Zu erwähnen bleibt noch, daß die Sparkassen auch langfristige Darlehen an die Girozentralen ausreichen, doch haben diese nur einen sehr geringen Umfang im Vergleich zu den langfristigen Ausleihungen der Girozentralen an Sparkassen. Sparkassen und Girozentralen stehen jedoch nicht nur durch gegenseitige Kreditinanspruchnahme in enger Verbindung, sondern gewähren auch gemeinschaftlich Kredite. „Das Wesen des Gemeinschaftskredites besteht darin, daß die Girozentrale einen von der Sparkasse zu gewährenden Kredit um den Betrag aufstockt, der zur Erfüllung der Kreditwünsche des Kreditsuchenden erforderlich ist, von der Sparkasse jedoch auf Grund entgegenstehender sparkassenrechtlicher Vorschriften oder sonstiger Bedingungen nicht gewährt werden kann"[287]). Solche Kredite werden gelegentlich auch als Meta-Kredite bezeichnet.

---

284) Vgl. Dick, A., a. a. O., S. 63.

285) Hessische MuSa i. d. F. vom 2. 1. 1973.

286) Vgl. § 12 Hessische MuSa i. d. F. vom 2. 1. 1973.

287) Dick, A., a. a. O., S. 89.

Die Verflechtung der Sparkassen mit den Girozentralen erstreckt sich auch auf das Effekten- und Depotgeschäft. Sparkassen dürfen zwar Effektengeschäfte auf Rechnung ihrer Kunden durchführen, wenn eine satzungsgemäß ausreichende Deckung vorhanden ist bzw. die zu verkaufenden Wertpapiere vorher angeschafft sind; doch können sie solche Geschäfte durch Selbsteintritt nur insoweit ausführen, als es sich um Papiere handelt, bei denen auch ein Eigenerwerb gemäß der Mustersatzung gestattet ist. Alle übrigen Effektengeschäfte auf fremde Rechnung leiten die Sparkassen über ihre Girozentrale, die eventuell noch eine dritte Girozentrale einschaltet, wenn es sich um Effekten handelt, die nur an einem ganz bestimmten Börsenplatz gehandelt werden[288]). In gleicher Weise werden die Girozentralen auch in das Eigengeschäft der Sparkassen eingeschaltet. Dabei ist noch besonders darauf hinzuweisen, daß die Sparkassen selbst in größerem Umfang von ihren Girozentralen emittierte Wertpapiere kaufen. Sie stellen gleichzeitig eine natürliche Verkaufsorganisation der Girozentralen zum Absatz ihrer Pfandbriefe und Kommunalschuldverschreibungen dar. Die Zusammenarbeit zwischen Sparkassen und Girozentralen erstreckt sich auch auf die Verwahrung von Wertpapieren, denn die Sparkassen geben die Papiere ihrer Kunden und auch ihre eigenen in der Regel zur Verwahrung an die Girozentralen weiter.

Schließlich arbeiten die Sparkassen bei der Abwicklung des Außenhandels- und Devisengeschäfts eng mit ihren Girozentralen zusammen. Bei den Sparkassen nimmt dieser Geschäftszweig einen verhältnismäßig untergeordneten Rang ein, so daß es ihnen meist sowohl an geeigneten Fachkräften als auch an internationalen Verbindungen fehlt. Die Tätigkeit der Girozentralen erstreckt sich daher — ähnlich wie im Effektengeschäft — sowohl auf die Beratung als auch auf die Ausführung dieser Geschäfte.

Das zentrale Spitzeninstitut des deutschen Sparkassenwesens ist die Deutsche Girozentrale — Deutsche Kommunalbank.

2. Staatsbanken

„Staatsbanken sind Bankinstitute mit eigener Rechtspersönlichkeit und eigenem Vermögen, die unter der Garantie und Aufsicht eines Staates einen nach allgemeinwirtschaftlichen und staatswirtschaftlichen Grundsätzen aufgestellten Aufgabenkreis[289]) grundsätzlich im Bereich desjenigen Staates zu erfüllen haben, durch den sie garantiert sind“[290]).

288) Vgl. Dick, A., a. a. O., S. 96 ff.

289) Dabei sind diejenigen Geschäfte der Staatsbanken „staatswirtschaftliche Geschäfte“ im engeren Sinne — auch im Steuerrecht —, welche die Staatsbank unmittelbar für den Staat ausführt, nämlich Abwicklung seiner Kassengeschäfte einschließlich Gewährung kurzfristiger Kredite, sog. Kassenkredite, an den Staat, Annahme und Verzinsung überschüssiger Haushaltsmittel des Staates, Mitwirkung bei Staatsemissionen und Vergabe von Mitteln bei staatlichen Kreditaktionen.

290) Von Hippel, Th. G. - Kord-Ruwisch, W. - Schmidt, F., a. a. O., S. 46.

Die älteste Staatsbank, die Braunschweigische Staatsbank, diente ursprünglich der Bekämpfung des privaten Pfandleihwuchers. Sie wurde 1765 als „Herzogliche Leihhausanstalt“ errichtet. Bald erweiterte sie ihren Aufgabenkreis durch die Gewährung von Hypothekarkrediten und Vorschüssen an den Staat.

Aus ähnlichen Gründen wie bei der Braunschweigischen Staatsbank entstanden im letzten Drittel des 18. Jahrhunderts in anderen souveränen Staaten Deutschlands Staatsbanken. Die größte und bedeutendste Anstalt dieser Art war die Preußische Staatsbank, die von Friedrich dem Großen als Handelshaus im Jahre 1772 gegründet und unter dem Namen „Seehandlung“ bekannt wurde[291]). Im Laufe ihrer Entwicklung übernahm sie die Verwaltung flüssiger Gelder des Landes Preußen und weitere im öffentlichen Interesse liegende Bankgeschäfte. Mit der Privatwirtschaft führte sie keine unmittelbaren Kreditgeschäfte durch. Ihren Sitz hatte sie in Berlin. 1950 wurde die Preußische Staatsbank von der Bank deutscher Länder als verlagertes Institut anerkannt[292]); bisher wurde sie jedoch nicht wieder zum Neugeschäft zugelassen.

Die Entwicklung der Bayerischen Staatsbank läßt sich bis zum Jahre 1780 zurückverfolgen, als sie als „Hochfürstlich-Brandenburg-Anspach-Bayreuthische Hof-Banco“ gegründet wurde. Im Gegensatz zur Preußischen Staatsbank war sie nicht nur Hausbank des Bayerischen Staates, sondern auch Bankinstitut für die private Wirtschaft. Im Laufe der Zeit entwickelte sich die Bayerische Staatsbank zu einem Unternehmen mit 35 Niederlassungen. Ihr Hauptsitz war seit 1920 München, nachdem sie vorher in Ansbach, Fürth bzw. Nürnberg domiziliert hatte.

Auch Sachsen, Thüringen, Lippe, Oldenburg, Hessen und Bremen besaßen eigene Staatsbanken.

Im Gebiet der Bundesrepublik Deutschland gab es in der Nachkriegszeit noch zwei Staatsbanken[293]), die ihre Geschäfte in der ursprünglichen Form betrieben: die Braunschweigische Staatsbank und die Bayerische Staatsbank. Beide Institute sind durch Fusion in Kreditinstituten mit anderer Rechtsform aufgegangen. Am 1. Juli 1970 ist die Norddeutsche Landesbank Girozentrale aus

[291]) Vgl. Kalveram, W. - Günther, H., a. a. O., S. 310.

[292]) Dadurch war die Geltendmachung von Guthaben aus den Westzonen möglich.

[293]) Die Preußische Staatsbank (Seehandlung) beansprucht als abwickelnde Altbank nur noch historisches Interesse. Deshalb soll auf sie nicht weiter eingegangen werden. Eine eigenartige Situation besteht bei den für die Länder Oldenburg und Bremen zuständigen Banken. Früher waren es zwei selbständige Institute. Seit 1937 bilden sie eine Personalunion unter dem Namen „Staatliche Kreditanstalt Oldenburg-Bremen“. Bei der Deutschen Bundesbank wird dieses Institut nicht mehr als Staatsbank geführt, sondern zu den öffentlich-rechtlichen Grundkreditanstalten gezählt. Auch dieses Institut scheidet daher aus dem Kreis der zu besprechenden Staatsbanken aus. — Vgl. Statistisches Handbuch der Bank deutscher Länder, S. 296; Kurzrock, H. - Mielke, F. - Spiethoff, B. - Riva, J. - Fuchs, G. - Jedzig, W. - Diehl, K. - Dorner, H., Die Bank, ihre Einrichtungen und Geschäfte, Berlin 1953, S. 37. Kalveram, W. - Günther, H., a. a. O., S. 310 und v. Hippel, Th. G. - Kord-Ruwisch, W. - Schmidt, Fr., a. a. O., S. 57 ff. zählen dieses Institut dagegen zu den Staatsbanken.

dem Zusammenschluß der Niedersächsischen Landesbank — Girozentrale —, der Braunschweigischen Staatsbank einschließlich der Braunschweigischen Landessparkasse, der Hannoverschen Landeskreditanstalt und der Niedersächsischen Wohnungskreditanstalt — Stadtschaft — hervorgegangen[294]). Die Bayerische Staatsbank wurde am 8. März 1971 nach vorheriger Umwandlung in eine Aktiengesellschaft mit der Bayerischen Vereinsbank fusioniert[295]).

3. Öffentlich-rechtliche Kreditinstitute mit Sonderaufgaben

Öffentlich-rechtliche Kreditinstitute mit Sonderaufgaben sind Bankbetriebe, die vom Staat zur Erfüllung bestimmter Aufgaben auf dem Gebiet des Kreditwesens errichtet wurden und sich bankbetrieblich nicht universell betätigen. Sie wurden bzw. werden geschaffen, wenn die Erfüllung besonderer Aufgaben im öffentlichen Interesse liegt und sich die übrigen Kreditinstitute dieser Aufgaben nicht annehmen können oder sich ihnen z. B. aus Risiko- oder Rentabilitätsgründen nicht zuwenden wollen.

Heute gibt es in der Bundesrepublik folgende öffentlich-rechtliche Kreditinstitute mit Sonderaufgaben[296]):

(1) Bayerische Landesanstalt für Aufbaufinanzierung, München,
(2) Deutsche Siedlungs- und Landesrentenbank, Berlin/Bonn,
(3) Kreditanstalt für Wiederaufbau, Frankfurt am Main,
(4) Landwirtschaftliche Rentenbank, Frankfurt am Main,
(5) Lastenausgleichsbank (Bank für Vertriebene und Geschädigte), Bonn-Bad Godesberg.

Die meisten dieser Institute wurden nach dem zweiten Weltkrieg errichtet. Dafür gibt es zwei Gründe. Einmal konnten mehrere öffentlich-rechtliche Kreditinstitute, die vor 1945 gegründet worden waren, ihre Tätigkeit nicht mehr ausüben, und neue Institute mußten deren Aufgaben übernehmen. Zum anderen ergaben sich durch die Auswirkungen des Krieges eine Reihe von Aufgaben, deren Erfüllung nur speziell zu diesem Zweck errichteten öffentlich-rechtlichen Kreditinstituten möglich war bzw. ist. Zu der Gruppe der zuerst genannten neugegründeten Institute gehört z. B. die Landwirtschaftliche Rentenbank, während der anderen Kategorie z. B. die Kreditanstalt für Wiederaufbau und die Lastenausgleichsbank (Bank für Vertriebene und Geschädigte) zuzurechnen sind.

Gemeinsam ist allen öffentlich-rechtlichen Kreditinstituten mit Sonderaufgaben, daß sie als Rechtsgrundlage besondere Gesetze haben. Darüber

294) Vgl. Norddeutsche Landesbank Girozentrale, Hannover-Braunschweig, Geschäftsbericht 1970, S. 9.

295) Vgl. Bayerische Vereinsbank, Geschäftsbericht 1971, S. 17.

296) Vgl. Deutsche Bundesbank, Verzeichnis der Kreditinstitute und ihrer Verbände im Bundesgebiet einschließlich West-Berlin, Ausgabe 1972, S. 135.

hinaus sind die Satzungen dieser Banken für deren Rechtsstellung von Bedeutung.

Die öffentlich-rechtlichen Kreditinstitute mit Sonderaufgaben gehören dem „Verband öffentlich-rechtlicher Kreditanstalten e. V.", Bonn an. Bereits vor 1933 bestand ein ähnlicher Verband, der jedoch nach 1933 aufgelöst wurde. Die betreffenden Institute wurden damals in der „Wirtschaftsgruppe öffentlich-rechtliche Kreditanstalten" und der „Wirtschaftsgruppe öffentliche Banken mit Sonderaufgaben" zusammengefaßt.

Von den öffentlich-rechtlichen Kreditinstituten mit Sonderaufgaben sollen die Kreditanstalt für Wiederaufbau, die Lastenausgleichsbank (Bank für Vertriebene und Geschädigte) und die Landwirtschaftliche Rentenbank ausführlicher behandelt werden, da diesen Zentralinstituten besondere Bedeutung zukommt[297]).

a) Kreditanstalt für Wiederaufbau

Die durch Gesetz vom 5. 11. 1948[298]) gegründete Kreditanstalt für Wiederaufbau hatte ursprünglich zwei Aufgaben zu erfüllen. Einmal sollte sie mittel- und langfristige Investitionskredite für solche Vorhaben gewähren, die dem Wiederaufbau der deutschen Wirtschaft dienten, soweit andere Kreditinstitute die erforderlichen Mittel nicht aufbringen konnten. Daneben sollte sie der deutschen Exportwirtschaft langfristige Kredite zur Verfügung stellen. Beide Aufgaben konnte die Bank auch durch die Übernahme von Bürgschaften erfüllen.

Dieser Aufgabenkreis erweiterte sich im Laufe der letzten Jahre. Durch das Gesetz zur Änderung des Gesetzes über die Kreditanstalt für Wiederaufbau vom 16. 8. 1961[299]) wurde dem Institut zusätzlich die Aufgabe gestellt, „Darlehen zu gewähren, die der Finanzierung förderungswürdiger Vorhaben im Ausland, insbesondere im Rahmen der Entwicklungshilfe, dienen, zur Umschuldung von Verpflichtungen ausländischer Schuldner gegenüber inländischen Gläubigern erforderlich sind oder im besonderen... Interesse der Bundesrepublik Deutschland liegen"[300]).

Die inländische Wirtschaftsförderung wurde ab 1971 von der Kreditanstalt für Wiederaufbau wesentlich unterstützt. In diesem Jahr begann sie, aus Eigenmitteln die Kreditprogramme für mittlere Unternehmen der gewerblichen Wirtschaft zu intensivieren, kleine Unternehmen mit einem speziellen Kreditprogramm zu bedienen sowie sich in die Finanzierung des Regionalprogramms für den Wohnungsbau und des Umweltschutzes einzuschalten.

297) Vgl. Scholz, Ch., Kreditinstitute des Bundes, Frankfurt am Main 1960, S. 25 ff.

298) WiGBl S. 123.

299) BGBl I S. 1339.

300) § 2 Abs. 2 Gesetz über die Kreditanstalt für Wiederaufbau i. d. F. vom 18. 10. 1961 (BGBl I S. 1877).

Die Kreditanstalt für Wiederaufbau ist eine Körperschaft des öffentlichen Rechts mit dem Sitz in Frankfurt am Main. Ihre Organe sind der Vorstand, dem die Geschäftsführung obliegt, und der Verwaltungsrat, welcher die Geschäftsführung überwacht. Die Befugnisse der Organe werden im einzelnen durch das Gesetz oder durch die Satzung des Instituts bestimmt. Die Kreditanstalt für Wiederaufbau unterliegt nicht den Bestimmungen des KWG und wird nicht in das Handelsregister eingetragen. Die Anstalt untersteht der Aufsicht der Bundesregierung.

Das ausgewiesene Eigenkapital der Kreditanstalt für Wiederaufbau setzt sich aus dem Grundkapital und verschiedenen Rücklagen zusammen.

Das Grundkapital beträgt 1 Mrd. DM, wobei der Bund mit 800 Mill. DM und die Länder mit 200 Mill. DM beteiligt sind. Allerdings ist das Kapital nur zu 15 % eingezahlt, so daß auf der Aktivseite der Bilanz ein Korrekturposten „Nicht eingezahltes Kapital" in Höhe von 850 Mill. DM erscheint. Die Einzahlung dieses ausstehenden Betrages kann vom Verwaltungsrat beschlossen werden.

Die gesetzliche Rücklage hat die durch das Gesetz festgelegte Höchstgrenze[301]) von 125 Mill. DM bereits erreicht. Daneben besteht eine Rücklage aus Mitteln des ERP-Sondervermögens, die Ende 1973 mit rund 247 Mill. DM dotiert war. Eine Gewinnausschüttung findet nicht statt; der Reingewinn ist einer Sonderrücklage zuzuweisen, deren Höhe sich zum gleichen Zeitpunkt auf über 427 Mill. DM belief.

Vor der Gesetzesänderung vom 16. 8. 1961 betrug das Grundkapital der Kreditanstalt nur 1 Mill. DM. Es entsprach damit in keiner Weise der Höhe der Bilanzsumme, welche sich Ende 1960 auf 7,4 Mrd. DM und Ende 1973 auf 29,0 Mrd. DM belief. Durch die Neuregelung der Eigenkapitalverhältnisse wurde also die Kapitalstruktur wesentlich verbessert.

Ihre fremden Mittel beschafft sich die Kreditanstalt für Wiederaufbau durch Aufnahme von Darlehen und durch Emission mündelsicherer Schuldverschreibungen. Dabei dominierte Ende 1973 die Darlehensaufnahme mit 9,2 Mrd. DM gegenüber einem Schuldverschreibungsumlauf von über 4,0 Mrd. DM. Der größte Darlehensgeber war der Bund mit rund 7,8 Mrd. DM, von denen 6,0 Mrd. DM auf das ERP-Sondervermögen entfielen.

Im Aktivgeschäft muß sich die Anstalt auf die Erfüllung ihrer gesetzlichen Aufgaben beschränken. Bei der Kreditgewährung im Inland sind grundsätzlich Kreditinstitute einzuschalten; in Ausnahmefällen und mit Zustimmung des Verwaltungsrates ist eine unmittelbare Kreditgewährung möglich. Allerdings hat die Bank in erheblichem Umfang Direktkredite gewährt. Ende 1973 waren bei einem Kreditvolumen von 14,1 Mrd. DM rund 8,4 Mrd. DM an Kreditinstitute zur Weiterleitung und rund 5,7 Mrd. DM

301) Vgl. § 10 Abs. 2 Gesetz über die Kreditanstalt für Wiederaufbau.

unmittelbar gewährt. Darlehen und Bürgschaftskredite an inländische Schuldner müssen entweder durch dingliche Sicherheiten oder durch Gewährleistung des Bundes oder eines Landes gesichert sein.

Bei Krediten im Rahmen der Entwicklungshilfe werden die zugrundeliegenden Projekte nach technischen, betriebs- und volkswirtschaftlichen Gesichtspunkten geprüft. Außerdem bildet sich die Anstalt ein Urteil über die wirtschaftliche Situation der betreffenden Länder. Bei wirtschaftlich nicht zu vertretenden Krediten wird die Bank nur treuhänderisch für den Bund tätig.

1958 wurden erstmalig Mittel direkt an ausländische Regierungen und Banken ausgeliehen. Seitdem hat sich die Geschäftsstruktur erheblich verschoben. Die inländischen Investitionskredite, die in früheren Jahren das Hauptkontingent innehatten, waren 1967 an den Kreditzusagen nur noch mit 30,1 % beteiligt, während der Anteil der Auslandskredite auf 69,9 % gestiegen war. Da diese Struktur wesentlich von relativ wenigen Großkrediten beeinflußt wird, die zu verschiedenen Zeitpunkten abgeschlossen werden, gibt eine Aussage über einen längeren Zeitraum einen besseren Überblick. In den ersten 25 Jahren des Bestehens der Kreditanstalt für Wiederaufbau entfielen von einem Gesamtkreditvolumen von 58 Mrd. DM 48 % auf Inlandskredite[302]).

Die Kreditanstalt für Wiederaufbau ist gesetzlich verpflichtet, einen Jahresabschluß aufzustellen. Sie bilanziert nach einem selbstgewählten Schema, da das Bundeswirtschaftsministerium als zuständige Aufsichtsbehörde kein Formblatt vorgeschrieben hat[303]). Der Abschluß muß durch einen Wirtschaftsprüfer geprüft werden und ist im Bundesanzeiger bekanntzumachen.

b) Lastenausgleichsbank (Bank für Vertriebene und Geschädigte)

Die Lastenausgleichsbank wurde 1950 als „Vertriebenen-Bank AG" gegründet. Sie sollte als zentrales Institut die Kredite an Vertriebene verwalten und weiterleiten. 1952 wurde der Name der Bank in „Bank für Vertriebene und Geschädigte (Lastenausgleichsbank) AG" geändert, um den erweiterten Kreis der Kreditnehmer zum Ausdruck zu bringen. Durch das Gesetz vom 28. 10. 1954[304]) wurde das Institut in eine Anstalt öffentlichen Rechts übergeführt und trägt seitdem den Namen „Lastenausgleichsbank (Bank für Vertriebene und Geschädigte)". Sie soll „zur wirtschaftlichen Eingliederung und Förderung der durch den Krieg und seine Folgen betroffenen Personen, insbesondere der Vertriebenen, Flüchtlinge und Kriegsgeschädigten"[305]), beitragen.

302) Vgl. Kreditanstalt für Wiederaufbau, Jahresbericht für Geschäftsjahr 1973, S. 21.

303) Vgl. Birck, H., a. a. O., S. 215.

304) Gesetz über die Lastenausgleichsbank (Bank für Vertriebene und Geschädigte) vom 28. 10. 1954 (BGBl I S. 293).

305) § 1 Abs. 1 Gesetz über die Lastenausgleichsbank.

Die Lastenausgleichsbank nimmt diese Aufgabe durch Kreditgewährung an diesen Personenkreis und im Treuhand- und Auftragsgeschäft für das Bundesausgleichsamt im Rahmen des Lastenausgleichs wahr. Darüber hinaus betreibt die Lastenausgleichsbank weitere Geschäfte, die ihr von Bundesbehörden übertragen werden. Hierzu zählen insbesondere im Kreditgeschäft „die Förderung von kleinen und mittleren Unternehmen sowie Angehörigen der freien Berufe durch Kredite und Bürgschaften, Finanzierungshilfen für Investitionen zum Umweltschutz an Kommunen und Wirtschaft, im Kapitalmarktgeschäft die Beschaffung von Mitteln für öffentliche Finanzierungsmaßnahmen“[306]).

Sitz der Anstalt ist Bonn-Bad Godesberg. Sie hat drei Organe, nämlich den Vorstand, der mit der Geschäftsführung betraut ist, die Fachausschüsse, d. s. der Finanzausschuß, der Personalausschuß, der Arbeitsausschuß zur Prüfung von Organisationsfragen, der Satzungsausschuß und der Kreditausschuß, die sich mit Spezialfragen befassen, und den Verwaltungsrat als Überwachungsorgan. Der Verwaltungsrat setzt sich aus 35 Mitgliedern — darunter 9 Vertretern der beteiligten Bundesministerien — zusammen. Die Bank untersteht der Aufsicht der Bundesregierung. Diese hat den Bundesminister des Inneren mit der Ausübung der Aufsicht beauftragt, der seinerseits einen Staatskommissar für die Anstalt bestellt hat. Auch die Lastenausgleichsbank wird nicht ins Handelsregister eingetragen.

Die Lastenausgleichsbank verfügt über ein Grundkapital, in § 2 des Gesetzes über die Lastenausgleichsbank lediglich als „Kapital“ bezeichnet, von 25 Mill. DM. Es betrug ursprünglich nur 3 Mill. DM, welche durch eine Zuweisung aus dem ERP-Sondervermögen aufgebracht wurden. 1954 wurde es um 22 Mill. DM aus dem Sondervermögen der Bundesrepublik Deutschland (Ausgleichsfonds) erhöht[307]). Neben dem Kapital besteht eine „Hauptrücklage“. Ihr ist der jährliche Reingewinn so lange zur Hälfte zuzuführen, bis sie 50 % der Höhe des Kapitals beträgt[308]). Mit 30 Mill. DM haben die Rücklagen diese Höchstgrenze weit überschritten. Zusammen mit den restlichen Rücklagen beträgt das Eigenkapital insgesamt 87,9 Mill. DM und erreicht damit rund 0,9 % der Bilanzsumme, die sich am 31. 12. 1973 auf knapp 10 Mrd. DM belief. Dieser Prozentsatz erscheint sehr niedrig. Allerdings ist dabei zu berücksichtigen, daß das Eigenkreditgeschäft der Bank nur einen geringen Anteil am Geschäftsvolumen einnimmt.

Mit rd. 4,0 Mrd. DM entfielen Ende 1973 rund 40 % der Bilanzsumme auf durchlaufende Kredite, die fast ausschließlich aus dem Sondervermögen Ausgleichsfonds finanziert sind. Ihre sonstigen Mittel beschafft sich die Bank im wesentlichen durch die Aufnahme langfristiger Darlehen — insbesondere beim Bund und bei den Bundesländern — und durch die Emis-

---

306) Lastenausgleichsbank, Jahresbericht 1973, S. 5.

307) Anteilseigner ist also bei beiden Kapitalteilen der Bund.

308) Vgl. §§ 3 und 10 Gesetz über die Lastenausgleichsbank.

sion von Schuldverschreibungen. Die täglich fälligen Einlagen und die befristeten Einlagen mit einer Laufzeit unter 3 Monaten fallen demgegenüber kaum ins Gewicht.

Die Weiterleitung der Mittel erfolgt grundsätzlich über Kreditinstitute. Die Durchlaufenden Kredite sind zu einem großen Teil in den Wohnungsbau geflossen; die Aufbaudarlehen für den Wohnungsbau stellten am 31. 12. 1973 mit über 3,2 Mrd. DM das Hauptkontingent der Ausleihungen.

Die Lastenausgleichsbank muß einen Jahresabschluß und einen Geschäftsbericht aufstellen. Das Bilanzformblatt gleicht dem der Aktienbanken, ist jedoch um die spezifischen Positionen des langfristigen Kredit- und Emissionsgeschäfts ergänzt[309]). Der Abschluß ist durch einen Wirtschaftsprüfer zu prüfen. Dabei geht der Umfang der Prüfung über den der aktienrechtlichen Pflichtprüfung hinaus, da auch die wirtschaftlichen Verhältnisse zu prüfen sind. Der Jahresabschluß ist im Bundesanzeiger bekanntzumachen.

c) Landwirtschaftliche Rentenbank

Die Landwirtschaftliche Rentenbank wurde am 11. 5. 1949 als landwirtschaftliche Zentralbank errichtet zur „Beschaffung und Gewährung von Krediten für die Landwirtschaft und Ernährungswirtschaft (einschließlich Forstwirtschaft und Fischerei)“[310]). Ihre Vorläufer waren die Deutsche Rentenbank und die Deutsche Rentenbank-Kreditanstalt.

Die Deutsche Rentenbank war 1923 als Währungs- und Kreditbank zur Sanierung der deutschen Währung errichtet worden. Sie emittierte Banknoten („Rentenmark“). Ihre Liquidation, die schon 1924 beschlossen wurde, zog sich bis nach der Währungsreform von 1948 hin, da sich die Abwicklung der Kredite verzögerte und die Bank mit neuen Aufgaben betraut wurde (Osthilfe, landwirtschaftliche Entschuldung).

Die Deutsche Rentenbank-Kreditanstalt (Landwirtschaftliche Zentralbank) wurde 1925 gegründet. Sie entwickelte sich zum Zentralinstitut für den landwirtschaftlichen Kredit.

Die Landwirtschaftliche Rentenbank wurde Nachfolgerin dieser beiden Institute. Sie ist eine Anstalt des öffentlichen Rechts und hat ihren Sitz in Frankfurt am Main. Organe der Anstalt sind der Vorstand als Geschäftsführungsorgan, der Verwaltungsrat, dem 32 Mitglieder, vorwiegend Vertreter der Landwirtschaft, angehören und der die Geschäftsführung überwacht, und schließlich die Anstaltsversammlung, die sich als oberstes Organ aus 30 Vertretern der Eigentümer und Pächter der mit der Rentenbankgrundschuld belasteten Grundstücke zusammensetzt. Die Funktionen der

309) Vgl. Birck, H., a. a. O., S. 216 f.

310) § 1 Abs. 1 Gesetz über die Landwirtschaftliche Rentenbank i. d. F. vom 14. 9. 1953 (BGBl I S. 1330).

Organe werden durch das Gesetz[311]) und durch die Satzung geregelt. Die Bundesregierung hat zur Ausübung der Aufsicht über die Anstalt einen Kommissar bestellt. Die handelsrechtlichen Vorschriften über die Eintragung in das Handelsregister sind auf die Bank nicht anzuwenden.

Das Grundkapital der Landwirtschaftlichen Rentenbank wurde durch das zweite Gesetz zur Änderung des Gesetzes über die Landwirtschaftliche Rentenbank vom 12. 2. 1963[312]) auf 200 Mill. DM festgesetzt. Es wurde gebildet aus 166 Mill. DM „Rentenbankgrundschuldzinsen", die dadurch zustande kamen, daß alle landwirtschaftlichen Betriebe mit einem Einheitswert von 6000 DM und mehr 10 Jahre lang Zinsen in Höhe von jährlich 0,15 % des Einheitswerts entrichten mußten[313]), und 34 Mill. DM, die aus der bis dahin gebildeten Hauptrücklage übernommen wurden. Ebenfalls nach dem obigen Änderungsgesetz hat die Landwirtschaftliche Rentenbank zur zusätzlichen Sicherung der ausgegebenen Schuldverschreibungen eine Deckungsrücklage zu bilden, die jedoch 5 % der jeweils umlaufenden Schuldverschreibungen nicht übersteigen darf und deren jährliche Zuweisungen auf 50 % des Reingewinns beschränkt sind. Von dem nach der Zuweisung zur Deckungsrücklage verbleibenden Reingewinn sind 50 % der sog. Hauptrücklage zuzuführen, die die Kapitalbasis verstärken soll. Der Rest darf „nur für eine das Allgemeininteresse wahrende Förderung der Landwirtschaft" verwendet werden[314]), wobei mindestens die Hälfte dem von ihr gebildeten und verwalteten Zweckvermögen für die landwirtschaftliche Entschuldung zufließen soll[315]).

Die Landwirtschaftliche Rentenbank kann zur Förderung der landwirtschaftlichen Erzeugung kurz-, mittel- und langfristige Darlehen gewähren. Sie finanziert diese Ausleihungen durch die Aufnahme langfristiger Darlehen (1,8 Mrd. DM am 31. 12. 1973), wobei es sich im wesentlichen um ERP- und Bundesmittel handelt, und durch die Emission mündelsicherer Schuldverschreibungen (1,7 Mrd. DM zum gleichen Zeitpunkt) und Kassenobligationen. Die letzten beiden unterliegen strengen Deckungsvorschriften[316]). Die zur Ausgabe von Schuldverschreibungen erforderliche staatliche Genehmigung erteilt der Bundeswirtschaftsminister im Einvernehmen mit dem Bundesminister für Ernährung, Landwirtschaft und Forsten und dem Bundesfinanzminister.

---

311) Vgl. §§ 5 bis 8 Gesetz über die Landwirtschaftliche Rentenbank.

312) BGBl I S. 121.

313) Vgl. Gesetz über die Rentenbankgrundschuld vom 11. 5. 1949 (WiGBl S. 79); hiernach waren weitere 64 Mill. DM über die Landwirtschaftliche Rentenbank an die gleichfalls als landwirtschaftliches Zentralkreditinstitut tätige Deutsche Genossenschaftskasse geflossen, so daß die Rentenbankgrundschuldzinsen insgesamt 230 Mill. DM erbrachten.

314) § 9 Gesetz über die Landwirtschaftliche Rentenbank.

315) Vgl. Gesetz zur Abwicklung der landwirtschaftlichen Entschuldung vom 25. 3. 1952 (BGBl I S. 203).

316) Vgl. § 18 Gesetz über die Landwirtschaftliche Rentenbank; durch das zitierte Änderungsgesetz wurden die Deckungsvorschriften für Kassenobligationen (bis unter 5 Jahre Laufzeit) und Schuldverschreibungen (ab 5 Jahre Laufzeit) differenziert.

Das ursprünglich generelle Verbot für die Hereinnahme von Einlagen wurde durch das Änderungsgesetz vom 12. 2. 1963 insofern gelockert, als die Landwirtschaftliche Rentenbank nunmehr Einlagen des Bundes und seiner Sondervermögen, Einlagen zentraler, sich über das Bundesgebiet erstreckender berufsständischer Organisationen der Land- und Forstwirtschaft und Einlagen von Institutionen, die in unmittelbarem Kreditverkehr mit ihr stehen — z. B. den Einfuhr- und Vorratsstellen —, entgegennehmen darf.

Im Aktivgeschäft liegt das Schwergewicht bei den langfristigen Ausleihungen, worunter im landwirtschaftlichen Kreditgeschäft Darlehen mit einer Laufzeit von über 10 Jahren zu verstehen sind. Bei den langfristigen Darlehen handelt es sich insbesondere um Landeskultur-, Aussiedlungs- und Aufstockungskredite. Sie erreichten Ende 1973 eine Höhe von 3,2 Mrd. DM. Die mittelfristigen Ausleihungen, womit hier Kredite von über vier Jahren bis zu 10 Jahren Laufzeit bezeichnet werden, beliefen sich auf 460 Mill. DM. Das kurzfristige Kreditgeschäft hat weniger Bedeutung; es dient insbesondere der Finanzierung der Einfuhr- und Vorratsstellen. Als Sicherheit für die Ausleihungen dienen fast ausschließlich Grundpfandrechte und kommunale Deckung.

Hinsichtlich Bilanzierung und Publizität kann auf die Ausführungen bei der Lastenausgleichsbank verwiesen werden. Auch bei der Landwirtschaftlichen Rentenbank ist die Abschlußprüfung um eine Prüfung der wirtschaftlichen Verhältnisse erweitert. Das Bilanzformblatt enthält eine „Deckungsspalte", in der die zur Deckung des Schuldverschreibungsumlaufs bestimmten Aktiva auszuweisen sind.

III. Realkreditinstitute

Realkreditinstitute sind private oder öffentlich-rechtliche Bankbetriebe, deren Hauptaktivgeschäft in der Gewährung von langfristigen, durch Grundstücksrechte gesicherten Krediten besteht, wobei die Beschaffung der Mittel durch die Ausgabe von Pfandbriefen erfolgt. Die meisten Realkreditinstitute geben darüber hinaus Darlehen an Gemeinden und Gemeindeverbände und beschaffen sich das Kapital dazu durch die Emission von Kommunalobligationen.

a) Klassifizierung und geschichtliche Entwicklung

Zur Gruppe der Realkreditinstitute gehören sowohl privatrechtliche als auch öffentlich-rechtliche Banken[317]). Im einzelnen sind folgende Realkreditinstitute zu unterscheiden:

[317]) Vgl. Rieger, K., Die Hypothekarkredit- und Pfandbriefinstitute im Gebiet der Bundesrepublik Deutschland 1948—1959, Tübingen 1960.

(1) Private Realkreditinstitute:
  a) Hypothekenbanken,
  b) Schiffspfandbriefbanken[318]) [319]),

(2) öffentlich-rechtliche Realkreditinstitute:
  a) Landschaften[320]),
  b) Ritterschaften,
  c) Stadtschaften,
  d) sonstige Realkreditinstitute.

Hinzu kommen diejenigen Kreditinstitute, die das Hypothekarkredit- und Pfandbriefgeschäft neben sonstigen Bankgeschäften betreiben:

(3) gemischte Hypothekenbanken[321]);

(4) öffentlich-rechtliche Institute:
  a) Landesbanken,
  b) Girozentralen.

Die Gründung von Realkreditinstituten wurde im 18. Jahrhundert durch die Kreditnot der Landwirtschaft und den damit verbundenen Zinswucher angeregt. „Die Idee der Errichtung von Kreditinstituten durch Vereinigung kreditsuchender Grundbesitzer zum Zwecke der Vermittlung von Realkrediten stammt von einem Berliner Kaufmann namens Bühring, der im Jahre 1767 dem preußischen König eine Denkschrift hierüber vorlegte“[322]). Unmittelbarer Anlaß zur Schaffung derartiger Kreditinstitute waren die Schäden, die durch den Siebenjährigen Krieg in Schlesien entstanden waren. Als erstes Institut wurde 1770 die „Schlesische Landschaft“ in Breslau als juristische Person des öffentlichen Rechts gegründet. Ihr wurde die Aufgabe übertragen, den Kreditbedarf der in der Provinz Schlesien gelegenen Rittergüter zu befriedigen. Zur Durchführung ihrer Aufgaben erhielt sie das Recht, sich die nötigen Mittel durch die Ausgabe von Pfandbriefen zu beschaffen. Wenige Jahre später entstanden auch in anderen preußischen Provinzen und deutschen Staaten „Landschaften“ bzw. „ritterschaftliche Kreditinstitute“, z. B. in Pommern (1781), Westpreußen (1787) und Ostpreußen (1788). Charakteristisch für diese Notgemeinschaften des adligen Großgrundbesitzes war, daß der jeweiligen „Landschaft“ alle Rittergüter der betreffenden Provinz kraft öffentlich-rechtlicher Satzung angehörten und im Rahmen einer sogenannten Generalgarantie solidarisch für die Verbindlichkeiten der „Landschaft“ haften mußten, ohne Rücksicht darauf, ob das einzelne Rittergut Kredite der Landschaft in An-

[318]) Auch Schiffshypothekenbanken, Schiffsbeleihungsbanken oder Schiffskreditbanken genannt.

[319]) Vgl. Bohnhoff, R., Die deutschen Schiffspfandbriefbanken, Diss. Hamburg 1961.

[320]) Vgl. Jessen, H., Das landschaftliche Kreditwesen, Wiesbaden 1962.

[321]) Bayerische Hypotheken- und Wechsel-Bank und Bayerische Vereinsbank, beide München, Norddeutsche Hypotheken- und Wechselbank, Hamburg.

[322]) Von Hippel, Th. G. - Kord-Ruwisch, W. - Schmidt, F., a. a. O., S. 273.

spruch genommen hatte oder nicht. Mit dieser Verpflichtung war allerdings auch ein „Recht auf Kredit" verbunden.

Die Vorschrift, daß nur an adlige Rittergutsbesitzer Kredite gegeben werden durften, wurde Anfang des 19. Jahrhunderts aufgehoben, als auch nicht-adlige Personen Rittergüter erwerben konnten. Dementsprechend wurde auch die Generalgarantie abgeschafft und die solidarische Haftung auf diejenigen Rittergüter beschränkt, die tatsächlich Kredite erhalten hatten. Aber auch danach behielten die „Landschaften" den Charakter einer ständischen Korporation, die auf genossenschaftlicher Grundlage die Dekkung des langfristigen Kreditbedarfs ermöglichen sollte.

Eine ähnliche Organisation wiesen die „ritterschaftlichen Kreditinstitute"[323]) auf. Im Gegensatz zu den „Landschaften" standen sie von Anfang an sowohl adligen als auch nicht-adligen Gutsbesitzern offen, und die solidarische Haftung beschränkte sich auf diejenigen Güter, die in einem Kreditverhältnis zur „Ritterschaft" standen.

Die Entwicklung in den ersten Jahrzehnten des 19. Jahrhunderts zeigte immer deutlicher die Notwendigkeit, auch den „Eigentümern bäuerlicher Grundstücke" die Möglichkeit zur Kreditaufnahme zu verschaffen. Seit 1849 geschah dies zum Teil dadurch, daß bäuerlichen Grundbesitzern in Schlesien und Ostpreußen der Beitritt zur „Landschaft" und dieser die Gewährung von Darlehen auch an solche Mitglieder gestattet wurde[324]); teilweise wurden zu diesem Zweck auch besondere Institute, sogenannte Rustikallandschaften[325]), gegründet. Bei den in der zweiten Hälfte des 19. Jahrhunderts entstandenen sogenannten neueren Landschaften entfiel von Anfang an die ständische Grundlage[326]). Die Mitgliedschaft stand vielmehr allen Eigentümern landwirtschaftlich genutzter Grundstücke offen. Die einzige Bedingung für eine Mitgliedschaft bestand darin, daß die Grundstücke einen — relativ niedrigen — Mindestwert bzw. Reinertrag aufweisen mußten.

Aus der Vielzahl der entstandenen Institute und einer daraus resultierenden großen Zahl verschiedener Pfandbriefe ergaben sich insbesondere für die Kreditnehmer Schwierigkeiten; denn damals wurden die Kredite als Pfandbriefdarlehen gewährt, und der Kreditnehmer mußte sich durch

323) Das erste Institut dieser Art wurde 1777 unter dem Namen „Kur- und Neumärkisches Ritterschaftliches Kreditinstitut" in Berlin als juristische Person des öffentlichen Rechts ins Leben gerufen.

324) „Im Jahre 1849 wurde durch Kabinettsorder vom 4. Mai auch allen Eigentümern bäuerlicher Grundstücke im Werte von mindestens 500 Talern, die sich zum Betrieb einer selbständigen Ackernahrung eigneten, der Beitritt zur Landschaft ermöglicht." Von Hippel, Th. G. - Kord-Ruwisch, W. - Schmidt, F., a. a. O., S. 275.

325) Z. B. Neues Brandenburgisches Kreditinstitut, Berlin (1869), Neue Pommersche Landschaft für den Kleingrundbesitz (1871). Vgl. Mössner, K. E., Das deutsche Bodenkreditsystem, Berlin 1934, S. 235.

326) Z. B. „Neuer Kreditverein für die Provinz Posen", 1857 (später umbenannt in Posener Landschaft), Landschaft der Provinz Westfalen, Münster.

Verkauf der Pfandbriefe die flüssigen Mittel selbst beschaffen. Aus diesem Grunde und weil die Berliner Börse immer größere Bedeutung erlangte, erschien es angebracht, die Berliner Börse und andere größere Börsenplätze für den Absatz landschaftlicher Pfandbriefe zu erschließen. In Preußen entstand der Gedanke, einen einheitlichen Pfandbrief herauszubringen. Alle diese Überlegungen führten 1873 zur Errichtung der „Central-Landschaft für die Preußischen Staaten".

Neben diesen preußischen Bodenkreditinstituten bestanden auch in anderen Staaten Deutschlands landschaftsähnliche Grundkreditanstalten. Diese Organisation der landwirtschaftlichen Bodenkredite blieb im wesentlichen bis zum Ende des zweiten Weltkriegs bestehen. Da die meisten dieser Institute ihren Sitz in Mittel- und Ostdeutschland hatten, bedeutete das Kriegsende auch das Ende ihrer Geschäftstätigkeit. Von den „Landschaften" blieb nur ein Institut in Westfalen erhalten; in den anderen Teilen der Bundesrepublik versorgen regionale Institute, wie z. B. die Landesbanken (Girozentralen) und ritterschaftliche Kreditvereine, die Landwirtschaft mit langfristigen Krediten[327]).

Wie bei den Eigentümern landwirtschaftlicher Grundstücke bestand im 19. Jahrhundert auch bei den Haus- und Grundstückseigentümern in den Städten ein erheblicher Kreditbedarf. Angeregt durch die Tätigkeit der „Landschaften", wurden zur Befriedigung des Kreditbedarfs der Eigentümer städtischer Grundstücke in der zweiten Hälfte des 19. Jahrhunderts sogenannte Stadtschaften als Körperschaften öffentlichen Rechts[328]) errichtet, denen die Aufgabe übertragen wurde, im Rahmen einer genossenschaftlichen Selbstverwaltung den Eigentümern von bebauten oder in Bebauung befindlichen Hausgrundstücken Hypothekarkredite zu gewähren. Die erforderlichen Mittel beschafften sich die „Stadtschaften" durch die Emission von Pfandbriefen. Um die vorhandenen Kapitalquellen besser erschließen zu können, gründeten sie im Jahre 1922 die „Preußische Zentralstadtschaft, Berlin". Neben der unbeschränkten Haftung der Gebietskörperschaft, in deren Bereich die „Stadtschaft" tätig war, hafteten sämtliche Hypothekenschuldner in Höhe eines Bruchteils ihrer Hypothek solidarisch für alle Verbindlichkeiten der „Stadtschaft". Nach dem zweiten Weltkrieg mußten die meisten Institute dieser Art ihre Geschäftstätigkeit einstellen. Hypothekarkredite auf städtischen Grundbesitz werden heute von den Hypothekenbanken, Landeskreditanstalten sowie den Landesbanken (Girozentralen) — wie überhaupt von allen Sparkassen — und der Deutschen Pfandbriefanstalt, Wiesbaden[329]), gewährt.

327) Z. B. Hessische Landesbank — Girozentrale —, Frankfurt am Main, Braunschweigisches ritterschaftliches Kreditinstitut, Wolfenbüttel.

328) Z. B. Berliner Pfandbriefinstitut, Berlin (1868), Danziger Hypothekenverein, Danzig (1868).

329) Hervorgegangen aus der Preußischen Landespfandbriefanstalt — Körperschaft des öffentlichen Rechts —, Berlin, die 1922 errichtet wurde, „um zum gemeinsamen Nutzen unter Ausschluß des Erwerbszwecks nichtlandwirtschaftlichen Kredit zu gewähren". Vgl. von Hippel Th. G. - Kord-Ruwisch, W. - Schmidt, F., a. a. O., S. 427.

Vor der Errichtung von „Stadtschaften" waren bereits Realkreditinstitute (Hypothekenbanken), die städtische Grundstücke beliehen, gegründet worden, um den langfristigen Kreditbedarf auf Grund der wirtschaftlichen Entwicklung — insbesondere der wachsenden Industrialisierung und des zunehmenden Städtebaus — in nicht-landwirtschaftlichen Kreisen decken zu können; eine anderweitige Hypothekarkreditbeschaffung wurde immer schwieriger, weil der Kapitalmarkt damals durch Staats- und Industriepapieremissionen (Eisenbahnfinanzierung) in zunehmendem Maße in Anspruch genommen wurde[330]). Als erste deutsche Hypothekenbank wurde 1835 die Bayerische Hypotheken- und Wechsel-Bank in München gegründet. „Sie war verpflichtet, Hypotheken bis zum Höchstbetrag von 12 Mill. Gulden zu vergeben, und erhielt dafür das ausschließliche Recht zur Banknotenemission"[331]). Zu einer Hypothekenbank im heutigen Sinne wurde diese Bank jedoch erst im Jahre 1864, als ihr und der 1862 neugegründeten Preußischen Hypothekenversicherungs-AG, der späteren Deutschen Central-Bodenkredit-AG, das Pfandbriefprivileg verliehen wurde. Daher kann die Frankfurter Hypothekenbank, Frankfurt am Main, die 1862 gegründet wurde und sich von Anfang an das Fremdkapital durch Pfandbriefemissionen beschaffte, als die älteste reine Hypothekenbank bezeichnet werden[332]).

Bis in die heutige Zeit nahm die Entwicklung des deutschen Hypothekenbankwesens einen günstigen Verlauf, obwohl Inflation und Währungsreform vorübergehend eine nachteilige Wirkung auf das Pfandbriefgeschäft ausübten. In allen Ländern Deutschlands wurden Realkreditinstitute gegründet, und bereits zu Anfang des ersten Weltkrieges hatte der Pfandbriefumlauf die beachtliche Höhe von 11 Mrd. DM erreicht[333]).

Nach dem zweiten Weltkrieg mußten zahlreiche Institute in Mittel- und Ostdeutschland ihre Tätigkeit einstellen. Außerdem waren durch die Kriegsereignisse erhebliche Teile des beliehenen Grundbesitzes verlorengegangen. Hinzu kam, daß die Währungsumstellung im Jahre 1948 keine besondere Behandlung der Pfandbriefe zuließ, so daß das ihnen anhaftende Kriterium der Sicherheit eine erhebliche Beeinträchtigung erfuhr. Aber auch dieser Tiefpunkt wurde überwunden, und die Bilanzsumme der in der Bundesrepublik tätigen 28 privaten Hypothekenbanken betrug Ende 1973 bereits wieder rd. 83,4 Mrd. DM[334]).

Schiffspfandbriefbanken wurden in Holland bereits im 17. Jahrhundert gegründet. In Deutschland entstanden nach dem ersten Weltkrieg nach dem Vorbild der privaten Hypothekenbanken Schiffshypothekenbanken in

---

330) Vgl. Mössner, K. E., a. a. O., S. 294.

331) Schulte, F., Die Hypothekenbanken, München und Leipzig 1918, S. 43.

332) Vgl. Achterberg, E., Hundert Jahre Deutsche Hypothekenbank, a. a. O., o. J. (Frankfurt am Main 1962).

333) Vgl. Knacke, E., Hypothekenbanken, in: Enzyklopädisches Lexikon, Band 1, S. 751.

334) Vgl. Monatsberichte der Deutschen Bundesbank, März 1974, S. 29 *.

Hamburg, Berlin und Duisburg. Nach dem zweiten Weltkrieg folgten Institute in Bremen und Lübeck. Diese Schiffshypothekenbanken haben die Aufgabe, den Schiffsbau — sowohl für die Binnen- als auch für die Seeschiffahrt — mit langfristigem Kredit zu versorgen[335]). Beliehen werden Schiffe oder Schiffsbauwerke, die in ein deutsches Schiffsregister oder Schiffsbauregister eingetragen sind.

b) Gesetzliche Bestimmungen

Für die öffentlich-rechtlichen und privaten Realkreditinstitute bestehen verschiedene gesetzliche Bestimmungen. Die ersten öffentlich-rechtlichen Institute erhielten ihre rechtliche Grundlage durch „Reglements", „Verordnungen" o. ä. der betreffenden Landesherren. Seitdem die einzelnen Staaten und das Deutsche Reich Verfassungen bekommen hatten, bildeten besondere, für den Einzelfall erlassene Gesetze die rechtliche Grundlage der öffentlich-rechtlichen Realkreditinstitute.

Gemeinsame Rechtsgrundlage aller öffentlich-rechtlichen Realkreditinstitute ist das „Gesetz über die Pfandbriefe und verwandten Schuldverschreibungen öffentlich-rechtlicher Kreditanstalten"[336]). Dieses Gesetz enthält wie das Hypothekenbankgesetz Vorschriften über die Emission von Pfandbriefen usw. sowie über ihre Deckung durch Hypotheken bzw. eine sogenannte Ersatzdeckung durch bestimmte andere Vermögenswerte. Im Gegensatz zu den Bestimmungen des Hypothekenbankgesetzes besteht für öffentlich-rechtliche Realkreditinstitute nicht die Vorschrift, daß die zur Deckung bestimmten Hypotheken nur den ersten Rang im Grundbuch einnehmen dürfen.

Auch das Recht der privaten Hypothekenbanken war in der zweiten Hälfte des 19. Jahrhunderts in den einzelnen Staaten Deutschlands unterschiedlich gestaltet. Die den Geschäftsbetrieb einengenden preußischen Normativbestimmungen vom 6. Juli 1863 hatten zur Folge, daß die Gründung von Hypothekenbanken vorwiegend in außerpreußischen Gebieten erfolgte[337]). Insbesondere nach der Reichsgründung wurde aber die Notwendigkeit einer einheitlichen Regelung in ganz Deutschland immer dringlicher. Das Ergebnis dieser Bestrebungen war der Erlaß des Hypothekenbankgesetzes vom 13. 7. 1899[338]). Heute hat die Neufassung dieses Gesetzes vom 5. 2. 1963 Geltung, das in den folgenden Jahren verschiedentlich geändert wurde[339]).

---

335) Vgl. Tornier, K., Die Realkreditinstitute, in: Die Bank, Band 1, S. 257 und 247.

336) In der Fassung vom 11. 3. 1974 (BGBl I S. 669).

337) Vgl. Weyrauch, F., Die gesetzlichen Grundlagen, in: Die deutschen Hypothekenbanken, Band 3 von: Deutscher Bodenkredit, hrsg. von Kalveram, W., Berlin 1937, S. 15.

338) RGBl S. 375.

339) Änderungs- und Ergänzungsgesetze, die jedoch nur relativ unbedeutende Änderungen brachten, wurden erlassen am 14. 7. 1923 (RGBl I S. 653), 26. 1. 1926 (RGBl I S. 97), 21. 12. 1927 (RGBl I S. 491), 23. 3. 1930 (RGBl I S. 108), 18. 12. 1956 (BGBl I S. 925). Neufassung des Hypothekenbankgesetzes vom 5. 2. 1963 (BGBl I S. 81) mit nachfolgenden Änderungen.

Zu den wichtigsten Bestimmungen des Hypothekenbankgesetzes gehört die Vorschrift, daß Hypothekenbanken nur in der Rechtsform der Aktiengesellschaft und der Kommanditgesellschaft auf Aktien betrieben werden dürfen[340]) und der staatlichen Aufsicht unterliegen. Die entsprechenden Vorschriften des Hypothekenbankgesetzes[341]) besagen u. a.,

(1) daß die Aufsicht vom Bundesaufsichtsamt für das Kreditwesen ausgeübt wird;

(2) daß die Aufsichtsbehörde befugt ist, alle Anordnungen zu treffen, welche erforderlich sind, um den Geschäftsbetrieb der Bank u. a. mit den Gesetzen und der Satzung in Einklang zu halten;

(3) daß bei jeder Hypothekenbank durch das Bundesaufsichtsamt ein Treuhänder zu bestellen ist, der u. a.

(4) darauf zu achten hat, daß jederzeit die vorschriftsmäßige Deckung für die Hypothekenpfandbriefe vorhanden ist.

Der Treuhänder ist sowohl von der Hypothekenbank, bei der er tätig ist, als auch von der Aufsichtsbehörde unabhängig. Er handelt lediglich im Interesse der Pfandbriefgläubiger. Im Gegensatz hierzu ist im Gesetz über die Pfandbriefe und verwandten Schuldverschreibungen für die öffentlich-rechtlichen Realkreditinstitute kein Treuhänder vorgeschrieben, da die Kontrolle dieser Institute durch die jeweiligen Aufsichtsbehörden für ausreichend angesehen wird. Trotzdem bestimmt in zahlreichen Fällen die Satzung der öffentlich-rechtlichen Realkreditinstitute, daß ein Treuhänder bestellt werden muß[342]).

Weiterhin enthält das Hypothekenbankgesetz genaue Vorschriften über die Ausgabe von Hypothekenpfandbriefen, die Bedingungen über die Gewährung hypothekarischer Darlehen, das Hypothekenregister, die rechtliche Sicherung der Pfandbriefgläubiger sowie die Ausgabe von Kommunalobligationen.

Für die Schiffspfandbriefbanken wurde im Jahre 1943 ein besonderes Gesetz erlassen[343]), das in seinen Grundzügen dem Hypothekenbankgesetz entspricht, in seinen einzelnen Paragraphen jedoch die Eigenart der Beleihung von Schiffen berücksichtigt. Z. B. bestimmt das Gesetz, daß die Beleihung nur durch die Einräumung von Abzahlungsdarlehen für in der Regel nicht länger als 12 Jahre erfolgen darf.

Von besonderer Bedeutung für die Realkreditinstitute ist außerdem die „Verordnung über die Mündelsicherheit der Pfandbriefe und verwandten

340) Als einziges Institut ist von dieser Vorschrift befreit die 1816 gegründete Münchener Hypothekenbank eGmbH, München, da diese Bank bereits vor Inkrafttreten des Hypothekenbankgesetzes als Hypothekenbank in der Rechtsform der eGmbH tätig war. Alle übrigen z. Z. bestehenden Hypothekenbanken sind Aktiengesellschaften.

341) Vgl. §§ 3, 4, 29 und 30 HypBkG.

342) Z. B. bei der Deutschen Pfandbriefanstalt, Wiesbaden - Berlin.

343) Gesetz über die Schiffspfandbriefbanken (Schiffsbankgesetz) vom 8. 4. 1943 (RGBl I S. 241) in der Fassung vom 8. 5. 1968 (BGBl I S. 302) mit nachfolgenden Änderungen.

Schuldverschreibungen“ vom 7. 5. 1940[344]). Durch diese Verordnung wurde auf dem Gebiet der Mündelsicherheit der Pfandbriefe ein einheitliches Recht für die öffentlich-rechtlichen und die privaten Realkreditinstitute geschaffen.

c) Eigene Mittel

Das Eigenkapital der öffentlich-rechtlichen und privaten Realkreditinstitute setzt sich aus dem Kapital bzw. Grundkapital sowie den Rücklagen zusammen.

Neben den üblichen Funktionen des Bankeigenkapitals hat das Eigenkapital der Realkreditinstitute noch besondere Aufgaben zu erfüllen. Einmal dient es dazu, die Deckungshypotheken für die zuerst emittierten Pfandbriefe vorzufinanzieren, denn die gesetzlichen Bestimmungen schreiben sowohl den öffentlich-rechtlichen als auch den privaten Realkreditinstituten vor, daß die in Umlauf befindlichen Pfandbriefe jederzeit durch Hypotheken von mindestens gleicher Höhe und mindestens gleichem Zinsertrag (ordentliche Deckung) oder bestimmte Ersatzdeckungswerte hinsichtlich des Gesamtbetrages gedeckt sein müssen[345]). Mit Hilfe des Eigenkapitals müssen deshalb zuerst Hypothekarkredite gewährt und ins Deckungsregister eingetragen bzw. Ersatzdeckungswerte erworben werden, bevor Pfandbriefe emittiert werden können und dadurch Fremdkapital aufgenommen werden kann[346]).

Zum anderen ist für die dem Hypothekenbankgesetz unterliegenden Institute die Höhe des Eigenkapitals von großer Bedeutung, weil das Gesetz die Höhe des Pfandbriefumlaufs[347]) von der Höhe des Eigenkapitals abhängig macht. Daraus entstanden insbesondere nach der Währungsreform im Jahre 1948, als die Eigenkapitalbasis der meisten Institute zusammengeschrumpft war, erhebliche Probleme. Da es bei der geringen Aufnahmefähigkeit des Kapitalmarktes nur in kleinem Umfange möglich war, die Umlaufsgrenze für die Pfandbriefe durch Kapitalerhöhungen auszuweiten, entschloß sich der Gesetzgeber, die im Hypothekenbankgesetz genannten Relationen zu ändern[348]). Bis zum 31. 12. 1960[349]) galt, daß die

344) RGBl I S. 756.

345) § 6 HypBkG bzw. § 2 ÖffPfandbG.

346) In dieser Hinsicht ist auf einen Wandel in der Technik des Bodenkredits hinzuweisen. Als die Realkreditinstitute noch Pfandbriefdarlehen gewährten, war für diese Art von Krediten keine Zwischenfinanzierung mit Hilfe von Eigenkapital erforderlich, denn in diesem Falle benötigte das Institut für den Erwerb der Deckungsunterlagen keine besonderen Mittel.

347) Der Einfachheit halber wird hier nur vom Pfandbriefumlauf gesprochen, obwohl sich der in Rede stehende Betrag nach § 41 HypBkG insgesamt zusammensetzt aus dem Gesamtbetrag der ausgegebenen Pfandbriefe und dem Gesamtbetrag der im Umlauf befindlichen Kommunalschuldverschreibungen.

348) § 2 des Gesetzes über weitere Maßnahmen auf dem Gebiet des Hypotheken- und Schiffsbankrechts vom 20. 4. 1954 (BGBl I S. 115) hatte — beschränkt auf die Zeit bis zum 31. 12. 1956 — die Umlaufsgrenze für die reinen Hypothekenbanken auf das 30fache des Aktienkapitals zuzüglich der Rücklagen und für die gemischten Hypothekenbanken auf das 22½fache des Aktienkapitals zuzüglich der Rücklagen festgesetzt.

349) Gemäß Art. 4 des Gesetzes über Maßnahmen auf dem Gebiet des Realkredits vom 18. 12. 1956 (BGBl I S. 925).

reinen Hypothekenbanken höchstens Pfandbriefe im Gesamtbetrag des 25fachen ihres Grundkapitals zuzüglich der Rücklagen emittieren durften; für die gemischten Hypothekenbanken wurde als Umlaufsgrenze der 18³/₄fache Betrag festgelegt. Ab 1. 1. 1961 mußten wieder die im Hypothekenbankgesetz und Schiffsbankgesetz genannten Relationen eingehalten werden, und zwar betrugen die Umlaufsgrenzen nach diesen Gesetzen das 20fache bzw. das 15fache des Eigenkapitals. Die Umlaufsgrenzen wurden nochmals durch die Novelle zum Hypothekenbankgesetz vom 12. 12. 1973 geändert. Nach der Neufassung des Hypothekenbankgesetzes darf der „Gesamtbetrag der im Umlauf befindlichen Pfandbriefe ... den fünfundzwanzigfachen Betrag des eingebrachten Grundkapitals, der gesetzlichen Rücklage sowie anderer durch die Satzung oder durch Beschluß der Hauptversammlung ausschließlich zur Deckung von Verlusten oder zu einer Kapitalerhöhung aus Gesellschaftsmitteln bestimmter Rücklagen nicht übersteigen“[350]). Gewährt eine Hypothekenbank Kommunaldarlehen, so darf der Gesamtbetrag der zur Finanzierung dieses Geschäftes emittierten Kommunalschuldverschreibungen gemäß § 41 Abs. 2 HypBkG unter Hinzurechnung der im Umlauf befindlichen Pfandbriefe das Doppelte der in § 7 Hypothekenbankgesetz für Pfandbriefe allein genannten Höchstgrenze nicht übersteigen. Bei öffentlich-rechtlichen Realkreditinstituten sind die Umlaufsgrenzen durch den Grundsatz I (der vom Bundesaufsichtsamt für das Kreditwesen gem. §§ 10, 11 des KWG erlassenen „Grundsätze über das Eigenkapital und die Liquidität der Kreditinstitute“ vom 20. 1. 1969) fixiert; danach sollen die in Umlauf befindlichen Schuldverschreibungen das 36fache des haftenden Eigenkapitals nicht übersteigen[351]). Von Wichtigkeit ist schließlich noch, daß nunmehr für neu zu gründende Hypothekenbanken der Mindestnennbetrag des Grundkapitals auf 8 Mill. DM festgelegt worden ist[352]).

d) Geschäftstätigkeit

Die Geschäftstätigkeit der Realkreditinstitute wird durch gesetzliche Bestimmungen auf wenige Bankgeschäfte beschränkt. In erster Linie dürfen folgende Geschäfte betrieben werden:

(1) Gewährung von Hypothekarkrediten[353]),

(2) Beschaffung der dazu benötigten Mittel durch Emission von Pfandbriefen,

(3) Gewährung von nicht-hypothekarischen Darlehen an inländische Körperschaften und Anstalten des öffentlichen Rechts oder gegen Übernahme der vollen Gewährleistung durch eine solche Körperschaft oder Anstalt,

---

[350]) § 7 HypBkG i. d. F. vom 5. 2. 1963 mit nachfolgenden Änderungen.

[351]) Diese Umlaufsgrenze ist nur indirekt aus dem Grundsatz I abzuleiten; die hier entscheidenden Formulierungen dieser Vorschriften sind: Die Kredite ... sollen das 18fache des haftenden Eigenkapitals nicht übersteigen. ... Langfristige Kredite, die als Deckung für Schuldverschreibungen dienen ..., sind nur zur Hälfte zu berücksichtigen.

[352]) Vgl. § 2 Abs. 2 HypBkG. Zur Problematik dieser Bestimmung vgl.: Werner, U.: Das Mindestgrundkapital bei neuen Hypothekenbanken, in: ZfK 1968, S. 876 ff.

[353]) Vgl. Kittel, H., Marktstrategien im Hypothekarkreditgeschäft, Berlin 1974.

(4) Beschaffung der dazu notwendigen Mittel durch Ausgabe von Kommunalobligationen.

Zusätzlich dürfen die Hypothekenbanken das Auslandskommunalgeschäft betreiben. Sie können „Darlehen ... an einen Mitgliedstaat der Europäischen Gemeinschaften oder gegen Übernahme der vollen Gewährleistung durch einen solchen Staat gewähren und die erworbenen Forderungen zur Deckung von Kommunalschuldverschreibungen verwenden“[354]). Der Gesamtbetrag dieser Darlehen darf 10 % der Kommunaldarlehen an inländische Körperschaften nicht übersteigen.

Daneben ist den Realkreditinstituten die Abwicklung einiger risikoloser Geschäfte, wie Effektenkommissions- und -inkassogeschäfte, Depotgeschäfte, Wechselinkasso und die Hereinnahme von Depositeneinlagen, gestattet. Ferner ist es den Hypothekenbanken erlaubt, zum Zwecke der Gewährung von Hypothekendarlehen und Kommunaldarlehen verzinsliche und unverzinsliche Einlagen hereinzunehmen, Darlehen aufzunehmen sowie Inhaberschuldverschreibungen ohne die für Pfandbriefe und Kommunalschuldverschreibungen vorgesehene Deckung auszugeben[355]). Den Realkreditinstituten ist es nicht gestattet, andere als langfristige Kreditgeschäfte zu tätigen. Insbesondere dürfen sie keine Kontokorrentkredite gewähren. Ausgenommen von dieser Regelung sind die gemischten Hypothekenbanken, weil diese bereits vor Inkrafttreten des Hypothekenbankgesetzes auch kurzfristige Kredite ausreichten und die sonstigen Kreditgeschäfte pflegten. Geld- und Kapitalanlagegeschäfte dürfen Hypothekenbanken in beschränktem Umfang durchführen. Die Anlage kann erfolgen durch Guthaben bei Kreditinstituten, Ankauf von Hypothekenpfandbriefen und Kommunalschuldverschreibungen, von rediskontfähigen Wechseln, Anleihen des Bundes und der Länder sowie zum amtlichen Handel zugelassener Schuldverschreibungen. Beteiligungen dürfen im Rahmen bestimmter Betragsgrenzen nur erworben werden, wenn sie dazu dienen, das Hypothekar- und Kommunalkreditgeschäft zu fördern.

Hypotheken- und Pfandbriefgeschäft der Realkreditinstitute sind eng miteinder verbunden. Bereits oben war darauf hingewiesen, daß der Betrag der emittierten Pfandbriefe stets von Hypotheken mindestens gleich hohen Nennwertes und mindestens gleichen Zinsertrages im Vergleich zum Zinsaufwand für die Pfandbriefe gedeckt sein muß (ordentliche Deckung)[356]). Entsprechendes gilt für Kommunalobligationen und Kommunaldarlehen. Eine sogenannte Ersatzdeckung kann aus Schuldverschreibungen des Bundes und der Länder, aus Guthaben bei der Deutschen Bundesbank, aus Bargeld oder aus Ausgleichsforderungen gebildet werden. Diese Ersatzdeckung darf aber seit dem 1. 1. 1966 10 % des gesamten Pfandbriefumlaufs (bis zum 31. 12. 1965: 20 %) nicht übersteigen[357]).

354) Vgl. § 5 Abs. 1 Ziff. 1 HypBkG.
355) Vgl. § 5 Abs. 1 Ziff. 4 HypBkG.
356) Vgl. § 6 HypBkG.
357) Vgl. § 6 Abs. 5 HypBkG.

Eine weitere wichtige Bestimmung besteht darin, daß die zur Deckung der Pfandbriefe bestimmten Hypotheken bzw. die Ersatzdeckung in ein „Register" eingetragen werden müssen. Über die Einhaltung dieser Vorschriften hat der Treuhänder, der bei jeder Hypothekenbank durch die Aufsichtsbehörde bestellt wird[358]), zu wachen; er muß im einzelnen Fall seine schriftliche Zustimmung erteilen, wenn eine im Register eingetragene Hypothek oder ein Wertpapier der Ersatzdeckung in diesem gelöscht werden soll. Ferner hat der Treuhänder der Aufsichtsbehörde Auskunft über seine Feststellungen und Beobachtungen zu erteilen.

Eine besondere Note bekommt das Hypothekarkreditgeschäft bei den Realkreditinstituten dadurch, daß bei Gewährung der Darlehen eine Reihe von gesetzlichen Vorschriften zu beachten ist. „Der bei der Beleihung angenommene Wert des Grundstückes darf den durch sorgfältige Ermittlung festgestellten Verkaufswert nicht übersteigen", und bei der Feststellung dieses Wertes dürfen nur die dauernden Eigenschaften des Grundstücks und der Ertrag, welchen das Grundstück bei ordnungsmäßiger Wirtschaft jedem Besitzer nachhaltig gewähren kann, berücksichtigt werden[359]). Sodann ist im Gesetz festgelegt, daß das Hypothekendarlehen höchstens 60 % des Grundstückswertes betragen darf. Bis zur Novellierung des Hypothekenbankgesetzes im Dezember 1973 war vorgeschrieben, daß die Hypotheken in der Regel an erster Rangstelle stehen müssen. Die Rangstelle ist nunmehr unerheblich; die Summe aus den vorrangigen Belastungen und den Hypotheken müssen jetzt nur innerhalb der 60 %-Grenze liegen[360]). Für öffentlich-rechtliche Realkreditinstitute fehlen derartige gesetzliche Regelungen, doch erfolgt auch bei diesen die Beleihung von Grundstücken nach ähnlichen Grundsätzen. Da die Pfandbriefgläubiger bei diesen Bodenkreditinstituten zusätzlich durch die Haftung des Gewährträgers geschützt sind, können diese Institute teilweise etwas geringere qualitative Anforderungen stellen.

Das Streben nach Sicherheit wird bei den Realkreditinstituten neben der Beschränkung auf bestimmte, relativ risikolose Geschäfte durch Risikostreuung unterstützt, indem diese Institute überregional tätig sind.

e) Bilanzierung und Publizität

Die privaten Hypothekenbanken und Schiffspfandbriefbanken haben bei der Erstellung des Jahresabschlusses neben den betreffenden allgemeinen handelsrechtlichen und aktienrechtlichen Vorschriften die Bestimmungen des Hypothekenbankgesetzes bzw. Schiffsbankgesetzes zu beachten. Im Rahmen dieser Spezialvorschriften[361]) sind vor allem diejenigen von besonderer Bedeutung, die die Jahresergebnisse in den einzelnen Rechnungsperioden beeinflussen. Es wird nämlich vorgeschrieben[362]), daß vom Emissions-

358) § 29 HypBkG.
359) § 12 HypBkG.
360) § 11 HypBkG.
361) Insbesondere §§ 24—26 HypBkG und §§ 22—24 SchiffsBkG.
362) § 25 HypBkG; § 23 SchiffsBkG.

disagio der Pfandbriefe nur bis zu 80 % aktiviert, d. h. als Rechnungsabgrenzungsposten behandelt werden dürfen, während die restlichen 20 % sofort als Aufwand zu verrechnen sind. Diese Regelung bedeutet in Jahren, in denen umfangreiche Emissionen vorgenommen werden, oft eine erhebliche Belastung der betreffenden Banken. Hinzu kommt, daß der aktivierte Mindererlös in den folgenden vier Jahren mit jährlich 25 % abgeschrieben werden muß; dadurch kann die Belastung des Jahresergebnisses noch verstärkt werden, wenn in mehreren aufeinanderfolgenden Jahren in besonders hohem Umfang Pfandbriefe emittiert wurden.

Die Jahresabschlüsse der privaten Hypothekenbanken werden nach Formblättern, die für die Jahresbilanz und die Gewinn- und Verlustrechnung dieser Banken herausgegeben wurden, unter Berücksichtigung der entsprechenden Bilanzierungsrichtlinien aufgestellt.

Die öffentlich-rechtlichen Realkreditinstitute erstellen ihren Jahresabschluß unter Berücksichtigung der allgemeingültigen Bestimmungen, nach den Anordnungen, die in der Satzung bzw. dem der Errichtung zugrundeliegenden Gesetz niedergelegt sind, und unter Beachtung der von den zuständigen Staatsaufsichtsbehörden erlassenen Vorschriften. Bis zum Jahre 1955 hatten die öffentlich-rechtlichen Bodenkreditinstitute ihrer Bilanz das Formblatt für die Jahresbilanz der öffentlich-rechtlichen Kreditanstalten zugrunde zu legen, obwohl das Gliederungsschema dieses Formblattes die Eigenarten der Geschäftstätigkeit dieser Institute in vielen Punkten nicht berücksichtigte. Erst durch eine Bekanntmachung vom 15. 3. 1956[363]) wurde diese unzweckmäßige Regelung beseitigt und angeordnet, daß die öffentlich-rechtlichen Kreditanstalten, die überwiegend die Geschäfte einer Hypothekenbank betreiben, die für Hypothekenbanken vorgeschriebenen Formblätter für die Jahresbilanz und die Gewinn- und Verlustrechnung mit geringfügigen Änderungen anzuwenden haben. Dadurch erfolgte eine Angleichung der bis dahin bei privaten und öffentlich-rechtlichen Realkreditinstituten zum Teil sehr unterschiedlichen Bilanzgliederungsvorschriften und der zu benutzenden Formblätter.

In einer besonderen Situation befinden sich die „gemischten Hypothekenbanken", die sowohl das kurzfristige als auch das langfristige Kreditgeschäft pflegen und Pfandbriefe emittieren. Diese Institute müssen ihren Jahresabschluß nach den Vorschriften aufstellen, die für ihre nicht zum Betrieb einer Hypothekenbank gehörenden Geschäftszweige gelten, und ihn nach der für die Hypothekenbanken geltenden Gliederung ergänzen[364]).

363) Gemeinsame Bekanntmachung der Staatsaufsichtsbehörden betreffend Formblätter für die Gliederung des Jahresabschlusses der öffentlich-rechtlichen Grundkreditanstalten vom 15. 3. 1956 (BAnz Nr. 57). Diese Vorschriften gelten gemäß § 62 KWG auch weiterhin.

364) Vgl. § 24 Abs. 1 HypBkG. Nach § 24 Abs. 2 wird der Bundesminister der Justiz aber „ermächtigt, im Einvernehmen mit dem Bundesminister für Wirtschaft durch Rechtsverordnung die in Absatz 1 bezeichneten Formblätter vorzuschreiben oder andere Vorschriften für die Gliederung der Jahresabschlüsse zu erlassen, soweit das Geschäft der Hypothekenbanken dies bedingt".

Eine Eigenart der Bilanzierung der Realkreditinstitute besteht darin, daß sie nicht nach dem Gesichtspunkt der Liquidität erfolgt, weil diese bei Hypothekenbanken nur untergeordnete Bedeutung hat, sondern daß die wichtigsten Geschäfte an erster Stelle stehen. Infolgedessen werden auf der Aktivseite als erste Position die „Ausleihungen mit vereinbarter Laufzeit von vier Jahren oder länger", untergliedert nach „Hypotheken", „Kommunaldarlehen und „sonstige", ausgewiesen, und auf der Passivseite erscheinen zuerst „begebene Schuldverschreibungen", „Verpflichtungen zur Lieferung von Schuldverschreibungen" und dann die „aufgenommenen Darlehen mit einer vereinbarten Laufzeit oder Kündigungsfrist von vier Jahren oder länger". Es finden sich besondere Positionen für die Aktivierung bzw. Passivierung der noch nicht fälligen, zwecks periodengerechter Erfolgsabgrenzung aber zu berücksichtigenden Zinsen. Eine weitere Eigenart der Hypothekenbankbilanzen besteht in dem Vorhandensein einer sogenannten „Deckungsspalte" auf der Aktivseite der Bilanz, in der die Vermögenswerte betragsmäßig angegeben werden, die ins Deckungsregister eingetragen sind.

Das von den Realkreditinstituten zu verwendende Formblatt für die Gewinn- und Verlustrechnung weist eine relativ weitgehende Gliederung auf, wobei vor allem auf einen ausführlichen Ausweis der Pfandbrief- und Hypothekenzinsen geachtet worden ist.

Keine Besonderheiten ergeben sich bei den Realkreditinstituten hinsichtlich der Prüfungspflicht; alle Institute haben sich einer Jahresabschlußprüfung zu unterziehen. Die Publizitätspflicht der Realkreditinstitute erstreckt sich auf die Veröffentlichung der Jahresbilanz und der Gewinn- und Verlustrechnung.

f) Verbandswesen[365])

Sowohl die privaten Hypothekenbanken als auch die öffentlich-rechtlichen Realkreditinstitute strebten bereits vor dem ersten Weltkrieg einen verbandsmäßigen Zusammenschluß an. Für die privaten Hypothekenbanken konstituierte sich innerhalb des „Centralverbandes des Deutschen Bank- und Bankiergewerbes" ein „Sonderausschuß für Hypothekenbankwesen". Bei den öffentlich-rechtlichen Grundkreditanstalten schlossen sich im Jahre 1916 zunächst die preußischen Landesbanken zu einem „Verband der Landesbanken" zusammen. Diesem Verband, der sehr bald seinen Namen in „Verband öffentlich-rechtlicher Kreditanstalten" änderte, traten auch die Landschaften, Stadtschaften und sonstigen öffentlich-rechtlichen Bodenkreditinstitute bei.

In den Jahren nach 1933 wurde eine neue Standesorganisation geschaffen. Für die Realkreditinstitute kamen die „Fachgruppe private Hypotheken-

---

365) Vgl. o. V., Hypothekenbanken (Verbandsbildung), in: Enzyklopädisches Lexikon, Bd. 1, S. 753—754; o. V., Verband öffentlich-rechtlicher Kreditanstalten, in: Enzyklopädisches Lexikon, Bd. 2, S. 1651.

banken“, die „Wirtschaftsgruppe öffentlich-rechtliche Kreditanstalten“ oder die „Wirtschaftsgruppe öffentliche Banken mit Sonderaufgaben“ in Betracht. Da diese Organisationen nach dem zweiten Weltkrieg ihre Tätigkeit einstellen mußten, war es erforderlich, ein neues Verbandswesen aufzubauen.

Nach regionalen Zusammenschlüssen in Süd- und Norddeutschland wurde bereits im September 1947 eine überregionale „Arbeitsgemeinschaft des privaten Hypothekenbankgewerbes“ ins Leben gerufen. Diese Arbeitsgemeinschaft, die sich 1951 dem „Bundesverband des privaten Bankgewerbes“ als Mitglied anschloß, wurde 1953 zum „Verband privater Hypothekenbanken“ mit dem Sitz in Bonn-Bad Godesberg umgestaltet. Die Aufgabe dieses Verbandes besteht darin, die Interessen der privaten Hypothekenbanken wahrzunehmen, seinen Mitgliedern sowie den zuständigen Behörden beratend zur Seite zu stehen, den Kontakt mit den anderen Verbänden des Kreditgewerbes aufrechtzuerhalten und insbesondere auf dem Gebiet der Rechtsetzung mitzuwirken. Der „Verband deutscher Schiffsbanken“, Bremen, nimmt entsprechende Aufgaben für seine Mitglieder wahr.

Die öffentlich-rechtlichen Realkreditinstitute gehören heute dem „Verband öffentlich-rechtlicher Kreditanstalten e. V.“, Bonn, oder dem „Verband öffentlich-rechtlicher Kreditinstitute in Bayern“, München, an.

IV. Die Deutsche Bundesbank

Die Deutsche Bundesbank ist die Zentralbank (Notenbank) der Bundesrepublik Deutschland und hat am 1. 8. 1957 ihre Geschäftstätigkeit aufgenommen[366]).

a) Geschichtliche Entwicklung

Noch zu Beginn des 19. Jahrhunderts gab es in Deutschland über 300 souveräne, durch Zollgrenzen voneinander getrennte Länder, die vielfach eine eigene Währung besaßen. Diese politische Zersplitterung hemmte die Entwicklung des deutschen Bankwesens und ermöglichte erst relativ spät die Bildung einer einheitlichen Zentralbank[367]).

Das erste Institut, das für einen kleineren Raum ähnliche Aufgaben zu erfüllen hatte wie heute die Deutsche Bundesbank, war die von Friedrich dem Großen 1765 ins Leben gerufene *Königliche Giro- und Lehnbank,* die im Jahre 1766 das Recht zur Notenausgabe erhielt[368]). Ihre Notenausgabe gewann jedoch keine größere Bedeutung und wurde 1806 völlig einge-

366) Vgl. Gesetz über die Deutsche Bundesbank vom 26. 7. 1957 (BGBl I S. 745), abgedruckt in: Geschäftsbericht der Deutschen Bundesbank für das Jahr 1957, S. 121 ff.

367) Vgl. Veit, O., Grundriß der Währungspolitik, 3. Aufl., Frankfurt am Main 1969, S. 467 ff.; Löffelholz, J., Die Geschichte der Banken, in: Die Bank, Band 1, S. 23 f.

368) Vgl. Dierschke, K. - Müller, F., Die Notenbanken der Welt, Berlin 1926, S. 1.

stellt[369]). Aus der Königlichen Bank ging im Jahre 1847 die *Preußische Bank* hervor, „die nach ihren Grundsätzen, Aufgaben und Geschäften schon ganz den Charakter einer zentralen Notenbank angenommen hatte“[370]). Zu diesem Zeitpunkt hatten fast alle deutschen Staaten Notenbanken errichtet (z. B. 1835 die Bayerische Hypotheken- und Wechsel-Bank, 1839 die Leipziger Bank), doch bestand keinerlei Übereinstimmung hinsichtlich ihrer Organisation, ihres Geschäftsgebarens, der Stückelung und der Währungsgrundlage der Noten. Das hatte eine erhebliche Unübersichtlichkeit im Notenwesen zur Folge. Der Wunsch nach einer Vereinheitlichung auf diesem Gebiet wurde noch dadurch unterstützt, daß neben den Banknoten auch Staatspapiergeld von 22 verschiedenen Staaten und Münzen sieben verschiedener Münzsysteme umliefen[371]). Schon der Norddeutsche Bund hatte durch das sogenannte Banknotensperrgesetz versucht, eine weitere Zersplitterung des Notenwesens zu verhindern. Als 1871 die politische Einheit in Deutschland verwirklicht werden konnte, waren die Voraussetzungen für die Schaffung und das Tätigwerden einer Zentralnotenbank erfüllt. Durch das Münzgesetz vom 9. 7. 1873[372]) wurde die „Mark“-Währung im gesamten Reichsgebiet eingeführt und damit die Silber- durch eine Goldwährung abgelöst. Im Anschluß daran wurde das Bankgesetz vom 13. 3. 1875[373]) erlassen und die Geschäftstätigkeit und der Notenumlauf der 32 Privatnotenbanken eingeschränkt. In den folgenden Jahrzehnten verzichteten die meisten Privatnotenbanken auf ihre Notenemissionsrechte, und kurz nach 1900 betätigten sich nur noch die Bayerische Notenbank, die Württembergische Notenbank, die Sächsische Bank sowie die Badische Bank als Privatnotenbanken. Mit dem Gesetz zur Änderung des Privatnotenbankgesetzes vom 18. 12. 1935[374]) wurde auch diesen Banken das Notenausgaberecht mit Wirkung vom 31. 12. 1935 entzogen.

Nachdem die Geschäftstätigkeit der privaten Notenbanken eingeschränkt war, nahm die Preußische Bank ab 1. 1. 1876 den Namen „Reichsbank“ an und dehnte ihre Organisation und ihre Geschäftstätigkeit auf das gesamte deutsche Reichsgebiet aus.

In § 12 des Bankgesetzes von 1875 wurde über den Charakter und die Aufgaben der Reichsbank bestimmt: „Unter dem Namen ‚Reichsbank‘ wird eine unter Aufsicht und Leitung des Reichs stehende Bank errichtet, welche die Eigenschaft einer juristischen Person besitzt und die Aufgabe hat, den Geldumlauf im gesamten Reichsgebiete zu regeln, die Zahlungs-

369) Vgl. Döring, F., Die Reichsbank, in: Die Deutsche Bankwirtschaft, Band 2, S. 69.

370) Döring, F. - v. Schelling, F. W., Reichsbank, in: Enzyklopädisches Lexikon, a. a. O., 1. Aufl., Bd. 2, S. 1335.

371) Vgl. Döring, F. - v. Schelling, F. W., a. a. O., S. 1335.

372) RGBl S. 233; vgl. ferner Veit, O., a. a. O., S. 486 f.

373) RGBl S. 177; vgl. ferner Veit, O., a. a. O., S. 491 ff.

374) RGBl II S. 1034.

ausgleichung zu erleichtern und für die Nutzbarmachung verfügbaren Kapitals zu sorgen."

Zwar war die Reichsbank eine Körperschaft des öffentlichen Rechts, das Kapital wurde aber von privaten Anteilseignern aufgebracht (Reichsbankanteilscheine). Die Leitung der Reichsbank oblag dem Reichsbankdirektorium, das bis 1922 nach den Weisungen des Bankkuratoriums (Reichskanzler und 4 Mitglieder) handelte. Tatsächlich hatte jedoch diese Einflußmöglichkeit bis zur Aufhebung der Goldeinlösungspflicht 1914 für die Geschäftspolitik der Bank wenig Bedeutung. Danach begann die Periode der Inflation. Noch vor deren Beendigung hob das sog. Autonomiegesetz von 1922 die Weisungsbefugnis des Reichskanzlers auf, was bemerkenswerterweise keinerlei Wirkung auf den Fortgang der Staatsinflation hatte. Die Selbständigkeit der Reichsbank wurde durch das Bankgesetz von 1924 noch unterstrichen, denn es legte ihre Unabhängigkeit von der Regierung ausdrücklich fest[375]). Diese Situation änderte sich mit dem Gesetz vom 10. 2. 1937 und später der Neufassung des Reichsbankgesetzes vom 15. 6. 1939; die Reichsbank geriet in völlige Abhängigkeit von der Regierung. Damit war sie zu einem Instrument der Staatsführung geworden, dem es nicht möglich war, die Stabilität der Währung zu erhalten.

An allen größeren Plätzen unterhielt die Reichsbank Zweigniederlassungen, sog. Reichsbankhaupt- und -nebenstellen. Dadurch konnte der Giroverkehr sehr schnell an Bedeutung gewinnen. Das wichtigste Geschäft war aber die Ausgabe von Banknoten. Außerdem durfte die Reichsbank Gold und Silber an- und verkaufen, Wechsel diskontieren, Lombarddarlehen gewähren und zur Abwicklung des Giroverkehrs unverzinsliche Depositeneinlagen annehmen. Ab 1933 waren ihr Offen-Markt-Geschäfte (An- und Verkauf festverzinslicher Wertpapiere am offenen Markt) gestattet.

Das Ende des zweiten Weltkrieges brachte für die Reichsbank tiefgreifende Änderungen. Während von der polnischen Regierung die betreffenden Reichsbankanstalten annektiert und in der sowjetischen Besatzungszone sämtliche Zweiganstalten der Reichsbank geschlossen wurden, konnten die Zweiganstalten in den anderen Besatzungszonen weiterarbeiten; es fehlte jedoch eine einheitliche Leitung.

Weitgehend nach dem Vorbild des Federal-Reserve-Systems der USA wurde in den Jahren 1946 bis 1948 in den westlichen Besatzungszonen mit der Errichtung von Landeszentralbanken in den einzelnen Ländern[376]) der Aufbau eines neuen, dezentralisierten Zentralbanksystems begonnen[377]). Abgeschlossen wurde diese Entwicklung am 1. 3. 1948 mit der

375) Vgl. Veit, O., a. a. O., S. 196 f.

376) Z. B. Verordnung 132 der Britischen Militärregierung (Amtsblatt der Militärregierung Nr. 28 S. 1067).

377) Diese Landeszentralbanken übernahmen die Einrichtungen der Reichsbank, waren aber nicht ihre Rechtsnachfolger.

Gründung der Bank deutscher Länder als Dachinstitut der Landeszentralbanken.

Von 1948 bis 1957 blieb der Aufbau des westdeutschen Zentralbanksystems durch diese Zweistufigkeit gekennzeichnet. Die beiden Stufen, nämlich die Landeszentralbanken, die als „Hausbanken" der einzelnen Bundesländer sowie als Reserve- und Refinanzierungsinstitute der Kreditinstitute des betreffenden Landes fungierten[378]), und ihr Spitzeninstitut, die Bank deutscher Länder, wurden durch das oberste Organ, den Zentralbankrat, miteinander verbunden. Dieser bestand aus einem Präsidenten, dem Präsidenten der Bank deutscher Länder als Stellvertreter sowie den elf Landeszentralbank-Präsidenten. Der Zentralbankrat bestimmte über Notenausgabe und Kreditpolitik, entschied grundsätzliche Fragen der Währungspolitik und sicherte die Geld- und Kreditpolitik in den einzelnen Bundesländern[379]). Die Aufgabe der Bank deutscher Länder bestand darin, „im allgemeinen Interesse die bestmögliche Verwendung der Geldmittel im Tätigkeitsbereich der angeschlossenen Landeszentralbanken herbeizuführen, die Währung sowie das Geldwesen zu festigen und die Geschäftstätigkeit der angeschlossenen Landeszentralbanken in Übereinstimmung zu bringen"[380]). Die Bank deutscher Länder emittierte z. B. neue Banknoten, und die Landeszentralbanken brachten sie, da die Bank deutscher Länder selbst nur mit den Landeszentralbanken und ausländischen Zentralbanken in Geschäftsverbindung stehen durfte, in den Verkehr. Außerdem war die Bank deutscher Länder die Hausbank der Bundesregierung. Abgelöst wurde dieses zweistufige Zentralbanksystem am 1. 8. 1957 durch das einstufige System der Deutschen Bundesbank[381]).

b) Rechtsstellung und Organisation

Artikel 88 des Grundgesetzes der Bundesrepublik Deutschland schreibt dem Bund die Errichtung einer „Währungs- und Notenbank als Bundesbank" vor. Das führte dazu, daß die Deutsche Bundesbank auf Grund eines speziellen Gesetzes[382]) durch Verschmelzung der Bank deutscher Länder mit der Berliner Zentralbank und den Landeszentralbanken entstand. Sie ist eine bundesunmittelbare juristische Person des öffentlichen Rechts, und ihr Sitz soll mit dem der Bundesregierung identisch sein.

---

378) Lt. LZB-Gesetz (MR-Gesetz Nr. 66) waren die Aufgaben der Landeszentralbanken: den Geldumlauf und die Kreditversorgung zu regeln, die Zahlungsfähigkeit und die Liquidität der Geldinstitute zu pflegen und die erforderlichen Mindestreserven zu unterhalten und zu verwalten, die Finanzgeschäfte des Landes durchzuführen und ihm kurzfristige Kredite zu gewähren sowie den Überweisungs- und Scheckverkehr innerhalb des Landes zu pflegen und den Zahlungsverkehr mit anderen Ländern und dem Ausland zu erleichtern. Zur Durchführung dieser Aufgaben waren den Landeszentralbanken bestimmte Geschäfte gestattet.

379) Vgl. Kalveram, W. - Günther, H., a. a. O., S. 288.

380) Militärregierungsgesetz Nr. 60.

381) Vgl. Gesetz über die Deutsche Bundesbank vom 26. 7. 1957 (BGBl I S. 745).

382) Vgl. Gesetz über die Deutsche Bundesbank vom 26. 7. 1957 (BGBl I S. 745).

Solange dieser sich jedoch nicht in Berlin befindet, domiziliert die Deutsche Bundesbank in Frankfurt am Main[383]).

Ebenso wie die Reichsbank in den Jahren 1922 bis 1937 und die Bank deutscher Länder ist die Deutsche Bundesbank bei der Ausübung der Befugnisse, die ihr nach dem Gesetz zustehen, von Weisungen der Bundesregierung unabhängig. Sie ist jedoch verpflichtet, unter Wahrung ihrer Aufgabe die allgemeine Wirtschaftspolitik der Bundesregierung zu unterstützen[384]).

In jedem Bundesland unterhält die Deutsche Bundesbank eine Hauptverwaltung, die die Bezeichnung „Landeszentralbank" trägt. Neben diesen elf Hauptverwaltungen bestehen Zweiganstalten (Hauptstellen und Zweigstellen). Dabei unterstehen die Hauptstellen der zuständigen Hauptverwaltung (Landeszentralbank) und die Zweigstellen der jeweils zuständigen Hauptstelle. Orte, in denen sich eine Landeszentralbank, Hauptstelle oder Zweigstelle befindet, werden als „Bankplätze" bezeichnet[385]).

Die Organe der Deutschen Bundesbank sind:

(1) der Zentralbankrat,

(2) das Direktorium,

(3) die Vorstände der Landeszentralbanken.

Der Zentralbankrat ist das oberste willensbildende Organ[386]). Er besteht aus dem Präsidenten und dem Vizepräsidenten der Deutschen Bundesbank, den weiteren Mitgliedern des Direktoriums sowie den elf Präsidenten der Landeszentralbanken. Aufgabe des Zentralbankrates ist es, die Währungs- und Kreditpolitik der Bank zu bestimmen, allgemeine Richtlinien für die Geschäftsführung aufzustellen und die Zuständigkeit des Direktoriums sowie der Vorstände der Landeszentralbanken im Rahmen der Bestimmungen des Bundesbankgesetzes abzugrenzen. In Einzelfällen kann er dem Direktorium und den Vorständen der Landeszentralbanken Weisungen erteilen. Seine Beschlüsse faßt er mit einfacher Mehrheit der abgegebenen Stimmen. Exekutivorgane des Zentralbankrates sind das Direktorium und die Vorstände der Landeszentralbanken[387]).

Das Direktorium besteht aus dem Präsidenten und dem Vizepräsidenten der Deutschen Bundesbank sowie bis zu acht weiteren Mitgliedern

---

383) Vgl. §§ 1 und 2 BBkG; vgl. die grundlegenden Kommentare: Beck, H., Gesetz über die Deutsche Bundesbank, Mainz-Gonsenheim - Düsseldorf 1959, S. 131 ff. mit ausführlichen Schrifttumshinweisen; v. Spindler, J. - Becker, W. - Starke, O., Die Deutsche Bundesbank, 4. Aufl., Stuttgart 1973, S. 167 ff.

384) § 12 BBkG; vgl. Rittershausen, H., Die Zentralnotenbank, Frankfurt am Main 1962, insbesondere S. 31, Fußnote 1; Beck, H., a. a. O., S. 110 ff.; Veit, O., a. a. O., S. 179 ff.; Lampe, O., Die Unabhängigkeit der Deutschen Bundesbank, 2. Aufl., München 1971, S. 18 ff.

385) Ende 1973 bestanden rd. 230 Zweiganstalten der Deutschen Bundesbank.

386) Vgl. § 6 BBkG.

387) Vgl. §§ 7 und 8 BBkG.

und ist für die Ausführung der Beschlüsse des Zentralbankrates verantwortlich. Sämtliche Mitglieder des Direktoriums werden — wie die Präsidenten der Landeszentralbanken — vom Bundespräsidenten bestellt[388]). Sofern nicht die Vorstände der Landeszentralbanken zuständig sind, leitet und verwaltet das Direktorium die Bank. Insbesondere sind ihm folgende Aufgaben gestellt:

(1) Geschäfte mit dem Bund und seinen Sondervermögen,

(2) Geschäfte mit Kreditinstituten, die zentrale Aufgaben im gesamten Bundesgebiet haben,

(3) Devisengeschäfte und Geschäfte im Verkehr mit dem Ausland,

(4) Geschäfte am offenen Markt.

Die Beschlüsse des Direktoriums werden — wie die des Zentralbankrates — mit einfacher Mehrheit der abgegebenen Stimmen gefaßt, sofern in der Satzung keine anderen Regelungen getroffen sind.

Der Vorstand der Landeszentralbanken besteht aus dem Präsidenten und dem Vizepräsidenten, kann jedoch durch ein oder zwei weitere Mitglieder erweitert werden. Diesem Vorstand obliegen die in den Bereich der betreffenden Hauptverwaltung fallenden Geschäfte und Verwaltungsangelegenheiten. Insbesondere sind dies:

(1) Geschäfte mit dem Land sowie mit öffentlichen Verwaltungen im Land,

(2) Geschäfte mit Kreditinstituten ihres Bereichs, soweit sie nicht nach § 7 Abs. 1 Nr. 2 BBkG dem Direktorium vorbehalten sind.

Der Landeszentralbank-Vorstand wird in Fragen der Währungs- und Kreditpolitik und über die Durchführung der ihm obliegenden Aufgaben von einem Beirat beraten[389]). Der Beirat besteht aus höchstens zehn Mitgliedern, die besondere Kenntnisse auf dem Gebiete des Bankwesens haben sollen. Höchstens die Hälfte der Mitglieder soll aus den einzelnen Zweigen des Bankgewerbes, die übrigen Mitglieder sollen aus der gewerblichen Wirtschaft, Handel, Landwirtschaft, Arbeiter- und Angestelltenschaft stammen. Die Mitglieder der Beiräte bei den Landeszentralbanken werden auf Vorschlag der zuständigen Landesregierungen und nach Anhörung der Vorstände der Landeszentralbanken durch den Präsidenten der Deutschen Bundesbank auf die Dauer von drei Jahren berufen.

c) Eigene Mittel

Bei der Debatte über den Entwurf des Bundesbankgesetzes erhob sich die Frage, ob die Bundesbank mit Mitteln der öffentlichen Hand oder mit privatem Kapital, wie es bei der Reichsbank in überwiegendem Maße der

---

[388]) Die Mitglieder des Direktoriums auf Vorschläge der Bundesregierung, die Landeszentralbank-Präsidenten auf Vorschlag des Bundesrates.

[389]) Vgl. § 9 BBkG.

Fall gewesen war, ausgestattet werden sollte. Da man die Unabhängigkeit der Bundesbank in ihrer Geschäftstätigkeit wahren wollte, schied eine Kapitalaufbringung mittels Aktien wegen der Rechte der Aktionäre (Stimmrecht, Recht auf Dividende und Recht auf Anteil am Liquidationserlös) aus. Eine Lösung, wie sie bei der Reichsbank in den Reichsbankanteilscheinen bestand, fand keine Mehrheit, vielmehr wurde der Ausstattung der Bank mit Mitteln der öffentlichen Hand der Vorzug gegeben. Das Grundkapital der Deutschen Bundesbank, das der Summe der den Ländern gehörenden Grundkapitalien der ehemaligen Landeszentralbanken entspricht, beträgt 290 Mill. DM und befindet sich in den Händen des Bundes. Außerdem wies die Bundesbank Ende 1973 rund 929 Mill. DM Rücklagen aus. Das gesamte Eigenkapital der Bundesbank beträgt somit rund 1219 Mill. DM und stellt einen Anteil an der Bilanzsumme (128,2 Mrd. DM) von ca. 1 % dar[390]).

d) Währungspolitische Befugnisse und Geschäftstätigkeit

Im Zusammenhang mit der Geschäftstätigkeit der Deutschen Bundesbank ist zwischen Aufgaben, Mitteln und konkreten Maßnahmen der Zentralbank zu unterscheiden.

Eine rechtliche Fixierung der *Aufgaben* enthält § 3 des Gesetzes über die Deutsche Bundesbank: „Die Deutsche Bundesbank regelt mit Hilfe der währungspolitischen Befugnisse, die ihr nach diesem Gesetz zustehen, den Geldumlauf und die Kreditversorgung der Wirtschaft mit dem Ziel, die Währung zu sichern, und sorgt für die bankmäßige Abwicklung des Zahlungsverkehrs im Inland und mit dem Ausland."

Als Hauptaufgabe wird durch das Gesetz die Währungssicherung herausgestellt, die eine bewußte Steuerung des Geldvolumens[391]), eine Abstimmung zwischen wirksamer Geldmenge und vorhandenem Güterangebot, notwendig macht. Zur Steuerung der Zentralbankgeldmenge verfügt die Bundesbank über ein umfangreiches Instrumentarium, das unter „Währungspolitische Befugnisse" im vierten Abschnitt des Bundesbankgesetzes geregelt wurde.

Als *Mittel* der Zentralbankpolitik sind danach zu unterscheiden:

(1) Notenausgaberecht (§ 14),
(2) Diskontpolitik (§ 15),
(3) Offenmarktpolitik (§ 15),
(4) Kreditpolitik (§ 15),

---

390) Vgl. Geschäftsbericht der Deutschen Bundesbank für das Jahr 1973, S. 106 und 107; unberücksichtigt ist in dieser Rechnung der Bedarf an Abschreibungen auf Währungsreserven, der Ende 1973 nach Verrechnung mit dem Betriebsüberschuß des Geschäftsjahres noch ca. 6,8 Mrd. DM betrug.

391) Durch den Zentralbankratsbeschluß vom 5. 12. 1974, die Zentralbankgeldmenge im Verlauf des Jahres 1975 um etwa 8 % ansteigen zu lassen, wurde erstmals ein Geldmengenziel zahlenmäßig fixiert. Vgl. Geschäftsbericht der Deutschen Bundesbank für das Jahr 1974, S. 21.

(5) Mindestreservepolitik (§ 16),

(6) Einlagenpolitik (§ 17).

Die Bundesbank hat als alleinige Institution in der Bundesrepublik das Recht, Banknoten auszugeben. Die auf Deutsche Mark lautenden Noten sind das einzige unbeschränkte gesetzliche Zahlungsmittel.

Dieses Notenausgaberecht gibt der Zentralbank das erforderliche Instrument in die Hand, um das Bargeldvolumen zu beeinflussen, und macht sie zur letzten Liquiditätsquelle für die Kreditinstitute[392]).

Das klassische Instrument der Notenbanken ist die Diskontpolitik. Darunter ist die Festlegung des Satzes zu verstehen, zu dem die Deutsche Bundesbank bereit ist, bundesbankfähige Wechselforderungen von den Banken anzukaufen. Eine Variation des Diskontsatzes bedingt eine Änderung der Refinanzierungskosten bei der Bundesbank und soll über die Ertragslage das Kreditpotential der Geschäftsbanken beeinflussen[393]). Formal rechtlich unabhängig, jedoch de facto in Relation zum Diskontsatz steht der Lombardsatz der Deutschen Bundesbank, der in der Zeit vom 1. Juli 1948 bis 11. September 1969 im allgemeinen 1 Prozentpunkt über der Rediskontrate lag; seit September 1969 beträgt die Differenz meistens 2 Prozentpunkte.

Am Diskontsatz orientierten sich in den letzten 25 Jahren eine Reihe von Zinssätzen, insbesondere die Sollzinsen der Kreditinstitute. Die Kreditzusagen basierten vielfach auf diskontgebundenen Konditionen; d. h., die vereinbarten Zinsen im Kreditgeschäft bestanden aus dem aktuellen Diskontsatz als variabler Basis und einem festen Zuschlag zum Diskontsatz. Änderungen des Diskontsatzes verursachten automatisch eine Änderung der vereinbarten Zinssätze. Die Diskontsatzkoppelung im Kreditgeschäft der Banken hat seit Aufhebung der Zinsverordnung und verstärkt in den letzten Jahren wesentlich an Bedeutung verloren. Die Banken sind bei steigenden Refinanzierungsaufwendungen, insbesondere für Termineinlagen, und konstantem Diskontsatz — wie das zuletzt im 2. Halbjahr 1973 der Fall war — zur Aufrechterhaltung einer befriedigenden Zinsspanne gezwungen, die Kreditzinsen unabhängig von Änderungen des Diskontsatzes an das steigende Zinsniveau anzupassen.

Da der Wirksamkeit der Diskontpolitik Grenzen gesetzt sind[394]), wurde dieses qualitativ wirkende Instrument, das eine Kreditverteuerung bzw. Kreditverbilligung bezweckt, durch quantitativ wirkende Befugnisse er-

---

[392]) Vgl. Beck, H., a. a. O., S. 236 ff.; v. Spindler, J. - Becker, W. - Starke, O., a. a. O., S. 281 ff.

[393]) Vgl. Beck, H., a. a. O., S. 252 ff.; v. Spindler, J. - Becker, W. - Starke, O., a. a. O., S. 52 ff. und S. 307 f.

[394]) Vgl. Rittershausen, H., a. a. O., S. 58 ff.; Veit, O., a. a. O., S. 339 ff.; Schneider, E., Einführung in die Wirtschaftstheorie, III. Teil, Geld, Kredit, Volkseinkommen und Beschäftigung, 12. Aufl., Tübingen 1973, S. 103 ff.; Wagenhöfer, C., Notenbank und Kreditinstitute in unserer gegenwärtigen Geldordnung, in: Schriften des Instituts für Bankwirtschaft der Ludwig-Maximilians-Universität München, München 1973, S. 14 ff.

gänzt, die eine Kreditbeschränkung bzw. Kreditausweitung herbeiführen sollen. Als ein recht elastisches Mittel ist die Offenmarktpolitik anzusehen. Sie umfaßt den An- und Verkauf verzinslicher Wertpapiere (insbesondere von Staatspapieren) und Schuldbuchforderungen durch die Deutsche Bundesbank zur Beeinflussung des Geldmarktes[395]). Die Bundesbank setzt zur Zeit für Schatzwechsel und unverzinsliche Schatzanweisungen flexible Abgabesätze als Diskont fest. Ihre Ankaufssätze liegen 1/8 % über den Abgabesätzen. Durch die Gestaltung der Abgabesätze schafft die Bundesbank für die Banken rentabilitätsmäßig einen Anreiz, Geldmarktpapiere von ihr zu erwerben bzw. derartige Bestände abzustoßen und in andere Geldmarktanlagen zu gehen. Ein Kauf von Offenmarktpapieren durch die Banken bedeutet einen Liquiditätsentzug, ein Verkauf an die Bundesbank erweitert das Kreditpotential der Banken[396]).

Ein kombinierter Einsatz von Diskont- und Offenmarktpolitik wird in der Literatur häufig als Zangenpolitik bezeichnet[397]). Durch Entzug von Liquiditätsreserven mit Hilfe von Offenmarktoperationen soll der Diskontsatz effektiv gemacht werden, d. h. die Banken zu einer verstärkten Refinanzierung bei der Bundesbank gezwungen werden, wodurch diese mittelbar eine gewisse Kontrolle über das Giralgeldvolumen der Banken erhält.

Unmittelbaren Einfluß auf das Kreditpotential der Geschäftsbanken kann die Bundesbank durch eine Reihe *quantitativer* und *qualitativer Kreditbeschränkungen* bzw. *-erleichterungen* nehmen, die im Gesetz zusammenfassend als Kreditpolitik bezeichnet werden[398]). Als Mittel einer quantitativen Kreditrestriktion, die von der Zentralbank bis jetzt praktiziert wurden, sind die Kreditrichtsätze, die Rediskontkontingente, die Kreditsperre sowie die Kreditrückführung zu erwähnen. Qualitative Kreditrestriktionen bedeuten eine Selektion bestimmter Kreditformen im Hinblick auf die Refinanzierung bei der Zentralbank.

Ein weiteres recht wirksames Instrument zur Beeinflussung des Geldumlaufs und der Kreditgewährung der Banken ist die Mindestreservepolitik. Darunter wird das Recht der Bundesbank verstanden, von den Kreditinstituten zu verlangen, daß sie in Höhe bestimmter Prozentsätze ihrer Verbindlichkeiten aus Sicht-, Termin-, Spareinlagen und aufgenommenen Geldern (unverzinsliche) Sichtguthaben bei der Zentralbank unterhalten[399]). Eine Erhöhung des Mindestreservesatzes engt den Kreditschöpfungsspielraum der Banken ein, da durch den Liquiditätsent-

395) Vgl. § 21 BBkG; Beck, H., a. a. O., S. 270 ff.; v. Spindler, J. - Becker, W. - Starke, O., a. a. O., S. 57 f.

396) Vgl. Rittershausen, H., a. a. O., S. 98 ff.; Veit, O., a. a. O., S. 276 ff.

397) Vgl. Schneider, E., a. a. O., S. 105.

398) § 15 BBkG; der Terminus „Kreditpolitik" wird hierbei im engeren Sinne verwendet. Vgl. Beck, H., a. a. O., S. 257 ff.; v. Spindler, J. - Becker, W. - Starke, O., a. a. O., S. 313.

399) Vgl. § 16 BBkG; Beck, H., a. a. O., S. 280 ff.; v. Spindler, J. - Becker, W. - Starke, O., a. a. O., S. 61 f. und S. 326 ff.

zug die für eine zusätzliche Kreditgewährung maßgeblichen Überschußreserven reduziert werden[400]). Umgekehrt erweitert eine Senkung des Mindestreservesatzes das Liquiditätspotential der Kreditinstitute. Infolge ihrer Unverzinslichkeit bedingen die zu haltenden Mindestreserven einen Ertragsausfall für die Banken.

Schließlich ist als jüngstes währungspolitisches Instrument die Einlagenpolitik für Gelder der öffentlichen Hand gesetzlich verankert worden[401]). Sie verpflichtet die zentralen öffentlichen Verwaltungen (Bund, das Sondervermögen, Ausgleichsfonds, das ERP-Sondervermögen und die Länder), ihre Kassenmittel bei der Deutschen Bundesbank auf Girokonto einzulegen, und räumt der Zentralbank das Recht ein, über eine anderweitige Einlegung oder Anlage dieser Mittel zu bestimmen, wobei das Interesse der Länder an der Erhaltung ihrer Landesbanken zu berücksichtigen ist. Verweigert die Bundesbank ihre Zustimmung zu einer anderweitigen Anlage, so wirkt diese Maßnahme kontraktiv, d. h., die liquiden Mittel der zentralen öffentlichen Verwaltungen werden den Geschäftsbanken entzogen und bis zu ihrer Verfügung bei der Zentralbank neutralisiert. Gestattet die Bundesbank eine Kassenhaltung der zentralen öffentlichen Haushalte im Geschäftsbankensektor, so ist die Voraussetzung für eine Ausweitung des Liquiditätspotentials und damit der Geldschöpfungsmöglichkeiten bei den Kreditinstituten gegeben. Die Einlagenpolitik erlaubt deshalb eine Steuerung der verfügbaren Kassenbestände eines Sektors, der sich der Beeinflussung durch die Zentralbankpolitik sonst weitgehend entzieht.

Als Hilfsmittel der Bundesbank, das ihr den Überblick zur Anwendung der eigentlichen währungspolitischen Instrumente verschaffen soll, dienen statistische Erhebungen. Das Recht, Statistiken auf dem Gebiet des Bank- und Geldwesens bei allen Kreditinstituten anzuordnen und durchzuführen, ist ausdrücklich unter den währungspolitischen Befugnissen aufgeführt worden[402]).

Zur Erreichung ihrer Ziele setzt die Deutsche Bundesbank in der Regel nicht ein einzelnes Instrument ein, sondern kombiniert die ihr zur Verfügung stehenden Befugnisse in der Weise, daß sie sich sinnvoll ergänzen[403]). Die Wirksamkeit der kreditpolitischen Maßnahmen wird durch Empfehlungen und Appelle der Bundesbank — *moral suasion* — unterstützt und gegebenenfalls durch freiwillige Vereinbarungen mit den Banken und der übrigen Wirtschaft — *gentlemen's agreements* — verstärkt.

---

400) Vgl. Schneider, E., a. a. O., S. 68 f.

401) Vgl. § 17 BBkG; Beck, H., a. a. O., S. 294 ff.; v. Spindler, J. - Becker, W. - Starke, O., a. a. O., S. 73 f. und S. 355 f.

402) Vgl. § 18 BBkG; Beck, H., a. a. O., S. 303 ff.; v. Spindler, J. - Becker, W. - Starke, O., a. a. O., S. 366 ff.

403 Vgl. Irmler, H., Möglichkeiten und Grenzen der Kreditpolitik, Tübingen 1971, S. 3—21; Rittershausen, H., a. a. O., S. 152 ff.; Veit, O., Die veränderte Währungspolitik und ihre Folgen, Frankfurt am Main 1957, S. 47 ff.

Die Regelung des Geldumlaufs und der Kreditversorgung der Wirtschaft mit Hilfe des währungspolitischen Instrumentariums und die damit in Verbindung stehende bankmäßige Abwicklung des Zahlungsverkehrs mit dem In- und Ausland erfolgen im Rahmen der Geschäfte, die die Bundesbank insbesondere mit Kreditinstituten und mit öffentlichen Verwaltungen durchführt. Die Deutsche Bundesbank ist die *Währungsbank* der Bundesrepublik, der die Notenausgabe sowie die Stabilisierung unserer Währung obliegt. Sie ist ferner die *Bank der Banken* als Refinanzierungsquelle, Clearing- und Inkassostelle sowie infolge ihrer Aufgaben im bankmäßigen Auslandsgeschäft. Schließlich ist die Deutsche Bundesbank die *Bank des Staates* als Kreditgeber und Kassenhalter zentraler öffentlicher Verwaltungen. In Übereinstimmung mit diesen Funktionen der Zentralbank[404]) sind im fünften Abschnitt des Bundesbankgesetzes die Geschäfte im einzelnen festgelegt worden, die die Bundesbank betreiben darf. Dabei werden Geschäfte mit Kreditinstituten (§ 19), Geschäfte mit öffentlichen Verwaltungen (§ 20), Geschäfte am offenen Markt (§ 21) sowie Geschäfte mit jedermann (§ 22) unterschieden.

Mit *Kreditinstituten* darf die Bundesbank folgende Geschäfte betreiben:

(1) An- und Verkauf von Wechseln und Schecks, die den Anforderungen der Bundesbank genügen (in der Regel drei Unterschriften; bei Wechseln außerdem: Laufzeit längstens drei Monate, gute Handelswechsel);

(2) An- und Verkauf von Schatzwechseln des Bundes, eines Sondervermögens des Bundes (z. B. Bundesbahn, Bundespost) oder eines Landes der Bundesrepublik, die innerhalb von drei Monaten fällig sind;

(3) Gewährung von Lombardkrediten für höchstens drei Monate bei Hereinnahme bestimmter Pfänder;

(4) Annahme von unverzinslichen Giroeinlagen;

(5) Verwahrung und Verwaltung von Wertgegenständen, insbesondere Wertpapieren;

(6) Einzug von Schecks, Wechseln, Anweisungen, Wertpapieren und Zinsscheinen;

(7) Ausführung anderer bankmäßiger Auftragsgeschäfte nach Deckung (z. B. Effektenkommissionsgeschäft);

(8) An- und Verkauf von Devisen und Sorten sowie Gold, Silber und Platin;

(9) Abwicklung aller Bankgeschäfte im Verkehr mit dem Ausland.

---

404) Vgl. Rittershausen, H., a. a. O., S. 32: „Wir möchten daher das Wesen der vielfältigen Betätigung der Deutschen Bundesbank in ihrer Funktion als Bank des Bundes, als Anbieterin einer Währungs- und Hortungseinheit (DM), als Bank der Banken — hier einmal als Zahlungszentrale und Notenbank, zum anderen als ‚lender of last resort‘ — und schließlich als Stabilisator des Kreditsystems sehen."

Die Aufzählung dieser Geschäfte zeigt, daß die Deutsche Bundesbank für die Geschäftsbanken wichtige Funktionen zu erfüllen hat[405]). Die Zusammenarbeit zwischen Bundesbank und Geschäftsbanken bezieht sich insbesondere auf den Zahlungsverkehr, den Kreditverkehr und die Geldanlage. Die Giroguthaben der Geschäftsbanken bei der Bundesbank sind deren primäre Liquiditätsreserve. Ferner ist die Bundesbank für die Geschäftsbanken eine wichtige Refinanzierungsquelle. Im Rahmen der Offenmarktgeschäfte besitzen die Kreditinstitute eine weitere Geldbeschaffungsmöglichkeit durch die Rückgabe von Geldmarktpapieren an die Bundesbank. Durch den Erwerb von Schatzwechseln und unverzinslichen Schatzanweisungen von der Bundesbank erhalten sie dagegen hochliquide, rentable Anlagemöglichkeiten am Geldmarkt.

Darüber hinaus hat die Bundesbank große Bedeutung als Clearing- und Inkassostelle, denn die Geschäftsbanken leiten die inländischen Zahlungsaufträge und Inkassopapiere, soweit dies nicht im eigenen Gironetz geschieht, über die Deutsche Bundesbank. Durch diese Leistungen der Bundesbank wird der bargeldlose Zahlungsverkehr wesentlich gefördert, denn die einzelnen Aufträge werden nicht nur schneller erledigt, sondern durch die gebührenfreien Leistungen der Bundesbank werden auch die den einzelnen Geschäftsbanken entstehenden Kosten gesenkt[406]).

Im Auslandsgeschäft nimmt die Bundesbank eine zentrale Stellung ein. Zwar kann der internationale Zahlungs- und Kreditverkehr in konvertiblen Währungen, soweit er den Kundenkreis der Kreditinstitute betrifft, ohne Mitwirkung der Bundesbank abgewickelt werden. Die Bundesbank greift jedoch regulierend in den Devisenhandel ein, wenn die Interventionspunkte bestimmter Währungen[407]) erreicht werden. Sie führt ferner in bestimmtem Umfang eine Kurssicherung für Geldanlagen im Ausland durch. Die Variation der Swapsätze ermöglicht es ihr, kurzfristige Kapitalfluktuationen zu regulieren. Der zentrale Verrechnungsverkehr mit Ländern, die ein bilaterales Zahlungsabkommen abgeschlossen haben, geht dagegen ausschließlich über die Bundesbank.

Außer den Geschäften mit Kreditinstituten darf die Bundesbank mit *öffentlichen Verwaltungen* folgende Geschäfte betreiben:

(1) Gewährung kurzfristiger Kredite in Form von Buch- und Schatzwechselkrediten (Kassenkredite) im Rahmen bestimmter Kreditplafonds an den

---

405) Vgl. Beck, H., a. a. O., S. 316 ff.; v. Spindler, J. - Becker, W. - Starke, O., a. a. O., S. 449 ff.; Rittershausen, H., a. a. O., S. 41 ff.

406) Vgl. Monatsberichte der Deutschen Bundesbank, Zur künftigen Automation des unbaren Zahlungsverkehrs bei der Deutschen Bundesbank durch beleglosen Datenträgeraustausch, Januar 1973, S. 18—21.

407) Eine Folge der internationalen Währungskrise vom Februar und März 1973 war die Aufgabe der Dollarstützung innerhalb fester Interventionspunkte. Im April 1974 bestanden nur noch zwischen der D-Mark, den Benelux-Währungen sowie der dänischen, norwegischen und schwedischen Krone feste Interventionsvereinbarungen (vgl. Geschäftsbericht der Deutschen Bundesbank für das Jahr 1973, S. 47).

Bund, besonders aufgeführte Sondervermögen des Bundes und die Länder;

(2) Durchführung des kostenlosen Giroverkehrs, Effekten-, Inkasso-, Auftrags-, Devisen- und Auslandsgeschäfts mit dem Bund, seinen Sondervermögen und den Ländern;

(3) Emission von Anleihen, Schatzanweisungen und Schatzwechseln des Bundes, der Bundesbahn, der Bundespost, des Ausgleichsfonds, des ERP-Sondervermögens und der Länder.

Als Bank des Staates nimmt die Bundesbank unterschiedliche Aufgaben wahr. Ihr obliegt zunächst die Kassenführung aller Bundesbehörden, während sie in den Zahlungsverkehr der Länderbehörden nur teilweise eingeschaltet ist. Die Länder unterhalten mit Ermächtigung der Bundesbank Konten bei den Landesbanken-Girozentralen.

Die Kreditgewährung an den Bund und seine Sondervermögen ist nur in Form von Kassenkrediten bis zur Höhe der im Gesetz angegebenen Plafonds zulässig[408]). Die zentralen öffentlichen Verwaltungen sollen Anleihen, Schatzanweisungen und Schatzwechsel in erster Linie durch die Deutsche Bundesbank begeben. In jedem Fall haben die Emissionen im Benehmen mit der Bundesbank zu erfolgen[409]).

Mit *jedermann,* d. h. mit natürlichen und juristischen Personen im In- und Ausland, darf die Bundesbank folgende Geschäfte tätigen: Annahme unverzinslicher Giroeinlagen, Verwahrung und Verwaltung von Wertpapieren, Inkasso von Schecks und Wechseln, An- und Verkauf von Devisen, Auslandsgeschäfte[410]).

Besonders im Gesetz erwähnt sind außerdem die Bestätigung von Schecks[411]) sowie die Beleihung und der Ankauf von Ausgleichsforderungen der Kreditinstitute, Versicherungsunternehmen und Bausparkassen durch die Bundesbank[412]).

e) Bilanzierung und Publizität

Vorschriften über das Rechnungswesen und den Jahresabschluß der Deutschen Bundesbank enthält § 26 BBkG[413]). Danach hat das Rechnungswesen der Bundesbank den Grundsätzen ordnungsmäßiger Buchführung

408) § 20 Abs. 1 Ziff. 1 BBkG.

409) Vgl. § 20 Abs. 2 BBkG.

410) Vgl. § 22 BBkG.

411) Vgl. § 23 BBkG.

412) Vgl. § 24 BBkG.

413) Vgl. Beck, H., a. a. O., S. 381 ff.; v. Spindler, J. - Becker, W. - Starke, O., a. a. O., S. 468 ff.

Bilanz der Deutschen Bundesbank[414])

Aktiva

1. Gold
2. Guthaben bei ausländischen Banken und Geldmarktanlagen im Ausland
3. Sonstige Geldanlagen im Ausland
4. Reserveposition im Internationalen Währungsfonds und Sonderziehungsrechte
   4.1. Ziehungsrechte in der Goldtranche
   4.2. Kredite auf Grund der Allgemeinen Kreditvereinbarungen
   4.3. Sonderziehungsrechte
5. Kredite und sonstige Forderungen an das Ausland
   5.1. Kredite an die Weltbank
   5.2. sonstige Forderungen
6. Sorten
7. Auslandswechsel
8. Inlandswechsel
9. Lombardforderungen
10. Kassenkredite (Buchkredite)
    10.1 Bund
    10.2 Lastenausgleichsfonds
    10.3 Länder
11. Schatzwechsel und unverzinsliche Schatzanweisungen
    11.1 Bund
    11.2 Länder
12. Ausgleichsforderungen an den Bund und unverzinsliche Schuldverschreibung wegen Berlin
    12.1 Ausgleichsforderungen
    12.2 unverzinsl. Schuldverschreibung
13. Kredite an Bundesbahn u. Bundespost
    13.1 Kassenkredite (Buchkredite)
    13.2 Schatzwechsel und unverzinsliche Schatzanweisungen
14. Wertpapiere
15. Deutsche Scheidemünzen
16. Postscheckguthaben
17. Sonstige Forderungen
18. Grundstücke und Gebäude
19. Betriebs- und Geschäftsausstattung
20. Schwebende Verrechnungen
21. Sonstige Aktiva
22. Rechnungsabgrenzungsposten
23. Ausgleichsposten wegen Neubewertung der Währungsreserven und sonstigen Fremdwährungspositionen

Rückgriffsrechte aus Eventualverbindlichkeiten

Passiva

1. Banknotenumlauf
2. Einlagen von Kreditinstituten
   2.1. auf Girokonten
   2.2. sonstige
3. Einlagen von öffentlichen Haushalten
   3.1. Bund
   3.2. Lastenausgleichsfonds und ERP-Sondervermögen
   3.3. Länder
   3.4. andere öffentliche Einleger
4. Sondereinlagen des Bundes und der Länder
   4.1. Bund
   4.2. Länder
   4.3. Konjunkturzuschlag zu den Einkommensteuern
5. Einlagen von anderen inländischen Einlegern
   5.1. Bundesbahn
   5.2. Bundespost
   5.3. sonstige Einleger
6. Guthaben auf Sonderkonten Bardepot
7. Verbindlichkeiten aus abgegebenen Mobilisierungs- und Liquiditätspapieren
8. Verbindlichkeiten aus dem Auslandsgeschäft
   8.1. Einlagen ausländischer Einleger
   8.2. sonstige
9. Ausgleichsposten für zugeteilte Sonderziehungsrechte
10. Rückstellungen
    10.1. für Pensionsverpflichtungen
    10.2. sonstige Rückstellungen
11. Sonstige Passiva
12. Rechnungsabgrenzungsposten
13. Grundkapital
14. Rücklagen
    14.1. gesetzliche Rücklage
    14.2. sonstige Rücklagen

Eventualverbindlichkeiten

---

[414]) Aus: Geschäftsbericht der Deutschen Bundesbank für das Jahr 1973, S. 106 und 107.

zu entsprechen. Der Jahresabschluß ist nach Beendigung des Geschäftsjahres, das mit dem Kalenderjahr identisch ist, so bald wie möglich vom Direktorium aufzustellen. Dabei werden die Gliederung der Jahresbilanz und die Bezeichnung weitgehend dem Schema der Wochenausweise angepaßt, wie es für die Deutsche Bundesbank gesetzlich vorgeschrieben ist[415]). Für die Wertansätze gelten die aktienrechtlichen Vorschriften sinngemäß. Die Gewinn- und Verlustrechnung wird nach allgemeinen Grundsätzen aufgestellt, die den besonderen Erfolgsfaktoren der Bundesbank Rechnung tragen[416]).

Der vom Direktorium aufgestellte Jahresabschluß muß zunächst durch Wirtschaftsprüfer geprüft werden, die vom Zentralbankrat im Einvernehmen mit dem Bundesrechnungshof bestellt worden sind. Der Prüfungsbericht der Wirtschaftsprüfungsgesellschaften dient dem Bundesrechnungshof als Grundlage für die von ihm als zweiter Prüfungsinstanz durchzuführende Prüfung. Die Feststellung des Jahresabschlusses obliegt dem Zentralbankrat, während die Veröffentlichung durch das Direktorium erfolgt. Die Regelung der Gewinnverwendung ist bei der Bundesbank nicht der Satzung überlassen worden, sondern wurde im Gesetz selbst bindend festgelegt[417]). Der Reingewinn ist so zu verwenden, daß zunächst 20 % des Gewinns, mindestens aber 20 Mill. DM der gesetzlichen Rücklage zugeführt werden, bis diese 5 % des Notenumlaufs beträgt. Sodann dürfen bis zu 10 % des Reingewinns sonstigen Rücklagen zugewiesen werden, solange diese Rücklagen nicht größer als das Grundkapital sind. 40 Mill. DM müssen dem Fonds zum Ankauf von Ausgleichsforderungen zugeführt werden[418]). Der restliche Gewinn wird an den Bund abgeführt[419]).

Die Publizitätspflichten der Deutschen Bundesbank erstrecken sich neben der Veröffentlichung des Jahresabschlusses im Bundesanzeiger auf die Bekanntgabe ihrer Bilanzzahlen in wöchentlichen Abständen. Nach § 28 BBkG hat die Deutsche Bundesbank jeweils nach dem Stand vom 7., 15., 23. und Letzten jeden Monats einen *Ausweis* zu veröffentlichen, der folgende Angaben enthalten muß:

---

415) Vgl. § 28 BBkG. Das Bilanzschema der Deutschen Bundesbank zum 31. 12. 1973 ist auf Seite 216 wiedergegeben.

416) Unter den Aufwendungen fehlt der Zinsaufwand, da die Einlagen bei der Bundesbank unverzinslich sind; hinzu kommt der Aufwand für den Notendruck. Die Erträge setzen sich aus Zinsen, Gebühren und sonstigen Erträgen zusammen.

417) Vgl. § 27 BBkG; außer im § 27 BBkG sind Bestimmungen über die Gewinnverteilung im Gesetz über die Liquidation der Deutschen Reichsbank und der Deutschen Golddiskontbank vom 2. 8. 1961 (BGBl I S. 1165) enthalten.

418) Ab 1960 30 Mill. DM.

419) In den Geschäftsjahren 1961 bis 1973 wurde nur in den Jahren 1968 und 1970 ein Restgewinn an den Bund abgeführt; in den übrigen Jahren diente der Restgewinn jeweils der Tilgung von Verlusten, die sich infolge der Aufwertungen bei den Devisenbeständen der Bundesbank ergaben; vgl. Geschäftsbericht der Deutschen Bundesbank für die Jahre 1971 bis 1973.

I. *Aktiva*

Gold

Guthaben bei ausländischen Banken und Geldmarktanlagen im Ausland

Sorten, Auslandswechsel und -schecks

Inlandswechsel

Lombardforderungen

Kassenkredite an

a) den Bund und die Sondervermögen des Bundes

b) die Länder

Schatzwechsel und unverzinsliche Schatzanweisungen

a) des Bundes und der Sondervermögen des Bundes

b) der Länder

Wertpapiere

Scheidemünzen

Postscheckguthaben

Ausgleichsforderungen

Sonstige Aktiva

II. *Passiva*

Banknotenumlauf

Einlagen von

1. Kreditinstituten
2. öffentlichen Einlegern
   a) Bund und Sondervermögen des Bundes
   b) Ländern
   c) anderen öffentlichen Einlegern
3. anderen inländischen Einlegern
4. ausländischen Einlegern

Verbindlichkeiten aus dem Auslandsgeschäft

Rückstellungen

Grundkapital

Rücklagen

Sonstige Passiva

Der Wochenausweis der Deutschen Bundesbank stellt eine Veröffentlichung der Bilanzpositionen in einem ungeteilten Bilanzstatus dar[420]). Er dient der kurzfristigen Beurteilung der Geldmarkt- und Währungssituation. Die Passivseite des Notenbankausweises unterrichtet über das Volumen des vorhandenen Zentralbankgeldes und seine Verteilung, während die Aktivseite über die Entstehung des Zentralbankgeldes Aufschluß gibt (Forderungen an das Ausland, die Kreditinstitute und den Staat)[421]).

Über die gesetzlichen Publizitätspflichten hinaus veröffentlicht die Deutsche Bundesbank jährlich einen *Geschäftsbericht,* der den Jahresabschluß mit Erläuterungen, allgemeine Ausführungen zur Wirtschaftsentwicklung und Notenbankpolitik, die jeweils gültigen kredit- und devisenpolitischen Regelungen sowie eine Aufstellung der Mitglieder des Zentralbankrats und des Direktoriums der Deutschen Bundesbank enthält. Monatlich erscheinen die *Monatsberichte* der Deutschen Bundesbank mit einem stati-

---

420) Vgl. Beck, H., a. a. O., S. 396 ff.; v. Spindler, J. - Becker, W. - Starke, O., a. a. O., S. 489 f.

421) Vgl. Gleske, L., Notenbankausweise, in: Enzyklopädisches Lexikon, a. a. O., Bd. 2, S. 1278 bis 1280.

stischen Teil sowie statistische Beihefte zu den Monatsberichten in fünf Reihen: Reihe 1 — Bankenstatistik nach Bankengruppen; Reihe 2 — Wertpapierstatistik; Reihe 3 — Zahlungsbilanzstatistik; Reihe 4 — Saisonbereinigte Wirtschaftszahlen; Reihe 5 — Die Währungen der Welt. Ferner gibt die Deutsche Bundesbank *Auszüge aus Presseartikeln* heraus, die in kurzen Abständen etwa zwei- bis dreimal pro Woche erscheinen. Sie enthalten in- und ausländische Stimmen zur Währungs-, Finanz- und Außenwirtschaftspolitik und über Probleme der Kreditwirtschaft.

TEIL II

Kapitalbeschaffung der Kreditinstitute

A. Eigen- und Selbstfinanzierung der Kreditinstitute

Von ausschlaggebender Bedeutung für die Errichtung und Entwicklung eines Kreditinstituts ist die Bereitstellung von Eigenkapital in der erforderlichen Höhe. Während es theoretisch denkbar und praktisch auch durchführbar ist, Industrie- und Handelsbetriebe ohne Eigenkapital aufzubauen und zu betreiben, ist dies bei Bankbetrieben — gleich welcher Rechtsform — nicht möglich. Das Kreditwesengesetz schreibt ausreichende eigene Mittel zur Führung eines Instituts vor[1]). Darüber hinaus ist das Geschäftsvolumen der Kreditinstitute z. B. durch das Hypothekenbankgesetz[2]) und den Grundsatz I des Bundesaufsichtsamtes, das Devisengeschäft durch den Grundsatz Ia des Bundesaufsichtsamtes[3]) von der Höhe des Eigenkapitals abhängig.

I. Die Aufbringung eigener Mittel

Unter Eigenkapital kann — rein bilanziell — die Differenz zwischen der „Geldwertsumme des Vermögens" und der „Geldwertsumme der Verpflichtungen" eines Unternehmens verstanden werden[4]).

Darin sind alle Kapitalteile eines Kreditinstituts zusammengefaßt, welche die Ansprüche der wirtschaftlichen Eigentümer des Unternehmens (Einzelunternehmer, Gesellschafter der OHG, KG und GmbH, Aktionäre, Mitglieder einer Genossenschaft und Gewährträger öffentlich-rechtlicher Kreditinstitute) repräsentieren. Wie das Kapital in die Betriebswirtschaft eingebracht wurde, sei es durch Einzahlung der Eigentümer des Unternehmens (Eigenfinanzierung), sei es durch Zurückbehaltung von Gewinnen (Selbstfinanzierung), ist dabei unerheblich.

Das Eigenkapital wird in den Bilanzen je nach der Unternehmensform, in der das Kreditinstitut geführt wird, in unterschiedlicher Form ausgewiesen. Bei Einzelunternehmen und Personengesellschaften erfolgt der Ausweis häufig in nur einer Position, gekürzt um den Verlust und vermehrt um den Gewinn (variable Größe), obwohl in dem entsprechenden

---

1) Vgl. §§ 10 und 33 KWG.

2) Vgl. § 7 HypBkG.

3) Vgl. Bekanntmachung Nr. 1/69 des Bundesaufsichtsamtes für das Kreditwesen betreffend Grundsätze über das Eigenkapital und die Liquidität der Kreditinstitute; geändert durch Bekanntmachung vom 22. 12. 1972 und durch Bekanntmachung vom 30. 8. 1974.

4) Vgl. Kalveram, W., Finanzierung der Unternehmung, Wiesbaden 1953, S. 9.

Bilanzformblatt eine Untergliederung in mehrere Positionen vorgesehen ist. Für Sparkassen gilt Ähnliches. Bei allen übrigen Unternehmensformen ist das Eigenkapital bilanzmäßig in zwei Hauptgruppen aufgeteilt, bei den Aktiengesellschaften z. B. in das Grundkapital und die Rücklagen. Zu erwähnen sind in diesem Zusammenhang noch diejenigen Passiva, die hinsichtlich ihrer Bedeutung für die Betriebswirtschaften dem Eigenkapital ähnlich sind, aber nicht alle Kriterien des Eigenkapitals aufweisen, nämlich langfristig zur Verfügung stehende Rückstellungen und Wertberichtigungen. Ihre Besonderheiten kommen zum Ausdruck in der Bezeichnung „temporäres Eigenkapital“[5]) und „Interimskapital“[6]).

Die Eigenfinanzierung der Kreditinstitute unterscheidet sich nicht von der Eigenfinanzierung der Betriebswirtschaften gleicher Rechtsform in anderen Branchen. Die Aufbringung geschieht durch Einzahlung der Geschäftsanteile bei Personengesellschaften, Gesellschaften mit beschränkter Haftung und Genossenschaften, durch Übernahme der Aktien bei Aktiengesellschaften. Bei einigen öffentlich-rechtlichen Instituten wird durch die Gewährträger das notwendige Eigenkapital (Dotationskapital) zur Verfügung gestellt.

Die Selbstfinanzierung weicht in ihrer Technik ebenfalls nicht von der anderer Betriebswirtschaften ab: Sie erfolgt durch Gewinnthesaurierung, d. h. entweder durch Zuweisung von Gewinnteilen an die Kapitalkonten, durch die Dotierung offener oder durch die Bildung bzw. Verstärkung stiller Rücklagen. Da einerseits das ausgewiesene Eigenkapital der Banken immer einen bestimmten, wenn auch verhältnismäßig geringen Prozentsatz der Bilanzsumme ausmachen soll, es andererseits aber nicht möglich ist — und das gilt besonders für die Zeit nach dem letzten Weltkrieg —, über den Kapitalmarkt alle notwendigen Mittel durch Eigenfinanzierung zu beschaffen, sehen sich die Banken vor die Aufgabe gestellt, auf dem Wege der Selbstfinanzierung offene Rücklagen zu bilden und so das ausgewiesene Eigenkapital zu erhöhen. Darüber hinaus bilden die Banken stille Rücklagen, da sie es wegen ihres Goodwills vermeiden wollen, etwaige Verluste in der Bilanz sichtbar werden zu lassen. Daher sind sie bestrebt, diese durch die Auflösung stiller Rücklagen aufzufangen. Ähnliches gilt für die Dividendenpolitik der Kreditinstitute. Da die Banken eine relativ stabile Dividendenpolitik betreiben und bestrebt sind, sich dem jeweiligen Dividendenniveau anzupassen, ist es auch aus diesem Grunde wichtig, stille Rücklagen zu schaffen, damit gegebenenfalls der Gewinn durch deren Auflösung beeinflußt werden kann.

---

[5]) Vgl. le Coutre, W., Totale Bilanz, in: Lexikon des kaufmännischen Rechnungswesens, hrsg. von Bott, K., 2. Aufl., Band 4, Stuttgart 1957, Sp. 2597 ff. Der Begriff temporäres Eigenkapital ist jedoch enger gefaßt als der des Interimskapitals. Le Coutre versteht darunter lediglich die Wertberichtigung auf das Sachkapital.

[6]) Vgl. Fischer, O., Bankbilanz-Analyse, Meisenheim/Glan 1956, S. 329 und S. 361 ff.

1. Haftendes Eigenkapital

Im Zusammenhang mit dem Eigenkapital der Kreditinstitute ist es erforderlich, auf den Begriff „haftendes Eigenkapital" einzugehen. Der Begriff „haftendes Eigenkapital" kommt aus dem Kreditwesengesetz[7]) und dient im Rahmen der Vorschriften über das Eigenkapital, das Anlagevermögen und das Kreditgeschäft der Banken als Bemessungsgrundlage. Das „haftende Eigenkapital" unterscheidet sich dadurch vom „Eigenkapital" der betriebswirtschaftlichen Definition, daß zum „haftenden Eigenkapital" stille Rücklagen nicht gerechnet werden dürfen. Das „haftende Eigenkapital" unterscheidet sich vom bilanziellen Eigenkapital dadurch, daß in zwei Fällen die Haftungsverhältnisse in die Berechnung des haftenden Eigenkapitals einbezogen werden (Privatbankiers und Kreditgenossenschaften). Insoweit ist der Begriff des haftenden Eigenkapitals also weiter als der des bilanziellen Eigenkapitals.

In § 10 Abs. 2—5 KWG wird das „haftende Eigenkapital" folgendermaßen definiert:

„(2) Als haftendes Eigenkapital sind anzusehen

1. bei Einzelkaufleuten, Offenen Handelsgesellschaften und Kommanditgesellschaften das Geschäftskapital und die Rücklagen nach Abzug der Entnahmen des Inhabers oder der persönlich haftenden Gesellschafter und der diesen gewährten Kredite sowie eines Schuldenüberhanges beim freien Vermögen des Inhabers; bei Offenen Handelsgesellschaften und Kommanditgesellschaften ist nur das eingezahlte Geschäftskapital zu berücksichtigen;

2. bei Aktiengesellschaften, Kommanditgesellschaften auf Aktien und Gesellschaften mit beschränkter Haftung das eingezahlte Grund- oder Stammkapital abzüglich des Betrages der eigenen Aktien oder Geschäftsanteile sowie die Rücklagen; bei Kommanditgesellschaften auf Aktien ferner Vermögenseinlagen der persönlich haftenden Gesellschafter, die nicht auf das Grundkapital geleistet worden sind, unter Abzug der Entnahmen der persönlich haftenden Gesellschafter und der diesen gewährten Kredite;

3. bei eingetragenen Genossenschaften die Geschäftsguthaben und die Rücklagen zuzüglich eines vom Bundesminister für Wirtschaft nach Anhörung der Deutschen Bundesbank durch Rechtsverordnung festzusetzenden Zuschlages, welcher der Haftsummenverpflichtung der Genossen Rechnung trägt; Geschäftsguthaben von Genossen, die zum Schluß des Geschäftsjahres ausscheiden, und ihre Ansprüche auf Auszahlung eines Anteils an dem in der Jahresbilanz nach § 33 d Abs. 1 B II 2 des Gesetzes betreffend die Erwerbs- und Wirtschaftsgenossenschaften gesondert ausgewiesenen

---

7) Vgl. §§ 10, 12, 13 KWG.

Reservefonds der Genossenschaften sind abzusetzen; der Bundesminister für Wirtschaft kann die Ermächtigung zum Erlaß von Rechtsverordnungen auf das Bundesaufsichtsamt übertragen;

4. bei öffentlich-rechtlichen Sparkassen sowie bei Sparkassen des privaten Rechts, die als öffentliche Sparkassen anerkannt sind, die Rücklagen;
5. bei Kreditinstituten des öffentlichen Rechts, die nicht unter Nummer 4 fallen, das eingezahlte Dotationskapital und die Rücklagen;
6. bei Kreditinstituten in einer anderen Rechtsform das eingezahlte Kapital und die Rücklagen.

(3) Dem haftenden Eigenkapital ist der Reingewinn zuzurechnen, soweit seine Zuweisung zum Geschäftskapital, zu den Rücklagen oder den Geschäftsguthaben beschlossen ist; entstandene Verluste sind von dem haftenden Eigenkapital abzuziehen. Als Rücklagen im Sinne des Absatzes 2 gelten nur die als Rücklagen ausgewiesenen Beträge mit Ausnahme solcher Passivposten, die auf Grund steuerlicher Vorschriften erst bei ihrer Auflösung zu versteuern sind.

(4) Vermögenseinlagen stiller Gesellschafter sind nur dann dem haftenden Eigenkapital zuzurechnen, wenn sie bis zur vollen Höhe am Verlust teilnehmen oder erst nach Befriedigung der Gläubiger des Kreditinstituts zurückgefordert werden können. Nachgewiesenes freies Vermögen des Inhabers oder der persönlich haftenden Gesellschafter kann auf Antrag in einem vom Bundesaufsichtsamt zu bestimmenden Umfang als haftendes Eigenkapital berücksichtigt werden.

(5) Maßgebend für die Bemessung des haftenden Eigenkapitals ist die letzte für den Schluß eines Geschäftsjahres festgestellte Bilanz. Kapitalveränderungen, die später in öffentliche Register eingetragen worden sind, sind zu berücksichtigen."

2. Korrekturposten zum Eigenkapital

Im Zusammenhang mit den Untersuchungen über das Eigenkapital der Kreditinstitute ist es notwendig, auf einige auf der Vermögensseite der Bilanz auszuweisende Positionen einzugehen, die bei der Berechnung der Haftungsgrundlagen der Institute Berücksichtigung finden müssen. Sie stellen Korrekturposten zum Eigenkapital dar und müssen von diesem abgesetzt werden.

Zunächst ist die Position „Nicht eingezahltes Kapital" zu nennen, die bei Aktiengesellschaften und Gesellschaften mit beschränkter Haftung entstehen kann, weil das Grund- oder Stammkapital nicht in voller Höhe eingezahlt zu werden braucht, sondern nur in Höhe von 25 % des Nennwertes[8]). Zwingend vorgeschrieben ist der Ausweis in voller Höhe

8) Vgl. § 36 AktG.

auf der Passivseite[9]). Die nicht eingezahlten Kapitalteile müssen auf der Aktivseite der Bilanz als „nicht eingezahltes Kapital“ ausgewiesen werden. Bei Kreditinstituten sind derartige Fälle kaum anzutreffen[10]), da ausstehende Einlagen auf das Grundkapital nicht zum haftenden Eigenkapital gezählt werden dürfen.

Kapitalentwertungskonto und Kapitalberichtigungskonto entstanden durch die gesetzlichen Regelungen zur Neuausstattung der Kreditinstitute mit Eigenkapital anläßlich der Währungsreform. Die Unterbilanzen, welche die Kreditinstitute durch die Währungsumstellung aufwiesen, sollten dadurch rein optisch in der Bilanz aufgehoben werden. Deshalb konnte unter bestimmten Voraussetzungen bei einem nach den Grundsätzen ordnungsmäßiger Buchführung an sich zu hohen Ausweis des Eigenkapitals ein Gegenposten auf der Aktivseite in Form eines Kapitalentwertungskontos gebildet werden, das innerhalb von sechs Jahren vom Zeitpunkt der Währungsreform an aus versteuerten Gewinnen zu tilgen war. Das Kapitalberichtigungskonto hatte dagegen die Aufgabe, etwaige Verminderungen des Eigenkapitals auszuweisen, die sich nach bereits veröffentlichter DM-Eröffnungsbilanz, z. B. im Zuge der Wertpapierbereinigung, ergaben und die nicht aus den Rücklagen gedeckt werden konnten. Auf diese Weise konnte an dem für Kapitalgesellschaften gültigen Prinzip der nominellen Bindung und Stabilität des Grundkapitals bei Aktiengesellschaften oder ähnlicher nominell fixierter Teile des Eigenkapitals bei anderen Gesellschaftsformen festgehalten werden[11]).

---

9) Vgl. § 152 Abs. 3 AktG.

10) Z. B. bei der Ausfuhrkredit-Gesellschaft mbH ist das Stammkapital bisher nur zu 50 % eingezahlt.

11) Das vorläufige Eigenkapital, das die Kreditinstitute auf Grund der Umstellungsrechnung zu bilden hatten, konnte in dreierlei Weise nach Wahl des Instituts errechnet werden. Es betrug nach der ersten Methode

a) zwanzig Deutsche Mark für je 100 Reichsmark des früheren Eigenkapitals, soweit dieses 300 000 Reichsmark nicht überstieg,

b) zehn Deutsche Mark für je 100 Reichsmark des 300 000 Reichsmark übersteigenden Teils des früheren Eigenkapitals.

Die zweite Methode war folgende: Wenn die ausgewiesenen Aktiven zuzüglich 150 % dieser Summe einen Überschuß über die Passiven ergaben, konnte das Geldinstitut statt des nach der ersten Methode bemessenen Betrages diesen Überschuß als vorläufiges Eigenkapital in die Umstellungsrechnung einstellen, jedoch in keinem Falle mehr als 20 % des früheren Eigenkapitals. Nach der dritten Methode konnte ein Kreditinstitut, wenn sich dabei ein höherer Betrag ergab, 7,50 DM für je 100,— DM der Verbindlichkeiten als vorläufiges Eigenkapital in die Umstellungsrechnung einstellen. Geldinstitute des öffentlichen Rechts, für die öffentlich-rechtliche Gewährträger haften, konnten von der vorstehenden Befugnis nur mit der Einschränkung Gebrauch machen, daß an die Stelle des Satzes von 7,50 DM ein Satz von 4,50 DM für je 100,— DM der vorstehend erwähnten Verbindlichkeiten trat.

Vgl.:

a) §§ 10, 11, 12 des 3. Gesetzes zur Neuordnung des Geldwesens (Umstellungsgesetz). Veröffentlicht als Gesetz Nr. 63 im Amtsbl. der MilReg. Amerik. Kontrollgebiet, Ausg. 9 S. 21; für die anderen Besatzungszonen ist dieselbe Verordnung — und auch die folgenden — an anderer Stelle veröffentlicht.

b) §§ 4 und 5 der 2. Durchführungsverordnung zum Umstellungsgesetz (Bankenverordnung). Veröffentlicht als 2. DVO zum Gesetz Nr. 63, Amtsbl. der MilReg. Amerik. Kontrollgebiet, Ausg. 1 S. 39.

Unter der Position „Eigene Aktien“ sind bei Aktiengesellschaften diejenigen von der Gesellschaft ausgegebenen eigenen Aktien zu verbuchen, die sich im Eigentum der Gesellschaft befinden. Der Erwerb eigener Aktien ist nur in wenigen Fällen erlaubt, und dann auch nur bis zur Höhe von 10 % des Grundkapitals[12]). Derartige eigene Aktien müssen bei der Beurteilung der Haftungsverhältnisse vom nominellen Eigenkapital in Abzug gebracht werden, da angenommen werden muß, daß eine Betriebswirtschaft, die sich in Schwierigkeiten befindet, nicht mehr in der Lage sein wird, die in ihrem Besitz befindlichen „eigenen Aktien“ zu verflüssigen.

3. Funktionen des Eigenkapitals

Die Funktionen des Eigenkapitals sind in der allgemeinen betriebswirtschaftlichen und bankbetrieblichen Literatur bereits mehrfach behandelt worden[13]), wobei die verschiedenen Autoren im wesentlichen übereinstimmende Aufgaben herausstellten. Somary unterscheidet vier Funktionen des Bankeigenkapitals, nämlich:

(1) „Schaffung von Vertrauen, das erforderlich ist, um dem Institut den nötigen Kredit zu sichern“,

(2) „Deckung von Verlusten im Geschäftsbetrieb“,

(3) „Erhöhung der Sicherheit der Disposition durch Zuführung von Kapitalien, die der Bank nicht entzogen werden können“,

(4) „Ermöglichung von Geschäften, die Kapitalfestlegung zur Folge haben“[14]).

Im folgenden wird eine größere Zahl von Funktionen herausgestellt. Dabei werden sich zwar gewisse Überschneidungen zwischen den einzelnen Aufgaben nicht vermeiden lassen. Dies muß jedoch in Kauf genommen werden, damit ein möglichst vollständiger Eindruck von den vielfältigen Aufgaben des Eigenkapitals der Kreditinstitute gewonnen werden kann.

Im einzelnen hat das Eigenkapital der Kreditinstitute folgende Funktionen zu erfüllen:

(1) Funktion der Errichtungsgrundlage,

---

c) Art. 7 der 36. VO zum Umstellungsgesetz (Eigenkapital der Geldinstitute). Veröffentlicht im Amtsbl. der MilReg. Amerik. Kontrollgebiet, Ausg. O S. 48.

d) 42. DVO zum Umstellungsgesetz (VO über die DM-Eröffnungsbilanz der Geldinstitute). Veröffentlicht im Amtsbl. der AHK Nr. 20 S. 321.

e) Gesetz über den Erlaß von Rechtsverordnungen auf dem Gebiete der Neuordnung des Geldwesens und über die Neufestsetzung des Nennkapitals von Geldinstituten in der Rechtsform von Kapitalgesellschaften vom 21. 4. 1953 (BGBl I S. 127).

12) Vgl. § 71 AktG.

13) Vgl. Somary, F., a. a. O., S. 6 ff.; Ottel, F., Bankpolitik, Jena 1937, S. 152; le Coutre, W., Grundzüge der Bilanzkunde, Teil I, 4. Aufl., Wolfenbüttel 1949, S. 209 ff.; v. Köppen, J., Das Eigenkapital der Kreditinstitute, Wiesbaden 1966, S. 119 ff.

14) Somary, F., a. a. O., S. 6.

(2) Funktion der Begrenzung des Geschäftsvolumens (Bremsfunktion),
(3) Garantie- oder Haftungsfunktion,
(4) Finanzierungsfunktion,
(5) Funktion des intertemporären Gewinn- und Verlustausgleichs,
(6) Funktion der Gewinnverteilungsbasis,
(7) Funktion der Schaffung von Vertrauen (Werbe- oder Repräsentationsfunktion).

Zur Gründung eines Kreditinstituts muß ein gewisses Eigenkapital vorhanden sein, weil sonst die Genehmigung, die zur Gründung erforderlich ist, vom Bundesaufsichtsamt versagt wird[15][16]). Bei den privaten Hypothekenbanken z. B. beträgt der Mindestnennbetrag des Grundkapitals 8 Mill. DM[17]). Dazu kommt bei den privaten Hypothekenbanken, daß sie — um die erste Pfandbriefemission durchführen zu können — Eigenkapital zum Erwerb der ersten Deckungshypotheken benötigen (Errichtungs- bzw. Gründungsfunktion).

Aus dem Dargelegten läßt sich eine weitere Funktion des Eigenkapitals ableiten, nämlich die *Funktion der* Begrenzung des Geschäftsvolumens durch die Bestimmungen des Kreditwesengesetzes und der Grundsätze des Bundesaufsichtsamtes[18]). Im Grundsatz I wird festgelegt, daß die Kredite an Wirtschaftsunternehmen, Private und Kreditinstitute und die Beteiligungen eines Kreditinstituts abzüglich der Sammelwertberichtigungen sowie abzüglich der passiven Rechnungsabgrenzungsposten aus Gebührenabgrenzung im Teilzahlungsfinanzierungsgeschäft das 18fache des haftenden Eigenkapitals nicht übersteigen sollen. Der Grundsatz Ia bestimmt, daß der Unterschiedsbetrag zwischen Aktiv- und Passivdevisenpositionen, unabhängig von ihrer Fälligkeit bei einem Kreditinstitut täglich bei Geschäftsschluß 30 % des haftenden Eigenkapitals nicht übersteigen soll. Damit hängt es also auch von der Höhe des Eigenkapitals ab, in welchem Umfang eine Bank Kredite gewähren und Devisengeschäfte abschließen kann. Die Kreditinstitute sind nach § 10 KWG gezwungen, die genannte Relation einzuhalten, wenn ein Eingreifen des Bundesaufsichtsamtes vermieden werden soll. Für die privaten Hypothekenbanken ist ein direkter Zusammenhang zwischen der Höhe des Eigenkapitals und dem Geschäftsvolumen gegeben, denn bei reinen Hypothekenbanken darf der Pfandbriefumlauf das 25fache des eingezahlten Grundkapitals, der gesetzlichen Rücklage sowie anderer durch die Satzung oder durch Beschluß der Hauptversammlung aus-

---

15) Vgl. §§ 32 und 33 Abs. 1 Ziff. 1 KWG.

16) Das Bundesaufsichtsamt hält für die Errichtung eines Kreditinstituts mit Einlagengeschäft ein Mindestanfangskapital von ca. 4 Mill. DM für erforderlich. Vgl. Reischauer, Fr. - Kleinhans, J., Kreditwesengesetz (Loseblattsammlung), Berlin 1974, Kommentar zu § 33, Tz. 6.

17) Vgl. § 2 Abs. 2 HypBkG.

18) Vgl. Bekanntmachung Nr. 1/69 des Bundesaufsichtsamtes für das Kreditwesen betreffend Grundsätze über das Eigenkapital und die Liquidität der Kreditinstitute; geändert durch Bekanntmachung vom 22. 12. 1972 und durch Bekanntmachung vom 30. 8. 1974.

schließlich zur Deckung von Verlusten oder zu einer Kapitalerhöhung aus Gesellschaftsmitteln bestimmter Rücklagen nicht übersteigen[19]); die entsprechende Umlaufgrenze für Kommunalobligationen beträgt unter Einrechnung des Pfandbriefumlaufes den 50fachen Betrag dieser Kapitalteile[20]).

Eine weitere Bestimmung des KWG, die „bremsende" Wirkung auf die Kreditgewährung ausübt und sich auf das Eigenkapital bezieht, enthält § 13 KWG. Darin wird angeordnet, daß Kredite, die von einem Kreditinstitut an denselben Kreditnehmer gewährt werden und 15 % des haftenden Eigenkapitals überschreiten, unverzüglich der Deutschen Bundesbank anzuzeigen sind. Der einzelne Großkredit soll das haftende Eigenkapital nicht übersteigen, und die Summe aller Großkredite soll nicht mehr als die Hälfte des gesamten Kreditvolumens ausmachen. Der Entwurf der Novelle zum Kreditwesengesetz vom Dezember 1974 sieht vor, daß die z. Z. als Sollvorschrift bestehenden Kreditstreuungsbestimmungen in Mußvorschriften umgewandelt werden. Darüber hinaus sind eine Verminderung der Höchstgrenze für den einzelnen Kredit und weitergehende Vorschriften für die Struktur des Kreditgeschäfts geplant[21]).

Die dargestellte Funktion der Begrenzung des Geschäftsvolumens durch das Eigenkapital kann im Zusammenhang mit der Garantie- und Haftungsfunktion gesehen werden, da durch die Bestimmungen des KWG und durch die Grundsätze verhindert werden soll, daß ein Mißverhältnis zwischen Eigenkapital und Bilanzvolumen eintritt und dadurch die Haftungsgrundlage zu gering wird. Wie bei allen Betriebswirtschaften hat auch bei den Kreditinstituten das Eigenkapital die Aufgabe, eventuell eintretende Verluste aufzufangen und die Gläubiger des Unternehmens vor Verlusten zu schützen.

Die Finanzierungsfunktion des Eigenkapitals der Banken kommt darin zum Ausdruck, daß das Eigenkapital dazu bestimmt ist, das Anlagevermögen der Banken und sonstige langfristig gebundene Vermögenswerte zu finanzieren. Im § 12 KWG ist festgelegt, daß die dauernden Anlagen eines Kreditinstituts in Grundstücken, Gebäuden, Schiffen und Beteiligungen, nach den in der Bilanz eingesetzten Restbuchwerten ermittelt, insgesamt den Betrag des haftenden Eigenkapitals nicht überschreiten dürfen. Auf die Einhaltung dieser Vorschrift wird von der Bankenaufsicht streng geachtet; nur in besonderen Situationen werden den Kreditinstituten gewisse Überschreitungsmöglichkeiten zugestanden, wie das z. B. in den Jahren nach dem zweiten Weltkrieg der Fall war, um den Aufbau nicht zu sehr zu erschweren.

---

19) Vgl. § 7 HypBkG.

20) Vgl. § 41 Abs. 2 HypBkG.

21) Vgl. Deutscher Bundestag, 7. Wahlperiode, Drucksache 7/3657 vom 20. 5. 1975, Anlage 1: Entwurf eines Zweiten Gesetzes zur Änderung des Gesetzes über das Kreditwesen, Anlage 2: Stellungnahme des Bundesrates, Anlage 3: Gegenäußerung der Bundesregierung zur Stellungnahme des Bundesrates; vgl. Dürre, G., Wie das Aufsichtsamt die KWG-Novellierung sieht, in: ZfgK, 28. Jg., Juni 1975, S. 472—476.

Der intertemporäre Gewinn- und Verlustausgleich erfolgt weniger durch den in der Bilanz ausgewiesenen Teil des Eigenkapitals, d. h. über Kapitalkonten oder durch offene Rücklagen, sondern durch Bildung bzw. Auflösung stiller Rücklagen. Da die Kreditinstitute bestrebt sind, in den einzelnen Jahren möglichst gleichmäßige bzw. sich gleichmäßig verändernde Gewinne auszuweisen, werden in Perioden überdurchschnittlich hoher Gewinne Teile derselben für die Bildung stiller Rücklagen verwandt mit dem Zweck, diese in Jahren mit verhältnismäßig niedrigen Gewinnen aufzulösen[22]). Die Eigenkapitalfunktion des intertemporären Gewinn- und Verlustausgleichs ist auch unter dem Gesichtspunkt des Goodwills oder des Vertrauens des Publikums gegenüber den Kreditinstituten zu sehen, da das Publikum aus kontinuierlichen Dividendenzahlungen Rückschlüsse auf die Ertragskraft der Betriebswirtschaften ziehen zu können glaubt; dieses Faktum ist gerade von den von der öffentlichen Meinung stark abhängigen Kreditinstituten besonders zu beachten.

Die *Funktion des Eigenkapitals,* als Bemessungsgrundlage für die Gewinnverteilung bzw. gegebenenfalls für die Verlustverteilung zu dienen, ergibt sich aus den rechtlichen Vorschriften bzw. vertraglichen Vereinbarungen, nach denen die Gewinn- und Verlustverteilung im Verhältnis der Anteile am Grund- oder Stammkapital vorzunehmen ist. Besonderheiten gegenüber den nicht zum Bankgewerbe gehörenden Unternehmen treten dabei nicht auf.

Von besonderer Bedeutung ist für diejenigen Kreditinstitute, die ihre Bilanzen veröffentlichen, die *Funktion des Eigenkapitals,* Vertrauen in der Öffentlichkeit zu schaffen. Die Höhe des ausgewiesenen Eigenkapitals ist neben anderen Faktoren besonders dazu geeignet, das Vertrauen in die Sicherheit und Leistungsfähigkeit eines Kreditinstituts zu stärken. In hohem Maße finden die Eigenkapitalverhältnisse der Kreditinstitute im Ausland Beachtung. So wird z. B. im internationalen Geschäftsverkehr oft an Hand der Höhe des Eigenkapitals entschieden, ob einer Bank, mit der bisher keine Geschäftsverbindung bestand, ein bestimmter Auftrag direkt oder über eine befreundete Bank zugeleitet wird.

Aus der Funktion „Schaffung von Vertrauen" ist die Werbefunktion des Eigenkapitals abzuleiten. Da das Eigenkapital die Grundlage der Sicherheit und Leistungsfähigkeit eines Instituts darstellt, steigt mit wachsendem Eigenkapital das Ansehen der Betriebswirtschaft. Allerdings ist zu bemerken, daß die Kapitalbasis eines Instituts nur einen der Faktoren, durch die Vertrauen gewonnen, gerechtfertigt und gesteigert wird, darstellt.

---

[22]) Vgl. Nalt, F., Der überperiodische Zusammenhang zwischen der Bildung und der Auflösung stiller Reserven in Bilanzen von Kreditinstituten, in: Kredit und Kapital, 2. Jg. 1969, S. 306 bis 327, hier S. 307. Vgl. auch die Kontroverse Büschgen, H. E., Der Jahresabschluß der Banken blieb ein Buch mit sieben Siegeln, in: Börsenzeitung, 14. 7. 1973 und Hagenmüller, K. F., Jahresabschluß der Banken — ein Buch mit sieben Siegeln, in: Börsenzeitung vom 7. 12. 1973.

Die obigen Ausführungen über die Funktionen des Eigenkapitals gelten für diejenigen öffentlich-rechtlichen Kreditinstitute, die kein Grundkapital besitzen, nur bedingt. Bei ihnen wird fehlendes Eigenkapital teilweise durch die Haftung des öffentlich-rechtlichen Gewährträgers ersetzt.

Die genannten Funktionen des Eigenkapitals beziehen sich vorwiegend auf das Grundkapital; die Rücklagen erfüllen nur einen Teil dieser Aufgaben, wobei hinsichtlich der stillen Rücklagen weiter gehende Einschränkungen zu machen sind als bei den offenen Rücklagen. Während die offenen Rücklagen die wichtige Garantie- und Haftungsfunktion gegenüber Gläubigern, die Finanzierungsfunktion, die Funktion der Schaffung von Vertrauen und der Begrenzung des Geschäftsvolumens übernehmen, sind für die stillen Rücklagen hinsichtlich der Funktionen der Begrenzung des Geschäftsvolumens und der Schaffung von Vertrauen Einschränkungen zu machen. Da die stillen Rücklagen nicht dem haftenden Eigenkapital zugerechnet werden dürfen, wird das mögliche Geschäftsvolumen durch ihre Höhe nicht beeinflußt. Die Funktion der Schaffung von Vertrauen üben sie nur bedingt aus. Da unterstellt werden kann, daß über das Ausmaß der stillen Rücklagen eines Kreditinstituts beim Publikum gewisse Vorstellungen vorhanden sind, können insoweit auch diese Rücklagen die Funktion, Vertrauen zu gewinnen, übernehmen.

Von besonderer Bedeutung ist die Funktion des *intertemporären Gewinn- und Verlustausgleichs durch die stillen Rücklagen,* denn mit ihrer Hilfe kann in starkem Maße Bilanzpolitik betrieben werden. Durch eine entsprechende Bewertung wird es möglich, Verluste, die in jedem Unternehmen auftreten können, zu verdecken. Bei Kreditinstituten ist ein intertemporärer Gewinn- und Verlustausgleich durch stille Rücklagen besonders wichtig, weil — auch unter währungspolitischen Aspekten gesehen — das Vertrauen der Öffentlichkeit in die Zuverlässigkeit des Banksystems berührt wird, sobald das Publikum von Verlusten einer Bank erfährt. Der Zusammenbruch des Bankhauses I. D. Herstatt KGaA, Köln, im Juni 1974 ist ein Beispiel hierfür aus jüngster Vergangenheit. Vertrauensverluste können evtl. zu Einlagenabzügen führen, die eine ernste Bedrohung für die Stabilität der Währung darstellen, wie die Bankenkrise von 1931 gezeigt hat. Wenn auch die Meinung, daß die Betriebswirtschaften ihre sämtlichen Rücklagen offen ausweisen sollten[23]), grundsätzlich berechtigt erscheint, so muß doch aus übergeordneten währungspolitischen Gesichtspunkten die Notwendigkeit der Bildung stiller Rücklagen speziell bei den Kreditinstituten anerkannt werden[24]). Der sich hieraus ergebende Nachteil, daß eine Orientierung der

---

[23]) Vgl. le Coutre, W., Bilanzrecht und Gesellschaftsbilanzen, Wiesbaden 1953, S. 43 f.

[24]) Diese Überlegungen haben auch zu der für Kreditinstitute in der Rechtsform der AG und KGaA geltenden Ausnahmevorschrift des § 26 a KWG i. d. F. des § 36 EG zum AktG 1965 geführt; hier wird den Kreditinstituten ein niedrigerer Wertansatz als nach § 155 AktG vorgeschrieben für Forderungen und Wertpapiere des Umlaufvermögens gestattet, „soweit dies nach vernünftiger kaufmännischer Beurteilung zur Sicherung gegen die besonderen Risiken des Geschäftszweiges der Kreditinstitute notwendig ist“.

Aktionäre verhindert wird und daß deshalb die Eigentümer unmittelbar keine wirksame Kontrolle ausüben können, wird dadurch teilweise ausgeglichen, daß die Kreditinstitute einer staatlichen Aufsicht, der Bankenaufsicht, unterstehen[25]).

II. Ausweis des Eigenkapitals in der Bankbilanz

Das Eigenkapital der Kreditinstiute ist je nach der Unternehmensform in der Bilanz unterschiedlich auszuweisen. Auch bei Instituten, die, wie z. B. Aktiengesellschaften, auf Grund ihrer Rechtsform an bestimmte Bilanzierungsvorschriften gebunden sind, erfolgt eine andere Aufgliederung, als sie im Aktiengesetz vorgeschrieben ist. Die für die Kreditinstitute in der Rechtsform der Aktiengesellschaft geltende Sonderregelung hat ihre Rechtsgrundlage in den Bestimmungen der §§ 161 und 278 Abs. 3 AktG.

Für die einzelnen Rechtsformen wird folgender Ausweis gefordert[26]):

Formblatt für die Jahresbilanz der Kreditinstitute in der Rechtsform der AG, der KGaA und der GmbH

Aktiva	Passiva
Pos. 16: Ausstehende Einlagen auf das Grundkapital (Stammkapital)	*Pos. 10:* Sonderposten mit Rücklageanteil[27])
Pos. 17: Eigene Aktien (Geschäftsanteile) Nennbetrag	*Pos. 11:* Grundkapital (Stammkapital)
Pos. 22: Bilanzverlust	*Pos. 12:* Offene Rücklagen a) gesetzliche Rücklage b) andere Rücklagen
	Pos. 13: Bilanzgewinn

25) Vgl. §§ 5—9 und 32 ff. KWG.

26) In den Übersichten sind nur diejenigen Positionen aufgeführt, die das bilanzmäßige Eigenkapital betreffen.

27) In diesem Posten sind die Beträge auszuweisen, die auf Grund steuerlicher Vorschriften erst bei ihrer Auflösung zu versteuern sind.

Formblatt für die Jahresbilanz der Kreditinstitute in der Rechtsform der Einzelfirma, der OHG und der KG

Aktiva	Passiva
Pos. 16: Nicht eingezahltes Kapital *Pos. 20:* Reinverlust Gewinn-/Verlustvortrag aus dem Vorjahr Jahresüberschuß/ Jahresfehlbetrag 19 . .	*Pos. 10:* Sonderposten mit Rücklageanteil *Pos. 11:* Kapital a) Einlagen des Inhabers oder der unbeschränkt haftenden Gesellschafter b) Einlagen der Kommanditisten und der stillen Gesellschafter *Pos. 12:* Offene Rücklagen *Pos. 13:* Reingewinn Gewinn-/Verlustvortrag aus dem Vorjahr Jahresüberschuß/Jahresfehlbetrag 19 . .

Formblatt für die Jahresbilanz der Kreditinstitute in der Rechtsform der eingetragenen Genossenschaft

Aktiva	Passiva
Pos. 20: Reinverlust Gewinn-/Verlustvortrag aus dem Vorjahr Gewinn/Verlust 19 . .	*Pos. 11:* Sonderposten mit Rücklageanteil *Pos. 12:* Geschäftsguthaben[28]) a) der verbleibenden Mitglieder b) der ausscheidenden Mitglieder *Pos. 13:* Offene Rücklagen a) Rücklage nach § 7 Nr. 4 Genossenschaftsgesetz b) andere Rücklagen *Pos. 14:* Reingewinn Gewinnvortrag/Verlustvortrag aus dem Vorjahr Jahresüberschuß/Jahresfehlbetrag 19 . .

---

[28]) Unter dem Strich der Bilanz werden nähere Angaben über die Haftsummen gemacht.

Formblatt für die Jahresbilanz der Hypothekenbanken

Aktiva	Passiva
Pos. 15: Eigene Aktien Nennbetrag *Pos. 19:* Bilanzverlust	*Pos. 11:* Sonderposten mit Rücklageanteil *Pos. 12:* Grundkapital *Pos. 13:* Offene Rücklagen a) gesetzliche Rücklage b) sonstige Rücklagen nach § 7 HypBkG[29]) c) andere Rücklagen *Pos. 14:* Bilanzgewinn

Formblatt für die Jahresbilanz der Sparkassen[30])

Aktiva	Passiva
Pos. 19: Bilanzverlust	*Pos. 10:* Sonderposten mit Rücklageanteil *Pos. 11:* Rücklagen nach § 10 KWG a) Sicherheitsrücklage b) andere Rücklagen *Pos. 12:* Bilanzgewinn

III. Entwicklung des Eigenkapitals der Banken

Bei der Untersuchung, in welchem Maße sich das Eigenkapital der Kreditinstitute durch Eigen- oder Selbstfinanzierung verändern kann, wird von den Aktienbanken ausgegangen, da durch deren Veröffentlichungspflicht die besten Unterlagen für eine Betrachtung der Entwicklung des Eigenkapitals vorhanden sind und bei diesen Instituten die wesentlichen Momente für die Entwicklung des nominell gebundenen und variablen

29) § 7 HypBkG schreibt Rücklagen vor, die „ausschließlich zur Deckung von Verlusten oder zu einer Kapitalerhöhung aus Gesellschaftsmitteln“ bestimmt sind.

30) Das Formblatt für die Jahresbilanz der Sparkassen weist die Besonderheit auf, daß es für das Eigenkapital lediglich Positionen aufführt, in denen die Rücklagen ausgewiesen sind. Daraus geht hervor, daß das Eigenkapital der Sparkassen ausschließlich aus Rücklagen besteht

Eigenkapitals herausgearbeitet werden können. Für die anderen Gesellschaftsformen lassen sich die entsprechenden Vorgänge ableiten. Die Technik der Aufbringung des Kapitals wird vernachlässigt, da sie für alle Betriebswirtschaften geltende Tatbestände enthält. Allgemeingültiges wird vielmehr nur insoweit gebracht, als es zur Darstellung der besonderen Lage im Kreditgewerbe erforderlich erscheint.

Grundsätzlich erfolgt bei den Aktiengesellschaften und Gesellschaften mit beschränkter Haftung sowie bei den nominell gebundenen Eigenkapitalteilen von Kommanditgesellschaften eine Erhöhung des Grund- oder Stammkapitals durch Eigenfinanzierung. Sofern eine Erhöhung z. B. durch Ausgabe von Zusatzaktien erfolgt, ist dies eine Endstufe der Selbstfinanzierung, indem angesammelte Rücklagen dem Grundkapital zugeführt werden. Die Technik der Selbstfinanzierung (Gewinnthesaurierung) weist im Kreditwesen keine Unterschiede gegenüber den sonstigen Betriebswirtschaften auf. Unter Selbstfinanzierung, die nach offener und stiller getrennt wird, wird jede Eigenkapitalverstärkung durch Gewinnzurückbehaltung in den Betriebswirtschaften verstanden[31])[32]).

Die Eigenfinanzierung der Kreditinstitute wird von zwei Momenten beherrscht: einmal von dem relativ geringen Umfang, den das Eigenkapital heute im Verhältnis zur Bilanzsumme besitzt, und zum anderen von der großen Bedeutung, die ihm trotzdem gerade bei den Banken auf Grund seiner vielfältigen Funktionen zufällt. Wird untersucht, warum der Anteil des Eigenkapitals der Kreditinstitute im Laufe der Zeit immer mehr sank, dann sind zwei Gesichtspunkte hervorzuheben: die beträchtliche Ausdehnung der Geschäftstätigkeit der Banken seit dem Einsetzen der Industrialisierung und damit die Ausdehnung des Bilanzvolumens, mit der die Eigenkapitalaufbringung nicht Schritt halten konnte, auf Grund der Erfahrung aber auch nicht brauchte. Dieser zweite Grund resultiert aus einer entsprechenden Geschäftspolitik der Kreditinstitute, die durch Verminderung des Risikos der einzelnen Vermögensanlagen und durch die Auswirkungen der Diversifikation das Risiko des gesamten Instituts so gering halten kann, daß nur ein geringer Prozentsatz an Eigenkapital notwendig ist, um die Sicherheit der Institute in gleicher Weise wie mit einem wesentlich höheren Eigenkapital zu gewährleisten. Dennoch versuchen die Institute, durch Kapitalerhöhungen und Bildung von offenen Rücklagen zu verhindern, daß sich die Relation Eigenkapital zu Bilanzsumme zu ungünstig entwickelt.

Trotz aller Bemühungen konnten die Kreditinstitute es aber nicht vermeiden, daß der offen ausgewiesene Eigenkapitalanteil heute — wie die Tabelle auf Seite 238 zeigt — nur noch ca. 5 % der Bilanzsumme beträgt. Noch

---

31) Vgl. Hagest, K., Selbstfinanzierung des Betriebes, Stuttgart 1952, S. 32 und Beckmann, L., Die betriebswirtschaftliche Finanzierung, 2. Aufl., Stuttgart 1956, S. 37.

32) Vgl. Eisfeld, C., Probleme um das Eigenkapital der Kreditbanken, in: Die Unternehmung im Markt, Festschrift für Wilhelm Rieger, Stuttgart und Köln 1953, S. 109 ff.

geringer war der Anteil des Eigenkapitals, als nach der Währungsreform der wirtschaftliche Aufschwung in vollem Umfang eingesetzt und ein rasches Anwachsen der Bilanzsummen verursacht hatte. Inzwischen konnten jedoch die meisten Institute ihr Eigenkapital durch Kapitalerhöhungen und Selbstfinanzierung aufstocken, so daß der Anteil des Eigenkapitals am Gesamtkapital bei den Banken einigermaßen befriedigend ist. Dabei ist zu berücksichtigen, daß im Kreditgewerbe die stillen Rücklagen im Vergleich zu dem in der Bilanz sichtbaren Eigenkapital im allgemeinen eine größere Bedeutung besitzen, als dies in anderen Branchen, wie z. B. in der Industrie oder im Handel, der Fall ist. Zunächst wurde nur im Wege der Selbstfinanzierung vorgegangen und auf diese Weise eine Anreicherung der Rücklagen erreicht. Später wurden bei zahlreichen Banken Kapitalerhöhungen vorgenommen, also eine Verstärkung des Eigenkapitals im Wege der Eigenfinanzierung durchgeführt. Unterstützt wurden die Banken in dem Bestreben, ihre Eigenkapitalbasis wieder zu verbreitern, vom Gesetzgeber. Die Bildung von Sammelwertberichtigungen wurde wieder zur Pflicht gemacht[33]) und bei deren Reduzierung die Möglichkeit gegeben, die frei werdenden Teile steuerbegünstigt in haftendes Eigenkapital umzuwandeln[34]).

Kapitalherabsetzungen kommen im Gegensatz zu Kapitalerhöhungen bei Kreditinstituten außerordentlich selten vor. Anlässe, die zu einer Kapitalherabsetzung oder an deren Stelle zu einer Fusion führen können, treten meist in wirtschaftlichen Krisenzeiten auf. Dagegen kommt es zu Kapitalerhöhungen vor allem im konjunkturellen Aufschwung. Dabei ist nicht nur die Notwendigkeit zur Vermehrung des Eigenkapitals zu berücksichtigen, die im Aufschwung wegen Ausdehnung des Geschäftsvolumens am größten ist, aber auch während anderer Abschnitte im Konjunkturzyklus — z. B. zur Finanzierung eines Zusammenschlusses — auftreten kann, sondern auch die Aufnahmefähigkeit des Kapitalmarktes für junge Aktien. Diese ist im Aufschwung am ehesten gegeben, denn dann lassen sich sowohl relativ günstige Bezugsrechte für die Aktionäre als auch Agiobeträge für die Kreditinstitute erreichen.

Während bei den bisher aufgezeigten Vorgängen der Eigenfinanzierung und der Kapitalherabsetzung grundsätzliche Unterschiede bei den verschiedenen Rechtsformen auftreten, die nicht nur aus dem bei Aktiengesellschaften und Gesellschaften mit beschränkter Haftung vorhandenen no-

---

33) Vgl. Beschluß der Bankaufsichtsbehörden, BAnz Nr. 254 vom 19. 12. 1950.

34) Die mit Anordnung vom 25. 7. 1953 in Kraft getretene Herabsetzung der steuerlich anerkannten Sammelwertberichtigungen ließ steuerpflichtige Buchgewinne entstehen. Nach übereinstimmenden Erlassen der Landesfinanzminister wurde die Steuer für diese Buchgewinne erlassen, soweit ihre Einziehung zu unbilligen Härten geführt hätte (§ 131 AO). Diesen Tatbestand sah man als gegeben an, wenn das Eigenkapital eines Kreditinstituts eine bestimmte Mindestgröße nicht erreichte. Dabei war die Bedingung gemacht, daß der Buchgewinn zur Verstärkung des Eigenkapitals verwendet wurde und später in gewissem Umfang eine Nachversteuerung erfolgte. Vgl. Pröhl, H., Lexikon des Kreditwesens, S. 2537 ff. und o. V., Heranziehung der bei Teilauflösung der Sammelwertberichtigungen entstehenden Buchgewinne der Kreditinstitute, in: Der Betrieb 1955, S. 812.

Eigenkapital von Kreditinstituten[35] [36] [37]
(in % der Bilanzsumme)

Jahr	Großbanken	Kreditbanken einschließlich Großbanken
1872	45,0	50,0
1890	39,0	40,0
1900	33,0	34,0
1905	25,0	27,0
1913	20,0	23,0
1930	7,0	10,0
1936	7,6	14,0
1950	1,2[38]	1,8[38]
1955	3,7	4,2
1960	4.8	5,1
1965	4,8	5,1
1970	4,2	4,6
1973	4,5	4,6

minell gebundenen Kapital resultieren, sondern auch aus der Möglichkeit, das Eigenkapital über den organisierten Kapitalmarkt aufzubringen, sind die Gründe für diese Finanzierungsformen bzw. -anlässe bei allen Kreditinstituten die gleichen. Aus dem Vorteil, den die Aktienbanken im Gegensatz zu den übrigen Instituten haben, sich Eigenkapital über den Kapitalmarkt zu beschaffen, folgt, daß Personenunternehmen, Genossenschaften und Sparkassen in größerem Maße auf Selbstfinanzierung angewiesen sind, um ihre Eigenkapitalbasis zu verstärken. Dies gilt insbesondere für Privatbankiers, für die es im allgemeinen keinen anderen Weg gibt, ihr Eigenkapital an ein gestiegenes Geschäftsvolumen anzupassen, sofern sie nicht ihre Selbständigkeit durch Hereinnahme neuer Gesellschafter gefährden wollen. Beschränkungen sehen sich auch Kreditgenossenschaften gegenüber, die sich durch die örtliche und wirtschaftliche Begrenzung ihrer Geschäftstätigkeit nur an einen bestimmten Kapitalgeberkreis wenden können. Die Sparkassen befinden sich ebenfalls in einer besonderen Lage, da ihr Eigenkapital grundsätzlich durch Selbstfinanzierung aufgebracht werden muß.

Die offene Selbstfinanzierung bei Kreditinstituten weist gegenüber derjenigen bei Nichtbankbetrieben keine Besonderheiten auf, dagegen sind bei der stillen Selbstfinanzierung einige Arteigenheiten zu verzeichnen. Bei der Bildung stiller Rücklagen handelt es sich meist um eine Unter-

[35] Vgl. Eisfeld, C., a. a. O., S. 105.

[36] Vgl. Statistisches Handbuch der Bank deutscher Länder 1948—1954, S. 136 ff.

[37] Vgl. Monatsberichte der Deutschen Bundesbank, März 1959, S. 54 f., 1961, S. 74 f., 1968, S. 56 f., 1971, S. 27 *, 1974, S. 29 *.

[38] Bei diesen Zahlen ist zu berücksichtigen, daß viele Institute die Umstellung auf Deutsche Mark noch nicht vorgenommen hatten.

bewertung der Aktivseite. Die Bildung stiller Rücklagen erfolgt bei den Kreditinstituten in starkem Maße durch Abschreibungen bzw. Wertberichtigungen auf Forderungen, Wechselbestände und Wertpapiere, heute weniger bei Beteiligungen und Gebäuden. Eine besondere Bedeutung haben in diesem Zusammenhang die Sammelwertberichtigungen erhalten, auf die noch näher einzugehen sein wird. Mit Hilfe der steuerlich anerkannten Sammelwertberichtigungen können Gewinnteile langfristig in der Betriebswirtschaft zurückgehalten werden. Außer den Sammelwertberichtigungen sind die Einzelwertberichtigungen auf Debitoren und Wertberichtigungen auf Wertpapiere des Umlaufvermögens bedeutsam. Die Bildung stiller Rücklagen in den genannten Positionen ist auch aus Selbstfinanzierungsgründen notwendig, weil in diesen Geschäftssparten trotz bester Geschäftspolitik Verluste entstehen können. Wenn hierbei vielfach von einer vorsätzlichen Unterbewertung gesprochen wird, dann steht dies den Grundsätzen ordnungsmäßiger Buchführung und Bilanzierung nicht entgegen, da gerade die Banken gezwungen sind, besonders vorsichtig zu bewerten.

B. Fremdfinanzierung der Kreditinstitute (Passivgeschäfte)

Die Kapitalaufbringung der Kreditinstitute erfolgt hauptsächlich durch die Heranziehung fremder Mittel, obgleich der Ausgangspunkt der bankbetrieblichen Tätigkeit, der auch die Höhe der möglichen Fremdfinanzierung bestimmt, das Eigenkapital ist. Wie aus § 12 KWG hervorgeht, ist das Eigenkapital im allgemeinen für die Finanzierung der langfristig gebundenen Vermögensteile bestimmt; das bedingt, daß bei den Universalbanken für die Aktivgeschäfte das Fremdkapital (Verbindlichkeiten gegenüber Kreditinstituten und Verbindlichkeiten aus dem Bankgeschäft gegenüber anderen Gläubigern) der ausschlaggebende Faktor ist und davon sowohl die wertbedingten als auch die betriebsbedingten Aufwendungen weitgehend beeinflußt werden können. Die Höhe der Aufwendungen für die fremdfinanzierten Mittel kann trotz insgesamt gleichen Geschäftsumfanges auf Grund verschiedenartiger Geschäftsstruktur unterschiedlich sein; die wertbedingten Aufwendungen werden bestimmt von der Struktur der verschiedenen Kategorien von Verbindlichkeiten und deren Zinsstrukturen, der betriebsbedingte Aufwand leitet sich vorwiegend aus der Anzahl der Konten und Umsätze sowie aus den Durchschnittsguthaben pro Konto ab.

Bei der Behandlung der Passivgeschäfte (Fremdfinanzierung) wird von der unterschiedlichen Fristigkeit der Mittel ausgegangen; damit kann nicht nur ihre Bedeutung für die Institute zum Ausdruck gebracht, sondern auch die historische „Reihenfolge" eingehalten werden, denn Sichteinlagen und befristete Einlagen waren unter dem Begriff „Depositen" schon lange bekannt, bevor die Sparkassen erstmals Spareinlagen annahmen. Der Ausdruck „Depositen" ist nicht eindeutig festgelegt. Die Bankpraxis faßte den Begriff von jeher sehr eng und führte in der Buchhaltung unter Depositen nur befristete Einlagen. Demgegenüber geht aus der Einteilung des KWG aus dem Jahre 1934 hervor, daß dort der Depositenbegriff neben den befristeten Einlagen auch die Sichteinlagen umfaßte; und schließlich wurde der Ausdruck „Depositen" auch mit „Einlagen" übersetzt, so daß für Spareinlagen die gelegentliche Bezeichnung „Spardepositen" angewandt wurde. Nicht zuletzt dieser begrifflichen Unklarheit wegen wurde der Begriff immer ungebräuchlicher und wird heute in der Bankpraxis kaum mehr verwendet, zumal weder die Formblätter für den Jahresabschluß von Kreditinstituten noch das KWG von 1961 den Begriff Depositen kennen[1]).

---

[1]) Vgl. Junge, F., Depositen und Depositengeschäft, in: Handwörterbuch der Betriebswirtschaft, 3. Aufl., Band I, herausgegeben von Seischab, H. und Schwantag, K., Stuttgart 1956, Spalte 1361—1364.

Die vielen Gemeinsamkeiten bieten es an, die Sichtverbindlichkeiten und die befristeten Verbindlichkeiten in einem Abschnitt abzuhandeln, wodurch nicht nur Wiederholungen vermieden, sondern auch die Unterschiede besser herausgearbeitet werden können.

I. Sicht- und befristete Verbindlichkeiten

1. Geschichtliche Entwicklung, Definition und Abgrenzung

Form und Wesen der Sicht- und befristeten Verbindlichkeiten aus dem Bankgeschäft unterlagen bis heute steten Wandlungen. Das Einlagengeschäft geht zurück bis ins Mittelalter. Schon damals hinterlegte der Bankkunde bei den Banken bzw. deren Vorläufern (Geldwechsler, Cambisten) Gold- und Silbermünzen, die er nach Aufhebung seines Kontos in gleichen Stücken zurückerhielt. Es handelte sich dabei um das „depositum regulare", um „Regulardepositen". Da diese starre Handhabung die damaligen Institute hinderte, die ihnen anvertrauten Mittel im Kreditgeschäft und damit ertragbringend einzusetzen, wurde von diesem System schon frühzeitig abgegangen und das „depositum irregulare" eingeführt. Damit wurden die Kreditinstitute in die Lage versetzt, daß sie den Einlegern nur noch den wertmäßig gleichen Betrag zurückzahlen mußten, nicht aber die gleichen Münzen. Mit dieser Wandlung war den Kreditinstituten die Möglichkeit gegeben, Kredite auf der Basis von Fremdkapital zu gewähren und eine Verzinsung der fremden Mittel durchzuführen[2]).

Im Laufe der weiteren Entwicklung führten die Einleger auch Zahlungen aus, indem sie dem Zahlungsempfänger den entsprechenden Betrag von ihrem Guthaben bei der Bank, der sie ihre Einlagen zur Verfügung gestellt hatten, abtraten. Der Zahlungsempfänger konnte sich mit derartigen Zahlungen ohne weiteres einverstanden erklären, wenn die Bank als sicher bekannt war und es sich um ein Sichtguthaben handelte, der Bank also Einlagen zur Verfügung gestellt worden waren, die jederzeit abgezogen werden konnten. Aus dieser Gepflogenheit entwickelte sich — insbesondere seit Beginn des 20. Jahrhunderts — der bargeldlose Zahlungsverkehr, der heute in Umfang und Bedeutung den Barzahlungsverkehr übertrifft. Grundsätzlich wird zwischen zwei Arten von Einlagen unterschieden, nämlich den täglich fälligen Sichteinlagen, die dem Zahlungsverkehr dienen, und den befristeten Einlagen, die zinstragend angelegte, vorübergehend freigesetzte Mittel darstellen.

Neben diesen Einlagearten, die insbesondere dadurch gekennzeichnet sind, daß die Initiative für die Bereitstellung der Mittel von den Kunden ausgeht und die Kreditinstitute relativ wenig Einfluß auf die Höhe der Beträge ausüben können, besteht für Banken die Möglichkeit bzw. Notwendigkeit,

---

2) Allerdings machten die Banken erst im 19. Jahrhundert von dieser Möglichkeit in stärkerem Maße Gebrauch.

sich aus eigener Initiative fremde Mittel, nämlich aufgenommene Gelder (Nostroverpflichtungen) und aufgenommene langfristige Darlehen, zu beschaffen.

Über aufgenommene Gelder und langfristige Darlehen ist der Entwicklungsgeschichte der Kreditinstitute wenig zu entnehmen. Aus dem zur Verfügung stehenden Material geht lediglich hervor, daß die Institute bzw. deren Vorläufer von Beginn ihrer Tätigkeit an auch auf aufgenommene Gelder und langfristige Darlehen zurückgegriffen haben; Zahlenangaben über die Höhe dieser Art der Mittelbeschaffung liegen jedoch nicht vor.

Die Abgrenzung von Einlagen und aufgenommenen Geldern war vor allem für die Bilanzierung, aber auch für die Frage der Zinsbindung von großer Bedeutung. Seit der Einführung der Formblätter für den Jahresabschluß der Kreditinstitute im Jahre 1950[3]) mußten Einlagen und aufgenommene Gelder getrennt ausgewiesen werden. In der Position 1 der Passivseite des alten Formblattes für Kreditinstitute in der Rechtsform der AG, KGaA und GmbH wurden die verschiedenen Arten von Einlagen erfaßt, in der Position 2 die aufgenommenen Gelder (Nostroverpflichtungen), während die Position 4 den langfristig aufgenommenen Darlehen vorbehalten war.

Für die Einordnung in Position 2 oder Position 4 war nur die Fristigkeit entscheidend. Als „aufgenommene langfristige Darlehen“ galten aufgenommene Kredite, die nicht innerhalb von vier Jahren seit ihrer Entstehung fällig wurden bzw. deren planmäßige Tilgung sich über einen Zeitraum von wenigstens vier Jahren erstreckte. Unter „aufgenommene Gelder“ („Nostroverpflichtungen“) waren dagegen aufgenommene Mittel mit Laufzeiten von weniger als vier Jahren auszuweisen. Dabei war allein maßgebend die vereinbarte Laufzeit bzw. Kündigungsfrist, nicht die Restlaufzeit am Bilanzstichtag[4]). Sonst galten für aufgenommene Gelder und aufgenommene langfristige Darlehen nicht nur die gleichen Abgrenzungskriterien, sondern es traten auch die gleichen Probleme auf. Deshalb ist es in den folgenden — im wesentlichen nur noch historisch interessanten — Ausführungen zu rechtfertigen, aufgenommene Gelder und aufgenommene langfristige Darlehen zusammen abzuhandeln.

Die alten Richtlinien für die Aufstellung des Jahresabschlusses der Kreditinstitute nannten die folgenden drei Kriterien, die grundsätzlich — bei der Abgrenzung zwischen Einlagen und aufgenommenen Geldern — auf Fremdkapitalbeschaffung mittels aufgenommener Gelder hindeuteten:

(1) Werden für die hereingenommenen Mittel Sicherheiten zur Verfügung gestellt, handelt es sich stets um aufgenommene Gelder und nicht um Einlagen.

---

[3]) Vgl. Verordnung über die Formblätter für die Gliederung des Jahresabschlusses der Kreditinstitute vom 15. 12. 1950 (BGBl 1951 I S. 42).

[4]) Vgl. Richtlinien für die Aufstellung der Jahresbilanz der Kreditinstitute (Bundesanzeiger Nr. 91 vom 16. 4. 1951).

(2) Die Konditionen für aufgenommene Gelder sind für das aufnehmende Kreditinstitut bei gleicher Laufzeit normalerweise ungünstiger als diejenigen für Einlagen, da die Zinssätze für aufgenommene Gelder im allgemeinen höher sind als für Einlagen.

(3) Geht die Initiative zur Hereinnahme von Mitteln eindeutig von dem aufnehmenden Kreditinstitut aus, handelt es sich um aufgenommene Gelder. Die Schwierigkeit liegt darin, daß häufig nicht zu bestimmen ist, wer die Initiative ergriffen hat. Nostroverbindlichkeiten können dadurch entstehen, daß ein Institut um Mittel nachsucht oder daß der Bank die Hereinnahme von einer anderen Betriebswirtschaft, die über freie Mittel verfügt, angetragen wird. Wegen dieser Ungenauigkeit sollte das Kriterium der Initiative nur dann für die Abgrenzung der aufgenommenen Gelder herangezogen werden, wenn andere Unterscheidungsmerkmale allein keine klare Aussage zulassen. Grundsätzlich gilt, daß hereingenommene Mittel dann als aufgenommene Gelder zu bezeichnen sind, wenn die Kapitalaufnahme auf Initiative des hereinnehmenden Kreditinstituts erfolgte. Deshalb werden aufgenommene Gelder und aufgenommene langfristige Darlehen auch „Holgelder" genannt, während Einlagen als „Bringgelder" bezeichnet werden.

Diese Kriterien reichten jedoch nicht aus, um in der Praxis in allen Fällen eine eindeutige Abgrenzung zwischen aufgenommenen Geldern und Einlagen vornehmen zu können.

Die Tatsache, daß die Trennung zwischen aufgenommenen Geldern und Einlagen durchaus einer flexiblen Auslegung zugänglich war, nutzten die Kreditinstitute im Hinblick auf die Zinsbindung insofern, als sie in geeigneten Fällen Gelder mit Einlagencharakter, an denen sie besonders interessiert waren, in der Weise an sich zogen, daß sie diese wie „aufgenommene" Gelder behandelten, für die die Höchstsätze des Habenzinsabkommens nicht galten. Schließlich waren durch diese Praxis — wenn notwendig, gewisse Einlagen als aufgenommene Gelder zu deklarieren — die Höchstsätze des Habenzinsabkommens für große Einlagen in der Realität weitgehend außer Kraft gesetzt; der Ermessensspielraum der Kreditinstitute wurde bei Banken, deren Bilanzen veröffentlicht werden, höchstens durch Bilanzierungsrücksichten eingeengt[5]). Um hierin eine gewisse Ordnung zu schaffen und der Zinsregelung eine zuverlässigere Basis zu geben, wurde im Rahmen der Zinsverordnung[6]) der Einlagenbegriff insofern exakter definiert, als nunmehr die Kreditinstitute Gelder, die sie von Nichtbanken entgegennahmen, grundsätzlich als Einlagen behandeln und der Zinsbindung unterwerfen mußten. Ausgenommen hiervon waren nur solche Gelder, die ein Kreditinstitut zur Weiterleitung als durchlaufende Kredite oder zur Durchführung öffentlicher Kreditpro-

5) Vgl. Monatsberichte der Deutschen Bundesbank, März 1965, S. 5.

6) Vgl. Verordnung über die Bedingungen, zu denen Kreditinstitute Kredite gewähren und Einlagen entgegennehmen dürfen (Zinsverordnung), vom 5. 2. 1965 (BGBl I S. 33 ff.).

gramme annahm, sowie Gelder, die es als Kredit aufnahm, sofern für den Einzelfall ein schriftlicher Kreditvertrag geschlossen und der Kredit bankküblich gesichert war. Die Trennung in aufgenommene Gelder und Einlagen ist heute im wesentlichen nur noch von historischer Bedeutung, insofern, als einerseits im Frühjahr 1967 die Zinsbindung für Einlagen aufgehoben wurde[7]), andererseits aber nach den neuen Bilanzierungsrichtlinien[8]) auf der Passivseite der Bilanz die Unterscheidung der fremden Mittel jetzt primär danach vorgenommen wird, ob sie von Kreditinstituten oder Nichtbanken stammen. Selbstverständlich sind damit alle Schwierigkeiten bei der Abgrenzung von Einlagen (ein Begriff, der jetzt nur noch in Verbindung mit Spareinlagen vorkommt) und aufgenommenen Geldern beseitigt, aber ein wichtiges Beurteilungsmerkmal zur Fremdfinanzierung der Bank ist ebenfalls verschwunden.

Die bisherigen Überlegungen führen zu folgender Begriffsbildung für die in diesem Abschnitt zu behandelnden fremden Mittel:

Sichtverbindlichkeiten (Sichteinlagen) sind täglich fällige Verbindlichkeiten, die vor allem der Abwicklung des Zahlungsverkehrs dienen. Als befristete Verbindlichkeiten (befristete Einlagen) werden Mittel angesehen, die vorübergehend zur Ertragserzielung bei Banken angelegt werden. Dem Einleger wird für Sichteinlagen häufig, für befristete Einlagen immer ein Zins vergütet.

Die Abgrenzung der Sichtverbindlichkeiten (Sichteinlagen) sowie der befristeten Verbindlichkeiten (befristeten Einlagen) gegenüber den Spareinlagen bereitet keine Schwierigkeiten. „Spareinlagen sind Einlagen, die durch Ausfertigung einer Urkunde, insbesondere eines Sparbuches, als solche gekennzeichnet sind“[9]). Die Herkunft der Mittel sowie der Zweck der Anlage sind bei Sicht- und befristeten Einlagen einerseits und Spareinlagen andererseits verschieden. Außerdem ist eine formell eindeutige Abgrenzung durch die Ausstellung von Sparbüchern gegeben.

Während die Sichteinlagen primär Zwecken des Zahlungsverkehrs dienen und die befristeten Einlagen im allgemeinen für eine relativ genau bestimmte Zeit und in ganz bestimmten Beträgen festgelegt werden, ist das besondere Charakteristikum eines normalen Sparkontos sein langsames Anwachsen — ohne häufige Zu- und Abgänge von Mitteln —. In der Summe sämtlicher Einlagen der Kreditinstitute haben Spareinlagen deshalb eine

---

7) Verordnung über die Aufhebung der Zinsverordnung und von Bestimmungen über die Kosten für Teilzahlungsfinanzierungskredite und Kleinkredite vom 27. März 1967 (BGBl I S. 352).

8) Verordnung über Formblätter für die Gliederung des Jahresabschlusses von Kreditinstituten vom 20. Dezember 1967 (BGBl I S. 1300) sowie Berichtigung der Verordnung über Formblätter für die Gliederung des Jahresabschlusses von Kreditinstituten vom 6. Februar 1968 (BGBl I S. 190) und Verordnung über Formblätter für die Gliederung des Jahresabschlusses der Hypothekenbanken und der Schiffspfandbriefbanken vom 17. Dezember 1968 (BGBl I 1337).

9) § 21 KWG.

wesentlich größere Konstanz als die übrigen Einlagen. Allerdings darf nicht übersehen werden, daß unter besonderen Umständen auch eine Umschichtung zwischen befristeten Verbindlichkeiten und Spareinlagen vorkommt.

In Zeiten der Hochzinspolitik übersteigen vielfach die Zinssätze der Termineinlagen die der Spareinlagen. Um eine Strukturverschiebung zu Lasten der Spareinlagen zu verhindern, versuchen die Kreditinstitute in solchen Zeiträumen, Spareinlagenabzüge durch Anhebung der Spareinlagenzinssätze („zeitlich befristete Bonifizierung") abzuwehren.

Wenn die Zinssätze für Spareinlagen dagegen unverhältnismäßig höher sind als diejenigen für befristete Einlagen oder wenn die Einrichtung von Sparkonten mit Steuervorteilen verbunden ist, legen auch Gewerbetreibende, die sonst die Anlage in der Form befristeter Einlagen bevorzugen, ihr Geld in Spareinlagen an. Diese nach dem zweiten Weltkrieg zu beobachtende Verschiebung zwischen Termin- und Spareinlagen wird heute durch § 21 KWG beschränkt. Danach dürfen Geldbeträge von juristischen Personen und Personenhandelsgesellschaften nur noch dann als Spareinlagen angenommen werden, wenn dem Kreditinstitut überzeugend deutlich gemacht wird, und zwar in schriftlicher Form, daß sie der Ansammlung oder Anlage von Geldvermögen dienen. Geldbeträge, die zur Verwendung im Geschäftsbetrieb oder für den Zahlungsverkehr vorgesehen sind oder von vornherein befristet angelegt werden sollen, erfüllen diese Voraussetzung nicht.

2. Rechtliche Grundlagen

Als rechtliche Grundlagen für die Sicht- und befristeten Verbindlichkeiten der Kreditinstitute kommen die Vorschriften des Bürgerlichen Gesetzbuches und des Handelsgesetzbuches in Betracht[10]). Spezielle Vorschriften finden sich außerdem im Gesetz über das Kreditwesen, die sich insbesondere auf die Liquiditätshaltung beziehen.

3. Wesen und Technik

a) Sichtverbindlichkeiten gegenüber Kunden (Sichteinlagen)

Sichteinlagen dienen in erster Linie dem Zahlungsverkehr. Sie erleichtern Privatleuten und vor allem Betriebswirtschaften die kurzfristige Gelddisposition, die rationelle Abwicklung der umfangreichen Zahlungsverpflichtungen und die Annahme der Gelder, die den Kontoinhabern zufließen. Sichteinlagenkonten werden auch als Girokonten bezeichnet, die Guthaben als Giroguthaben und die entsprechenden Gelder als Giralgelder.

Die Eröffnung eines Kontos[11]) wird im allgemeinen dadurch eingeleitet, daß der Bank ein „Antrag auf Eröffnung eines Girokontos" vorgelegt wird.

---

[10]) §§ 780 und 781 ff. BGB (Schuldversprechen, Schuldanerkenntnis), §§ 398 ff. BGB (Übertragung von Forderungen) und §§ 355 ff. HGB (Kontokorrentvertrag).

[11]) Vgl. Lothes, G., Das Depositengeschäft, in: Die Bank, 2. Bd., S. 79 ff.

Dieser Antrag wird von der Bank geprüft, insbesondere hinsichtlich der Person des Antragstellers, die sich — sofern sie der Bank nicht persönlich bekannt ist — auszuweisen hat, da die Führung von Konten unter erdichteten oder fremden Namen gesetzlich untersagt ist[12]). Darüber hinaus muß sich die Bank über die Richtigkeit der Angabe des Wohnsitzes des Antragstellers und dessen Geschäftsfähigkeit vergewissern. Wird der Kontoeröffnungsantrag von einem Vertreter des zukünftigen Kontoinhabers vorgelegt, so muß sich die Bank, sofern der Vertreter später auch zeichnungsberechtigt sein soll, eine entsprechende Vollmacht des Kontoinhabers vorlegen lassen. Soll für einen Verein ein Konto eröffnet werden, so muß die Bank in die Satzung des Vereins, aus der hervorgehen muß, wer zur Vertretung des Vereins berechtigt ist, Einsicht nehmen. Handelt es sich um einen in das Vereinsregister eingetragenen Verein, so muß die Satzung vorgelegt werden, die auch dem Vereinsregister eingereicht worden ist. Bei Anträgen auf Kontoeröffnung für Firmen ist zu prüfen, wer vertretungsberechtigt ist, und zwar einerseits kraft Gesetzes und andererseits kraft besonderer Vollmacht. Zu diesem Zweck haben die Banken gegebenenfalls einen Handelsregisterauszug anzufordern. Dabei ist jedoch zu berücksichtigen, daß nur die gesetzlichen Vertreter einer Firma ohne weiteres auch die Berechtigung zur Verfügung über das Firmenkonto besitzen. Im Gegensatz dazu sind die kraft einer besonderen Vollmacht zeichnungsberechtigten Personen (Prokuristen und Handlungsbevollmächtigten) im allgemeinen im Innenverhältnis zu Verfügungen über das Firmenkonto nur nach einer besonderen Bevollmächtigung gegenüber der Bank berechtigt[13]).

Vielfach ist es so, daß wegen der verschiedenen Aufgabengebiete der einzelnen Prokuristen und Handlungsbevollmächtigten und wegen der Übersicht über alle finanziellen Dispositionen nur einem Teil der Prokuristen und Handlungsbevollmächtigten auch die Berechtigung zur Verfügung über das Firmenkonto erteilt wird. Ebenso wie bei Firmen ist auch bei Anträgen auf Eröffnung eines Kontos von Körperschaften öffentlichen Rechts zu prüfen, wer zu Verfügungen über das Konto berechtigt ist, und ein Unterschriftsblatt anzulegen. Die Benennung des Kontos soll grundsätzlich mit dem Namen des Kontoinhabers erfolgen; dabei kann es sich sowohl um den Namen einer natürlichen Person als auch um den Namen einer juristischen Person handeln. Einer besonderen Kennzeichnung bedürfen z. B. die sogenannten „Anderkonten", die nur für Rechtsanwälte, Notare, Wirtschaftsprüfer und einige andere treuhänderisch tätige Personengruppen errichtet werden. Aus der Bezeichnung dieser Konten muß hervorgehen, daß es sich bei den Geldern um von den Kontoinhabern verwaltete Gelder handelt.

---

12) Vgl. § 163 Reichsabgabenordnung vom 22. 5. 1931 (RGBl I S. 161) mit zahlreichen Änderungen.

13) Die Frage, inwieweit eine Beschränkung der Verfügungsberechtigung im Außenverhältnis wirksam ist (z. B. bei Prokuristen), ist hier außer acht gelassen worden. Vgl. §§ 49 und 50 HGB.

Für das Kreditinstitut bringen die Sichtverbindlichkeiten eine starke arbeitsmäßige Belastung mit sich, da diese Konten infolge häufiger Zu- und Abbuchungen in ständiger Bewegung sind. Die Erfahrung hat allerdings gezeigt, daß ein bestimmter Teil dieser Sichtverbindlichkeiten, der sogenannte Bodensatz, dem Kreditinstitut ständig zur Verfügung steht, eine für die Dispositionen sehr wesentliche Erfahrungsregel, die auf die Wirkung des Gesetzes der großen Zahl zurückzuführen ist. Zwar mag der eine oder andere Kunde sein gesamtes Sichtguthaben abziehen, im Normalfall werden sich jedoch in der Gesamtheit aller Sichteinlagen Einzahlungs- und Auszahlungsströme[14]) etwa ausgleichen. Das bedeutet, daß durch die Kompensation der Einzahlungen und Auszahlungen die Institute auch auf längere Sicht einen Teil der aus den Sichtverbindlichkeiten stammenden Liquidität (Bodensatz) im Aktivgeschäft (z. B. Wechseldiskont) einsetzen können, ohne daß Liquiditätsprobleme entstehen. Selbst in konjunkturell ungünstigen Zeiten benötigen die Kunden der Institute (Nichtbankbetriebswirtschaften) neben einem bestimmten Bargeldbestand einen Mindestbestand an Sichteinlagen, um den zur Durchführung ihrer Geschäfte notwendigen Zahlungsverkehr abwickeln zu können.

Bei den Sichtverbindlichkeiten wird augenscheinlich, daß die Goldene Bankregel im Sinne Hübners, nach welcher Höhe und Fristigkeit der Forderungen einer Bank der Höhe und Fristigkeit ihrer Verbindlichkeiten zu entsprechen haben[15]), nur sehr bedingt Geltung besitzt. Sonst wäre es nicht möglich, daß Sichtverbindlichkeiten, die definitionsgemäß täglich fällig sind, zur Finanzierung von Krediten dienen können. Gerade in diesem Zusammenhang ist an die neuere und in der Literatur vielfach behandelte Theorie der Giralgeldschöpfung[16]) zu denken. Sie erklärt, daß die einzelne Bank sich bei ihren Ausleihungen in erster Linie nach ihrer Liquidität zu richten habe und daß sie — gesamtwirtschaftlich gesehen — durch ihre Kreditgewährung neues Geld, Giralgeld, schafft. Betriebswirtschaftlich-bilanziell gesehen kommt die Giralgeldschöpfung der Banken wie folgt zum Ausdruck:

Die „passive Giralgeldschöpfung" entsteht dadurch, daß ein Kunde bei einer Bank z. B. den Betrag von 100 DM bar einzahlt. In der Bilanz dieser Bank erscheinen die 100 DM einmal auf der Passivseite als Sichtverbindlichkeiten und zum anderen auf der Aktivseite als Kassenbestand.

Aktiva		Passiva	
Liquide Mittel	100	Sichtverbindlichkeiten	100

Neben das Bargeld in Form von Banknoten, das in den Besitz des Kreditinstituts übergegangen ist, tritt also das durch die Einzahlung entstan-

14) Vgl. Fischer, O., a. a. O., S. 121 f.

15) Vgl. Hübner, O., Die Banken, Leipzig 1854, S. 59.

16) Vgl. z. B. Schneider, E., Teil III, S. 14 ff.; Rittershausen, H., a. a. O., S. 201 ff.

dene Giralgeld in Form eines Sichtguthabens, über das der Kunde verfügen kann und das zum Geldvolumen im Nichtbankensektor zählt. Der Kassenbestand der Bank von 100 DM Zentralbankgeld gehört zwar nicht zu dem gesamtwirtschaftlich entscheidenden Geldvolumen im Nichtbankensektor, aber er bietet dem Institut die Möglichkeit, einen entsprechenden Kredit zu gewähren. Müßte die Bank keine Mindestreserven unterhalten und brauchte sie nicht mit Barabzügen zu rechnen, so könnte sie den Betrag von 100 DM in voller Höhe als Kredit ausleihen. Tatsächlich muß die Bank jedoch für ihre Verbindlichkeiten einen bestimmten Mindestbestand an liquiden Mitteln unterhalten. Dies ist notwendig, auch wenn keine Mindestreservepflicht besteht, da das Institut jederzeit damit rechnen muß, daß Kunden mit Auszahlungsansprüchen in Notenbankgeld an es herantreten werden. In der Bundesrepublik Deutschland werden jeweils bestimmte Sätze festgelegt, welche die Höhe der Mindestreserve bemessen. Im vorliegenden Fall soll angenommen werden, daß die Bank für Sichteinlagen mit einem Satz von 10 % rechnet, um damit neben der Mindestreservepflicht bei der Zentralbank auch den Barabzügen der Kunden entsprechen zu können. Die „Überschußreserve" von 90 % (90 DM) kann somit als Kredit weitergegeben werden. Wurde also ein Kredit in Höhe von 90 DM gegeben, so führte dies zu einer Erhöhung des Giralgeldvolumens im Nichtbankensektor auf 190 DM. Dieser zweite Vorgang, die Ausleihung, wird als aktive Giralgeldschöpfung bezeichnet[17]). Eine aktive Giralgeldschöpfung liegt also in den Fällen vor, in denen eine Bank einem Kunden einen Kredit einräumt oder ihm ein „Nichtgeldaktivum" abkauft und den Gegenwert auf seinem Konto gutschreibt. Diskontiert z. B. eine Bank einen Wechsel, kauft sie von einem Kunden Wertpapiere oder gewährt sie einem Kunden einen Kontokorrentkredit und bucht nach der englischen Methode[18]), so erscheint einerseits der Aktivposten „Wechsel", „Wertpapiere" oder „Debitoren" und andererseits das entsprechende Guthaben des Kunden als Sichtverbindlichkeit, es entsteht „Giralgeld". Auf das oben angeführte Beispiel zurückgegriffen, ergibt sich bei der Verbuchung nach der englischen Buchungsmethode folgendes Bilanzbild:

Aktiva	DM	Passiva	DM
LZB-Guthaben[19])	10,—	Sichtverbindlichkeiten Kunde A	100,—
Überschußreserve = frei verfügbare Kasse	90,—	Sichtverbindlichkeiten durch Kreditgewährung Kunde B	90,—
Debitoren Kunde B	90,—		

Bei der Verbuchung nach deutscher Methode erhält die Bilanz folgendes Aussehen:

---

17) Vgl. Schneider, E., Teil III, S. 31 ff.

18) Nach der englischen Methode wird der Kunde sofort mit dem gesamten eingeräumten Kreditbetrag unter Gutschrift auf einem laufenden Konto belastet; nach der deutschen Methode wird zunächst nur die Zusage vermerkt und der Kunde erst mit dem in Anspruch genommenen Kredit auf dem Konto belastet.

Aktiva	DM	Passiva	DM
LZB-Guthaben[19])	10,—	Sichtverbindlichkeiten Kunde A	100,—
Überschußreserve = frei verfügbare Kasse	90,—		

Ein materieller Unterschied hinsichtlich des Geldcharakters des eingeräumten Kredits besteht bei englischer und deutscher Buchungsmethode nicht[20]). Lediglich die Zinsberechnung kann Unterschiede aufweisen. Deutlicher erkennbar allerdings ist das Wesen der Giralgeldschöpfung bei der Verbuchung nach englischer Methode.

Wenn bei der Giralgeldschöpfung berücksichtigt wird, daß die Kreditinstitute vom Gesamtbetrag ihrer Sichtverbindlichkeiten neben den Mindestreserven nur einen geringen Teil in Zentralbankgeld bereithalten müssen und die Kunden über ihre Sichtguthaben zum größten Teil durch unbare Zahlungen verfügen, ergibt sich, volkswirtschaftlich gesehen, daß einerseits die Banken den größten Teil der ihnen in Form von Sichteinlagen zufließenden Mittel zur Kreditgewährung verwenden können und daß sich andererseits durch die unbaren Zahlungen zu Lasten der Sichtguthaben der Vorgang der Giralgeldschöpfung fortsetzt. Zur Verdeutlichung dieses Vorganges diene folgendes Beispiel: Wird von einer Überschußreserve, also von einem frei verfügbaren Zentralbankgeldbestand einer Geschäftsbank, der weder als Mindestreserve zu dienen hat noch dazu, den Auszahlungsansprüchen der Kunden jederzeit nachkommen zu können, in Höhe von 100 DM ausgegangen und angenommen, daß ein Kredit in Höhe von 100 DM gewährt und auf Grund des Kredits Zentralbankgeld in Höhe von 100 DM von der Bank abdisponiert wird, und zwar zu einer Zahlung, die zur Erhöhung des Sichtguthabens eines anderen Wirtschaftssubjektes bei einem anderen Institut führt, so ist es dieser Bank bei Zugrundelegung des für die Mindestreservehaltung einschließlich des für eventuelle Bargeldabzüge durch Kunden angenommenen Satzes von 10 % möglich, ihrerseits 90 DM an Kredit zu geben. Setzt sich dieser Prozeß immer weiter fort — die nächste Bank gibt einen Kredit von 81 DM, die übernächste von 72,90 DM usw. —, so erhöht sich das Geldvolumen im Nichtbankensektor unter Einschluß des Giralgeldvolumens auf insgesamt 1000 DM[21]). Dieser Prozeß der multiplen Giralgeldschöpfung wird

---

19) Das LZB-Guthaben setzt sich zusammen aus der bei der Zentralbank zu haltenden Mindestreserve und dem LZB-Guthaben bzw. dem Bargeldbestand, der von der einzelnen Bank gehalten werden muß, um den Auszahlungsansprüchen der Kunden in Notenbankgeld jederzeit nachkommen zu können.

20) Zur Problematik der verschiedenen Buchungsmethoden im Hinblick auf die Geldschöpfung vgl. Hagenmüller, K. Fr., Die Bedeutung von Krediteinweisungen und Kontoüberziehungen für Geldschöpfung und Gelddisposition, in: Zeitschrift für handelswissenschaftliche Forschung, NF, 8. Jg. 1956, S. 509—526.

21) Die Summe von 1000 DM wird nach der Formel $D = \frac{Z}{r}$ errechnet, wobei Z die Überschußreserve, r den Mindestreservesatz einschließlich des für Bargeldabzüge zu haltenden Notenbankgeldes, als Dezimalbruch geschrieben, und D die gesuchte neugeschaffene Geldmenge bedeutet.

nicht nur durch die Pflicht zur Mindestreservehaltung, sondern auch durch Barabhebungen gehemmt, so daß z. B. eine Bareinzahlung in Höhe von 100 DM nur zu einer je nach der Höhe der Mindestreserven und dem Anteil der baren Verfügungen auf ein bestimmtes Vielfaches dieser Einzahlung begrenzten Giralgeldschöpfung führt. Die Gesamtsumme der möglichen Giralgeldschöpfung kann im Ansatz nach folgender Formel[22]) ermittelt werden:

$$D = \frac{Z}{r + c\,(1-r)}$$

Von den geschilderten Vorgängen bemerkt die einzelne Bank unmittelbar nur die erste Phase, nämlich die Einzahlung und die Kreditgewährung. Der weitere multiple Giralgeldschöpfungsprozeß stellt einen gesamtwirtschaftlichen Vorgang dar. Die einzelne Bank vermag nicht zu erkennen, ob die bei ihr zu verzeichnenden Einlagenzugänge auf Grund ihrer eigenen Kreditgewährung bzw. der Kreditgewährung einer anderen Geschäftsbank erfolgen und somit ein Ergebnis aktiver Giralgeldschöpfung sind oder ob die Einzahlungen aus der Auflösung eines Bargeldhortes resultieren. Die Ausführungen über die Giralgeldschöpfung lassen erkennen, daß die Anlage der den Banken zufließenden Mittel und deren Kreditpolitik nicht nur nach einzelwirtschaftlichen, sondern auch nach gesamtwirtschaftlichen Gesichtspunkten ausgerichtet sein muß.

Eine Weiterentwicklung dieser vorwiegend auf gesamtwirtschaftlichen Zusammenhängen aufbauenden Multiplikatorableitung wird von Deppe[23]) im Rahmen einer einzelbetrieblichen Wachstumstheorie vorgenommen.

Deppe unternimmt den Versuch, den Multiplikator auf der Basis von Zahlungsströmen abzuleiten, also die Betrachtungsweise in Bilanzrelationen zu verlassen.

Bei der Ableitung der Überschußreserve führt er den Gesichtspunkt der internen Verrechnung ein, d. h., er erweitert die Zentralbankgiralgelddifferenz um intern verrechnete, sich nicht auf das Zentralbankgiralgeld auswirkende Zahlungen. Darüber hinaus führt er die Möglichkeit einer Bank, sich bei anderen Banken kurzfristig zu verschulden, in Form der Kreditreserve in die Überschußrechnung ein.

Die Überschußreserve ergibt sich dann aus folgenden Komponenten:

---

22) D = Geldschöpfungsspielraum
Z = Überschußreserve
= frei verfügbarer Zentralbankgeldbestand, z. B. Bareinzahlungen abzüglich darauf entfallende Mindestreserve
r = Mindestreservesatz, als Dezimalbruch geschrieben
c = Bruchteil der neugewährten Kredite, der vom Publikum in Zentralbankgeld abgefordert wird und nicht zu den Banken zurückgelangt
Vgl. Schneider, E., Teil III, S. 43 ff.

23) Deppe, H.-D., Bankbetriebliches Wachstum, Stuttgart 1969, S. 40—72, insbes. S. 55 f., S. 66 f.

— Anfangsbestand an liquiden Mitteln,
— Anfangsbestand an Einlagen,
— erwartete fixe Einzahlungen im reinen Zahlungsverkehr,
— erwartete fixe Auszahlungsverfügungen im reinen Zahlungsverkehr,
— Kreditreserven bei anderen Instituten.

Bei der Ableitung des Giralgeldmultiplikators sind die internen Verrechnungsfaktoren von ausschlaggebender Bedeutung, d. h. die Anteile an den Zahlungsströmen bei Verfügungen und Kreditgewährung, die wegen der internen Verrechnungsmöglichkeiten nicht in voller Höhe zu Zentralbankgeldabflüssen führen.

In die Ableitung des Multiplikators gehen dann folgende Komponenten ein:
— interner Verrechnungsfaktor,
— Anteil der ausgenutzten Kredite,
— Barzahlungsanteil der Auszahlungsverfügungen,
— Anteil der mit dem Erwerb liquider Aktiva verbundenen Kredite,
— Liquiditäts-Reservesatz.

b) Befristete Verbindlichkeiten gegenüber Kunden (befristete Einlagen)

Bei den befristeten Einlagen handelt es sich meist um verhältnismäßig hohe, zeitweilig freigesetzte Mittel von Nichtbankbetriebswirtschaften, die vorübergehend ertragbringend angelegt und erst bei Bedarf abgerufen werden. Entweder wird eine bestimmte Kündigungsfrist — z. B. 30, 60 oder 90 Tage — (Kündigungsgeld) oder ein von vornherein bestimmter Fälligkeitstermin (Termingeld, Festgeld), von dem an die Guthaben täglich fällig sein sollen, vereinbart. Von den Spareinlagen unterscheiden sich die befristeten Verbindlichkeiten dadurch, daß die Kündigungs- und Termingelder im allgemeinen für einen relativ kurzen und genau begrenzten Zeitraum und in ganz bestimmten, meist runden Beträgen festgelegt werden, während ein Charakteristikum der Spareinlagen ihr langsames Anwachsen ist.

Befristete Einlagen dienen grundsätzlich nicht dem Zahlungsverkehr und werden vom Einleger selten vorzeitig abgerufen. Folglich haben sie nicht den Charakter von Giralgeld und erlauben der Bank in bezug auf die Liquidität im Einzelfall wesentlich genauere Dispositionen als Sichteinlagen. Während die Kreditinstitute bei Sichtverbindlichkeiten täglich damit rechnen müssen, daß Rückzahlung gefordert wird, stehen ihnen befristete Verbindlichkeiten grundsätzlich für eine relativ fest umrissene Zeit zur Verfügung. Allerdings gelten diese Überlegungen nicht ohne Einschränkung, denn die Banken müssen gewärtig sein, daß ein gewisser, wenn auch geringer Teil der befristeten Verbindlichkeiten vor dem vereinbarten Termin bzw. ohne Einhaltung der vertraglichen Kündigungsfrist von den Gläubigern benötigt wird. Die Erfahrung hat gezeigt, daß ein Teil der

Kunden infolge nichtplanmäßiger Entwicklung der finanziellen Situation um vorzeitige Rückzahlung der befristeten Einlagen bittet. Da die Kreditinstitute aus Gründen der Kulanz diesen Wünschen zumeist in der Form entsprechen, daß ein Kredit bis zur Höhe der befristeten Einlage gewährt wird, sind sie gezwungen, dies in ihren Dispositionen über die ihnen zur Verfügung stehenden Mittel zu berücksichtigen. Die Kreditinstitute können in diesem Falle zwar durch die unterschiedliche Verzinsung von Krediten und Einlagen einen Erlös erzielen, liquiditätsmäßig besteht jedoch kein Unterschied, ob die Auszahlung in Form der Gewährung eines Kredits oder in Form der Auflösung einer befristeten Verbindlichkeit erfolgt ist. Unter Liquiditätsgesichtspunkten sind also bei den befristeten Verbindlichkeiten Tendenzen zu beobachten, die denjenigen bei den Sichtverbindlichkeiten entgegenlaufen. Während bei den Sichtverbindlichkeiten ein gewisser Mindestbestand immer vorhanden sein wird, so daß für diesen „Bodensatz" liquiditätsmäßig keine Vorsorge getroffen zu werden braucht, ist es bei den befristeten Verbindlichkeiten möglich, daß sie, z. B. in Zeiten einer allgemeinen finanziellen Anspannung oder durch Zinsverhältnisse bedingt, nahezu restlos abgerufen werden. Daher sind bei den befristeten Verbindlichkeiten die Liquiditätsreserven höher zu bemessen, als dies nach den vertraglichen Vereinbarungen der Fall sein müßte. Grundsätzlich gesehen weisen die befristeten Verbindlichkeiten aber trotz der obigen Einschränkungen eine größere Stabilität auf als die Sichtverbindlichkeiten und erleichtern allein dadurch, daß sie nicht täglich fällig sind, die Dispositionen und Kreditgewährungsmöglichkeiten der Banken. Diese Eigenschaften sind auch der Hauptgrund dafür, daß die befristeten Verbindlichkeiten höher verzinst werden als die Sichtverbindlichkeiten. Die kostenmäßige Belastung, die einer Bank durch einen relativ großen Bestand an befristeten Verbindlichkeiten erwächst, wird im Hinblick auf die liquiditätsmäßigen Vorteile und auf die geringere Beanspruchung des Betriebsbereichs in Kauf genommen. Ein übermäßiges Ansteigen der befristeten Einlagen zu Lasten der Sichteinlagen, das die Geldbeschaffungskosten der Bank in ungünstiger Weise beeinflussen würde, ist bei einer Kreditbank nicht zu erwarten, da die Kunden der Bank einen Teil ihrer flüssigen Mittel zur Durchführung des Zahlungsverkehrs in Form von Sichteinlagen halten müssen.

Während bisher vorwiegend die befristeten Mittel behandelt wurden, die in dem letztmals für den Abschluß des Jahres 1967 geltenden Bilanzschema als befristete Einlagen ausgewiesen wurden, zählen zu den befristeten Verbindlichkeiten gegenüber Kunden im Sinne der nunmehr vorgeschriebenen Bilanzierungsrichtlinien[24]) auch die von Nichtbanken aufgenommenen Gelder und aufgenommenen langfristigen Darlehen. Hierzu gehören insbesondere weiterzuleitende, zweckgebunden hereingenommene Mittel, sofern das durchleitende Kreditinstitut einerseits mehr

---

24) Verordnung über Formblätter für die Gliederung des Jahresabschlusses von Kreditinstituten vom 20. 12. 1967 (BGBl I S. 1300).

als rein treuhänderische Funktionen übernimmt und andererseits den Kredit einer Nichtbankbetriebswirtschaft, also beispielsweise direkt einer öffentlichen Stelle ohne Zwischenschaltung eines Kreditinstituts, schuldet.

Außer den nicht in Wertpapieren verbrieften Verbindlichkeiten rechnen zu den befristeten Verbindlichkeiten aus dem Bankgeschäft heute „auch Verbindlichkeiten aus Namensschuldverschreibungen, Sparbriefen u. ä.“[25]). Vor dem Erlaß der neuen Bilanzierungsrichtlinien, die erstmals eine Definition für Wertpapiere enthalten, wurden nach herrschender Meinung unter der Position „Wertpapiere“ alle Urkunden erfaßt, in denen ein privates Recht in der Weise verbrieft wird, daß zur Ausübung des Rechts die Innehabung der Urkunde erforderlich ist, mit Ausnahme derjenigen Papiere, die in Spezialpositionen auszuweisen sind (z. B. Schecks, Wechsel, eigene Aktien)[26]). Eine solche mehr allgemeine Definition der Wertpapiere hat keine Gültigkeit mehr, nachdem in den neuen Bilanzierungsrichtlinien ein vergleichsweise engerer Begriffsinhalt gewählt wurde; danach sind als Wertpapiere nur noch zu erfassen „Aktien, Kuxe, Zwischenscheine, Investmentanteile, Zins- und Gewinnanteilscheine, auf den Inhaber lautende Schuldverschreibungen oder durch Indossament übertragbare Schuldverschreibungen, soweit letztere Teile einer Gesamtemission sind, ferner andere Wertpapiere, wenn diese börsengängig sind“[27]).

Verbindlichkeiten aus Namensschuldverschreibungen und Orderschuldverschreibungen, die nicht Teile einer Gesamtemission sind[28]), zählen danach, wohl mit Rücksicht auf die geringere Fungibilität dieser Papiere, nicht mehr zu den Schuldverschreibungen im Umlauf[29]). Sie sind — je nach Gläubiger — unter „Verbindlichkeiten gegenüber Kreditinstituten“ oder unter „Verbindlichkeiten aus dem Bankgeschäft gegenüber anderen Gläubigern“ bzw. bei Sparkassen unter „Verbindlichkeiten aus dem Sparkassengeschäft gegenüber Kunden“ auszuweisen[30]). Zu diesen von Kreditinstituten ausgegebenen Wertpapieren, die aber in der Position „Verbindlichkeiten“ auszuweisen sind, zählen insbesondere die in letzter Zeit von verschiedenen Bankengruppen meist unter der Bezeichnung „Sparbriefe“ angebotenen mittelfristi-

---

25) Bekanntmachung Nr. 1/68 des Bundesaufsichtsamtes für das Kreditwesen betreffend Richtlinien für die Aufstellung des Jahresabschlusses der Kreditinstitute und das Muster für die Anlage zur Jahresbilanz der Kreditinstitute in der Rechtsform der eingetragenen Genossenschaft, ausgenommen Zentralkassen, vom 22. Juli 1968, Anlage 1, S. 13.

26) Vgl. Birck, H., Die Bankbilanz, 2. Aufl., Wiesbaden 1961, S. 251.

27) Bekanntmachung Nr. 1/68 des Bundesaufsichtsamtes für das Kreditwesen, Anlage 1, S. 1.

28) Vgl. Richtlinien für die Meldungen der Kreditinstitute zur „Monatlichen Bilanzstatistik“, Mitteilungen Nr. 8005/68 der Deutschen Bundesbank vom 6. Dezember 1968, S. 14.

29) Diese Bilanzierungsvorschriften gelten allerdings nicht für Hypothekenbanken und Schiffspfandbriefbanken; die Institute beider Bankengruppen müssen vielmehr die von ihnen emittierten Namensschuldverschreibungen weiterhin unter „Begebene Schuldverschreibungen“ bzw. „Begebene Schiffspfandbriefe“ ausweisen. Vgl. Verordnung über Formblätter für die Gliederung des Jahresabschlusses der Hypothekenbanken und der Schiffspfandbriefbanken vom 17. Dezember 1968 (BGBl I S. 1337).

30) Zu den Bilanzierungsrichtlinien vgl. Hammer, K. und Montag, W., Bilanzen der Kreditinstitute, Frankfurt 1968.

gen Kapitalmarktpapiere, soweit es sich dabei nicht um Inhaberpapiere handelt[31]).

Die Zinssätze, die für Sicht- und befristete Verbindlichkeiten gegenüber Kunden vergütet werden, sind nach der Höhe der Einlage und der Fristigkeit der Mittel gestaffelt. Nach dem Kriterium der Fristigkeit erfolgt die Bilanzierung, wobei untergliedert wird in:

Verbindlichkeiten aus dem Bankgeschäft gegenüber anderen Gläubigern (Nichtkreditinstituten)

a) täglich fällig

b) mit vereinbarter Laufzeit oder Kündigungsfrist von

ba) weniger als drei Monaten

bb) mindestens drei Monaten, aber weniger als vier Jahren

bc) vier Jahren oder länger

darunter: vor Ablauf von vier Jahren fällig
DM .....

Bis auf die Ausgliederung der Restlaufzeit bei den langfristigen Verbindlichkeiten ist also für die Gliederung der Verbindlichkeiten „die ursprünglich vereinbarte Laufzeit oder Kündigungsfrist maßgebend, nicht die Restlaufzeit am Bilanzstichtag“[32]).

c) Verbindlichkeiten gegenüber Kreditinstituten

Neben den Verbindlichkeiten gegenüber Bankkunden bestehen auch sehr wichtige Interbankbeziehungen, die sich in der Position „Verbindlichkeiten gegenüber Kreditinstituten“ niederschlagen. Diese Verpflichtungen können sowohl Sichtverbindlichkeiten als auch befristete Verbindlichkeiten sein. Sie werden auch als Bank-zu-Bank-Geschäfte oder Interbankverpflichtungen bezeichnet und können nach den Quellen und Entstehungsgründen in folgende Gruppen eingeteilt werden:

1. Verbindlichkeiten, die der Abwicklung des Zahlungsverkehrs eines Partnerinstituts dienen,
2. Geld- und Kapitalanlagegeschäfte des Gläubigerinstituts, das über liquide Mittel verfügt,
3. Kredite und Darlehen,
4. weiterzuleitende, zweckgebunden hereingenommene Mittel,
5. Verbindlichkeiten aus den seitens der Kundschaft bei Dritten benutzten Krediten, Barvorschüssen und Importremboursen,

---

31) Vgl. Deutsche Bundesbank, Bankenstatistik, Richtlinien, Loseblattsammlung, Richtlinien für die Meldungen der Kreditinstitute zur Monatlichen Bilanzstatistik, S. 15 und 16 (Stand April 1973).

32) Bekanntmachung Nr. 1/68 des Bundesaufsichtsamtes für das Kreditwesen betreffend Richtlinien für die Aufstellung des Jahresabschlusses der Kreditinstitute vom 22. 7. 1968, Anlage 1, S. 1.

6. Verbindlichkeiten aus Nostrowertpapiergeschäften,
7. Verbindlichkeiten aus Pensionsgeschäften,
8. Verbindlichkeiten aus der Diskontierung eigener Ziehungen, die den Kreditnehmern nicht abgerechnet wurden.

Soweit es sich um Sichtverbindlichkeiten gegenüber Kreditinstituten handelt, dienen sie in erster Linie der Abwicklung des Zahlungsverkehrs. Die unterschiedliche Bedeutung von einzelnen Banken und Bankengruppen und insbesondere das Bedürfnis kleinerer Banken zur Anlehnung an größere Institute spiegelt sich weitgehend in den Sichtverbindlichkeiten gegenüber Kreditinstituten wider. Provinzbanken bedienen sich zur Abwicklung des Zahlungsverkehrs neben ihrem Zentralbankkonto häufig eines Kontos bei einer größeren Korrespondenzbank an einem zentralen Ort, da Guthaben bei der Zentralbank nicht verzinst werden, während für Guthaben bei Geschäftsbanken eine wenn auch geringe Verzinsung üblich ist. Außerdem sind Kontoüberziehungen bei der Zentralbank — es sei denn in Form des Lombardkredits — nicht möglich, während mit einer größeren Geschäftsbank fast immer Kontoüberziehungen innerhalb eines bestimmten Rahmens vereinbart werden. Diese Möglichkeit, in bestimmten Fällen den Kreditspielraum in Anspruch zu nehmen, ist gerade für kleinere Banken wertvoll. Von besonderer Wichtigkeit ist das Vorhandensein eines Kontos bei einer anderen Bank auch für die Abwicklung der Börsengeschäfte der Provinzbanken an den Börsenplätzen. Typisch ist das Vorhandensein von Forderungen und Verpflichtungen der Kreditinstitute untereinander für das Verhältnis zwischen den einzelnen Kreditgenossenschaften und deren Zentralkassen bzw. den Sparkassen und ihren Girozentralen. Aber auch bei den privaten Kreditbanken ist eine derartige geschäftliche Zusammenarbeit häufig zu beobachten.

Ein Kreditinstitut wird liquide Mittel nur dann als täglich fällige Gelder oder als befristete Verbindlichkeiten anderen Kreditinstituten überlassen, wenn keine Möglichkeit besteht, die Mittel ertragbringender im Kredit- oder Wertpapiergeschäft anzulegen, oder wenn aus Liquiditätsgründen nur sehr kurzfristig (z. B. für einen Tag als sog. Tagesgeld) über die Mittel disponiert werden kann.

Die beiden bisher behandelten Arten von Verbindlichkeiten gegenüber Kreditinstituten sind dadurch gekennzeichnet, daß die Initiative für die Entstehung der Verbindlichkeiten vom Partnerinstitut ausgeht und das aufnehmende Kreditinstitut relativ wenig Einfluß auf die Höhe der Beträge ausüben kann. In der früher üblichen Terminologie gebrauchte man dafür den Begriff „Einlagen", während die im folgenden zu behandelnden Gründe für die Entstehung der Verbindlichkeiten auf die Initiative der bilanzierenden Institute zurückgehen. Bei diesen früher als „aufgenommene Gelder" und „aufgenommene langfristige Darlehen" bezeichneten Verpflichtungen besteht für die aufnehmende Bank die Möglichkeit bzw. die Notwendigkeit, sich aus eigener Initiative fremde Mittel zu beschaffen.

In erster Linie bestehen die auf Initiative des bilanzierenden Instituts aufgenommenen fremden Mittel aus Krediten und Darlehen. Die kurzfristig aufgenommenen Gelder werden fast ausschließlich von anderen Kreditinstituten gewährt. In diesem Zusammenhang sind auch jene Kredite und Darlehen zu nennen, die eine Bank gegen Verpfändung von Aktivwerten, z. B. durch Lombardierung von Wertpapieren bei der Bundesbank, erhält.

Zur Aufnahme langfristiger Kredite wenden sich die Kreditinstitute[33]) dagegen auch an andere Kapitalsammelstellen, wie Lebensversicherungsgesellschaften oder Sozialversicherungsträger, ja selbst an Wirtschaftsunternehmen und potente Privatpersonen, vorwiegend aber an öffentliche Stellen (Bund, Länder, ERP-Sondervermögen, Lastenausgleichsfonds, Montanunion usw.)[34]). Diese von Nichtbankbetriebswirtschaften aufgenommenen fremden Mittel sind allerdings in der Bilanzposition „Verbindlichkeiten gegenüber anderen Gläubigern“ auszuweisen.

Der Kreditanstalt für Wiederaufbau als einem typischen Beispiel für ein Kreditinstitut mit Sonderaufgaben werden langfristige Darlehen — insbesondere aus dem ERP-Sondervermögen und vom Bund — zur Verfügung gestellt mit der Maßgabe, diese in Form von langfristigen Krediten weiterzuleiten. Sobald die Geschäftsbanken, über die diese Mittel in der Hauptsache geleitet werden, für die Kredite mehr als rein treuhänderische Funktionen erfüllen, erscheinen diese Darlehen auch bei den durchleitenden Instituten als befristete Verbindlichkeiten. Als Treuhandgeschäfte sind nur solche Kredite anzusehen, bei denen die Mittel der Bank in voller Höhe zur Verfügung gestellt werden und bei denen auch das Kreditrisiko voll vom Auftraggeber getragen wird. Auch bei nur partiellem Kreditrisiko müssen diese Mittel also in voller Höhe unter den Verbindlichkeiten gegenüber Kreditinstituten oder anderen Gläubigern ausgewiesen werden. Ebenso sind bereits aufgenommene, aber noch nicht weitergeleitete Beträge auch dann, wenn die durchleitende Bank keinerlei

33) Langfristige Kredite werden vor allem von Realkreditinstituten und Kreditinstituten mit Sonderaufgaben, aber auch von Universalbanken aufgenommen.

34) Ferner haben emissionsfähige Kreditinstitute die Möglichkeit, Anleihen aufzulegen, um sich auf diese Weise aus einem breitgestreuten Publikum langfristiges Fremdkapital zu beschaffen. Allerdings machen die Kreditinstitute — abgesehen von den Instituten mit Sonderaufgaben und den Realkreditinstituten — im allgemeinen von dieser Möglichkeit der Kapitalbeschaffung relativ selten Gebrauch. In den letzten Jahren wurden z. B. Anleihen von der Industriekreditbank AG, der Lastenausgleichsbank, der Kreditanstalt für Wiederaufbau und der Landwirtschaftlichen Rentenbank emittiert. Die Hypothekenbanken jedoch beschaffen sich den überwiegenden Teil des von ihnen benötigten Fremdkapitals durch die Emission von Pfandbriefen und Kommunalobligationen. Diese Form der langfristigen Kapitalbeschaffung schlägt sich in der Bilanz der Kreditinstitute jedoch, außer bei von Universalbanken ausgegebenen Namensschuldverschreibungen, nicht in der Position „Verbindlichkeiten aus dem Bankgeschäft“ nieder, sondern in der Position „Inhaberschuldverschreibungen im Umlauf“ bzw. „Begebene Schuldverschreibungen“.

Kreditrisiko zu tragen hat, sowie eingegangene, aber noch nicht abgeführte Zins- und Tilgungsbeträge zu behandeln.

Im Hinblick auf diese als Verbindlichkeiten auszuweisenden Weiterleitungsgelder gilt als Gläubiger jeweils die Stelle, der das aufnehmende Kreditinstitut die Gelder unmittelbar schuldet. So hat die durchleitende Bank die Mittel aus öffentlichen Kreditprogrammen nur dann als Verbindlichkeiten gegenüber Kreditinstituten zu behandeln, wenn sie den Kredit von einem zwischengeschalteten anderen Kreditinstitut — wie beispielsweise der Kreditanstalt für Wiederaufbau — erhalten hat; andernfalls sind die Mittel unter Verbindlichkeiten gegenüber Nichtbanken auszuweisen.

Zu den Verbindlichkeiten gegenüber Kreditinstituten sind ferner diejenigen zu rechnen, die von der Kundschaft bei Dritten benutzte Kredite betreffen. Hier handelt es sich meist um Wechsel-Rembourse, seltener um Barvorschüsse im Ausland. Der Wechsel-Rembours stellt aus der Sicht der Bank des Importeurs einen von ihrem Kunden (dem Importeur) bei einem Dritten (der Remboursbank) benutzten Kredit dar, zu dessen Abdeckung sie selbst verpflichtet ist. Bei Barvorschüssen gewährt die Auslandsbank dem Exporteur einen Barkredit im Rahmen der mit der Inlandsbank des Importeurs vereinbarten Kreditlinie. Da auch hieraus eine Verpflichtung gegenüber der Auslandsbank entsteht, sind beide Vorgänge als Aufnahme von Fremdkapital zu bezeichnen und müssen deshalb unter „Verbindlichkeiten gegenüber Kreditinstituten" ausgewiesen werden.

Bestehen bei der bilanzierenden Bank am Bilanzstichtag Verbindlichkeiten aus Nostrowertpapiergeschäften, so sind auch sie unter den Verbindlichkeiten gegenüber Kreditinstituten zu erfassen. Dabei handelt es sich um Geschäfte, für die die Bank die Effekten noch zu liefern hat, deren Gegenwert aber bereits eingegangen ist[35]).

Seit Erlaß der neuen Bilanzierungsrichtlinien gehören unter bestimmten Voraussetzungen auch die Pensionsgeschäfte zu den befristeten Verbindlichkeiten. Als Pensionsgeschäfte gelten Geschäfte, bei denen der Pensionsgeber Vermögensgegenstände, wie Wechsel, Forderungen und Wertpapiere, gegen Zahlung eines Betrages auf einen Pensionsnehmer mit der Vereinbarung überträgt, daß der Pensionsnehmer verpflichtet oder auch berechtigt ist, die Vermögensgegenstände zu einem bestimmten bzw. noch zu bestimmenden Zeitpunkt zurückzuübertragen. Während die sogenannten unechten Pensionsgeschäfte, bei denen der Pensionsnehmer zwar berechtigt, aber nicht verpflichtet ist, die Vermögensgegenstände zurückzugeben, auch weiterhin bilanziell wie ein Verkauf zu behandeln sind, hat der Pensionsgeber beim echten Pensionsgeschäft, bei dem der Pensionsnehmer verpflichtet ist, die Vermögensgegenstände zu einem bestimmten

35) Da diese Wertpapiere sich am Bilanzstichtag noch im Eigentum der Bank befinden und noch keine Übergabe an den Käufer erfolgt ist, müssen sie unter dem Wertpapierbestand aktivisch ausgewiesen werden.

Zeitpunkt zurückzuübertragen, eine Verbindlichkeit gegenüber dem Pensionsnehmer zu passivieren[36]).

Schließlich sind noch Verbindlichkeiten aus der Diskontierung eigener Ziehungen, die den Kreditnehmern nicht abgerechnet worden sind, zu den Verbindlichkeiten gegenüber Kreditinstituten gemäß Position 1 des Bilanzformblattes zu zählen. Dabei handelt es sich um die sogenannten Mobilisierungstratten, welche die Bank auf ihre Kunden mit der Vereinbarung gezogen hat, daß die Bank die Wechsel nach erfolgter Akzeptleistung dem Kunden nicht abrechnet, also nicht gutschreibt, sondern sie lediglich zur eigenen Refinanzierung verwendet und bei Fälligkeit selbst einlöst. Die Zurechnung zu den Verbindlichkeiten erfolgt in dem Moment, in dem durch die Weitergabe der eigenen Ziehungen zum Zwecke der Refinanzierung für die Bank eine Verbindlichkeit entsteht.

Während die einzelnen Posten im bis zum Jahre 1967 vorgeschriebenen Bilanzschema unter dem Gesichtspunkt der vereinbarten Laufzeit oder Kündigungsfrist nach rein juristischen Kriterien angeordnet waren, wird nunmehr auf der Passivseite der Bilanz die Untergliederung der fremden Mittel zunächst allein danach vorgenommen, ob sie von Kreditinstituten oder von Nichtbanken stammen. So sind an die Stelle der Bilanzpositionen Einlagen (untergliedert in Sichteinlagen, befristete Einlagen und Spareinlagen), aufgenommene Gelder (Nostroverpflichtungen) und aufgenommene langfristige Darlehen im neuen Bilanzformblatt die Posten „Verbindlichkeiten gegenüber Kreditinstituten" und „Verbindlichkeiten aus dem Bankgeschäft gegenüber anderen Gläubigern" bzw. bei Sparkassen „Verbindlichkeiten aus dem Sparkassengeschäft gegenüber Kunden" getreten. Zwei Gründe haben den Gesetzgeber im wesentlichen zu dieser Änderung bewogen: Einmal sind damit die nicht unbeträchtlichen Schwierigkeiten der Abgrenzung zwischen Einlagen und aufgenommenen Geldern weggefallen[37]). Zum anderen wurde damit der Tatsache Rechnung getragen, daß sich die Verbindlichkeiten gegenüber Kreditinstituten in ihrer betriebs- und volkswirtschaftlichen Bedeutung sowie ihrem — de facto — Liquiditätsgrad wesentlich von den Geschäften mit der Nichtbankenkundschaft unterscheiden.

Die Sichtverbindlichkeiten gegenüber Nichtbanken setzen sich in der Regel aus einer großen Zahl von Kundengeldern aus dem laufenden Geschäftsverkehr zusammen, die in ihrem Gesamtbestand auch bei lebhaften Umsätzen auf den Einzelkonten nach dem Gesetz der großen Zahl eine gewisse Konstanz aufweisen. Unter den Sichtverbindlichkeiten gegenüber Kreditinstituten sind zwar auch solche aus dem laufenden Geschäftsverkehr enthalten. Ihr Hauptbestandteil besteht indessen aus am Markt aufgenommenen kurzfristigen Geldern[38]), die gerade bei Liquiditäts-

[36]) Vgl. Bekanntmachung Nr. 1/68 des Bundesaufsichtsamtes für das Kreditwesen, Anlage 1, S. 2—3; Ferber, M., Pensionsgeschäfte der Kreditinstitute, Frankfurt/Main 1969.

[37]) Vgl. Hammer, K. und Montag, W., Bilanzen der Kreditinstitute, Frankfurt/Main 1968, S. 15.

[38]) Vgl. Könneker, W., Bilanzierung der Geschäfte zwischen Banken, in: Zeitschrift für das gesamte Kreditwesen, 19. Jg. 1966, S. 502—503, hier: S. 502.

engpässen kaum zur Verfügung stehen. Die Sichtverbindlichkeiten gegenüber Kreditinstituten sind aber auch schon deshalb beweglicher als die gegenüber den anderen Gläubigern, weil Banken ihre finanzielle Disposition mit einer größeren Elastizität und Genauigkeit vornehmen, um jeden Zinsvorteil auszunutzen, während z. B. eine kleinere oder mittlere Nichtbankbetriebswirtschaft hinsichtlich der Anlage ihrer flüssigen Mittel oft verhältnismäßig unbeweglich ist. Die Ursache hierfür ist darin zu suchen, daß der Zins — einschließlich zinsähnlicher Provisionen — für Kreditinstitute die Hauptertragsquelle ist, sonstige Betriebswirtschaften dagegen ihren Ertrag vor allem aus dem Umsatz von Gütern und aus der Erstellung von Dienstleistungen ziehen und der Zins deshalb für sie eine geringere Bedeutung besitzt. Dies führt dazu, daß der Bodensatz der Sichtverbindlichkeiten gegenüber Kreditinstituten erheblich geringer ist als der von Sichtverbindlichkeiten gegenüber anderen Gläubigern.

Bei den befristeten Verbindlichkeiten lassen sich die Unterschiede weniger feststellen, wenngleich auch hier die Verbindlichkeiten gegenüber Kreditinstituten im wesentlichen aus relativ wenigen größeren Posten usancemäßig am Markt oder auf Grund von Sondervereinbarungen aufgenommener Termingelder bestehen, während sich Termin- und Kündigungsgelder von anderen Gläubigern hauptsächlich „aus einer mehr oder weniger großen Zahl von Beträgen zusammensetzen, die Kunden als Betriebsmittel bei ihnen unterhalten“[39]); außerdem kann auch hier beobachtet werden, daß Banken schärfer rechnen als die meisten Nichtbank-Kunden. Wenn aber eine Nichtbank befristete Einlagen unterhält, so läßt bereits die Tatsache der Anlage von Mitteln als Kündigungs- oder Termingeld darauf schließen, daß das betreffende Unternehmen seine finanziellen Dispositionen nach gründlichen rentabilitäts- und liquiditätsmäßigen Überlegungen getroffen hat. Allerdings ist bei den befristeten Verbindlichkeiten gegenüber Kreditinstituten nur in Ausnahmefällen mit vorzeitigen Rückforderungen zu rechnen, weil Banken mehr Möglichkeiten zur Verfügung stehen, plötzlich auftretende finanzielle Anspannungen am Geldmarkt oder durch Refinanzierung bei anderen Instituten oder beim Zentralbanksystem zu überbrücken, und weil Banken häufig genauer disponieren als andere Betriebswirtschaften.

Neben einer Herausstellung der Interbankbeziehungen in den neuen Bilanzformblättern wird der Darstellung der Liquiditätsverhältnisse große Bedeutung beigemessen. So werden die Positionen „Verbindlichkeiten gegenüber Kreditinstituten“ und „Verbindlichkeiten aus dem Bankgeschäft gegenüber anderen Gläubigern“ nicht nur nach der ursprünglich vereinbarten Laufzeit oder Kündigungsfrist untergliedert, sondern in Anwendung der allgemeinen Gliederungsvorschriften des § 151 AktG auch nach der Restlaufzeit, indem alle vor Ablauf von vier Jahren fälligen Verbindlichkeiten nachrichtlich zu vermerken sind[40]).

39) Vgl. Könneker, W., Bilanzierung der Geschäfte zwischen Banken, a. a. O., S. 502.

40) Vgl. Hammer, K. und Montag, W., Bilanzen der Kreditinstitute, S. 20.

4. Bedeutung der Sicht- und befristeten Verbindlichkeiten für Aufwand und Ertrag

Die Zinssätze für Sicht- und befristete Verbindlichkeiten, die einen wesentlichen Aufwandsfaktor im Passivgeschäft darstellen, werden von den einzelnen Kreditinstituten nach eigenem Ermessen bzw. auf Grund von Verhandlungen mit dem Kunden festgesetzt. Diese Freiheit, autonom die Zinssätze festzulegen, besteht erst seit April 1967. Zuvor waren die meisten Haben- und Sollzinssätze an bestimmte Höchstsätze gebunden.

Auf diese Weise sollte ein Wettbewerb der Kreditinstitute durch Zinsüberbietung im Einlagengeschäft verhindert werden, um die mit einer solchen Konkurrenz verbundene Schädigung der Rentabilität der Kreditinstitute und eventuell überhöhte Zinsbelastung der Kreditnehmer zu vermeiden. Diese Grundgedanken einer Wettbewerbsbeschränkung hatten sich schon nach der Bankenkrise durchgesetzt und zum Abschluß des „Mantelvertrages zwischen den Spitzenverbänden, Wirtschaftsgruppen und Fachgruppen der Kreditinstitute“[41]) am 22. 12. 1936 geführt, auf Grund dessen das „Abkommen über die Festsetzung von Höchstzinssätzen für hereingenommene Gelder (Habenzinsabkommen)“[42]) vom 22. 12. 1936 geschlossen wurde. Die Kreditinstitute durften danach bei der Hereinnahme von Geldern in deutscher Währung von in- oder ausländischer Nichtbankierkundschaft bestimmte Höchstsätze nicht überschreiten[43]). Der Mantelvertrag und das Habenzinsabkommen mit ihren nachfolgenden Änderungen, die nach dem Krieg als Anordnungen der Bankaufsichtsbehörden der Länder gemäß § 36 KWG a. F. fortgalten, blieben auch nach Erlaß des neuen KWG durch die Vorschrift des § 62 grundsätzlich aufrechterhalten, bis sie von der — auf Grund des § 23 KWG erlassenen — Zinsverordnung[44]) abgelöst wurden, die allerdings an die bis dahin geltenden Regelungen weitgehend anknüpfte[45]). Nach § 23 KWG können vom Bundeswirtschaftsminister durch Rechtsverordnung Anordnungen für die Kreditinstitute über die Bedingungen erlassen werden, zu denen Kredite gewährt und Einlagen entgegengenommen werden dürfen, also über die Höhe der Zinsen und Provisionen. Die Zins- und Provisionssätze sind dabei so zu bemessen, daß die kreditpolitischen Maßnahmen der Bundesbank unterstützt werden und die Funktionsfähigkeit des Kreditgewerbes gewahrt bleibt. Inzwischen hat der Bundeswirtschaftsminister von der Ermächtigung Gebrauch gemacht, seine Befugnis zur Konditionenregelung auf das Bundesaufsichtsamt für das Kreditwesen zu übertragen[46]), so

---

41) Abgedruckt bei Consbruch, J. - Möller, A., a. a. O., S. 198.

42) RAnz Nr. 299/33.

43) Vgl. § 1 Mantelvertrag.

44) Verordnung über die Bedingungen, zu denen Kreditinstitute Kredite gewähren und Einlagen entgegennehmen dürfen (Zinsverordnung), vom 5. Februar 1965 (BGBl I S. 33).

45) Vgl. Monatsberichte der Deutschen Bundesbank, März 1965, S. 3.

46) Die Übertragung der Ermächtigung nach § 23 KWG ist mit Verordnung vom 19. 1. 1962 (BGBl I S. 17) erfolgt.

daß in Zukunft Zins- und Provisionssätze durch das Bundesaufsichtsamt im Einvernehmen mit der Bundesbank durch Rechtsverordnungen festgelegt werden. Vor dem Erlaß solcher Verordnungen sind allerdings die Spitzenverbände der Kreditinstitute und — soweit es sich um eine Habenzinsfestsetzung handelt — die Deutsche Bundespost zu hören.

Wie bereits das Habenzinsabkommen legte auch die Zinsverordnung Höchstzinssätze für Sichteinlagen und für befristete Einlagen der Nichtbanken sowie für Spareinlagen[47]), soweit die ursprünglich vereinbarte Laufzeit oder Kündigungsfrist kürzer als zweieinhalb Jahre war[48]), fest. Die Zinsverordnung berührte indessen nicht die Zinssätze für Verbindlichkeiten zwischen Kreditinstituten und für echte Darlehen, welche die Kreditinstitute bei Nichtbanken aufnahmen und in ihrer Bilanz nicht als Einlagen, sondern als aufgenommene Gelder (Nostroverpflichtungen) auswiesen[49]).

Bereits im Juli 1966[50]) wurden Millioneneinlagen (Einlagen von einer Million DM und mehr) mit einer Mindestlaufzeit oder Kündigungsfrist von drei Monaten aus der Zinsbindung entlassen[51]), bevor am 1. April 1967 die Zinsverordnung und damit auch die Zinsbindung aufgehoben wurden[52]). Damit macht das Bundesaufsichtsamt für das Kreditwesen von der Möglichkeit, die Konditionen der Kreditinstitute im Kredit- und Einlagengeschäft nach § 23 KWG zu regeln, zur Zeit keinen Gebrauch. Als Richtschnur für die Verzinsung der Einlagen waren nach der Zinsfreigabe an die Stelle der Zinsverordnung unverbindliche Empfehlungen einzelner Verbände des Kreditwesens getreten. Nach herrschender Meinung stellten diese Zinsempfehlungen des Jahres 1967 und der Folgezeit, die der Zentrale Kreditausschuß oder alle oder einzelne Verbände aussprachen, sofern sie dem Bundesaufsichtsamt für das Kreditwesen gemeldet wurden, in aller Regel keinen Mißbrauch im Sinne des § 102 des Gesetzes gegen Wettbewerbsbeschränkungen dar[53]). „Größere Bedeutung haben solche Empfehlungen aber nur im Bereich der Spareinlagen erlangt“[54]). Mitte 1973 trat durch den Wandel in der Einstellung des Bundeskartellamts eine neue Situation ein. Der Eingang einer neuen Zinsempfehlung wurde zum Anlaß genommen, um darauf hinzuweisen, daß Zinsempfehlungen nach Auffassung des Kartellamtes nach 6 Jahren

---

47) §§ 13 und 14 Zinsverordnung in der Fassung vom 5. Februar 1965.

48) § 12 Abs. 1 Zinsverordnung in der Fassung vom 5. Februar 1965.

49) § 11 Zinsverordnung in der Fassung vom 5. Februar 1965.

50) Zweite Verordnung zur Änderung der Zinsverordnung vom 15. Juni 1966 (BGBl I S. 386).

51) § 12 Abs. 1 Zinsverordnung in der Fassung vom 15. Juni 1966.

52) Verordnung über die Aufhebung der Zinsverordnung und von Bestimmungen über die Kosten für Teilzahlungsfinanzierungskredite und Kleinkredite vom 21. März 1967 (BGBl I S. 352).

53) Vgl. Reischauer, F. und Kleinhans, J., Kreditwesengesetz (KWG), Loseblattkommentar für die Praxis, Berlin 1963, Anm. 29—42 zu § 23, 21. Erg.-Liefg. vom April 1973.

54) Monatsberichte der Deutschen Bundesbank, Oktober 1971, Veränderungen der Zinsstruktur in der Bundesrepublik seit 1967, S. 36—38, hier S. 36; vgl. auch Schneider, M., Der Wettbewerb der Kreditinstitute im Spannungsfeld von Bankenaufsicht und Notenbankpolitik, in: Bank-Betrieb, 13. Jg. 1973, S. 122—126, hier S. 126.

nach Aufhebung der staatlichen Zinsbindung für die Mitgliedsinstitute keines Spitzenverbandes mehr notwendig erscheinen, da für die Informationen der Institute über die Lage am Zinsmarkt allgemein berichtende Rundschreiben der Verbände durchaus ausreichen. Da die Entwicklung des Geldmarkts, die Wettbewerbsverhältnisse, die Arbeit der Verbände und der Presse dazu beigetragen haben, die Institute über den marktgerechten Zinssatz auf allen Gebieten der Einlagen zu informieren, betrachtete das Kartellamt die Zinsempfehlungen als mißbräuchliche Ausnutzung der Freistellungsmöglichkeit des § 102 des Gesetzes gegen Wettbewerbsbeschränkungen. Das Bundesaufsichtsamt für das Kreditwesen und die Verbände des Kreditwesens teilten diese Auffassung nicht. Ab November 1973 verzichteten der Bundesverband deutscher Banken und der Deutsche Sparkassen- und Giroverband freiwillig auf Zinsempfehlungen, der Bundesverband der Deutschen Volksbanken und Raiffeisenbanken stellte seine Empfehlungen im Jahre 1974 ein. Die Zinssätze werden somit nunmehr vom einzelnen Institut selbständig ohne Orientierungshilfe der Verbände festgesetzt[55]).

Ein Teil der tatsächlich gezahlten Zinssätze wird im Monatsbericht der Deutschen Bundesbank laufend veröffentlicht. Im Mai 1974 erstreckte sich die Spannweite der für Festgelder unter 1 Mill. DM mit vereinbarter Laufzeit von 3 Monaten gezahlten Zinssätze von 6,75 % bis 11,25 %; ca. 80 % der erfaßten Kreditinstitute gewährten Sätze zwischen 7,25 % und 8,75 %[56]). Die Vielfalt der Zinssätze ist dort besonders ausgeprägt, wo es sich, wie es bei den befristeten Verbindlichkeiten der Fall ist, um relativ große und nicht selten auch einmalige Geschäfte handelt. Deshalb dürften die Zinssätze für befristete Verbindlichkeiten ab 1 Mill. DM noch größeren Schwankungen unterliegen als die oben betrachteten — an sich schon breitgestreuten — Konditionen für kleinere und mittlere Termineinlagen. Dagegen werden die Konditionen um so einheitlicher, je „massenhafter“[57]) das Geschäft ist, was deutlich aus den weitgehend homogenen Zinssätzen für Spareinlagen mit gesetzlicher Kündigungsfrist zu erkennen ist. Im Mai 1974 gewährten 99,5 % der erfaßten Kreditinstitute für diese Spareinlagenkategorie einen Zinssatz von unter 6,75 %[58]). Wenngleich der vielfach nach Aufhebung der Zinsbindung befürchtete „ruinöse Wettbewerb“ im Kreditgewerbe ausblieb, hat sich dennoch seit der Zinsfreigabe der Konditionenwettbewerb der Kreditinstitute, insbesondere im Großgeschäft, wesentlich verstärkt, was sich im Endeffekt in einer Verminderung der Zinsspanne der Banken niederschlug[59]).

---

55) Vgl. auch Hagenmüller, K.-F., Zinsgestaltung der Banken vom Kartell bis zum atomisierten Wettbewerb, in: Börsenzeitung vom 31. 12. 1973.

56) Vgl. Monatsberichte der Deutschen Bundesbank, August 1974, S. 48 *.

57) Mit dem Begriff „Massengeschäft“ verbindet man die Vorstellung von weitgehend typisierbaren Bankleistungen, die vor allem im Spargeschäft, im Konsumentenkreditgeschäft und bei den Lohn- und Gehaltskonten anfallen.

58) Vgl. Monatsberichte der Deutschen Bundesbank, August 1974, S. 48 *.

59) Vgl. Kruk, M., Der Gewinnschwund hat fast alle Banken hart getroffen, in: Blick durch die Wirtschaft vom 6. 8. 1974.

Die Ermittlung der durch die Sicht- und befristeten Verbindlichkeiten entstehenden Aufwände und die Herstellung eines Zusammenhangs mit den Erträgen, durch welche sie gedeckt werden sollen, stellen ein besonders schwieriges Problem bankbetrieblicher Kostenrechnung dar. Die Ursache hierfür liegt einerseits in der Problematik der Zurechnung bestimmter Finanzierungsmittel zu den entsprechenden Aktivposten, also bestimmter Kapitalquellen zu den betreffenden Kapitalverwendungsformen, und andererseits in der Notwendigkeit, zwischen den Aufwendungen zu unterscheiden, die ausschließlich durch Sicht- und befristete Verbindlichkeiten entstanden sind, und denjenigen, die auf den Zahlungsverkehr zurückgeführt werden müssen. Rummel hat sich Anfang der dreißiger Jahre intensiv mit dieser Frage befaßt und bei seinem Institut eine „Geschäftsspartenkalkulation" eingeführt, die einen Versuch darstellt, das aufgezeigte Problem zu lösen[60]). Auch im Rahmen der Bankenquete des Jahres 1933[61]) beschäftigte er sich mit der hier angeschnittenen Frage.

Grundsätzlich müssen wertbedingte und betriebsbedingte Aufwendungen und wertbedingte und betriebsbedingte Erträge unterschieden werden. Diese prinzipielle Trennung wird jedoch dadurch in der Praxis verwischt, daß die Kreditinstitute den Kunden für Einlagen geringere Zinsen vergüten, um mit Hilfe dieser Zinsersparnis eine Kompensation der betriebsbedingten Aufwände, die bei der Abwicklung des Zahlungsverkehrs entstehen, zu erreichen. Dies wurde besonders bei Sichtverbindlichkeiten in provisionsfreier und provisionspflichtiger Rechnung deutlich. Wenn der Zinssatz für Sichteinlagen in provisionsfreier Rechnung z. B. 1 % betrug, wurden Sichteinlagen in provisionspflichtiger Rechnung normalerweise mit 1½ % verzinst. Die Differenz von ½ % stellte die erwähnte Vergütung für die bei der Kontoführung entstandenen betriebsbedingten Aufwände dar. Bei Vereinbarung von provisionspflichtiger Rechnung erhebt die Bank für die Durchführung des Zahlungsverkehrs eine besondere Postengebühr oder eine Umsatzprovision. Diese Usance der Trennung zwischen provisionsfreier und provisionspflichtiger Rechnung ist heute weitestgehend fortgefallen. Regelmäßig werden Sichteinlagen mit 0,5 % p. a. verzinst, mit Ausnahme von Guthaben auf den sogenannten „L + G-Konten", die jedoch bei der Gebührenberechnung über eine bestimmte Zahl von „Freiposten" als Äquivalent verfügen.

Während der reine Zinsaufwand zumindest als Durchschnittssatz ohne Schwierigkeiten dem reinen Zinsertrag gegenübergestellt werden kann — die Differenz ist die Bruttozinsspanne —, bereitet es große Schwierigkeiten, die betriebsbedingten Erträge und Aufwendungen miteinander zu vergleichen. Zu den betriebsbedingten Erträgen für die Abwicklung des

60) Vgl. Rummel, H., Die Kalkulationsmethoden der Deutschen Bank, in: Die Betriebswirtschaft 1934, S. 157 ff.; ders., Die Möglichkeiten einer genauen Selbstkostenrechnung im Bankgewerbe und ihre Auswirkungen auf die Rentabilität, in: ZfhF 1934, S. 281 ff.

61) Vgl. Rummel, H., Die Rentabilitätsfrage der Banken, ihre Unkosten und die Kalkulation, in: Untersuchung des Bankwesens 1933, Band 1, S. 421—474.

Zahlungsverkehrs gehören die Umsatzprovision oder Postengebühr und eine etwaige Kontoführungsgebühr. Außerdem sind die sogenannten Wertstellungsgewinne und Wertstellungsverluste zu berücksichtigen. Inwieweit sie zur Deckung der betriebsbedingten Aufwendungen, die durch den Zahlungsverkehr entstehen, ausreichen, ist eine Frage, die nur bei einer gut durchgebildeten Kostenrechnung beantwortet zu werden vermag. Bei Betrachtung der betriebsbedingten Aufwendungen muß vor allem berücksichtigt werden, daß der bargeldlose Zahlungsverkehr, d. h. der Überweisungs- und Scheckverkehr, nicht gleichmäßig, sondern stoßweise — besonders am Ende des Monats — anfällt. Da die Kapazität des Kreditinstituts auf die Bewältigung von Spitzenleistungen — notfalls mit Hilfe von Überstundenarbeit — abgestellt sein muß und diese Kapazität den größten Teil des Monats nicht voll ausgelastet werden kann, werden erhöhte Aufwendungen verursacht. Dies gilt sowohl für personelle als auch für sachliche Aufwendungen.

Die betriebsbedingten Erträge können ohne Schwierigkeiten ermittelt werden, soweit sie aus Umsatzprovision und Kontoführungs- bzw. Postengebühren bestehen. Kompliziert wird die Rechnung, sobald versucht wird, die Wertstellungsgewinne in die Rechnung einzubeziehen.

Untersuchungen verschiedener Kreditinstitute haben gezeigt, daß zwar die betriebsbedingten Erträge die betriebsbedingten Aufwendungen im Zahlungsverkehrsgeschäft nicht voll decken. Daraus kann aber nicht gefolgert werden, daß dieser Geschäftszweig unrentabel ist, solange nicht diejenigen Erträge berücksichtigt worden sind, die mittelbar durch den kreditorischen Zahlungsverkehr erzielt werden über den Einsatz der aus den Sichtverbindlichkeiten ständig den Instituten zur Verfügung stehenden Mittel im Aktivgeschäft. Außerdem besteht noch die Schwierigkeit, diejenigen Erträge, die zur Deckung der Zahlungsverkehrskosten dienen, von denjenigen zu unterscheiden, die das Einlagengeschäft selbst betreffen. Hier besteht nicht nur bei den Erträgen, sondern ebenso bei den Aufwendungen für die Sichtverbindlichkeiten ein kaum lösbares Abgrenzungsproblem. Klar herausgestellt werden muß hierbei, daß die Finanzierung des Aktivgeschäfts zu einem Teil durch die Sichtverbindlichkeiten erfolgt, daß aber die Sichteinlagen hauptsächlich deshalb unterhalten werden, weil die Gläubiger mit ihrer Hilfe den Zahlungsverkehr abwickeln wollen. Der kreditorische Zahlungsverkehr darf also nicht isoliert untersucht werden, sondern muß in seiner Wirkung sowohl auf das Passiv- als auch auf das Aktivgeschäft betrachtet werden. Zu berücksichtigen sind die betriebsbedingten Erträge (Umsatzprovision und Postengebühren) und die wertbedingten Erträge (Erträge aus dem Aktivgeschäft einschließlich Wertstellungsgewinne). Eine Kalkulation des kreditorischen Zahlungsverkehrs auf dieser Basis wird zeigen, daß er für die Kreditinstitute grundsätzlich kein Verlustgeschäft ist[62]). Versuche der Praxis, den Arbeitsaufwand im Zah-

---

62) Hinsichtlich der Problematik derartiger Berechnungen vgl. das Kapitel „Bankkalkulation" in Bd. III.

lungsverkehr, der nicht durch betriebsbedingte Erträge gedeckt ist — in der Regel ca. 70 % — als Zinssatz in v. H. Sichteinlagen zuzurechnen, führen zu Ergebnissen zwischen 5 % und 7 %, so daß die „Einstandsbelastung" der Sichteinlagen je nach dem Einfluß von Wertstellungsgewinnen oder -verlusten zwischen 4 % und 8 % liegen kann. In den Zinssatzdifferenzen der Einlagenkategorien wird daher eine unterschiedliche Folgekostenbelastung auch zum Ausdruck kommen müssen.

Im Gegensatz zu den Sichtverbindlichkeiten dienen die befristeten Verbindlichkeiten nicht dem Zahlungsverkehr. Mit den befristeten Verbindlichkeiten sind folglich keine derartig hohen betriebsbedingten Aufwände wie mit den Sichtverbindlichkeiten verbunden; befristete Verbindlichkeiten erfordern jedoch einen höheren Zinsaufwand. Diesen höheren Zinsaufwendungen sollen bei den befristeten Verbindlichkeiten entsprechende Erträge im Aktivgeschäft gegenüberstehen. Wenn auch die exakte Zurechnung bestimmter Aktiva zu bestimmten Passiva ein außerordentlich schwieriges Kalkulationsproblem darstellt, so ist doch die grundsätzliche Überlegung einleuchtend, daß mit Hilfe der den Instituten längerfristig zur Verfügung stehenden Gelder Kredite finanziert werden können, die längerfristig ausgeliehen sind als diejenigen Kredite, zu deren Finanzierung Sichteinlagen dienen. Da unter sonst gleichen Umständen[63]) die längerfristigen Kredite einen höheren Zinsertrag erbringen als kürzerfristige, kann angenommen werden, daß im Durchschnitt den höheren Zinsaufwendungen bei den befristeten Verbindlichkeiten ein höherer Zinsertrag gegenübersteht. Ob dieser höhere Zinsertrag dem höheren Zinsaufwand voll entspricht, läßt sich nicht exakt sagen. Drei Gesichtspunkte sind jedoch außerdem zu berücksichtigen, die zugunsten der Deckung der Aufwendungen durch Erträge bei den befristeten Verbindlichkeiten sprechen:

(1) Befristete Verbindlichkeiten erlauben der Bank eine leichtere und sicherere Liquiditätsdisposition als Sichtverbindlichkeiten. Dies kann als eine Minderung des Ertragsausfalles angesehen werden, der der Bank für die Liquiditätshaltung entsteht.

(2) Befristete Verbindlichkeiten erfordern eine geringerere Mindestreservehaltung als Sichtverbindlichkeiten; das bedingt geringeren Ertragsausfall.

(3) Durch befristete Verbindlichkeiten entstehen wesentlich geringere betriebsbedingte Aufwendungen als durch Sichtverbindlichkeiten, da durch die fehlenden Zahlungsverkehrsvorgänge weniger Kontenbewegungen vorkommen.

Die Entstehung des größten Teils der Sichtverbindlichkeiten von Universalbanken hängt von den Zahlungsgewohnheiten der Gläubiger ab, weshalb die Kreditinstitute auf die Höhe dieser Beträge nur relativ wenig Einfluß

63) Die für die Gestaltung der Zinshöhe im Aktivgeschäft neben der Fristigkeit wichtigen Faktoren der Sicherheit einschließlich der Liquidität und Mobilisierbarkeit bleiben hier unberücksichtigt.

ausüben können. Die Höhe der befristeten Verbindlichkeiten ist durch die Preispolitik relativ gut steuerbar. Die Bedeutung dieser fremden Mittel für die Liquidität besteht darin, daß die Banken den Umfang derartiger Mittel kurzfristig verändern und mit ihrer Hilfe einerseits Liquiditätsanspannungen ausgleichen bzw. — von der Seite der Gläubiger gesehen — kurzfristig freigesetzte Mittel ertragbringend anlegen können. Aufgenommene langfristige Darlehen ermöglichen den Kreditinstituten die Aufnahme bzw. Ausdehnung des mittel- und insbesondere langfristigen Kreditgeschäfts und damit die Erfüllung der oft dringenden Wünsche ihrer Kunden nach mittel- und langfristigen Krediten, ohne daß Liquiditätsanspannungen infolge von Fristunterschieden im aktiven und passiven Kreditgeschäft eintreten. In diesem Zusammenhang ist noch darauf hinzuweisen, daß durch die Möglichkeit der raschen Beschaffung aufgenommener Gelder und die damit verbundene Elastizität eine wesentlich größere Ruhe und Kontinuität im Aktivgeschäft gegeben ist, denn irgendwelche Engpässe können durch die aufgenommenen Gelder leicht beseitigt werden.

Eine besondere Stellung nehmen die aufgenommenen Mittel bei denjenigen Gruppen von Kreditinstituten ein, bei denen viele relativ kleine Institute durch Zentralinstitute verbunden sind. Das sind die Sparkassen und die Kreditgenossenschaften, die einerseits ihre nicht benötigten liquiden Mittel bei ihren Girozentralen bzw. Zentralkassen anlegen und andererseits bei Bedarf bei diesen entsprechende Mittel aufnehmen können. Der Liquiditätsausgleich erfolgt also möglichst innerhalb der eigenen Organisation. Da die Kreditbanken keiner solchen Organisation angeschlossen sind, müssen sie ihre Liquiditätsspitzen direkt auf dem Markt ausgleichen.

Der normale Geschäftsablauf einer Bank bringt es mit sich, daß zu bestimmten Zeitpunkten, z B. am Ultimo, an Lohnzahlungstagen oder an Steuerzahlungsterminen, erhöhter Geldbedarf entsteht, an welchen sich die Bank durch die Aufnahme von Geldern anzupassen vermag. Aber auch unvorhergesehenen Auszahlungen, die nicht mit einer bestimmten Regelmäßigkeit erfolgen, z. B. Einlagenabzügen größeren Umfanges, kann die Bank durch Vermehrung ihrer aufgenommenen Mittel begegnen. Sie muß sich allerdings über die Dauer der eingetretenen Veränderungen im klaren sein. Handelt es sich nur um eine vorübergehende Liquiditätsanspannung, so genügt die Aufnahme kurzfristiger fremder Gelder. Ist dagegen ein langfristig wirkender Vorgang eingetreten, zum Beispiel eine nachhaltige Verminderung der Einlagen, so müssen, wenn keine langfristigen Darlehen — im Notfall auch aufgenommene Gelder mit längerer Laufzeit — beschafft werden können, Vermögensbestände in liquidere Formen umgewandelt werden (z. B. Verkauf von Wertpapieren). Durch die Möglichkeit der Aufnahme von fremden Mitteln wird demnach eine größere Konstanz auf der Vermögensseite erreicht. Andererseits wird ein Institut im Hinblick auf die Passivseite seiner Bilanz insofern flexibler, als bei einer Verringerung der Anlagegelegenheiten im Aktivgeschäft das

Fremdkapital durch Rückzahlung der aufgenommenen Mittel reduziert werden kann, was bei Einlagen nicht möglich ist.

Wegen der stets wechselnden finanziellen Anforderungen, die an eine Bank gestellt werden, muß diese bestrebt sein, jederzeit Möglichkeiten zu besitzen, sich aufgenommene Gelder zu beschaffen. Die Höhe, bis zu der eine Bank den Geldmarkt für diese Zwecke in Anspruch nehmen kann, wird durch die Kreditwürdigkeit des einzelnen Instituts und die Geldmarktlage bestimmt. Bis zu welcher Höhe die Kreditinstitute Gelder aufnehmen dürfen, ohne ihre Sicherheit zu gefährden, läßt sich nicht mit einer Prozentzahl in bezug auf die Bilanzsumme festlegen; ein Anhaltspunkt könnte dadurch gewonnen werden, daß der Anteil an der Bilanzsumme, den die aufgenommenen Mittel erreichen, für die einzelnen Institutsgruppen ermittelt und der Durchschnitt als Norm für die betreffenden Einzelinstitute angesetzt würde. Ende 1967 betrug der Anteil der aufgenommenen Gelder an der Bilanzsumme bei den Instituten aller Bankengruppen zwischen 2 und 3 %. Eine Ausnahme bilden die Privatbankiers mit 6,4 % und die Spezial-, Haus- und Branchebanken mit 11,2 %[64]).

Nachdem durch die Neugliederung der Bilanzpositionen die aufgenommenen Gelder alter Definition nicht mehr separat ausgewiesen werden, können über den relativen Anteil dieser Fremdmittel keine Aussagen mehr gemacht werden.

Berichtet wird über die Position „Einlagen und aufgenommene Kredite von Kreditinstituten", und zwar zusammen für Inlands- und Auslandspassiva. In Beziehung zum Geschäftsvolumen war der relative Anteil der „Sichtgelder" in den einzelnen Bankengruppen Mitte 1974[65]):

Alle Bankengruppen	4,6 %
Großbanken	7,4 %
Privatbankiers	10,1 %
Sparkassen	0,4 %
Kreditgenossenschaften	1,0 %

Zwischen den einzelnen Instituten bestehen hinsichtlich der Geldaufnahmemöglichkeiten erhebliche Unterschiede. Ein großes, angesehenes Institut wird auch in schwierigen Situationen verhältnismäßig leicht „aufgenommene Gelder" erhalten, während es für eine kleinere Bank oft mehr oder weniger vom guten Willen einer größeren Bank oder von der Gesamtwirtschaftslage abhängt, ob sie einen laufenden Kredit aufnehmen kann. So konnten viele kleinere Kreditinstitute während der Bankenkrise von 1931 die Kreditzusagen größerer Banken gerade in dem Augenblick nicht ausnutzen, als sie besonders darauf angewiesen waren. Eine Gefahr bei der Aufnahme der-

64) Vgl. Monatsberichte der Deutschen Bundesbank, März 1968, S. 56 ff.

65) Vgl. Monatsberichte der Deutschen Bundesbank, Oktober 1974, S. 28 *.

artigen Fremdkapitals liegt auch darin, daß die erhaltenen Mittel auf der Aktivseite längerfristig gebunden werden, als es der vereinbarten Rückzahlung entspricht. Zwar besteht die Möglichkeit, daß Festgelder immer wieder prolongiert werden; jedoch darf dies die aufnehmende Bank nicht dazu verleiten, daß sie solche Mittel Nichtbankbetriebswirtschaften zur längerfristigen Anlage (Investitionen) zur Verfügung stellt. Würde eine Vielzahl der Institute so handeln, so könnten beim Ausbleiben weiterer Prolongationen durch die Gläubiger für die Kreditinstitute insgesamt Schwierigkeiten entstehen, da sie nicht mehr in der Lage sind, sich untereinander zu stützen.

Aufgenommene Gelder, insbesondere tägliche Gelder, bedürfen in liquiditäts- und dispositionsmäßiger Hinsicht auf Grund der unterschiedlichen Zwecksetzung einer anderen Behandlung als die Sichteinlagen gleicher Fälligkeit. Während bei letzteren selbst in Krisenzeiten von seiten der Nichtbanken ein gewisser Mindestbestand zur Durchführung des Zahlungsverkehrs gehalten werden muß, ist bei täglichem Geld damit zu rechnen, daß es — vor allem bei allgemeiner Liquiditätsanspannung — fast restlos abdisponiert wird. Salden aus dem Verrechnungsverkehr werden allerdings — ähnlich wie Sichteinlagen von Nichtbanken — immer eine bestimmte Höhe aufweisen.

Die Bedeutung der aufgenommenen Mittel für Aufwand und Ertrag kann unter zwei Aspekten gesehen werden, nämlich hinsichtlich:

(1) einer Vergrößerung des Geschäftsumfanges, die mit Hilfe der aufgenommenen Mittel erreicht werden kann, und

(2) der Relation zwischen den hohen Aufwendungen für aufgenommene Mittel und den Erträgen für zurechenbare Aktivgeschäfte.

Der Umfang der Geschäfte eines Kreditinstituts läßt sich mit Hilfe aufgenommener Mittel erweitern, jedoch sollten sich die Institute hierbei Beschränkungen auferlegen. Normalerweise kann davon ausgegangen werden, daß die Grenzrentabilität der Geschäfte positiv ist, da sie sonst bis auf wenige Ausnahmefälle unterbleiben würden. Die Grenzen einer Expansion mittels aufgenommener Mittel sind in erster Linie in den Gefahren für die Liquidität eines Kreditinstituts zu sehen, die um so größer sind, je weniger die Fristigkeit der aufgenommenen Mittel mit den Laufzeiten der zugehörigen Aktivkredite übereinstimmt und je geringer die Beschaffungsmöglichkeiten für aufgenommene Gelder infolge Ausnutzung des Kreditspielraumes für die betreffenden Kreditinstitute werden.

Die relativ hohen Aufwendungen für aufgenommene Mittel sind mit dem Gewinnstreben der Banken vereinbar, wenn ihnen entsprechende Erträge aus dem Aktivgeschäft gegenüberstehen. Am günstigsten ist es, wenn das einzelne mit Hilfe von aufgenommenen Mitteln finanzierte Geschäft durch seinen Erlös sowohl die Kosten für die Beschaffung dieser Mittel als auch sämtliche Verwaltungskosten deckt und zusätzliche Überschüsse erbringt.

Wird angenommen, daß die allgemeinen Verwaltungskosten der Bank bereits durch die übrigen Geschäfte gedeckt werden, so kann ein zusätzliches Geschäft, das mit Hilfe aufgenommener Mittel finanziert wird, bereits als lohnend angesehen werden, sofern in dem Ertrag dieses Geschäfts nur ein Überschuß über die Mittelbeschaffungskosten vorhanden ist. In diesem Fall handelt es sich also um eine Grenzkalkulation, in der die Grenzkosten den Grenzerlösen gegenübergestellt werden, wobei als Grenzkosten die Kosten der aufgenommenen Mittel für ein zusätzliches Geschäft und als Grenzerlöse die Erlöse dieses zusätzlichen Geschäftes angesehen werden. Die Hereinnahme aufgenommener Gelder kann jedoch auch dann gerechtfertigt sein, wenn mit ihrer Hilfe kein zusätzlicher Gewinn — auch nicht im Sinne einer Grenzkalkulation — erzielt werden kann. Die Zweckmäßigkeit der Beschaffung aufgenommener Gelder kann nämlich auch darin bestehen, daß zur Überbrückung von Liquiditätsanspannungen keine Aktivwerte (etwa Effekten) verflüssigt zu werden brauchen und dadurch etwaige Zins- und Kursverluste vermieden werden.

5. Bedeutung der Sicht- und befristeten Verbindlichkeiten für die verschiedenen Arten von Kreditinstituten und für die Kunden

Aus der Übersicht auf Seite 270/271 ist zu ersehen, daß das Einlagengeschäft allgemein die wichtigste Kapitalquelle für die dort aufgeführten Bankengruppen ist[66]). So betrugen Ende 1973 die gesamten Einlagen bei den Sparkassen 92,5 % der Bilanzsumme, bei den Kreditgenossenschaften 92,7 % und bei den Kreditbanken 85,8 %. Hier waren insbesondere die Zweigstellen ausländischer Banken (92,7 %) und die Großbanken (89,2 %) im Einlagengeschäft aktiv. Ein ähnliches Verhältnis wie die Großbanken weisen die Zentralkassen auf, während bei den Girozentralen die Einlagen nur 43,6 % der Bilanzsumme ausmachen. Der relativ niedrige Anteil der Einlagen an der Bilanzsumme ist bei den Girozentralen vorwiegend darauf zurückzuführen, daß diese Institute im Gegensatz zu den anderen hier betrachteten Bankengruppen Schuldverschreibungen emittieren und diese Effekten bei ihnen den Platz von Einlagen einnehmen. Außerdem spielen bei den Girozentralen die zweckgebundenen Gelder eine große Rolle, was eine Verringerung des Anteils der Einlagen an der Bilanzsumme zur Folge hat. Bei den Zentralkassen, die in der Geschäftsstruktur vielfach Ähnlichkeiten mit den Girozentralen aufweisen, ist der Einlagenanteil mit 89,7 % der Bilanzsumme nicht so gering, weil die Zentralkassen keine Pfandbriefe emittieren und sich deshalb mehr durch die Hereinnahme von Einlagen finanzielle Mittel beschaffen müssen.

Während die eben genannten Zahlen nur eine Aussage über das gesamte Einlagengeschäft der verschiedenen Bankengruppen erlauben, wird die

---

66) Bodenkreditinstitute werden im vorliegenden Zusammenhang nicht behandelt, da sie kein bzw. nur ein geringes Einlagengeschäft aufweisen.

Einlagenstruktur

Kreditinstitute	Bilanzsumme in Mill. DM	Einlagen insgesamt in Mill. DM	Einlagen insgesamt in % der Bilanzsumme	Sichteinlagen v. Nichtbanken in Mill. DM	Sichteinlagen v. Kreditinstituten in Mill. DM	Sichteinlagen insgesamt in Mill. DM
Alle Bankgruppen	1 161 155	843 267	72,6	97 805	56 769	154 574
davon						
(a) Kreditbanken	294 222	252 390	85,8	36 344	26 927	63 271
davon						
(1) Großbanken	113 024	100 862	89,2	19 153	8 688	27 841
(2) Regional- u. sonst. Kreditbanken	128 791	104 754	81,3	12 622	9 784	22 406
(3) Zweigstellen ausländischer Banken	27 810	25 779	92,7	1 281	5 746	7 027
(4) Privatbankiers	24 597	20 995	85,4	3 288	2 709	5 997
(b) Girozentralen	196 793	85 828	43,6	4 940	12 464	17 404
(c) Sparkassen	259 382	239 941	92,5	32 426	1 871	34 297
(d) Zentralkassen	43 170	38 716	89,7	807	9 497	10 304
(e) Kreditgenossenschaften	107 152	99 300	92,7	15 529	1 761	17 290

unterschiedliche Bedeutung des Einlagengeschäfts (Sicht- und befristete Verbindlichkeiten) für die einzelnen Institutsgruppen deutlich, wenn der Anteil der Sicht- und befristeten Einlagen zum einen an der Bilanzsumme und zum anderen an den Einlagen insgesamt gemessen wird. Zeigte sich oben, daß für fast alle aufgeführten Bankengruppen das Einlagengeschäft von nahezu gleicher Wichtigkeit bei der Kapitalbeschaffung ist, so läßt sich eine derartige Aussage bei Betrachtung der Sicht- und befristeten Einlagen allein nicht mehr aufrechterhalten. Hier zeigen bereits die Anteile der Sicht- und befristeten Verbindlichkeiten an der Bilanzsumme für die verschiedenen Gruppen erhebliche Unterschiede; sie schwanken zwischen rund 92,2 % bei den Zweigstellen ausländischer Banken und 27,4 % bei den Sparkassen. Eine nähere Betrachtung der Einlagenstruktur zeigt, daß der Schwerpunkt des Einlagengeschäfts bei den Kreditbanken bei den Sicht- und Termineinlagen mit einem Anteil von 79,6 % an den Gesamteinlagen liegt, während die Spareinlagen hier mit 20,4 % nur einen geringen Anteil haben. Im Durchschnitt bewegen sich bei den zu den Kreditbanken zählenden Bankengruppen die befristeten Einlagen um 50 % der Gesamteinlagen; die Spareinlagen sind bei den Zweigstellen ausländischer Banken mit 0,5 % der Gesamteinlagen nahezu unbedeutend. Umgekehrt liegen die Verhältnisse bei den Sparkassen mit einem überwiegenden, 70,3 % der Gesamteinlagen betragenden Anteil an Spareinlagen gegenüber nur 29,7 % Sicht- und befristeten Einlagen. Ähnliche Verhältnisse sind bei den Kreditgenossenschaften zu finden, wenn auch der Spareinlagenbestand bei ihnen nur 58,9 % ausmacht und die Sicht- und befristeten Einlagen immerhin 41,1 % der Einlagen betragen.

der Kreditinstitute[67])

Termineinlagen			Sicht- und Termineinlagen			Spareinlagen (einschl. Sparbriefe)		
v. Nichtbanken in Mill. DM	v. Kreditinstituten in Mill. DM	insgesamt in Mill. DM	in Mill. DM	in % der Bilanzsumme	in % aller Einlagen	in Mill. DM	in % der Bilanzsumme	in % aller Einlagen
207 959	181 667	389 626	544 200	46,9	64,5	299 067	25,7	35,5
76 135	61 547	137 682	200 953	68,3	79,6	51 437	17,5	20,4
34 047	9 718	43 765	71 606	63,4	71,0	29 256	25,8	29,0
33 330	29 523	63 853	85 259	66,2	81,4	19 495	15,1	18,6
2 320	16 302	18 622	25 649	92,2	99,5	130	0,5	0,5
6 438	6 004	12 442	18 439	75,0	87,8	2 556	10,4	12,2
24 327	41 722	66 049	83 453	42,4	97,2	2 375	1,2	2,8
24 658	12 196	36 854	71 151	27,4	29,7	168 790	65,1	70,3
2 376	23 823	26 199	36 503	84,6	94,3	2 213	5,1	5,7
15 220	8 306	23 526	40 816	38,1	41,1	58 484	54,6	58,9

Bei den Girozentralen und bei den Zentralkassen beherrschen dagegen die Termineinlagen mit Anteilen von ca. 77 % bzw. 68 % den Einlagenbestand. Sichteinlagen nehmen bei den Girozentralen ca. 20 % und bei den Zentralkassen knapp 27 % ein, während die Spareinlagen bei beiden Bankengruppen mit weniger als 6 % des Einlagenbestandes nur unbedeutend sind.

In diesen Relativzahlen spiegeln sich nicht nur die Zusammensetzung des Kundenstammes der Institutsgruppen und die Geschäftsstruktur wider, sondern zugleich findet darin die Zwecksetzung verschiedener Institutsgruppen ihren Ausdruck. Die Bedeutung der verschiedenen Zweige des Depositengeschäftes für die einzelnen Bankengruppen und die Kundenzusammensetzung der Institute kommt besonders deutlich bei einer Unterscheidung der Einlagen in solche von Kreditinstituten und solche von Nichtbanken zum Ausdruck.

Bei allen Bankengruppen überwiegen im Durchschnitt die Einlagen von Nichtbanken, und zwar bei Sichteinlagen mit 63,3 % und bei Termineinlagen mit 53,4 %. Im einzelnen weisen die verschiedenen Bankengruppen aber zum Teil beachtliche Unterschiede auf[68]). Bei den Kreditbanken stammen um

67) Stand Ende Dezember 1973. Vgl. Monatsberichte der Deutschen Bundesbank, März 1974, S. 28 * und S. 29 * ff. (ohne die Zahlen der nicht berichtspflichtigen Kreditgenossenschaften).

68) Bei einer Interpretation dieser Ziffern ist zu beachten, daß die im Wege des Geldhandels hereingenommenen Mittel unter der Position „Einlagen" bilanziert sind und daß infolgedessen die Institute, die in erheblichem Umfang am Geldmarkt tätig sind, wie z. B. die Zweigstellen ausländischer Banken, relativ mehr Einlagen von Kreditinstituten ausweisen.

60 % der Sichteinlagen von Nichtbanken. Bei den Sparkassen und Kreditgenossenschaften sind bei den Sichteinlagen die Einlagen von Nichtbanken mit 94,5 % bzw. 89,8 % wesentlich höher als bei den Kreditbanken, da im Sparkassen- bzw. Genossenschaftssektor die Einlagen von Kreditinstituten vorwiegend bei den Girozentralen bzw. Zentralkassen gehalten werden; auch für die befristeten Einlagen gilt, daß bei den Sparkassen mit 66,9 % und bei den Kreditgenossenschaften mit 64,7 % die Einlagen von Nichtbanken überwiegen. Ganz andere Verhältnisse weisen dagegen die Girozentralen auf. Bei ihnen bestehen die Sichteinlagen zu 71,6 % und die Termineinlagen zu 63,2 % aus solchen von Kreditinstituten, genauer gesagt, von Sparkassen. Die von Kreditinstituten stammenden Sicht- und Termineinlagen bei den Zentralkassen stammen hauptsächlich von den Kreditgenossenschaften, da die Zentralkassen im Genossenschaftssektor eine ähnliche Funktion ausüben wie die Girozentralen im Sparkassenbereich.

Hinsichtlich der Bedeutung der Sicht- und Termineinlagen für die Kunden der Kreditinstitute kann im wesentlichen auf die Ausführungen zur Charakterisierung des Wesens der Sicht- und befristeten Verbindlichkeiten verwiesen werden.

Eine nähere Untersuchung der Bedeutung der aufgenommenen Mittel für die verschiedenen Arten von Kreditinstituten[69]) zeigt, daß die Institute der einzelnen Bankengruppen in unterschiedlichem Maße auf aufgenommene Gelder zurückgreifen. So weisen die Sparkassen in ihrer Gesamtheit normalerweise einen Überschuß an liquiden Mitteln aus, während die Kreditbanken Bedarf an solchen Mitteln haben. Daraus ist zu schließen, daß die aufgenommenen Gelder für die Kreditbanken größere Bedeutung als für die Sparkassen haben. Außerdem sind organisatorische Unterschiede zu beachten. Die Sparkassen und die Kreditgenossenschaften beschaffen sich ihre aufgenommenen Gelder innerhalb ihrer Organisation bei den Girozentralen bzw. den Zentralkassen, bei denen sie andererseits auch ihre überschüssigen flüssigen Mittel als Liquiditätsreserve unterhalten. Die Kreditbanken gehören dagegen keiner vergleichbaren Organisation an, sondern nehmen ihre Gelder von den Stellen herein, die ihnen die günstigsten Bedingungen bieten; kleinere Kreditbanken sind jedoch meist auf bestimmte Institute, nämlich auf eine oder mehrere größere Banken, angewiesen, mit denen sie in ständiger Geschäftsverbindung stehen. Eine Sonderstellung nehmen die Teilzahlungsinstitute insofern ein, als deren Hauptfremdfinanzierungsquelle die aufgenommenen Mittel bilden und diese auch in den Bilanzen als größte Passivpositionen zu finden sind.

---

69) Vgl. auch: Die neuere Entwicklung der kurz- und mittelfristigen Interbankbeziehungen nach Bankengruppen, in: Monatsberichte der Deutschen Bundesbank, Dezember 1967, S. 3 ff.

II. Spareinlagen

1. Geschichtliche Entwicklung und Definition

Wie schon aufgezeigt wurde, gehen die Errichtung der Sparkassen und das Spargeschäft auf das Bestreben zurück, Bevölkerungskreisen mit verhältnismäßig niedrigem Einkommen Gelegenheit zu geben, ihre kleinen und kleinsten Ersparnisse sicher und verzinslich anzulegen. Die Spareinlagensammlung war zunächst ausschließlich den Sparkassen vorbehalten, die sie lange Zeit als einziges Passivgeschäft betrieben. Deshalb konnten im 19. Jahrhundert unter dem Begriff „Spareinlagen" alle von Sparkassen hereingenommenen Gelder zusammengefaßt werden. Die erste Veränderung trat ein, als infolge der Ausdehnung des Sparerkreises auf den Mittelstand, der neben dem Spargeschäft auch andere Bankgeschäfte über die Sparkassen abwickeln wollte, den Sparkassen auf Grund des Scheckgesetzes vom Jahre 1908 die passive Scheckfähigkeit und die Berechtigung zur Durchführung des Depositen- und Kontokorrentverkehrs zuerkannt wurde[70]). Von diesem Zeitpunkt an waren nicht mehr sämtliche Einlagen der Sparkassen Spareinlagen. Eine wiederum veränderte Situation ergab sich, als im Jahre 1928 auch die Aktienbanken die Annahme von Spareinlagen in ihre Geschäftstätigkeit einbezogen. Diese Entwicklung führte allmählich zu einer zunehmenden formellen Angleichung der Geschäfte, die von Sparkassen und Kreditbanken getätigt wurden. Trotzdem haben die Sparkassen auf dem Gebiete des Spargeschäfts auch heute noch die führende Stellung inne, da sie sich aufgabengemäß um die Förderung des Spargedankens besonders intensiv bemühen.

Die Funktion der Spareinlagen als Träger der Geldvermögensbildung privater Haushalte hat sich in den 60er und 70er Jahren insoweit grundlegend geändert, als die Spareinlagen mit einer breiten Palette von Anlagemöglichkeiten in Konkurrenz traten. Die Spareinlagen wurden damit auch für breite Bevölkerungskreise lediglich zu einer unter mehreren Alternativen der Ersparnisbildung.

Basis der Spareinlagenentwicklung ist das Nettoeinkommen der privaten Haushalte, das entweder zum Kauf von Gütern und Dienstleistungen oder zur Bildung von Geldvermögen verwendet wird. Das verfügbare Einkommen stieg von 1950 bis 1973 von 65,4 Mrd. DM auf 572,2 Mrd. DM, also um das 9fache, die Ersparnis von 2,1 Mrd. DM auf 77,6 Mrd. DM, also um das 37-fache, der Anteil der Ersparnis am verfügbaren Einkommen von 3,2 % auf 13,7 %[71]). Die individuellen Spargewohnheiten haben sich also nachhaltig geändert.

---

70) Vgl. Hoffmann, J., Sparkassen und Girozentralen, in: Die Bank, Band 1, S. 209.

71) Vgl. Die Finanzierungsströme im Jahre 1973 sowie der Gesamtbestand an Geldvermögen und Schulden, in: Monatsberichte der Deutschen Bundesbank, Mai 1974.

Durchschnittliche Sparneigung	Mittelwerte in % des verfügbaren Einkommens
1950—1951	3,2
1952—1956	6,0
1957—1962	8,6
1963—1968	11,2
1969—1973	13,7

Um die private Geldvermögensbildung, also um den Anteil der Ersparnis am verfügbaren Nettoeinkommen, konkurrieren folgende Anlageformen:

Bargeld, Sichteinlagen
Termineinlagen
Spareinlagen
= Kontensparen

Erwerb von festverzinslichen Wertpapieren
Aktien/Investmentzertifikaten
= Wertpapiersparen

Anlage bei Bausparkassen
Anlage bei Versicherungen
Sonstige Forderungen/Verbindlichkeiten

Nach dieser Systematik haben die privaten Haushalte in den gleichen Zeitphasen gespart:

1960	— 1964 I. Hj.	89,4 Mrd. DM
1964 II. Hj.	— 1968	152,5 Mrd. DM
1969	— 1973 I. Hj.	272,6 Mrd. DM

Der relative Anteil der einzelnen Sparanlagen oder der Formen der Geldvermögensbildung betrug dabei:

Private Geldvermögensbildung	Struktur in % der Geldvermögensbildung		
	1960—1964/I	1964/II—1968	1968—1973/I
Bargeld, Sichteinlagen	10,81	6,06	9,51
Termineinlagen	0,08	1,12	8,18
Spareinlagen	44,93	51,75	39,28
Bankeinlagen	55,82	58,93	56,97
Erwerb von Wertpapieren			
Festverzinsliche	12,56	10,32	16,37
Aktien	5,27	4,03	2,19
Insgesamt	17,83	14,35	18,56

(Fortsetzung der Tabelle S. 275 oben)

Anlagen bei			
Bausparkassen	8,09	9,72	8,59
Versicherungen	17,77	16,70	15,74
Insgesamt	25,86	26,42	24,33
Sonstige Forderungen / Verbindlichkeiten	0,49	0,30	0,14
Private Geldvermögensbildung	100,00	100,00	100,00

Daraus ist das Gewicht der Spareinlagen ableitbar. Trotz der sichtbar gewordenen Verschiebungen in den Anlagepräferenzen der privaten Haushalte hat sich bei den Spareinlagen selbst die Marktstruktur nur unwesentlich verschoben, wie aus der folgenden Darstellung — wegen des Einflusses der Zinskapitalisierung jeweils Werte per 30. 9. eines Jahres — hervorgeht[72]).

Marktstruktur in %	1958	1963	1968	1973
Kreditbanken ohne Großbanken	7,0	6,3	7,2	7,5
Großbanken	8,5	8,9	9,7	9,5
Sparkassen	58,1	57,8	56,2	57,0
Kreditgenossenschaften	19,6	20,6	22,0	18,9
Postsparkassen	6,5	6,1	4,6	5,3
Sonstige Institute	0,3	0,3	0,3	1,8
Alle Banken	100,0	100,0	100,0	100,0

Dabei haben sich allerdings die Zuwachsraten in den einzelnen Institutsgruppen deutlich verschoben:

Zuwachsraten in %	Jährlicher Durchschnitt		
	1958—1963	1963—1968	1968—1973
Alle Banken	17,3	15,7	12,7
Kreditbanken ohne Großbanken	14,9	18,7	13,4
Großbanken	18,2	17,8	11,7
Sparkassen	17,2	15,1	11,4
Kreditgenossenschaften	19,0	17,1	15,2
Postsparkassen	15,9	9,4	14,7

Ursprünglich war der Begriff der Spareinlagen gegenüber dem der anderen Einlagen nicht klar abgegrenzt[73]). Diese Unklarheit wurde dadurch verstärkt, daß auch andere Einlagen teilweise längerfristig angenommen und Kontogegenbücher für sie ausgegeben wurden. Außerdem war der Begriff „Spar-

72) Vgl. Monatsberichte der Deutschen Bundesbank, Statistik Teil III/9.

73) Vgl. Hennings, O., Spareinlagen, in: Die Bank, Band 2, S. 217.

kasse“ noch nicht geschützt. Deshalb ereignete es sich verschiedentlich, daß sich „Sparer“ u. a. durch die Ausgabe der Kontogegenbücher und die Verwendung irreführender Kontobezeichnungen über den Charakter ihrer eingezahlten Gelder nicht im klaren waren. Hieraus resultierte nicht nur eine Schädigung des Spargedankens, sondern es entstanden den vermeintlichen Sparern bei Zusammenbrüchen der betreffenden Institute teilweise sogar wirkliche Verluste.

Diese Entwicklung führte in Verbindung mit der Ausdehnung der Geschäftstätigkeit der Sparkassen und der Aufnahme des Spargeschäfts durch fast alle Kreditinstitute dazu, daß sich der Gesetzgeber veranlaßt sah, den Begriff Spareinlagen im Kreditwesengesetz genau zu definieren, um dadurch eine eindeutige Abgrenzung des Spargeschäfts gegenüber anderen Geschäften durchzuführen. Die gegenwärtig gültige Begriffsbestimmung lautet[74]):

„Spareinlagen sind Einlagen, die durch Ausfertigung einer Urkunde, insbesondere eines Sparbuches, als solche gekennzeichnet sind.“

2. Rechtliche Grundlagen

Über die Klärung des Begriffs hinaus brachte das Kreditwesengesetz für Spareinlagen weitere spezielle Vorschriften. Dafür waren drei Gründe maßgeblich:

(1) Die Sparer stammen teilweise aus Kreisen, die nur geringe Kenntnisse über die Risiken und Probleme der Geld- und Kapitalanlage besitzen. Sie bedürfen daher eines größeren gesetzlichen Schutzes als diejenigen Einleger, die einer Bank andere Einlagen anvertrauen. Von der letzteren Kategorie von Einlegern ist eher anzunehmen, daß sie in geschäftlichen Fragen Erfahrung besitzt.

(2) Eine klare Abgrenzung der Spareinlagen von den sonstigen Verbindlichkeiten aus dem Bankgeschäft ist auch für die Kreditinstitute erforderlich, da sowohl hinsichtlich der Disposition als auch der Erfolgswirksamkeit Unterschiede bestehen.

(3) Gesamtwirtschaftlich ist die Trennung der Spareinlagen von den anderen Verbindlichkeiten der Kreditinstitute aus dem Bankgeschäft bedeutungsvoll, weil insbesondere aus der Entwicklung der Spareinlagen wichtige Schlüsse auf die gesamtwirtschaftliche Situation möglich sind.

Die wichtigsten gesetzlichen Regelungen über die Spareinlagen befinden sich in den mit „Sparverkehr“ überschriebenen §§ 21 und 22 des Kreditwesengesetzes. Die Bestimmungen des KWG sind auf den ursprünglichen

[74]) § 21 Abs. 1 KWG. Einzahlungen bei Bausparkassen oder Zwecksparunternehmen zählen nicht zu den Spareinlagen im Sinne des KWG.

Charakter der Spareinlagen, langfristig angesammelt zu werden und der Anlage von Vermögen zu dienen, abgestellt. Mit Hilfe des § 21 Abs. 2 und 4 KWG soll verhindert werden, daß über Sparkonten der bargeldlose Zahlungsverkehr abgewickelt wird und die Sparkonten ständig durch Einzahlungen und Barabhebungen in Bewegung gehalten werden. Diese Absicht des Gesetzgebers kann vor allem § 21 Abs. 4 entnommen werden; denn infolge der Vorschrift, daß Auszahlungen grundsätzlich nur gegen Vorlage des Sparbuchs vorgenommen werden dürfen, ist die Ausstellung von Überweisungsaufträgen und Schecks zu Lasten von Spareinlagen nicht möglich.

Nach einem Schreiben der Bankaufsichtsbehörde vom 31. 7. 1936 steht nur den öffentlich-rechtlichen und den unter Staatsaufsicht stehenden privatrechtlichen Sparkassen das Recht zu, Sparbücher als „Sparkassenbücher" zu bezeichnen[75]). Alle übrigen Kreditinstitute dürfen nur „Sparbücher" ausgeben.

Rechtlich gesehen, ist das Spar(kassen)buch grundsätzlich ein Rektapapier. Das Eigentum an dem Sparbuch steht dem Inhaber der Forderung gegenüber dem Kreditinstitut zu[76]). Träger der Forderung ist das Konto. Eine Übertragung des Sparguthabens kann deshalb nur im Wege der Abtretung und nicht durch Übergabe des Sparbuches erfolgen.

Eine genauere Betrachtung des Wesens des Sparbuches ergibt, daß das Sparbuch verschiedene Funktionen erfüllt.

(1) Die Legitimationsfunktion:

Das Kreditinstitut ist berechtigt, aber nicht verpflichtet, an jeden Inhaber des Sparbuches Zahlung zu leisten[77]). Das Sparbuch ist infolgedessen kein reines Inhaberpapier, sondern ein sogenanntes hinkendes Inhaberpapier, das auch als qualifiziertes Legitimationspapier bezeichnet wird[78]).

(2) Die Informationsfunktion:

Dem Kontoinhaber gegenüber erfüllt das Sparbuch eine Informationsfunktion, d. h., es dient der ständigen Unterrichtung über Ein- und Auszahlungen und über den jeweiligen Kontostand und ist geeignet, während vieler Jahre und Jahrzehnte derartige Informationen zu speichern. Die gebundene Form und die sofortige Verbuchung der Ein- und Auszahlungen ist der Mentalität der Sparkunden angepaßt, denen vielfach nicht der Umgang mit Kontoauszügen vertraut ist.

(3) Die Werbefunktion:

Das Sparbuch ist geeignet, sowohl für das einzelne Kreditinstitut als auch für den Spargedanken im allgemeinen werbend zu wirken. Das ergibt

75) Vgl. Pröhl, H., a. a. O., Band 3, S. 2675.

76) Vgl. § 952 BGB.

77) Vgl. § 7 Hess. MuSa i. d. F. vom 2. 1. 1973.

78) Vgl. §§ 793 und 808 BGB.

sich aus der relativ freien Gestaltungsmöglichkeit sowohl in bezug auf die äußere Aufmachung als auch auf die Textanordnung. Daneben ergibt sich eine Werbefunktion, die mehr auf psychologischen Momenten beruht: Schon die Freude am Besitz eines Sparbuches mit kleinem Guthaben kann zu einer Anregung der Spartätigkeit führen. Durch die sofortige Abbuchung von Rückzahlungen kann sich unter Umständen ein psychologischer Effekt derart ergeben, daß sich die Kontoinhaber zu Verfügungen über Sparbücher schwerer entschließen als zu Dispositionen über andere Konten. Entsprechendes gilt für die sofortige Gutschrift von Bareinzahlungen. Deutlich wird dies z. B. bei dem oft zu beobachtenden Aufrunden der Zinsgutschriften durch zusätzliche Einzahlungen der Kunden. Auch aus der ständigen Übersicht über die Erfolge des eigenen Sparwillens ist ein gewisser psychologischer Anreiz zum Weitersparen denkbar. Außerdem erscheinen Sparbücher zum Teil tatsächlich, zum Teil in den Vorstellungen der Sparkunden als geeignet, sich gegenüber dem Kreditinstitut als alter und guter Kunde auszuweisen. Dies kann sich bei Kreditwünschen in einer bevorzugten Behandlung auswirken. Die psychologische Wirkung, die dem Sparbuch beizumessen ist, wird besonders durch den Widerstand deutlich, den die Kunden der durch das Gesetz bei voller Rückzahlung vorgeschriebenen Einziehung der Sparkassenbücher[79]) entgegensetzen. Von einigen Sparkassen werden diese psychologischen Momente dadurch berücksichtigt, daß sie derartige Bücher den Kunden nach Entwertung zurückgeben.

Nach der Mustersatzung sind die Sparkassen verpflichtet, von jedermann Spareinlagen ab 1,— DM entgegenzunehmen (Kontrahierungszwang)[80]). Die Sparkassen nehmen jedoch — ebenso wie viele Institute anderer Bankengruppen — im Rahmen des Kleinsparwesens (z. B. Schulsparen, Abholverfahren, Vereinssparen) auch kleinere Beträge an.

3. Wesen und Technik

Das Wesen der Spareinlagen ist weitgehend aus dem Kreditwesengesetz zu erkennen[81]). Wesentliche Kriterien sind der Anlagecharakter bzw. die Tatsache, daß sie nicht dem Zahlungsverkehr dienen dürfen, die Notwendigkeit der Ausstellung eines Sparbuches bzw. einer Spar-Urkunde und die Eigenschaft, daß sie oft aus der Ansammlung kleiner Beträge entstehen.

Für die Eröffnung von Sparkonten gelten die gleichen Grundsätze wie für die Eröffnung von Sicht- und Termineinlagenkonten. Hinzu kommt, daß bei Sparkassen das Sparbuch entsprechend den Vorschriften der Mu-

79) Vgl. § 21 Abs. 4 KWG.

80) Vgl. § 3 Hess. MuSa von 1973.

81) Vgl. § 21 KWG.

stersatzung ausgestellt werden muß[82]). Ferner ist zu beachten, daß die Ausgabe von Sparbüchern ohne eine Einlage unzulässig ist[83]).

Bei den Spareinlagen werden Spareinlagen mit gesetzlicher Kündigungsfrist und sonstige Spareinlagen unterschieden; die sonstigen Spareinlagen setzen sich aus den Spareinlagen mit vereinbarter Kündigungsfrist und den prämienbegünstigten Spareinlagen zusammen.

Spareinlagen mit gesetzlicher Kündigungsfrist sind alle diejenigen Spareinlagen, für die zwischen dem Sparer und dem Kreditinstitut keine besonderen Vereinbarungen über eine Kündigungsfrist getroffen wurden und für die deshalb die Bestimmungen des Kreditwesengesetzes (§ 22) gelten. Danach dürfen Rückzahlungen von Spareinlagen ohne Kündigung nur bis zum Betrage von 2000 DM für jedes Sparbuch innerhalb von dreißig Tagen geleistet werden. Zur Rückzahlung höherer Beträge bedarf es der Kündigung; die Kündigungsfrist beträgt grundsätzlich 3 Monate (gesetzliche Kündigungsfrist). Werden Spareinlagen ausnahmsweise vorzeitig zurückgezahlt, so ist der zurückgezahlte Betrag als Vorschuß zu verzinsen. Die dafür zu zahlenden Sollzinsen müssen die zu vergütenden Habenzinsen um mindestens ein Viertel übersteigen. Die Berechnung von Vorschußzinsen kann im Falle einer wirtschaftlichen Notlage des Sparers unterbleiben[84]).

Die Höhe der Verzinsung nimmt bei den Spareinlagen deutlich mit der Fristigkeit der Einlage zu. Die „Zinssatzkurve“ beginnt bei den Spareinlagen mit gesetzlicher Kündigungsfrist, die im Mai 1974 von 99,5 % der in der Zinsstatistik der Bundesbank erfaßten Banken mit dem „Standardsatz“ von unter 6,75 % verzinst wurden, und „endet“ — soweit es die statistisch ermittelten Daten angeht — bei den Spareinlagen mit vereinbarter Kündigungsfrist von 4 Jahren und darüber zum gleichen Zeitpunkt mit Sätzen von 7,75 % bis 9,50 %. Dazwischen liegen die Jahres-Spareinlagen, für die 91,0 % der berichtenden Institute einen Zinssatz von 7 % vergüteten. Damit zeigt sich, daß die Konditionen im Spargeschäft, das zum größten Teil als Massengeschäft bezeichnet werden kann, trotz grundsätzlich autonomer Zinsfestsetzung recht einheitlich sind. Der Vergleich mit der Verzinsung von Festgeldern zeigt eindeutig die Tendenz, daß die einzelnen Banken in ihrem Massengeschäft relativ einheitliche Zinssätze zahlen, während sie im Großgeschäft oder bei anderen relativ selten vorkommenden Geschäftsvorfällen stark unterschiedliche Zinskonditionen anbieten. Das kann bereits aus dem differenzierteren Zinsangebot für die nicht so häufig vorkommenden Spareinlagen mit vierjähriger Kündigungsfrist abgelesen werden, die von gut zwei Drittel der berichtenden Institute mit 8,0 % verzinst wurden, während von 20 % der Banken ein Zinssatz von 8,5 % und etwa 8 % der berichtenden Institute ein Satz von über 8,75 % gezahlt wurde[85]).

---

82) Vgl. § 3 Hess. MuSa von 1973.

83) Vgl. ebenda.

84) § 22 Abs. 3 KWG.

85) Vgl. Monatsberichte der Deutschen Bundesbank, August 1974, S. 48 *.

Um den Einleger zu schützen, darf eine Verfügung über ein Sparkonto nur unter gleichzeitiger Vorlage des Sparbuches erfolgen. Eine weitere Sicherungsmöglichkeit besteht darin, daß Sparkonten mit einem Kennwort bzw. einer Kennzahl versehen werden, die bei Auszahlungen genannt werden muß.

Die Sicherheit der Spareinlagen bei den Sparkassen wird außerdem dadurch erhöht, daß diese Institute die Anlagevorschriften für Spareinlagen entsprechend der Mustersatzung einhalten müssen. In § 13 der Hess. MuSa z. B. ist festgelegt, daß die Mittel der Sparkasse und damit auch die Spareinlagen nur zu ganz bestimmten, im allgemeinen mit einem geringen Risiko behafteten Aktivgeschäften verwendet werden dürfen. Zu diesen zählen in erster Linie die Gewährung von Hypotheken auf Grundstücke, die im Gebiet des Gewährträgers gelegen sind, der Kommunalkredit und der Erwerb von mündelsicheren Wertpapieren. Über das Personalkreditgeschäft und insbesondere im Hinblick auf ungedeckte Kredite enthält die Mustersatzung einschränkende Bestimmungen, um zu verhindern, daß Forderungsverluste aus Großkrediten die Sicherheit der Spareinlagen gefährden. Grundsätzlich wird in der Mustersatzung vorgeschrieben, daß Kredite zu Spekulationszwecken mit den Aufgaben der Sparkassen unvereinbar und deshalb unzulässig sind[86]). Es ist den Sparkassen auch grundsätzlich nicht gestattet, Aktien für eigene Rechnung anzukaufen. Diese Anlagevorschriften gelten allerdings nur für die Sparkassen, während die anderen Gruppen von Kreditinstituten die bei ihnen eingezahlten Spargelder nach eigenem Ermessen anlegen können. Auf Grund der besonderen Sicherheitsvorschriften und insbesondere wegen der Haftung der Gewährträger wurde den Sparkassen für Spareinlagen die Mündelsicherheit zuerkannt.

Liquiditätsmäßig gesehen sind die Spareinlagen für die Kreditinstitute sehr wertvoll, da sie nicht dem Zahlungsverkehr dienen. Außerdem unterliegt ein großer Teil der Spareinlagen einer Kündigungsfrist von 3 Monaten und mehr, obwohl z. B. bei den Sparkassen Ende 1973 der Stückzahl nach rund 50 % aller Sparkonten Guthaben unter 1000 DM aufwiesen und daher schon allein über diese Gelder täglich verfügt werden konnte. Allerdings machten die Guthaben auf diesen Konten wertmäßig nur 4,5 % aller bei Sparkassen befindlichen Spareinlagen aus[87]). Diese große Masse der Sparkonten weist einen relativ hohen Bodensatz aus. Dadurch können die für die Spareinlagen zu haltenden Liquiditätsreserven relativ niedrig bemessen werden. Dies kommt auch in den Grundsätzen über das Eigenkapital und die Liquidität der Kreditinstitute gemäß § 10 und § 11 KWG zum Ausdruck[88]). So sind nach Grundsatz II 60 % der Spareinlagen als langfristige, nach

---

86) Vgl. § 14 Hess. MuSa von 1973.

87) Vgl. Jahresbericht 1973 des Deutschen Sparkassen- und Giroverbandes e. V., S. 92 und 93.

88) Vgl. Bekanntmachung Nr. 1/69 des Bundesaufsichtsamtes für das Kreditwesen betreffend die Grundsätze über das Eigenkapital und die Liquidität der Kreditinstitute vom 20. Januar 1969, in der Fassung der Bekanntmachung über die Änderung und Ergänzung der Grundsätze über das Eigenkapital und die Liquidität der Kreditinstitute vom 30. 8. 1974.

Grundsatz III zusätzlich 20 % der Spareinlagen als kurz- und mittelfristige Finanzierungsmittel anzusehen.

4. Bedeutung der Spareinlagen für Aufwand und Ertrag

Aus dem Spargeschäft entstehen den Kreditinstituten Aufwendungen verschiedener Art. Einmal müssen die Kreditinstitute den Einlegern für die überlassenen Spargelder Zinsen zahlen (wertbedingte Aufwände), die entsprechend den Kündigungsfristen unterschiedliche Höhe haben. Außerdem sind mit dem Spargeschäft Betriebsaufwendungen (betriebsbedingte Aufwände) aus der Führung der Konten und der Verbuchung der Ein- und Auszahlungen verbunden. Obwohl die Sparkonten nicht dem Zahlungsverkehr dienen und daher wesentlich weniger Geschäftsvorfälle je Konto aufweisen als Sichteinlagekonten, ist zu berücksichtigen, daß die einzelnen Ein- und Auszahlungen auf Sparkonten in der Regel nur eine verhältnismäßig geringe Höhe haben und deshalb die Relation zwischen der Höhe des einzelnen Buchungspostens und den damit verbundenen Aufwendungen verhältnismäßig ungünstig wird.

Das Spargeschäft ist insbesondere bei den Sparkassen auch deshalb mit relativ hohen Aufwendungen verbunden, weil die Sparkassen keine Möglichkeit außer acht lassen, für den Spargedanken zu werben. In diesem Zusammenhang ist auch auf das von den Sparkassen und den Kreditgenossenschaften in großem Umfang betriebene Kleinsparwesen hinzuweisen. Durch Schulsparen, Vereins- oder Clubsparen, Betriebssparen, Heimsparbüchsen, Sparschränke sowie das Abholverfahren bemühen sich vor allem die Sparkassen und Kreditgenossenschaften trotz der damit verbundenen erheblichen Aufwände, auch den Bevölkerungskreisen, die nur sehr geringe Einzelbeträge sparen können, jede mögliche Gelegenheit zur Anlage ihres Geldes zu verschaffen und dadurch auch kleinste Beträge zu erfassen.

Besondere Aufwendungen werden im Spargeschäft durch die Ausgabe und besondere Ausgestaltung der Sparbücher verursacht. Darüber hinaus erfordert gerade das Spargeschäft erhebliche Mittel für Werbung. Dabei müssen Teile der Aufwendungen, die durch die Annahme sehr kleiner Sparbeträge entstehen, ebenfalls als Werbeaufwand angesehen werden, weil dadurch der Sparsinn gefördert und die Einzahlung weiterer Beträge angeregt werden soll.

Außerdem entstehen den Kreditinstituten aus der Haltung von Liquiditätsreserven für die Spargelder Ertragsminderungen, da nach den Mindestreservevorschriften auch für Spareinlagen bestimmte Beträge beim Zentralbanksystem unterhalten werden müssen und daneben noch Liquiditätsvorsorge betrieben werden muß. Allerdings sind die Mindestreservesätze für Spareinlagen i. d. R. niedriger als für Sicht- und befristete Verbindlichkeiten.

Erträge können die Kreditinstitute aus dem Spargeschäft direkt nicht erzielen, da die Führung der Sparkonten grundsätzlich gebührenfrei erfolgt.

Eine gewisse Ausnahme bildet die Berechnung von Vorschußzinsen bei Abhebungen vor Ablauf der Kündigungsfrist. Diese Erträge haben jedoch nur bedingt Verbindung mit dem Spargeschäft, denn sie stellen ihrer Natur nach das Äquivalent für einen bis zur Fälligkeit des Sparbetrages zur Verfügung gestellten „Kredit" dar. Indirekt sind die Spareinlagen durch ihren Einsatz im Aktivgeschäft ein wesentlicher Ertragsfaktor. Sie stehen den Kreditinstituten relativ langfristig zur Verfügung und können deshalb für längerfristige Aktivgeschäfte, z. B. Hypothekarkredite, eingesetzt werden. Allerdings ist es nicht möglich, die Spareinlagen bestimmten Aktivposten exakt zuzurechnen, so daß eine genaue Aussage über die Höhe der Erträge, die durch den Einsatz dieser Gelder im Aktivgeschäft erzielt werden, nicht gemacht werden kann.

5. Bedeutung der Spareinlagen für die verschiedenen Arten von Kreditinstituten und für die Kunden

Wie zum Teil bereits bei der Behandlung der Sicht- und befristeten Einlagen deutlich wurde, hat das Spargeschäft für die einzelnen Arten von Kreditinstituten unterschiedlich große Bedeutung. Spezialbanken, Börsenbanken und reine Außenhandelsbanken verfügen häufig über keine oder nur äußerst geringe Spareinlagen; ihre Finanzierung erfolgt aus anderen Quellen. Die Aktienbanken hatten lange Zeit ein relativ kleines Spargeschäft. Dies hing weitgehend mit der Struktur des Kundenkreises dieser Institute zusammen. Sie standen vornehmlich mit größeren Betriebswirtschaften in Verbindung und — zumindest bis vor kurzem — weniger mit Handwerkern, kleinen Einzelhandelsbetrieben, landwirtschaftlichen Betrieben und nichtselbständigen Arbeitnehmern. Das Bemühen der Kreditbanken in den letzten Jahren, in das Massengeschäft einzudringen, das vom Trend zur Universalbank begleitet war, führte dazu, daß sich die fremden Mittel der Großbanken und der größeren Regionalbanken heute schon zu etwa einem Drittel aus Spareinlagen zusammensetzen.

Ein großer Teil der Spareinlagen wird — wie bereits dargelegt[89]) — bei den Sparkassen unterhalten, die traditionsgemäß die Sammlung von Spareinlagen als eine ihrer Hauptaufgaben ansehen und bei denen zum Schutz der Einleger gesetzliche Vorschriften für die Anlage der im Spargeschäft hereingeflossenen Mittel bestehen. Bei den anderen Kreditinstituten bestehen — von den Grundsätzen über das Eigenkapital und die Liquidität der Kreditinstitute abgesehen — keine derartigen Vorschriften für die Verwendung der über Spareinlagen zugeflossenen Mittel im Aktivgeschäft.

Die unterschiedliche Bedeutung des Spargeschäfts für die einzelnen Bankengruppen wird deutlich, wenn der Anteil der Spareinlagen an der Bi-

---

89) Vgl. Schaubild S. 270/271.

lanzsumme ermittelt wird. Dieser Anteil betrug Ende 1973 bei den Sparkassen 65,1 % und bei den Kreditgenossenschaften 54,6 % gegenüber 25,8 % bei den Großbanken und 10,4 % bei den Privatbankiers. Nahezu ohne Bedeutung ist das Spargeschäft für die Zweigstellen ausländischer Banken (0,5 %), die Girozentralen (1,2 %) und die Zentralkassen (5,1 %). Die Anteile der Spareinlagen an den Gesamteinlagen zeigen ähnliche Differenzierungen.

Das Spargeschäft hat nicht nur für die Kreditinstitute als Möglichkeit der Kapitalbeschaffung Bedeutung, sondern auch für die Einleger. Für den Sparer bedeutet die Einzahlung von Sparbeträgen eine sichere Aufbewahrung seiner zurückgelegten Gelder (Depotfunktion des Spargeschäfts), die Erzielung von Zinserträgen (Anlage- oder Ertragserzielungsfunktion des Spargeschäfts) und die Schaffung von Rücklagen (Vermögensbildungsfunktion des Spargeschäfts). Die Spartätigkeit hat also neben der wirtschaftlichen eine sehr wichtige ethische Bedeutung. Diese positiven Seiten des Sparens werden allerdings heute in gewissem Umfange dadurch geschmälert, daß viele Sparer ihre Sparguthaben nicht mehr zur längerfristigen Vermögensbildung schaffen, sondern nur „kurzfristiges Zwecksparen" betreiben. Bei einem derartigen Zwecksparen liegt es im Interesse des Sparers, einen gewissen Betrag für eine bestimmte Ausgabe — Kauf eines Gutes des gehobenen Lebensstandards — anzusammeln. Diese Tendenz wird durch die zunehmende Bedeutung des Konsumentenkredits noch verstärkt, da die benötigten Mittel nicht mehr vorher angespart zu werden brauchen, sondern erst nachträglich zur Tilgung der Kredite „gespart" werden.

Exkurs 1: Mindestreserven

1. Begriff und Zweck

Die Geschäftsbanken sind verpflichtet, für sämtliche Verbindlichkeiten mit einer Befristung von weniger als 4 Jahren gegenüber Nichtbanken, im Inland nicht mindestreservepflichtigen Kreditinstituten und gegenüber Banken im Ausland eine sogenannte Mindestreserve zu unterhalten[90]).

Unter Mindestreserven sind unverzinsliche Guthaben zu verstehen, die auf Grund gesetzlicher Vorschriften[91]) bei der Zentralbank von seiten der Geschäftsbanken zu halten sind und die in einem bestimmten prozentualen Verhältnis zu den mindestreservepflichtigen Sicht- und befristeten Verbindlichkeiten sowie den Spareinlagen stehen.

Der Ausdruck „Mindestreserven" ist eine Übersetzung des Begriffes „minimum reserve requirement" aus der amerikanischen Bankliteratur.

Teilweise werden die Mindestreserven in der Literatur auch als Pflichtreserven, Barreserven oder Liquiditätsreserven bezeichnet. Bei den letzten

---

90) Vgl. § 2 der Mitteilung der Deutschen Bundesbank Nr. 5008/68 vom 11. Nov. 1968 betreffend Bekanntmachung der Anweisung der Deutschen Bundesbank über Mindestreserven (AMR) mit nachfolgenden Änderungen.

91) Vgl. § 16 BBkG.

beiden Ausdrücken ist jedoch zu berücksichtigen, daß diese Begriffe auch Mittel umfassen, die nicht zu den Mindestreserven zu rechnen sind; so sind in den Liquiditätsreserven auch Bankguthaben der Geschäftsbanken bei anderen Geschäftsbanken enthalten, während Mindestreserven — eine Ausnahmeregelung gibt es für ländliche Kreditgenossenschaften — nur bei der Zentralbank gehalten werden können. Primär gehören die Mindestreserven zum kreditpolitischen Instrumentarium der Zentralbank und stellen ein Werkzeug der Währungs- und Kreditpolitik dar, mit dem es möglich ist, das Kreditvolumen der Banken zu beeinflussen. Sekundär bedeuten die Mindestreserven für die Kreditinstitute Liquiditätsreserven. Zwar können die Banken nicht unbeschränkt über diese Liquiditätsreserven verfügen, da sie in vorgeschriebener Höhe im Monatsdurchschnitt vorhanden sein müssen. Trotzdem wird die Liquidität der Kreditinstitute gestärkt, da die Mindestreserven vorübergehend zum Ausgleich von Zahlungsverkehrsspitzen verwendet werden können und im Falle akuter Liquiditätsanspannungen den betreffenden Kreditinstituten zur Verfügung stehen.

2. Geschichtliche Entwicklung

Die Verpflichtung zur Mindestreservehaltung erfolgte in Deutschland auf Grund der in den anglo-amerikanischen Ländern gesammelten Erfahrungen. Schon im vergangenen Jahrhundert gab es nämlich sowohl in England als auch in den USA sogenannte Mindestreserven[92]).

Vor rund 140 Jahren wurde bereits im Staate New York das sogenannte „safety fund system" eingeführt. Dieses bestimmte, „daß die Banken 3 % ihres Grundkapitals in jährlichen Raten von ½ % an einen staatlichen Garantiefonds abzuführen hatten. Mit Hilfe dieses Fonds sollten in Schwierigkeiten geratene Banken gestützt werden"[93]). In diesem Gesetz des Staates New York kam also erstmalig der Gedanke zum Ausdruck, durch die Fixierung einer bestimmten Pflichtreserve ein wirtschaftspolitisches Ziel zu erreichen. Eigentliche Mindestreserven wurden allerdings erst etwas später vorgeschrieben. Dies erfolgte in den Jahren nach 1840 durch einzelstaatliche Gesetze. Dabei hatten die Mindestreservevorschriften zuerst nicht die Aufgabe, als währungspolitisches Instrument zu dienen, sondern sie sollten die Zahlungsbereitschaft der Kreditinstitute gewährleisten. Weitere Etappen auf dem Gebiet der Mindestreserven-Gesetzgebung waren der National Bank Act von 1863, welcher die Reservehaltung der National Bank regelte, sowie die Novelle zu diesem Gesetz aus dem Jahre 1887 und der Federal Reserve Act von 1913. In diesen Gesetzen wurde festgelegt, daß Mindestreserven in Höhe eines bestimmten unveränderlichen Prozentsatzes gehalten werden mußten. Diese Unelastizität wurde erst mit dem Banking Act von 1935 aufgehoben, der dem Board of Governors of the Fe-

---

92) Vgl. Dierschke, K. - Müller, F., a. a. O., Bd. 2, S. 14 f.

93) Dierschke, K. - Müller, F., a. a. O., Bd. 2, S. 5.

deral Reserve System die Ermächtigung erteilte, die jeweiligen Reservesätze festzulegen. Damit wurden die Mindestreserven auch ein Instrument der Währungspolitik, und heute erfüllen sie in allen Ländern, in denen entsprechende Vorschriften bestehen, primär die Funktion eines währungspolitischen Instrumentes der Notenbank.

In England verlief die Entwicklung insofern anders, als die Mindestreserven dort nicht gesetzlich vorgeschrieben wurden, sondern eine Regelung auf freiwilliger Basis erfolgte. Die englischen Clearingbanken kamen mit der Bank von England zu einer freiwilligen Übereinkunft, in der sich die Clearingbanken verpflichteten, bei der Bank von England einmal in der Woche 11 % ihrer Sichteinlagen als Barreserven zu unterhalten. Da die Institute nicht am gleichen Tage diese 11 % „Mindestreserven" auf ihrem Konto bei der Bank von England nachweisen mußten, konnten sich die Banken nach Bedarf mit liquiden Mitteln aushelfen, so daß die Wirkung der Verpflichtung zum Halten von Mindestreserven weitgehend abgeschwächt wurde. Aus dieser Zeit stammt auch der heute noch gebräuchliche Ausdruck „window-dressing"[94]). Seit 1946 beträgt der Mindestreservesatz 8 %, da die Banken von diesem Zeitpunkt ab dazu übergegangen waren, ihre Mindestreserven zu gleichen Terminen zu halten. Neuerdings werden in Großbritannien auf Grund der Empfehlungen des Radcliffe-Committee zusätzlich sogenannte Special Deposits erhoben, d. h., seit 1960 müssen die elf Londoner Clearing Banks 1 % ihrer Depositen bei der Bank von England hinterlegen[95]). Irgendeine Rechtsgrundlage für diese Normen besteht jedoch auch heute noch nicht, ihre Erfüllung ist allein dadurch gesichert, daß es sich keine Bank leisten kann, diese nicht einzuhalten.

In Deutschland wurden 1914 die ersten Vorschläge zur Einführung von Mindestreserven von dem damaligen Reichsbankpräsidenten von Havenstein gemacht. Er schlug den Großbanken vor, „daß sie etwa 10 % ihrer gesamten Kreditoren als Barreserve (Kassenbestand oder Giroguthaben bei der Reichsbank) unterhalten sollen, während für die Provinzbanken niedrigere Sätze, bis auf etwa 6 % absinkend, in Aussicht genommen waren"[96]). Diese Gedanken gelangten aber noch nicht zur Verwirklichung. Das gleiche gilt für die Anregungen nach der Bankenkrise des Jahres 1931 und der darauffolgenden Bankenquete, obwohl gerade in dieser Zeit wieder besonders offensichtlich wurde, wie wichtig es wäre, den Kreditinstituten, insbesondere aber solchen Instituten, die das kurzfristige Kreditgeschäft betreiben, die Haltung von Liquiditätsreserven in bestimmter Höhe zur Auflage zu machen. Zwar hatten auch in Deutschland die Banken und Sparkassen die Notwendigkeit erkannt, zur Aufrechterhaltung ihrer Zahlungsbereitschaft für ausreichende flüssige Mittel zu sorgen und zu diesem Zweck auch Notenbankguthaben zu unterhalten; sie waren aber wegen der Un-

---

94) Vgl. Keynes, J. M., Vom Gelde, München und Leipzig 1932, S. 339—344.

95) Vgl. Veit, O., Grundriß, S. 290.

96) Müller, B., Funktion und Wirkungsweise der Mindestreserven, Diss. Göttingen 1950, S. 15.

verzinslichkeit der Notenbankguthaben und der daraus resultierenden Rentabilitätsschmälerung daran interessiert, daß diese Notenbankguthaben möglichst niedrig waren. „Vor allem in den 20er Jahren glaubten viele Kreditinstitute durch intensive Pflege des bargeldlosen Zahlungsverkehrs, durch Bildung großer Filialnetze oder durch Zusammenschlüsse zu eigenen Girokreisen den Bedarf an Notengeld und damit die bei der Notenbank unterhaltenen Guthaben, für die keine bestimmte Höhe vorgeschrieben war, laufend verringern zu können“[97]). Die Folge davon war eine Beeinträchtigung der Zahlungsbereitschaft, die weit über das vertretbare Maß hinausging, und eine Verschärfung der Bankenkrise von 1931.

Eine gewisse Sonderentwicklung machte das Sparkassensystem durch, indem hier bereits seit 1923 Bestimmungen zur Unterhaltung von Liquiditätsreserven bestanden. Da sich aber die Höhe der Reservesätze in der Bankenkrise von 1931 als zu niedrig erwies, wurden die Sätze noch im selben Jahr erhöht. Diese Bestimmungen wurden 1932 in der Preußischen Mustersatzung modifiziert. Danach hatten die Sparkassen 10 % ihrer Spareinlagen und 20 % ihrer sonstigen Einlagen bei ihrer zuständigen Girozentrale als Liquiditätsguthaben zu unterhalten und mußten insgesamt 30 % der Spareinlagen und 50 % der Giroeinlagen in flüssigen Werten (z. B. Kasse, Reichsbank- und Postscheckguthaben, Wechsel, bestimmte Wertpapiere und Kredite) anlegen. Für die Girozentralen bestanden entsprechende Vorschriften für die Anlage bei der Reichsbank, den Postscheckämtern, der Deutschen Girozentrale sowie in sonstigen flüssigen Werten.

Durch das Kreditwesengesetz von 1934 wurde die Reichsbank dann zwar ermächtigt, den Kreditinstituten eine Barreservehaltung von 10 % der Verpflichtungen aufzuerlegen[98]). Diese Rahmenvorschrift wurde aber niemals ausgefüllt.

3. Rechtliche Grundlagen

Nach dem zweiten Weltkrieg bzw. nach der Währungsreform wurden — stark angelehnt an das amerikanische Vorbild — die Mindestreserven in Deutschland gesetzlich vorgeschrieben. Die ersten Gesetze hierzu waren:

---

97) v. Spindler, J. - Becker, W. - Starke, O., Die Deutsche Bundesbank, 2. Auflage, Stuttgart 1960, S. 62.

98) § 16 Abs. 1 KWG a. F. lautete: „Kreditinstitute haben eine Barreserve zu halten, die aus dem Kassenbestand sowie den Guthaben bei der Reichsbank und den deutschen Postscheckämtern gebildet wird. Die Barreserve muß mindestens einen vom Reichswirtschaftsminister im Einvernehmen mit dem Reichsbankdirektorium festzusetzenden Hundertsatz der Verpflichtungen gem. § 11 Abs. 1 Buchstaben a, c, d, e und f ausmachen. Der Hundertsatz kann für die einzelnen Arten oder Gruppen von Kreditinstituten verschieden bemessen, darf jedoch in keinem Fall auf mehr als 10 vom Hundert festgesetzt werden. Der Reichswirtschaftsminister kann im Einvernehmen mit dem Reichsbankdirektorium zulassen, daß unter § 11 Abs. 1 Buchstabe e fallende Verpflichtungen bei der Berechnung außer Ansatz gelassen werden.“

(1) Zweites Gesetz zur Neuordnung des Geldwesens — auch Emissionsgesetz genannt — vom 20. 6. 1948 (Gesetz Nr. 62 der amerikanischen und britischen Militärregierung, Verordnung Nr. 129 des französischen Oberkommandos).

(2) Gesetz über die Errichtung der Bank deutscher Länder vom 1. 11. 1948 (Gesetz Nr. 60 der amerikanischen Militärregierung, Verordnung Nr. 129 der britischen Militärregierung vom 1. 11. 1948, Verordnung Nr. 203 des französischen Oberkommandos vom 26. 3. 1949).

(3) Gesetz über die Landeszentralbanken (Gesetz Nr. 66 der amerikanischen Militärregierung vom 15. 4. 1949, Verordnung Nr. 132 der britischen Militärregierung vom 14. 2. 1948 und Verordnung Nr. 209 des französischen Oberkommandos vom 12. 4. 1949)[99].

Diese Gesetze schrieben die Haltung von variabel gestalteten Mindestreserven für die deutschen Banken vor. Bemerkenswert war dabei, daß auch die Landeszentralbanken der Mindestreservevorschrift unterlagen. Diese mußten in Höhe eines bestimmten Prozentsatzes ihrer Giroverbindlichkeiten Mindestreserven bei der Bank deutscher Länder unterhalten. Der Prozentsatz wurde von der Bank deutscher Länder festgesetzt und durfte nur innerhalb der im Gesetz angegebenen Grenzen (Mindestsatz: 12 %, Höchstsatz: 30 %) liegen[100]. Auch für die Geschäftsbanken wurden die Mindestreserven variabel gestaltet, weil nur so das Ziel, ein währungspolitisches Instrument zu schaffen, erreicht werden konnte.

Seit dem 1. 8. 1957 bildet § 16 des Gesetzes über die Deutsche Bundesbank die rechtliche Grundlage für die geltenden Mindestreservevorschriften. Dieser § 16 BBkG hat folgenden Wortlaut:

„(1) Zur Beeinflussung des Geldumlaufs und der Kreditgewährung kann die Deutsche Bundesbank verlangen, daß die Kreditinstitute in Höhe eines Vom-Hundert-Satzes ihrer Verbindlichkeiten aus Sichteinlagen, befristeten Einlagen und Spareinlagen sowie aus aufgenommenen kurz- und mittelfristigen Geldern mit Ausnahme der Verbindlichkeiten gegenüber anderen mindestreservepflichtigen Kreditinstituten Guthaben auf Girokonto bei ihr unterhalten (Mindestreserve). Die Bank darf den Vom-Hundert-Satz für Sichtverbindlichkeiten nicht über dreißig, für befristete Verbindlichkeiten nicht über zwanzig und für Spareinlagen nicht über zehn festsetzen; für Verbindlichkeiten gegenüber Gebietsfremden (§ 4 Abs. 1 Nr. 4 des Außenwirtschaftsgesetzes) darf sie jedoch den Vom-

99) Dieses Gesetz hatte verschiedene deutsche Ländergesetze als Vorläufer, die mit Erlaß Nr. 66 der amerikanischen Militärregierung außer Kraft traten.

100) Vgl. § 6 des 2. Gesetzes zur Neuordnung des Geldwesens (Emissionsgesetz) in der Fassung des Gesetzes Nr. 29 der AHK vom 29. 6. 1950 (AHK-Amtsblatt Nr. 26 vom 1. 7. 1950, S. 470) und Gesetz zur Änderung des 2. Gesetzes zur Neuordnung des Geldwesens (Emissionsgesetz) vom 6. 2. 1953 (BGBl I S. 13).

Hundert-Satz bis zu hundert festsetzen. Innerhalb dieser Grenzen kann sie die Vom-Hundert-Sätze nach allgemeinen Gesichtspunkten, insbesondere für einzelne Gruppen von Instituten, verschieden bemessen sowie bestimmte Verbindlichkeiten bei der Berechnung ausnehmen. Als eine Verbindlichkeit aus Sichteinlagen im Sinne des Satzes 1 gilt bei einem Kreditinstitut im Sinne des § 63 des Gesetzes über das Kreditwesen auch ein passiver Verrechnungssaldo.

(2) Das monatliche Durchschnittsguthaben eines Kreditinstituts bei der Deutschen Bundesbank (Ist-Reserve) muß mindestens die nach Absatz 1 festgesetzten Vom-Hundert-Sätze des Monatsdurchschnitts seiner reservepflichtigen Verbindlichkeiten (Reserve-Soll) erreichen. Die Bank erläßt nähere Bestimmungen über die Berechnung und Feststellung der Ist-Reserve und des Reserve-Solls.

(3) Die Deutsche Bundesbank kann für den Betrag, um den die Ist-Reserve das Reserve-Soll unterschreitet, einen Sonderzins bis zu drei vom Hundert über dem jeweiligen Lombardsatz erheben. Der Sonderzins soll nicht erhoben werden, wenn die Unterschreitung aus nicht vorhersehbaren Gründen unvermeidlich war oder das Kreditinstitut in Abwicklung getreten ist. Die Deutsche Bundesbank hat eine erhebliche oder wiederholte Unterschreitung der Bankenaufsichtsbehörde mitzuteilen.

(4) Ländliche Kreditgenossenschaften, die einer Zentralkasse angeschlossen sind und kein Girokonto bei der Deutschen Bundesbank unterhalten, können die Mindestreserven bei ihrer Zentralkasse unterhalten; die Zentralkasse hat gleich hohe Guthaben bei der Deutschen Bundesbank zu unterhalten.

(5) Die nach diesem Gesetz zu unterhaltenden Mindestreserven sind auf die nach anderen Gesetzen zu unterhaltenden Liquiditätsreserven anzurechnen."

Ergänzend zu den Bestimmungen des Bundesbankgesetzes über die Mindestreserven ist heute die „Anweisung der Deutschen Bundesbank über Mindestreserven (AMR)" vom 11. Nov. 1968 gültig[101]). Diese Anweisung wurde auf Grund der §§ 6 und 16 BBkG vom Zentralbankrat beschlossen und enthält ergänzende allgemeine Bestimmungen über die reservepflichtigen Kreditinstitute, die reservepflichtigen Verbindlichkeiten sowie Ergänzungen über die Reservepflicht, die Berechnung des Reserve-Solls und der Ist-Reserve, den Sonderzins und die Reservemeldung.

Reservepflichtig sind alle Kreditinstitute im Sinne von § 1 Abs. 1 KWG; ausgenommen davon sind jedoch Institute, deren Freistellung von der Reservepflicht nach dem Zweck der Mindestreserve angezeigt ist. Zu diesen nach § 1 Abs. 2 AMR ausdrücklich für nicht reservepflichtig erklärten

101) Unter Berücksichtigung der zwischenzeitlich erfolgten Änderungen.

Kreditinstituten gehören neben Kapitalanlagegesellschaften, Kassenvereinen und Bausparkassen insbesondere Kreditinstitute mit überwiegend langfristigem Geschäft[102]), also die privaten reinen Hypothekenbanken, die öffentlich-rechtlichen Grundkreditanstalten, die Wohnungsbauförderungsanstalten der Länder sowie einige Kreditinstitute mit Sonderaufgaben[103]).

Als Bemessungsgrundlage für die Haltung von Mindestreserven gelten Sichtverbindlichkeiten[104]), befristete Verbindlichkeiten[105]) und Spareinlagen. Ausgenommen sind Verbindlichkeiten gegenüber solchen Kreditinstituten, die selbst der Mindestreserve-Pflicht unterliegen. Durch diese Ausnahme wird vermieden, daß Verbindlichkeiten doppelt mit Mindestreserven belegt werden; denn prinzipiell ist es nicht gerechtfertigt, das Kreditgewerbe für ein und dieselbe Verbindlichkeit die mit der Mindestreservepflicht verbundene liquiditäts- und rentabilitätsmäßige Belastung — die Guthaben auf Girokonten bei der Bundesbank werden nicht verzinst — mehrfach tragen zu lassen. Die Freistellung von der Mindestreservepflicht hat somit für ein Institut zur Folge, daß seine Ausleihungen an andere Kreditinstitute im Gegensatz zu reservepflichtigen Instituten beim Schuldnerinstitut der Mindestreserve unterliegen. Um diese rentabilitäts- und liquiditätsmäßige Belastung auszugleichen, werden für Verbindlichkeiten gegenüber mindestreservefreien Kreditinstituten geringere Zinssätze vergütet als für Verbindlichkeiten gegenüber Kreditinstituten, die der Mindestreservepflicht unterliegen.

Der Mindestreservesatz wird von der Deutschen Bundesbank der jeweiligen währungspolitischen Situation entsprechend festgesetzt. Als Höchstgrenze werden in § 16 BBkG für Sichtverbindlichkeiten 30 %, für befristete Verbindlichkeiten 20 % und für Spareinlagen 10 % genannt. Mindestsätze sind im Gegensatz zur vorangegangenen Regelung des Emissionsgesetzes nicht mehr genannt. Die Bundesbank ist berechtigt, die Mindestreservesätze für verschiedene Gruppen von Kreditinstituten unterschiedlich hoch anzusetzen und bestimmte Verbindlichkeiten von der Mindestreservepflicht zu befreien. Von diesen Möglichkeiten ist in den derzeit gültigen Vorschriften bereits Gebrauch gemacht worden. Und zwar ist bei Sichtverbindlichkeiten und bei Spareinlagen der Mindestreservesatz für

---

102) Gemäß § 1 Abs. 2 AMR sind u. a. jeweils für ein Kalenderjahr nicht reservepflichtig diejenigen Kreditinstitute, die die Gewährung langfristiger Kredite als ständigen Geschäftszweig betreiben und bei denen die eigenen und die ihnen langfristig zur Verfügung gestellten Mittel einschließlich der langfristig durchlaufenden Kredite (Treuhandgeschäfte) sowie die Verbindlichkeiten aus Schuldverschreibungen nach den 12 Monatsendbeständen im Durchschnitt mindestens 90 v. H. des um die Wertberichtigungen verminderten Geschäftsvolumens betragen.

103) Vgl. Monatsberichte der Deutschen Bundesbank: Die Freistellung der Kreditinstitute mit überwiegend langfristigem Geschäft von der Mindestreservepflicht, Mai 1965, S. 61—64.

104) Als Sichtverbindlichkeiten gelten gem. § 3 AMR täglich fällige und solche Verbindlichkeiten, für die eine Kündigungsfrist von weniger als einem Monat oder eine Laufzeit von weniger als 30 Tagen vereinbart ist.

105) Als befristete Verbindlichkeiten gelten Verbindlichkeiten, für die eine feste Laufzeit oder eine Kündigungsfrist von mindestens 30 Tagen vereinbart ist.

Kreditinstitute an Bankplätzen, d. h. an Orten, an denen sich eine Zweigstelle der Deutschen Bundesbank befindet, höher als für Kreditinstitute an Nebenplätzen. Außerdem findet bei Sicht- und befristeten Verbindlichkeiten eine Differenzierung nach der Größe der Institute — gemessen an den mindestreservepflichtigen Verbindlichkeiten — statt (Reserveklassen), wonach die kleineren Institute geringere Mindestreserven unterhalten müssen als die größeren.

Durch die Ermächtigung zu derartigen Sonderregelungen hat die Bundesbank die Möglichkeit, die durch die schematische Berechnung für einzelne Gruppen von Kreditinstituten entstehenden Schwierigkeiten zu mildern. Bei der Trennung in Sichtverbindlichkeiten an Bankplätzen und Nebenplätzen wurde von der Überlegung ausgegangen, daß Banken an Nichtbankplätzen von sich aus bereits höhere Liquiditätsreserven halten werden, weil für sie — im Gegensatz zu den Kreditinstituten an Bankplätzen — in zeitlicher Hinsicht gewisse Schwierigkeiten bei der Beschaffung von liquiden Mitteln bei einer Zweiganstalt der Deutschen Bundesbank bestehen können. Dieses Argument dürfte jedoch heute, wo moderne Fernmeldeeinrichtungen und Verkehrsmittel allgemein zur Verfügung stehen, zusehends an Gewicht verlieren. Andererseits ist aber zu bedenken, daß es sich bei Nichtbankplätzen um kleinere, meist auch wirtschaftlich weniger bedeutende Orte handelt, an denen finanzielle Transaktionen in der Regel nicht in dem Umfang und in der Schnelligkeit vorgenommen werden wie an Bankplätzen.

Die Staffelung nach der Höhe der reservepflichtigen Verbindlichkeiten berücksichtigt das unterschiedliche Einlagenvolumen der einzelnen Institute. Dabei wird davon ausgegangen, daß mit der Größe einer Bank das Einlagenvolumen progressiv steigt, so daß ein für alle Kreditinstitute einheitlicher Satz eine relativ zu geringe Belastung für die großen Institute und eine Benachteiligung der kleinen Banken bedeuten würde.

Im Dezember 1973 galten folgende Mindestreservesätze[106]):

1. Reservesätze für mindestreservepflichtige Verbindlichkeiten gegenüber Gebietsansässigen und für denjenigen Teil der mindestreservepflichtigen Verbindlichkeiten gegenüber Gebietsfremden, der den gemäß Ziffer 2 gewählten Stand nicht überschreitet (vgl. Tabelle S. 291).
2. Zusätzlicher Reservesatz für den Zuwachs an mindestreservepflichtigen Verbindlichkeiten gegenüber Gebietsfremden (Sichtverbindlichkeiten, befristete Verbindlichkeiten und Spareinlagen zusammengenommen), wahlweise, jedoch für alle Arten von Verbindlichkeiten einheitlich, entweder im Vergleich zu 63,75 % des Durchschnittsstandes aus den Stichtagen 23. und 31. Oktober sowie 7. und 15. November 1971 oder zu 51 % des Durchschnittsstandes aus den entsprechenden Stichtagen des Jahres 1970:

   60 v. H.

---

106) Vgl. Geschäftsbericht der Deutschen Bundesbank, 1973, S. 75—77.

Reserveklasse[107])	Reservesätze in v. H. für									
	Sichtverbindlichkeiten				befristete Verbindlichkeiten		Spareinlagen			
	Bankplätze		Nebenplätze				Bankplätze		Nebenplätze	
	gebietsansässig	gebietsfremd	gebietsansässig	gebietsfremd	gebietsansässig	gebietsfremd	gebietsansässig	gebietsfremd	gebietsansässig	gebietsfremd
1	20,10	40	15,50	40	13,95	35	9,25	30	7,75	30
2	18,55	40	13,95	40	12,40	35	9,25	30	7,75	30
3	17,05	40	12,40	40	10,85	35	9,25	30	7,75	30
4	15,50	40	10,85	40	9,30	35	9,25	30	7,75	30

Dieser Satz ist mit der Maßgabe anzuwenden, daß bei einem Kreditinstitut die durchschnittlichen Reservesätze für die einzelnen Arten der reservepflichtigen Verbindlichkeiten (Teilreservesoll in v. H. der betreffenden Art der reservepflichtigen Verbindlichkeiten) gegenüber Gebietsansässigen und Gebietsfremden zusammengenommen bei den

Sichtverbindlichkeiten	nicht über 30 v. H.
befristeten Verbindlichkeiten	nicht über 20 v. H.
Spareinlagen	nicht über 10 v. H.

ansteigen.

Seit dem 30. 4. 1957 gibt es besondere Mindestreservesätze für Verbindlichkeiten gegenüber „Devisenausländern" bzw. gegenüber „Gebietsfremden", die erheblich über den Sätzen für Guthaben von Inländern liegen können. Die Deutsche Bundesbank hat durch diese Unterscheidung die Möglichkeit, die Mindestreserven zur Beeinflussung der Zahlungsbilanzsituation zu benutzen. Durch höhere Mindestreservesätze für Ausländerguthaben werden diese zu wenig rentablen Finanzierungsmitteln für die deutschen Banken, so daß sich die Banken nicht besonders um DM-Einlagen von Ausländern bemühen werden. Dadurch wird wiederum das Angebot an fremden Währungen gehemmt. Die Mindestreserven können also auch als Instrument zur Beeinflussung des Kapitalimports eingesetzt werden.

Grundsätzlich müssen die Mindestreserven von den einzelnen Banken bei der Deutschen Bundesbank unterhalten werden. Lediglich ländliche Kreditgenossenschaften, die einer Zentralkasse angeschlossen sind und kein Girokonto bei der Bundesbank haben, können die Beträge, die als Mindestreserven gelten sollen, bei ihrer Zentralkasse unterhalten[108]). Die Zentral-

---

107) Für die Einordnung eines Kreditinstituts in eine der Reserveklassen ist nach § 7 AMR die Summe der im vorangegangenen Monat ausgewiesenen Monatsdurchschnitte seiner reservepflichtigen Verbindlichkeiten maßgebend; die Abstufung legt fest: Klasse 1: Verbindlichkeiten von 1 Mrd. DM und mehr; Klasse 2: 100 Mio. DM bis unter 1 Mrd. DM; Klasse 3: 10 Mio. DM bis unter 100 Mio. DM; Klasse 4: unter 10 Mio. DM.

108) Vgl. § 16 Abs. 4 BBkG und § 5 Abs. 2 AMR.

kasse hat dann die Pflicht, für gleich hohe Guthaben bei der Deutschen Bundesbank zu sorgen. Eine Ausdehnung dieser indirekten Reservehaltung auf die Sparkassen und die übrigen Kreditgenossenschaften erschien dem Gesetzgeber nicht angebracht, weil unter Liquiditätsgesichtspunkten nur die Guthaben bei der Deutschen Bundesbank als von unzweifelhafter Qualität angesehen werden können, während im Falle der indirekten Reservehaltung die Gefahr bestände, daß die als „täglich fällige Forderungen an Kreditinstitute" vorhandenen Mindestreserven in einer Liquiditätskrise einfrieren könnten[109]).

4. Berechnung der Mindestreserven

Die Vorschriften für die Berechnung der Mindestreserve befinden sich in detaillierter Form in der Anweisung der Deutschen Bundesbank über Mindestreserven. Danach muß das monatliche Durchschnittsguthaben eines Kreditinstituts bei der Bundesbank (Ist-Reserve) mindestens den rechnerisch erforderlichen Betrag an Mindestreserve (Reserve-Soll) erreichen. Das Reserve-Soll ergibt sich durch Anwendung der von der Bundesbank angeordneten Prozentsätze (Reservesätze) auf den Monatsdurchschnitt der reservepflichtigen Verbindlichkeiten (Sichtverbindlichkeiten, befristete Verbindlichkeiten, Spareinlagen gemäß § 3 AMR), der aus den Endständen der Geschäftstage und geschäftsfreien Tage in der Zeit vom 16. des Vormonats bis zum 15. des laufenden Monats errechnet wird. Der Monatsdurchschnitt kann statt dessen aber auch aus dem Stand der Verbindlichkeiten am Ende folgender vier Stichtage ermittelt werden:

23. Tag des Vormonats,

letzter Tag des Vormonats,

7. Tag des laufenden Monats und

15. Tag des laufenden Monats[110]).

Der auf solche Weise errechnete Monatsdurchschnitt der reservepflichtigen Verbindlichkeiten ist auch für die Einordnung eines Kreditinstituts in eine der Reserveklassen maßgebend.

Als Ist-Reserve gilt der Monatsdurchschnitt des bei der Bundesbank bzw. Zentralkasse unterhaltenen Guthabens. Errechnet wird das Reserve-Ist aus dem Stand des betreffenden Guthabens am Ende sämtlicher Tage des Monats. Am Monatsende wird die Ist-Reserve dem Kreditinstitut von der Bundesbank bzw. Zentralkasse mitgeteilt.

Die Pflicht zur Unterhaltung von Mindestreserven ist erfüllt, wenn die ermittelte Ist-Reserve das Reserve-Soll erreicht. Ist das Reserve-Soll unterschritten, so hat das betreffende Kreditinstitut auf den Fehlbetrag für

---

109) Vgl. Bundestagsdrucksache Nr. 2781 vom 18. 10. 1956, enthaltend die Begründung zum Gesetz über die Deutsche Bundesbank, Besonderer Teil, zu § 12; abgedruckt bei: Hahn, P., a. a. O., S. 76.

110) § 8 AMR.

30 Tage einen Sonderzins in der jeweils von der Bundesbank angeordneten Höhe zu entrichten[111]). Seit 1. Januar 1951 liegt dieser Sonderzins 3 % p. a. über dem jeweiligen Lombardsatz[112]). Wegen der erheblichen Höhe dieses „Strafzinssatzes" werden die Banken versuchen, das Reserve-Soll nicht zu unterschreiten, und zwar auch dann nicht, wenn relativ teure Kredite, z. B. Lombardkredite, in Anspruch genommen werden müssen. Zur Zeit gültige Einzelheiten über die Berechnung des Reserve-Solls und der Ist-Reserve befinden sich in der AMR.

5. Bedeutung der Mindestreserven

Ursprünglich sollten die Mindestreserven Liquiditätsreserven sein[113]). Heute liegt ihre primäre Bedeutung jedoch auf währungspolitischem Gebiet[114]), wenn ihnen auch ein gewisser Doppelcharakter nicht abgesprochen werden kann. „Wenn die Notenbank die Mindestreservesätze erhöht, wird Liquidität bei den Banken gebunden und damit deren Kreditschöpfungsmöglichkeit, die ja auf einem Vorrat an frei verfügbarem Notenbankgeld beruht, eingeschränkt. Umgekehrt bedeutet eine Herabsetzung der Mindestreservesätze eine Freigabe von Liquidität und dementsprechend eine Erweiterung des Kreditspielraumes der Banken, d. h. ihrer Fähigkeit, Buchgeld zu schaffen"[115]).

Ob die Mindestreservevorschriften allein geeignet sind, die Kreditpolitik der einzelnen Bank zu beeinflussen, läßt sich allerdings nicht allgemeingültig beantworten. In expansiver Richtung kann die Notenbank die einzelne Bank nicht dazu veranlassen, ihre durch die Senkung des Mindestreservesatzes entstandenen „Überschußreserven" für zusätzliche Kredite zu verwenden. Eine Senkung der Mindestreservesätze seitens der Bundesbank hat lediglich den Charakter einer Anregung; die Entscheidung über zusätzliche Kreditgewährung bleibt der einzelnen Bank vorbehalten. In kontraktiver Richtung ist ein Einfluß der Notenbank wesentlich stärker, denn eine Erhöhung der Mindestreservesätze erfordert von den Kreditinstituten eine Erhöhung der Giroguthaben bei der Bundesbank und hat normalerweise mindestens zur Folge, daß das Kreditvolumen nicht weiter ausgedehnt wird, wenn nicht ein teilweiser Abbau desselben erforderlich wird. Ohne Einfluß auf die Kreditpolitik der einzelnen Banken bleiben derartige restriktive Maßnahmen seitens der Notenbank nur dann, wenn die Banken sehr liquide sind und die Erhöhung des Reserve-Solls z. B. durch Umwandlung anderer Liquiditätsreserven in Giroguthaben bei der Bundesbank auffangen können.

---

111) § 10 AMR.

112) Vgl. Monatsberichte der Deutschen Bundesbank, August 1974, S. 46 *.

113) Vgl. Köser, R. und Pfisterer, H., Die Notenbank — Ihre Aufgaben und Instrumente, Stuttgart 1969, S. 42 f.

114) Vgl. Schneider, E., a. a. O., Teil III, S. 67 f.

115) v. Spindler, J. - Becker, W. - Starke, O., Die Deutsche Bundesbank, 4. Aufl., Stuttgart, S. 62.

Aus der Zweckbestimmung der Mindestreserven, als währungs- und kreditpolitisches Mittel der Zentralbank zu dienen, resultiert die Bemessung des Rahmens, innerhalb dessen die Bundesbank sich des Instruments der Mindestreserven bedienen kann. Das Gesetz über die Deutsche Bundesbank geht „davon aus, daß die Festlegung von Höchstgrenzen notwendig sei, weil es der Notenbank nicht erlaubt sein soll, die bei den Kreditinstituten sich ansammelnden Einlagen vollständig an sich zu ziehen"[116]). Die Höchstgrenzen wurden jedoch so bemessen (für Sichteinlagen höchstens 30 %, für Termineinlagen bis zu 20 % und für Spareinlagen bis zu 10 %), daß sie notfalls stark kontraktiv wirken und normalerweise niedrigere Sätze für die Unterstützung der Zentralbankpolitik ausreichen.

Im Zusammenhang mit der Funktion der Mindestreserven als währungspolitisches Instrument der Bundesbank ist auch die Tatsache zu sehen, daß die Mindestreserven, gleich, welche Höhe sie haben, als Giroguthaben bei der Bundesbank unverzinslich sind. Dem Argument, daß die Mindestreserven dann, wenn die Reservesätze relativ hoch liegen, nur zu einem Teil der normalerweise erforderlichen Liquiditätsreserve entsprechen und deshalb ab einer bestimmten Höhe verzinst werden müßten, kann aus währungspolitischen Gesichtspunkten nicht zugestimmt werden. Würde eine Verzinsung eingeführt, so könnte die Höhe der Mindestreservesätze auch von Rentabilitätsüberlegungen seitens der Notenbank mitbestimmt werden. Das wäre jedoch nicht zweckmäßig, wenn auch vom Standpunkt der einzelnen Geschäftsbank aus festgestellt werden muß, daß die Haltung der Mindestreserven mit Ertragsschmälerungen verbunden ist. Insbesondere die extrem hohen Mindestreservesätze in 1973/74, die eine deutliche Ertragsbelastung der mindestreservepflichtigen Institute verursachten, haben die Diskussion um die Verzinsung der Mindestreserve wieder belebt[117]).

Der Doppelcharakter der Mindestreserven in ihrer Zwecksetzung als kredit- und währungspolitisches Instrument der Zentralbank einerseits und Liquiditätsreserve für die Geschäftsbanken andererseits bedingt, daß unter Umständen gewisse Härten nicht zu vermeiden sind. Die Haltung von Mindestreserven bedeutet für die Geschäftsbanken nicht nur eine Beschränkung ihrer Liquidität, sondern die Unverzinslichkeit der Guthaben der Geschäftsbanken bei der Zentralbank vermindert auch die Rentabilität der reservepflichtigen Kreditinstitute. Der Unterschied der währungspolitischen und bankbetrieblichen Standpunkte kommt unter anderem auch darin zum Ausdruck, daß das Bundesbankgesetz keine Untergrenze für den Mindestreservesatz nennt, denn währungspolitisch kann sich eine Situation ergeben, in der die Haltung von Mindestreserven nicht erforderlich ist. Betriebswirtschaftlich gesehen kann es aber niemals einen Zeitpunkt geben, in dem eine Bank ohne Liquiditätsreserven auskommen kann.

---

116) v. Spindler, J. - Becker, W. - Starke, O., a. a. O., S. 63.

117) Vgl. Wagenhöfer, C.: Notenbank und Kreditinstitute in unserer gegenwärtigen Geldordnung, a a. O., S. 21.

Da das Reserve-Soll nur nach dem Durchschnitt der reservepflichtigen Verbindlichkeiten und die Ist-Reserve nur nach dem Monatsdurchschnitt des Reserveguthabens berechnet wird, werden die Geschäftsbanken in den Stand gesetzt, zeitweilige Unterschreitungen durch Überschreitungen an anderen Tagen auszugleichen und dadurch das Reserveguthaben zugleich als Polster für den Giroverkehr zu verwenden. „Die Kreditinstitute können so den sich aus dem Zahlungsverkehr ergebenden kurzfristigen Liquiditätsbedarf ohne weiteres aus ihren Reserveguthaben decken. Tatsächlich folgen auch die Notenbankguthaben der Geschäftsbanken durchweg dem monatlichen Liquiditätsrhythmus. Die Mindestreserven erfüllen somit „nach wie vor auch ihre betriebswirtschaftliche Liquiditätsfunktion", wenn auch „ihre Bedeutung als währungspolitisches Steuerungsmittel heute im Vordergrund steht"[118]).

Exkurs 2: Refinanzierung durch Wechsel, Effekten und Ausgleichsforderungen

Die Veräußerung oder Verpfändung von Wechseln, Effekten und Ausgleichsforderungen bietet für die Kreditinstitute eine Möglichkeit, sich liquide Mittel zu beschaffen. Die Banken verwenden bei dieser Art der Refinanzierung bereits vorhandene Vermögenswerte, um ihre Liquidität zu verbessern. Im Falle der Veräußerung der betreffenden Aktiva wird die Passivseite der Bankbilanz nicht berührt, es findet vielmehr nur ein Aktivtausch statt, und auch bei der Beleihung der Vermögenswerte handelt es sich nur um eine besondere Form der Geldaufnahme, wie sie im vorhergehenden Abschnitt bereits behandelt worden ist. Wenn auch die Mobilisierung von Aktiva somit kein neues Passivgeschäft darstellt, so sollen die einzelnen Arten der Refinanzierung dennoch an dieser Stelle im Zusammenhang behandelt werden, da es sich dabei um Möglichkeiten zur Beschaffung finanzieller Mittel handelt. Der Zweck dieser Operation ist der gleiche wie der der sonstigen Passivgeschäfte, nämlich Bereitstellung von Liquidität, und rechtfertigt die Behandlung der einzelnen Refinanzierungsmöglichkeiten an dieser Stelle.

1. Geschichtliche Entwicklung und Definition

Voraussetzung für die Refinanzierung eines Kreditinstituts ist die Bereitschaft eines anderen Instituts oder einer ähnlichen Einrichtung, die zwecks Beschaffung flüssiger Mittel angebotenen Vermögenswerte aufzunehmen und als Gegenwert liquide Mittel zur Verfügung zu stellen.

Während die einzelnen Kreditinstitute ursprünglich ihre Geschäfte relativ isoliert voneinander betrieben, entstanden im Laufe der Zeit immer

---

[118]) v. Spindler, J. - Becker, W. - Starke, O., a. a. O., S. 67.

engere Beziehungen zwischen den Banken, da es sich als notwendig erwies, sich jederzeit bei Bedarf an flüssigen Mitteln gegenseitig zu unterstützen. Mit der zunehmenden Konzentration und Zentralisation im Bankwesen und dem Ausbau von geschlossenen Organisationen im Kreditgewerbe — z. B. der Sparkassenorganisation — wurden zwar die einzelnen Institute bzw. Institutsgruppen durch den internen Ausgleich der Zahlungsströme unabhängiger; zugleich wurde aber dadurch der Kreis der Banken, die sich gegenseitig liquide Mittel zur Verfügung stellen konnten, kleiner. Dazu kommt, daß für kleinere Banken die Möglichkeit der Refinanzierung bei größeren Instituten nicht nur Vorteile bietet; mit der Aufnahme relativ hoher Beträge ist für kleinere Institute die Gefahr verbunden, in Abhängigkeit zu geraten bzw. ganz in einem anderen Institut aufzugehen. Alle diese Faktoren führten dazu, daß als die zweckmäßigsten Refinanzierungsquellen zentrale, nicht zu den Geschäftsbanken gehörende Institute angesehen werden. Insbesondere die staatlichen Notenbanken eignen sich dazu, zumal die Notenausgabe bzw. Geldschöpfung der Zentralbanken bedingt, daß diese Institute die letzte Refinanzierungsquelle für alle anderen Banken sind.

Heute ist die Deutsche Bundesbank die entscheidende Refinanzierungsquelle für sämtliche Kreditinstitute. Daneben haben die Banken die Möglichkeit, sich am Geldmarkt flüssige Mittel zu beschaffen, an dem disponible Notenbankguthaben und notenbankfähige Titel gehandelt werden. Als Geschäftspartner kommen also neben der Notenbank die Geschäftsbanken, öffentliche Verwaltungen und andere Kapitalsammelstellen in Frage[119]). Dieser zweite Weg der Refinanzierung spielt insbesondere innerhalb eines mehrstufigen Systems, wie es im Sparkassen- und Genossenschaftssektor besteht, eine große Rolle. Aber auch außerhalb solcher Organisationen werden von den Kreditinstituten am freien Geldmarkt Refinanzierungsmöglichkeiten wahrgenommen, wenn die Preise für die Refinanzierung dort günstiger sind als bei der Bundesbank oder weil bei den Geschäftsbanken häufig ein weniger strenger Maßstab in formeller, qualitativer und quantitativer Hinsicht angelegt wird als bei der Notenbank.

Auf Grund der vorstehenden Ausführungen soll unter Refinanzierung im folgenden die Geldbeschaffung von Banken bei anderen Geschäftsbanken und der Notenbank durch Verkauf oder Verpfändung von Wechseln, Effekten und Ausgleichsforderungen sowie sonstigen Werten, z. B. unverzinslichen Schatzanweisungen, verstanden werden.

In der Bankbilanz schlägt sich die Refinanzierung in verschiedenen Positionen nieder. Die Rediskontierung von Handelswechseln bedeutet eine Verminderung des Wechselbestandes, eine Zunahme der LZB-Guthaben und eine Erhöhung der „unter dem Strich" befindlichen Position „Indossamentsverbindlichkeiten aus weitergegebenen Wechseln". Die Rediskontierung von

119) Vgl. Benning, B., Geldmarkt, in: Enzyklopädisches Lexikon, a. a. O., Bd. 1, S. 589—594.

eigenen Akzepten bewirkt eine Erhöhung der LZB-Guthaben und eine Erhöhung der Passivposition „Eigene Akzepte und Solawechsel im Umlauf“. Dem Kunden abgerechnete eigene Ziehungen werden im Jahresabschluß wie Handelswechsel behandelt. Dagegen erscheinen die nicht abgerechneten eigenen Ziehungen nach ihrer Verwendung zur Refinanzierung in der Bilanz unter dem Strich. Die Lombardierung von Wertrechten und Wertpapieren wird in der Position „Verbindlichkeiten gegenüber Kreditinstituten“ erfaßt. Beim Verkauf von Effekten und Ausgleichsforderungen erfolgt dagegen lediglich ein Aktivtausch; die Bilanzpositionen der Passivseite verändern sich nicht.

In dem von der Deutschen Bundesbank herausgegebenen Formblatt einer Zinsertragsbilanz werden folgende Positionen, und zwar auf der Passivseite der Bilanz, von der Refinanzierung beeinflußt:

Verbindlichkeiten gegenüber Kreditinstituten

Lombardverbindlichkeiten gegenüber Bundesbank

Indossamentsverbindlichkeiten

Zu beachten ist, daß in der Zinsertragsbilanz die Indossamentsverbindlichkeiten nicht unter dem Strich ausgewiesen werden, sondern daß die rediskontierten Wechsel einmal auf der Aktivseite unter den entsprechenden Positionen des Kreditgeschäfts und zum anderen auf der Passivseite unter der Position „Indossamentsverbindlichkeiten“ aufzuführen sind. In der normalen Jahresschlußbilanz ist ein solcher Ausweis undenkbar, in der Zinsertragsbilanz ist diese Handhabung jedoch deswegen erforderlich, weil dadurch sowohl die Wertaufwände, die durch die Rediskontierung entstehen, als auch die Werterträge aus dem Diskontkreditgeschäft aufgezeigt werden. Der Verkauf von Effekten und Ausgleichsforderungen kommt dagegen in der Zinsertragsbilanz ebenso wie in der Jahresschlußbilanz zum Ausdruck.

2. Rechtliche Grundlagen

Sofern die Refinanzierung bei einer anderen Geschäftsbank erfolgt, gelten für die Geschäfte die entsprechenden gesetzlichen Vorschriften des Privatrechts, also insbesondere des Bürgerlichen Gesetzbuches, Handelsgesetzbuches und Wechselrechts. Da die Refinanzierung der Kreditinstitute bei anderen Geschäftsbanken keinen besonderen Vorschriften unterliegt und Vertragsfreiheit besteht, wird auf eine eingehende Besprechung der allgemeinen Vorschriften des Privatrechts verzichtet. Für die Refinanzierung bei der Deutschen Bundesbank ist als rechtliche Grundlage zunächst § 3 BBkG zu nennen. Danach hat die Deutsche Bundesbank die Aufgabe, die „Kreditversorgung der Wirtschaft“ zu regeln. Aus dieser Vorschrift kann geschlossen werden, daß die Bundesbank auch dazu berufen ist, den Geschäftsbanken als Refinanzierungsstelle zu dienen. Ein Recht auf Kredit können die Banken daraus jedoch nicht ableiten. Sofern sich die einzelne Geschäftsbank an die noch näher zu erläuternden Bestimmungen der Bundesbank hält, kann sie damit rechnen, daß ihr im Rahmen ihres Kontingentes Kredit gewährt wird. Bei Nichteinhaltung von Vorschriften der Bundesbank, und zwar auch solcher, die sich nicht direkt auf die Refinanzierung beziehen (z. B. Mindestreservevorschriften), muß das betreffende Kreditinstitut jedoch damit rechnen, daß es von der Bundesbank keine Mittel mehr zur Verfügung gestellt bekommt. Die einzelnen Refinanzierungsgeschäfte sind im Gesetz über die Deutsche Bundesbank geregelt[120]).

Die Refinanzierung durch Wechsel ist an eine Reihe von Bedingungen geknüpft, die an anderer Stelle zu behandeln sind. Besonders herauszuheben ist jedoch, daß die Wechsel eine Restlaufzeit von höchstens 90 Tagen aufweisen müssen, da Notenbankkredite prinzipiell nur kurzfristig in Anspruch genommen werden dürfen. Die Papiere sollen gute Handelswechsel sein, d. h. für die Finanzierung eines Warengeschäfts bestimmt sein. Auf diese Weise wird eine Verbindung zwischen dem Warenumsatz und dem Geldvolumen, zu dessen Deckung u. a. die auf der Aktivseite der Bilanz einer Notenbank ausgewiesenen angekauften Wechsel dienen, hergestellt, wie es bereits in der Banking-Theorie niedergelegt ist[121]).

Außerdem darf die Deutsche Bundesbank Schatzwechsel des Bundes, eines Sondervermögens des Bundes und der Länder kaufen und verkaufen. Besonders zu erwähnen sind in diesem Zusammenhang die Solawechsel der Einfuhr- und Vorratsstellen, die heute ebenfalls von der Bundesbank angekauft und abgegeben werden.

Für den Lombardkredit bei der Bundesbank gelten andere Bestimmungen als für den der früheren Reichsbank[122]). Während die Reichsbank Lombardkredite auch gegen im Inland lagernde Waren sowie gegen Gold vergeben konnte, ist der Bundesbank die Gewährung verzinslicher Darlehen (Lombardkredite) nur möglich:

1. gegen Wechsel, die den Anforderungen gem. § 19 Abs. 1 Ziff. 1 BBkG entsprechen, zu höchstens neun Zehntel ihres Nennbetrages;
2. gegen Schatzwechsel des Bundes, eines Sondervermögens des Bundes und der Länder, die innerhalb von drei Monaten fällig sind, ebenfalls zu höchstens neun Zehntel ihres Nennwertes;
3. gegen bestimmte festverzinsliche Wertpapiere sowie gegen festverzinsliche Schuldverschreibungen und Schuldbuchforderungen des Bundes,

---

[120]) § 15 (Diskont-, Kredit- und Offenmarkt-Politik), § 19 (Geschäfte mit Kreditinstituten), § 21 (Geschäfte am offenen Markt) und § 24 (Beleihung und Ankauf von Ausgleichsforderungen) BBkG.

[121]) Vgl. Lukas, E., Geld und Kredit, Heidelberg 1951, S. 210 sowie Hahn, A. L., Volkswirtschaftliche Theorie des Bankkredits, 3. Aufl., Tübingen 1930, S. 83.

[122]) § 19 Abs. 1 Ziff. 3 BBkG.

eines Sondervermögens des Bundes oder eines Landes zu höchstens drei Viertel ihres Kurswertes. Besteht für Werte dieser Art kein Börsenkurs, so setzt die Bundesbank den einer Beleihung zugrunde zu legenden Wert nach der bestehenden Verwertungsmöglichkeit fest;

4. gegen unverzinsliche Schatzanweisungen, die, vom Tage der Beleihung an gerechnet, innerhalb eines Jahres fällig sind, zu höchstens 75 % ihres Nennbetrages;

5. gegen Ausgleichsforderungen bis zu 75 % des Nennbetrages.

Die Laufzeit dieser Lombardkredite darf höchstens drei Monate betragen.

Die Grundlagen für den An- und Verkauf von Effekten durch die Bundesbank, von dem die Kreditinstitute wie Betriebswirtschaften anderer Branchen u. a. zur Refinanzierung Gebrauch machen können, sind ebenfalls im Bundesbankgesetz festgelegt[123]). Danach ist die Bundesbank befugt, zur Beeinflussung des Geldumlaufs und der Kreditgewährung die Grundsätze für die Kredit- und Offenmarktgeschäfte zu bestimmen. Zur Regelung des Geldmarktes darf die Bundesbank am offenen Markt folgende Papiere zu Marktsätzen kaufen und verkaufen[124]):

1. Wechsel, die den Vorschriften des § 19 Abs. 1 BBkG entsprechen;
2. Schatzwechsel und Schatzanweisungen des Bundes, bestimmter Sondervermögen des Bundes sowie der Länder;
3. Schuldverschreibungen und Schuldbuchforderungen des Bundes, bestimmter Sondervermögen des Bundes und der Länder;
4. andere zum amtlichen Börsenhandel zugelassene Schuldverschreibungen.

Die Beleihung und der Ankauf von Ausgleichsforderungen sind besonders geregelt[125]). Danach darf die Bundesbank Kreditinstituten, Versicherungsunternehmen und Bausparkassen Darlehen gegen Verpfändung von Ausgleichsforderungen gewähren, soweit und solange es zur Aufrechterhaltung der Zahlungsbereitschaft des Verpfänders erforderlich ist. Außerdem ist die Bundesbank befugt, Ausgleichsforderungen unter bestimmten Voraussetzungen anzukaufen.

3. Arten der Refinanzierung

Im nachfolgenden werden Refinanzierungsmöglichkeiten, welche die Geschäftsbanken bei der Deutschen Bundesbank in Anspruch nehmen können, und die Bedingungen, zu denen eine Refinanzierung erfolgen kann, behandelt.

---

123) Vgl. §§ 15 und 21 BBkG.

124) Vgl. § 21 BBkG.

125) Vgl. § 24 BBkG.

a) Rediskontierung von Wechseln

Grundlage für die Geschäftsabwicklung bei der Rediskontierung von Wechseln durch die Deutsche Bundesbank sind einerseits die Bestimmungen des Gesetzes über die Deutsche Bundesbank[126]); andererseits sind die entsprechenden Vorschriften der „Allgemeinen Geschäftsbedingungen der Deutschen Bundesbank", die im „Grünen Buch"[127]) niedergelegt sind, zu beachten. Darin ist der Grundsatz zu erkennen, daß sowohl in formeller Hinsicht als auch in qualitativer Beziehung strengste Maßstäbe angelegt werden, um die Einlösung der Wechsel und notfalls den Rückgriff zu erleichtern sowie die Gesamtabwicklung zu vereinfachen. Sind die formellen und qualitativen Anforderungen an die der Bundesbank zur Rediskontierung eingereichten Wechsel nicht erfüllt, lehnt die Bundesbank die Rediskontierung ab.

Zu den Formerfordernissen zählen zunächst die acht gesetzlichen Bestandteile des Wechsels. Ferner müssen die Wechsel bei einer Stelle der Bank oder bei einem anderen Kreditinstitut an einem Bankplatz zahlbar sein. Nicht akzeptierte Wechsel dürfen von der Bundesbank nur angekauft werden, wenn der Bezogene seinen Sitz an einem Bankplatz hat. Darüber hinaus bestehen genaue Vorschriften über die Formulierung des Indossaments. Bei den qualitativen Vorschriften, von denen die Rediskontfähigkeit eines Wechsels abhängig ist, ist an erster Stelle die Bestimmung zu nennen, daß drei als zahlungsfähig bekannte Verpflichtete aus dem Wechsel haften sollen[128]). In der Regel sind dies zwei Nichtbanken und die rediskontierende Bank. Wechsel, bei denen einer der Wechselverpflichteten sich in Zahlungsschwierigkeiten oder in einem Vergleichs- oder Konkursverfahren befindet, gelten nicht als bundesbankfähig. Die gleiche Einschränkung trifft für Wechselverpflichtete zu, bei denen Wechselproteste vorgekommen sind oder die nicht gedeckte Schecks ausgestellt haben. Sobald der Bundesbank solche Tatbestände bekanntwerden, verweigert sie den Ankauf eines derartigen Wechsels oder reicht ihn unter entsprechender Belastung an die einreichende Bank zurück. Oft ist dies für die Geschäftsbanken ein wertvoller Hinweis auf wirtschaftliche Schwierigkeiten eines Wechselverpflichteten. Die Bundesbank hat durch die Vielzahl ihrer Niederlassungen hervorragende Informationsmöglichkeiten und fordert in Zweifelsfällen auch unmittelbar von einem Wechselverpflichteten Kreditunterlagen, insbesondere Bilanzen und Gewinn- und Verlustrechnungen, an. Gemäß Beschluß vom 20. 2. 1957 ist ein Wechselschuldner, der aus einem zum Ankauf oder zur Beleihung bei der Deutschen Bundesbank eingereichten Wechsel verpflichtet ist und trotz Auffor-

---

[126]) Vgl. § 19 BBkG.

[127]) Dabei handelt es sich um eine Loseblattsammlung, die von der Deutschen Bundesbank herausgegeben wird und in der außer den Geschäftsbedingungen eine Übersicht über die Organisation der Deutschen Bundesbank, die Bankplätze, Merkblätter, eine Zusammenstellung der Gebühren und Mindestsätze und Anlagen enthalten sind.

[128]) Vgl. § 19 Abs. 1 BBkG.

derung zur Selbstauskunft über seine finanziellen Verhältnisse keine oder keine genügende Auskunft gibt und über den auch sonst keine Unterlagen vorliegen oder zu beschaffen sind, die eine hinreichende Beurteilung seiner finanziellen Verhältnisse ermöglichen, nicht als ein „als zahlungsfähig bekannter Verpflichteter" im Sinne des Gesetzes über die Deutsche Bundesbank anzusehen. Ein Wechsel eines solchen Verpflichteten darf deshalb weder angekauft noch beliehen werden[129]). Die Bundesbank kauft auch solche Wechsel an, die nur zwei gute Unterschriften tragen, wenn durch eine Nebensicherheit oder in sonstiger Weise die Sicherheit des Wechsels gewährleistet ist[130]).

Da die rediskontierten Wechsel Handelswechsel sein sollen, sind Finanzwechsel von der Rediskontierung ausgeschlossen. Dabei ist zu beachten, daß ein Wechsel, der zur Finanzierung eines Handelsgeschäftes dient, nur während der Zeit als Handelswechsel gilt, die zur Abwicklung des Warengeschäftes notwendig ist[131]). Falls die Bundesbank bei einigen der ihr eingereichten Wechsel Zweifel hat, kann sie entsprechende Unterlagen verlangen.

Bankakzepte nimmt die Bundesbank nur herein, wenn sie zur Finanzierung bestimmter Einzelgeschäfte vorgesehen sind. Auf den nach der Währungsreform zunächst erforderlich gewesenen Nachweis des finanzierten Geschäfts, der in Form einer Grundgeschäftserklärung erfolgte, kann heute verzichtet werden. Von der üblichen Forderung nach drei Unterschriften wird bei Bankakzepten abgesehen, da diese normalerweise — sofern nicht eine zweite Bank eingeschaltet worden ist — nur zwei Unterschriften tragen können, nämlich diejenige des Kunden als Aussteller und die der Bank als Bezogener. Auf die bei nur zwei Unterschriften erforderlichen Nebensicherheiten verzichtet die Bundesbank im allgemeinen bei Bankakzepten, zumal sie in der Regel auf Sicherheiten der Geschäftsbanken zurückgreifen könnte, die diese — meist in Form von Effekten zur Durchführung des Lombardgeschäfts — ständig bei der Bundesbank unterhalten. Für Debitorenziehungen gilt das für Bankakzepte Gesagte sinngemäß mit der Einschränkung, daß sie auf nicht mehr als 20 000 DM je Debitor lauten sollen[132]).

Die bisher wiedergegebenen Bestimmungen, insbesondere, soweit sie nicht rein formeller Natur sind, werden von der Bundesbank flexibel gehandhabt und als ein Instrument der Währungspolitik der jeweiligen Wirtschaftslage nach Bedarf angepaßt[133]). Dies zeigt sich bereits beim Ankauf

129) Vgl. Geschäftsbericht der Deutschen Bundesbank für das Jahr 1973, S. 64.

130) Vgl. § 19 Abs. 1 BBkG.

131) Beschluß vom 10. 5. 1949. Vgl. Geschäftsbericht der Deutschen Bundesbank für das Jahr 1973, S. 64.

132) Beschluß vom 31. 1. 1951. Vgl. Geschäftsbericht der Deutschen Bundesbank für das Jahr 1973, S. 65.

133) Vgl. Geschäftsbericht der Bank deutscher Länder für das Jahr 1956: Die qualitativen Anforderungen an die Zentralbankfähigkeit von Kreditpapieren, S. 116 ff. und Geschäftsbericht der Deutschen Bundesbank für das Jahr 1973, S. 63.

der Bankakzepte, gilt aber auch für die Beschränkung der Rediskontierung von Teilzahlungswechseln oder Wechseln, die der Zwischenfinanzierung von Bauvorhaben dienen. In entsprechender Weise können auch andere gesamtwirtschaftliche Vorgänge dadurch forciert bzw. gebremst werden, daß spezielle Erleichterungen bzw. Erschwernisse bei der Rediskontierung von solchen Wechseln eintreten, die zur Finanzierung von förderungswürdigen bzw. einzuschränkenden Projekten dienen.

Neben den bisher erläuterten qualitativen Beschränkungen bestehen quantitative Grenzen für die Refinanzierung in Form der sogenannten Rediskontkontingente[134]). Der Zentralbankrat setzt, differenziert nach der individuellen Geschäftsstruktur, Normkontingente fest, die auf der Grundlage des haftenden Eigenkapitals bemessen werden. Die Festsetzung des Rediskontkontingents erfolgt in Anlehnung an das Normkontingent individuell pro Kreditinstitut. Diese Rediskontkontingente geben die Höchstgrenze an, bis zu der die Rediskontierung von Wechseln vorgenommen wird. Ausgenommen davon sind solche Wechsel, die im Rahmen der von der Bundesbank für die Finanzierung mittel- und langfristiger Exportgeschäfte eingeräumten Rediskontlinien mit dem Indossament der Ausfuhrkredit-Gesellschaft mbH versehen sind. Ferner können außerhalb der Rediskontkontingente auch Privatdiskonten rediskontiert werden, die den Geldmarkt passiert haben und bei ihrem Ankauf noch höchstens 90 Tage laufen. Für die Privatdiskont-AG allerdings besteht seit Anfang Mai 1966 ein „Rediskontkontingent für Privatdiskonten" (Zentralbankratbeschluß vom 26. 5. 1966). Die Methode der Kontingentbemessung wird nicht starr gehandhabt und kann entsprechend der wirtschaftspolitischen Gesamtsituation variiert werden. In den Händen der Bundesbank ist deshalb das Rediskontlimit ein wichtiges Instrument zur Beeinflussung der Liquidität der Geschäftsbanken und des Geldvolumens. Den einzelnen Geschäftsbanken sind ihre Rediskontkontingente nicht offiziell bekannt; sie sind deshalb gezwungen, vorsichtig zu disponieren, um im Notfall noch Spielraum für weitere Rediskontierungen zu besitzen. Wird einem Kreditinstitut mitgeteilt, daß sein Kontingent erschöpft ist, so kann es auf den Lombardkredit ausweichen.

b) Lombardierung von Wechseln, Effekten und Ausgleichsforderungen

Eine weitere Art der Refinanzierung besteht in der Aufnahme von Lombardkrediten, d. h. verzinslicher Darlehen gegen Pfänder. Gemäß Beschluß vom 30. Mai 1973 wird Lombardkredit ausschließlich noch zur Abdeckung eines unvorhergesehen entstandenen Giro-Debetsaldos gewährt; der Lombardkredit ist am folgenden Geschäftstag zurückzuzahlen. Zur Regulierung besonderer Spannungen am Geldmarkt gewährt die Deutsche Bundesbank seit dem 26. 11. 1973 zu einem Sonderlombardsatz den Sonderlombardkredit. Der Sonderzinssatz und die Bereitschaft zu dieser Kredtgewährung können von der Deutschen Bundesbank täglich widerrufen werden. Über die beleihbaren Werte sowie die

---

134) Vgl. Geschäftsbericht der Deutschen Bundesbank für das Jahr 1973, S. 63.

dafür maßgeblichen Beleihungsgrenzen gibt das im Bundesanzeiger und in den Mitteilungen der Bundesbank veröffentlichte „Verzeichnis der bei der Deutschen Bundesbank beleihbaren Wertpapiere“ (Lombardverzeichnis) im einzelnen Aufschluß.

Ungeachtet der Beschränkungen nach § 19 Abs. 1 Ziff. 3 BBkG darf die Bundesbank Kreditinstituten Darlehen gegen Verpfändung von Ausgleichsforderungen im Sinne von § 1 des Gesetzes über die Tilgung von Ausgleichsforderungen gewähren, soweit und solange es zur Aufrechterhaltung der Zahlungsbereitschaft des Verpfänders erforderlich ist[135]).

Grundsätzlich sind Wechsel, die nach den geltenden Bestimmungen nicht angekauft werden können, auch nicht lombardierbar[136]). Eine Ausnahme bilden allerdings die über den Plafond A der Ausfuhrkredit-Gesellschaft mbH sowie den Plafond I der Gesellschaft zur Finanzierung von Industrieanlagen mbH begebenen Solawechsel, die von der Bundesbank zwar nicht angekauft, aber lombardiert werden können[137]).

Zur Abwicklung des Lombardkredits eröffnet die Deutsche Bundesbank ein Lombard-Darlehens- und ein Lombard-Pfandkonto[138]). Auf dem Lombard-Darlehenskonto werden alle Darlehensaufnahmen und -rückzahlungen gebucht. Das Lombard-Pfandkonto weist den Pfandbestand aus. Wenn das Darlehen vollständig zurückgezahlt ist und die Pfänder zurückgegeben oder verwertet sind und in naher Zukunft kein neues Darlehen aufgenommen werden wird, werden beide Konten gelöscht.

Allerdings schließt die Lombardierbarkeit eines Wertpapiers nicht für jeden Kreditsuchenden ein „Recht auf Kredit“ ein. Die Gewährung eines Lombardkredits richtet sich vielmehr nach der allgemeinen kreditpolitischen Lage sowie den individuellen Verhältnissen eines Kreditnehmers. So wurde auf Grund der besonderen kreditpolitischen Lage in der Zeit vom 1. 6. 1973 bis einschließlich 3. 7. 1974 den Kreditinstituten zum Lombardsatz grundsätzlich Lombardkredit nicht gewährt[139]).

c) Offen-Markt-Geschäfte der Bundesbank

Zur Beeinflussung der währungspolitischen Lage bedient sich die Deutsche Bundesbank des Instruments der Offen-Markt-Politik und kauft oder verkauft Wertpapiere am offenen Markt. In erster Linie erstreckt sich dieser Handel auf Schatzwechsel und unverzinsliche Schatzanweisungen des Bundes, seiner Sondervermögen und der Länder sowie auf Solawechsel der Einfuhr- und Vorratsstellen.

---

135) Vgl. § 24 BBkG.

136) Beschluß vom 10. 5. 1949.

137) Vgl. Geschäftsbericht der Deutschen Bundesbank für das Jahr 1973, S. 66.

138) Vgl. Regelung der Deutschen Bundesbank zu Einzelfragen des Lombardverkehrs; Schreiben der Deutschen Bundesbank an die Spitzenverbände der Kreditwirtschaft vom 10. 12. 1973.

139) Vgl. Monatsberichte der Deutschen Bundesbank, August 1974, S. 46 *.

Die Deutsche Bundesbank hat gemäß § 42 BBkG die Möglichkeit, die ihr gegen den Bund zustehenden Ausgleichsforderungen (rd. 8,1 Mrd. DM)[140] in Schatzwechsel und unverzinsliche Schatzanweisungen des Bundes (= „Mobilisierungspapiere“) umzutauschen. Darüber hinaus hat der Bund der Bundesbank — falls die „Mobilisierungspapiere“ bis zum Nennbetrag der Ausgleichsforderungen in Umlauf gebracht worden sind — auf Verlangen weitere Schatzwechsel und unverzinsliche Schatzanweisungen bis zum Höchstbetrag von 8 Mrd. DM (= „Liquiditätspapiere“) auszuhändigen[141]. Durch den Verkauf dieser Papiere am offenen Markt ist die Bundesbank in der Lage, der Wirtschaft erhebliche Beträge an flüssigen Mitteln zu entziehen, den Geldumlauf also fühlbar zu reduzieren. Umgekehrt kann sie — sofern es die wirtschaftliche Situation erfordert — durch Rückkauf der Papiere den Geldumlauf vergrößern. Die Wirksamkeit dieses währungspolitischen Instruments der Bundesbank hängt jedoch davon ab, inwieweit die Geschäftsbanken diese Papiere zu kaufen oder zu verkaufen bereit sind.

Im Rahmen der Offen-Markt-Geschäfte kauft die Bundesbank seit 16. 4. 1973 bei besonderen Spannungen am Geldmarkt bundesbankfähige Wechsel zum Marktsatz außerhalb des Rediskontkontingents an[142]. Das abgebende Kreditinstitut muß sich verpflichten, die Wechsel nach 10 Tagen zurückzukaufen.

Die Sätze, zu denen die Offen-Markt-Papiere angekauft und verkauft werden, ändern sich häufig und werden von der Bundesbank je nach der Geldmarktlage festgesetzt. Die Möglichkeit der Refinanzierung besteht für die Geschäftsbanken darin, daß sie bei entsprechender Offen-Markt-Politik der Zentralbank in der Lage sind, Schatzwechsel und Schatzanweisungen abzusetzen, wenn sie liquide Mittel benötigen. Allerdings müssen die Geschäftsbanken in ihren Dispositionen berücksichtigen, daß die Bundesbank diese Art der Refinanzierung sehr erschweren bzw. sogar ausschließen kann, sofern die kreditpolitische Situation solche Einschränkungen angebracht erscheinen läßt.

d) Ankauf von Ausgleichsforderungen seitens der Bundesbank

Neben diesen normalen Formen der Geldbeschaffung bei der Deutschen Bundesbank haben die Geschäftsbanken im Notfall die Möglichkeit, sich durch den Verkauf von Ausgleichsforderungen an die Bundesbank liquide Mittel zu beschaffen. In der Technik ähnelt ein solcher Ankauf von Ausgleichsforderungen durch die Bundesbank der Offen-Markt-Politik, da es sich um einen Aktivtausch beim verkaufenden Institut handelt. Dem Wesen nach hat ein derartiger Ankauf jedoch nichts mit der Offen-Markt-Politik, die währungspolitischen Zwecken dient, zu tun. Vielmehr handelt es sich um eine Hilfeleistung für liquiditätsmäßig besonders angespannte

---

140) Vgl. Geschäftsbericht der Deutschen Bundesbank 1973, S. 67.

141) Vgl. §§ 42 und 42a BBkG, geändert bzw. eingefügt durch § 29 des Gesetzes zur Förderung der Stabilität und des Wachstums der Wirtschaft vom 8. Juni 1967 (BGBl I S. 582).

142) Vgl. Geschäftsbericht der Deutschen Bundesbank für das Jahr 1973, S. 67.

Kreditinstitute oder auch um die Finanzierung von Programmen der Bundesregierung[143]).

Der Ankauf von Ausgleichsforderungen wird regelmäßig nur durchgeführt, wenn sich die betreffende Geschäftsbank dazu verpflichtet, diese zurückzukaufen, sobald die finanzielle Anspannung überwunden ist. Allerdings ist diese Art der Refinanzierung normalerweise nicht so kurzfristig wie bei Lombardkrediten, und — was liquiditätsmäßig und im Hinblick auf die Bilanzoptik von Bedeutung ist — in der Bilanz erhöhen sich nicht die Verbindlichkeiten gegenüber Kreditinstituten.

Nicht zu verwechseln mit diesen Hilfsmaßnahmen der Bundesbank durch vorübergehenden Ankauf von Ausgleichsforderungen ist der endgültige Rückkauf von Ausgleichsforderungen, für den aus Teilen des Reingewinns der Bundesbank seit dem Jahre 1952 ein Sonderfonds gebildet wird[144]). Wegen des geringen Umfangs der zum Rückkauf von Ausgleichsforderungen zur Verfügung stehenden Mittel und des sehr großen Betrages der zu tilgenden Ausgleichsforderungen — Ende 1973 (inkl. Deckungsforderungen) noch über 6 Mrd. DM — wird sich diese Aktion noch über längere Zeit erstrecken.

e) Refinanzierung im Rahmen der mittel- und langfristigen Exportförderung

Einer besonderen Erwähnung bedarf die Refinanzierung im Rahmen der Exportförderung. Die dazu verwendete Exporttratte diente der Erleichterung der kurzfristigen Exportfinanzierung. Zwar hat die Deutsche Bundesbank den Ankauf der Exporttratten mit Wirkung vom 1. 12. 1957 eingestellt[145]), doch soll diese Finanzierungsmethode wegen ihrer ehemals erheblichen Bedeutung dargestellt werden.

Der Exporteur zog einen Wechsel auf seinen ausländischen Abnehmer und ließ das Papier von seiner Hausbank diskontieren. Das Bemerkenswerte im Rahmen der Refinanzierung bestand darin, daß die Zentralbank diese Exporttratten zum Rediskont hereinnahm, obwohl der Abschnitt nicht akzeptiert war und es sich um Wechsel mit nur zwei Unterschriften handelte. Die Laufzeit der Exporttratten betrug bis zu 3 Monaten. Eine einmalige Prolongation war möglich, wenn die Tratte der Finanzierung von Exporten nach außereuropäischen Ländern diente und die Ware nachweislich verschifft war. Jeder Exporttratte mußte eine sogenannte Grundgeschäftserklärung beigefügt werden, aus der die Einzelheiten über das zugrundeliegende Warengeschäft hervorgingen.

Eine besondere Refinanzierungsmöglichkeit für die mittel- und langfristige Exportfinanzierung steht heute den deutschen Geschäftsbanken lediglich in

143) Vgl. Geschäftsbericht der Bank deutscher Länder für das Jahr 1950, S. 26 ff.

144) Vgl. § 27 Ziff. 3 BBkG und § 8 Gesetz über die Tilgung von Ausgleichsforderungen vom 14. 6. 1956 (BGBl I S. 507).

145) Beschluß des Zentralbankrates der Deutschen Bundesbank vom 22. 8. 1957. Vgl. Monatsberichte der Deutschen Bundesbank, August 1957, S. 48.

Form der Sonder-Rediskontlinie der AKA bei der Deutschen Bundesbank zur Verfügung, des Plafonds B, der Ende 1973 mit 3 Mrd. DM ausgestattet war[146]). Die Laufzeit der von der AKA im Rahmen des Plafonds B eingeräumten Kredite beträgt bis zu 48 Monaten[147]). Dabei erfolgt die technische Abwicklung in der Weise, daß die Exporteure eigentrassierte Wechsel ausstellen, die von der Hausbank der Exporteure und der AKA indossiert werden und dann von der Bundesbank rediskontiert werden können. Die Laufzeit des einzelnen Wechsels beträgt 90 Tage, jedoch erfolgt im Rahmen der genannten Maximallaufzeit eine mehrmalige Prolongation. Entgegen dem Grundsatz, daß die Notenbank nur kurzfristige Kredite gewähren soll, hat der Zentralbankrat mit dieser Rediskontzusage die Refinanzierung von Krediten bis zu 4 Jahren ermöglicht, um die Exporteure in die Lage zu versetzen, mit ausländischen Anbietern, die mit staatlicher Unterstützung ihren Abnehmern teilweise sehr niedrige Zinssätze anbieten können, einigermaßen zu konkurrieren.

Im Rahmen des Plafonds A haben die Konsortialbanken der AKA, die dem Institut die erforderlichen Mittel zur Verfügung stellen müssen, keine besondere Refinanzierungsmöglichkeit. Die Solawechsel der deutschen Exporteure, die für die Inanspruchnahme dieser Kredite auszustellen sind, sind zwar als lombardfähig erklärt worden, die Refinanzierung kann jedoch lediglich im Rahmen des normalen Lombardkontingents der Konsortialbanken bei der Deutschen Bundesbank erfolgen.

4. Bedeutung der Refinanzierung für die Kreditinstitute

Die Bedeutung der Refinanzierung liegt in erster Linie in der Erhöhung der Liquidität der Geschäftsbanken; das einzelne Institut kann sich im Bedarfsfalle flüssige Mittel beschaffen. Die Möglichkeiten der Refinanzierung werden zum Teil aber auch über die momentanen Erfordernisse des Geschäftsverkehrs hinaus ausgenutzt, wenn eine Bilanz erstellt werden muß, nach welcher Außenstehende ein Urteil über die Liquidität eines Instituts fällen. Die Refinanzierung kann jedoch auch der Gewinnsteigerung dienen. So kann die Rediskontierung von Wechseln zweckmäßig sein, um durch den Abschluß neuer Geschäfte mit Hilfe der zusätzlich hereingenommenen flüssigen Mittel den Ertrag zu steigern. Ebenso wird sich die kurzfristige Lombardierung von Effekten, z. B. zur Überbrükkung einer Anspannung am Ultimo, die auch in einer Zeit allgemeiner Geldflüssigkeit auftreten kann, lohnen, wenn dadurch eine sonst notwendige Verminderung ertragbringender Geldanlagen vermieden werden kann.

Liquiditätsmäßig entscheidend ist die Trennung zwischen zentralbankfähigen und nicht zentralbankfähigen Wechseln. Nur auf Grund eines zen-

146) Vgl. Geschäftsbericht der Deutschen Bundesbank für das Jahr 1973, S. 65.

147) Vgl. Kreditrichtlinien der AKA Ausfuhrkredit-Gesellschaft mbH vom April 1974, S. 8.

tralbankfähigen Wechselbestandes kann die Geschäftsbank damit rechnen, jederzeit einen Lombardkredit und — im Rahmen ihrer Rediskontkontingente — einen Rediskontkredit von der Bundesbank zu erhalten. Für eine Geschäftsbank ist es aber aus Kulanz- bzw. Konkurrenzgründen nicht immer möglich, die strengen Anforderungen der Bundesbank gegenüber ihren Kunden durchzusetzen. In diesem Zusammenhang ist auch an Bauwechsel bzw. Teilzahlungswechsel zu denken, die im sogenannten C-Geschäft vornehmlich zur Finanzierung des Kraftfahrzeugabsatzes dienen. Die Geschäftsbanken kaufen vielfach diese Papiere an, obwohl die Rediskontierungsmöglichkeiten seitens der Bundesbank eingeschränkt sind[148]). Eine Bank kann bei der Übernahme von Wechseln um so großzügiger sein, je weniger sie selbst auf Refinanzierung angewiesen ist. Deshalb müssen gerade kleinere Institute, die unter Umständen ihren gesamten Wechselbestand zur Refinanzierung nutzen, die Vorschriften der Bundesbank besonders streng beachten, wenn nicht Refinanzierungsmöglichkeiten bei anderen Geschäftsbanken, die unter Umständen weniger strenge Anforderungen qualitativer bzw. formeller Art an das eingereichte Wechselmaterial stellen, wahrgenommen werden können.

Problematisch ist oft die Abgrenzung zwischen dem zentralbankfähigen und dem nicht zentralbankfähigen Wechselmaterial, weil es möglich ist, daß ein als zentralbankfähig bezeichneter Wechsel von der Bundesbank wegen inzwischen eingetretener Zahlungsunfähigkeit eines der Wechselverpflichteten nicht hereingenommen wird und sich der Wechsel dadurch effektiv als nicht zentralbankfähig erweist. Die Zahlen in den Bankbilanzen bedürfen deshalb einer vorsichtigen Interpretation.

Obwohl der Lombardsatz der Landeszentralbank stets über dem Diskontsatz liegt, wird der Lombardkredit von den Geschäftsbanken relativ häufig in Anspruch genommen. Hierzu wird eine Bank gezwungen, wenn ihr Rediskontkontingent erschöpft ist und sie auf anderem Wege die notwendigen Mittel nicht beschaffen kann. Aber auch bevor die Möglichkeit der Rediskontierung bei der Bundesbank völlig ausgenutzt ist, nehmen die Geschäftsbanken den Lombardkredit in Anspruch. Allerdings ist der Lombardkredit kein voller Ersatz für den Rediskontkredit, da er in der Regel nicht prolongiert wird und deshalb nur als vorübergehende Aushilfe zu betrachten ist. Indessen verfahren Geschäftsbanken, die anderen Instituten einen Lombardkredit gewähren, oft nicht mit der gleichen Strenge wie die Zentralbank.

Auch das Streben nach Rentabilität kann die Ursache für das Bevorzugen des Lombardkredits sein. Werden flüssige Mittel nur für einige Tage, z. B. am Ultimo, benötigt, so wird weniger Aufwand verursacht, wenn Wechsel nicht rediskontiert, sondern lombardiert werden. Durch den Verkauf der Wechsel entsteht ein Ertragsausfall, der von der Höhe des Kredits,

148) Vgl. Geschäftsbericht der Deutschen Bundesbank für das Jahr 1973, S. 64.

dem Diskontsatz und der gesamten Restlaufzeit des Wechsels abhängt. Der Vorteil des Lombardkredits liegt darin, daß seine Inanspruchnahme wesentlich elastischer gehandhabt werden kann, als das beim Diskontkredit der Fall ist. Eine Einschränkung ist jedoch zu machen: Wenn es für die Geschäftsbank möglich ist, die bei der Rediskontierung erhaltenen flüssigen Mittel, nachdem die kurzfristige Liquiditätsanspannung vorüber ist, erneut im Wechseldiskontgeschäft einzusetzen, fällt der obengenannte Nachteil der kurzfristigen Rediskontierung fort. Die Kreditinstitute müssen deshalb entsprechend der gegebenen Situation, die insbesondere von der jeweiligen Geldmarktlage abhängig ist, ihre Entscheidungen treffen.

Handelswechsel können ohne weiteres zum Lombard verwendet werden, sofern sie zentralbankfähig sind. Soweit vorhanden, wird eine Bank aber Schatzwechsel des Bundes, eines Sondervermögens des Bundes oder der Länder als Faustpfänder bevorzugen, denn bei Handelswechseln wirkt sich die kurze Laufzeit nachteilig auf die Eignung als Pfandobjekt aus. Im allgemeinen ist es nämlich üblich, daß die Banken die hinterlegten Papiere — trotz der Kurzfristigkeit der jeweils in Anspruch genommenen Lombardkredite — zur Vereinfachung der Geschäftsabwicklung für einen möglichst langen Zeitraum der Bundesbank überlassen. Durch eine solche Handhabung sind die Institute in der Lage, jederzeit einen Lombardkredit in Anspruch zu nehmen. Deshalb eignen sich insbesondere die bereits erwähnten Schatzanweisungen und Schuldbuchforderungen sowie die laut Verzeichnis bei der Deutschen Bundesbank beleihbaren Wertpapiere als Kreditunterlage. Die relativ niedrige Beleihungsgrenze von höchstens 75 % des Nenn- bzw. Kurswertes dieser Papiere ist allerdings ein Nachteil gegenüber der Beleihungsgrenze von bis zu 90 % des Nennwertes bei Wechseln und Schatzwechseln.

In den letzten Jahren haben die Geschäftsbanken jedoch in der Regel nicht die bisher genannten Papiere, sondern Ausgleichsforderungen verpfändet, wenn sie von der Landeszentralbank einen Lombardkredit benötigten. Da die Ausgleichsforderungen normalerweise nicht verkäuflich und nur mit einem niedrigen Zinssatz ausgestattet sind, waren die Geschäftsbanken bestrebt, sie wenigstens auf diese Weise zu verwerten.

Bei flüssigem Geldmarkt ist häufig nicht nur die Rediskontierung, sondern auch die Lombardierung bei anderen Geschäftsbanken billiger als bei der Zentralbank. Um die jeweils günstigere Refinanzierungsmöglichkeit ausnutzen zu können, beobachten die Geschäftsbanken ständig die Entwicklung am Geldmarkt.

Über den Umfang der Refinanzierung der Geschäftsbanken beim Zentralbanksystem gibt die folgende Tabelle Aufschluß. Sie zeigt, daß der größte Teil der Refinanzierung im Wege der Rediskontierung von Wechseln erfolgt, während Lombardgeschäfte einen wesentlich geringeren Um-

Zentralbankkredite an Kreditinstitute[149])

Stichtag	Insgesamt (in Mill. DM)	Wechsel-kredite (in Mill. DM)	Lombard-kredite (in Mill. DM)	Vorübergehend angekaufte Ausgleichsforderungen mit Rückkaufsverpflichtung (in Mill. DM)
31. 12. 1950	5 202	4 235	361	606
31. 12. 1952	4 128	3 389	253	486
31. 12. 1954	3 339	2 838	265	236
31. 12. 1956	3 127	2 723	221	183
31. 12. 1958	960	769	64	127
31. 12. 1960	1 804	1 296	419	89
31. 12. 1962	2 473	2 267	158	48
31. 12. 1964	3 450	2 804	646	—
31. 12. 1966	6 280	5 342	938	—
31. 12. 1968	6 142	5 267	875	—
31. 12. 1970	18 738	17 056	1 682	—
31. 12. 1972	20 178	19 032	1 146	—
31. 12. 1973	11 216	10 895	321[150])	—

fang einnehmen. Die Höhe der Lombardkredite schwankt stark. Dies wird durch die nur kurze Laufzeit der Kredite bedingt. Wie oben ausgeführt, war in der Zeit vom 1. 6. 1973 bis einschließlich 3. 7. 1974 den Kreditinstituten die Aufnahme des Lombardkredits zum Lombardsatz verwehrt. Der Sonderlombardkredit zum Sonderlombardsatz wurde von den Kreditinstituten nur in geringem Umfang in Anspruch genommen. Die im Rahmen des Offen-Markt-Geschäfts von der Deutschen Bundesbank angekauften Inlandswechsel mit Rücknahmevereinbarung erreichten im Juli 1973 einen Betrag von 3527 Mill. DM, zum Jahresende 1973 hatte die Deutsche Bundesbank Wechsel aus solchen Geschäften nicht im Bestand. Die Summe der angekauften Ausgleichsforderungen hat seit 1950 ständig abgenommen. Die Ursache hierfür ist einmal in dem Ausnahmecharakter dieser Aktion und zum anderen in der allmählichen Stabilisierung und Konsolidierung des Kreditgewerbes zu sehen. Die Schwankungen des gesamten Refinanzierungsvolumens haben konjunkturelle Gründe und spiegeln auch die Kreditpolitik der Zentralbank wider.

III. Pfandbriefgeschäft

1. Geschichtliche Entwicklung und Definition

Die Geschichte des Pfandbriefgeschäfts ist auf das engste mit der Entstehung und Entwicklung der Realkreditinstitute sowie der übrigen das Pfandbriefgeschäft betreibenden Banken verbunden.

---

149) Vgl. Monatsberichte der Deutschen Bundesbank, März 1962, S. 26, März 1968, S. 34, März 1974, S. 8 *.

150) Sonderlombardkredit.

Um die Ende des 18. Jahrhunderts bestehende Kapitalnot der Landwirtschaft zu beheben, wurde mit Hilfe eigens zu diesem Zweck gegründeter Spezialinstitute (Landschaften u. ä.) eine neue Finanzierungsform entwikkelt. Diese bestand darin, daß die genannten Banken Pfandbriefe emittierten und auf diese Weise zunächst den kreditsuchenden Gutsbesitzern ermöglichten, sich durch den Verkauf der Pfandbriefe Fremdkapital zu beschaffen[151]).

Charakteristisch für das Pfandbriefgeschäft ist, daß es nahezu ein Jahrhundert ausschließlich von öffentlich-rechtlichen Bodenkreditinstituten betrieben wurde und fast ebenso lange der Kreis der Darlehensnehmer auf die Besitzer von Rittergütern beschränkt blieb. Erst ab 1849 wurde das Pfandbriefgeschäft zur Kapitalquelle für den gesamten landwirtschaftlichen Sektor, denn in diesem Jahr wurde den in Preußen ansässigen Bodenkreditinstituten gestattet, Darlehen auch an Besitzer bäuerlicher Grundstücke zu gewähren[152]).

Seine heutige Bedeutung erlangte das Pfandbriefgeschäft erst mit der Gründung privater Hypothekenbanken[153]) und der Errichtung öffentlichrechtlicher Stadtschaften in der zweiten Hälfte des 19. Jahrhunderts, als es dadurch auch auf die Kapitalsammlung für den städtischen Bodenkredit, d. h. auf die Wohnungsfinanzierung, ausgedehnt wurde. Ein weiteres Anwachsen erfuhr das Pfandbriefgeschäft nach dem ersten Weltkrieg durch die Errichtung von Schiffspfandbriefbanken. Diese Spezialinstitute emittieren Schiffspfandbriefe und leihen die auf diesem Weg hereingenommenen Gelder gegen Hypotheken auf fertige oder im Bau befindliche Schiffe langfristig aus[154]). Im Gegensatz dazu schlug der Versuch, das Pfandbriefgeschäft auch als Kapitalquelle für den langfristigen Industriekredit einzusetzen, fehl. Die von der nach dem ersten Weltkrieg als „Industrieschaft" errichteten Sächsischen Landespfandbriefanstalt ausgegebenen Industriepfandbriefe konnten sich nicht durchsetzen.

Gewisse Schwierigkeiten ergaben sich im Pfandbriefgeschäft vor allem auf dem öffentlich-rechtlichen Sektor durch die im Laufe der Jahre in größerer Zahl errichteten Realkreditinstitute und eine dadurch bedingte Vielzahl von Pfandbriefen. Diesen Problemen traten zunächst die preußischen Landschaften und nach dem ersten Weltkrieg auch die Stadtschaften dieses Landes durch die Gründung von Zentralinstituten entgegen. Zur Schaffung eines einheitlichen Pfandbriefmarktes und zur Förderung des Pfandbriefabsatzes nahm im Jahre 1873 die „Central-Landschaft für die

[151]) Hinsichtlich der geschichtlichen Entwicklung vgl. Jessen, H., Das landschaftliche Kreditwesen, Wiesbaden 1962, S. 33 ff.

[152]) Vgl. v. Hippel, Th. G. - Kord-Ruwisch, W. - Schmidt, F., a. a. O., S. 273.

[153]) Im Jahre 1862 wurde z. B. von privaten Bankhäusern als erste mit dem Pfandbriefprivileg ausgestattete Hypothekenbank die Frankfurter Hypothekenbank gegründet.

[154]) Vgl. Bohnhoff, R., Die deutschen Schiffspfandbriefbanken, Entwicklung und wirtschaftliche Bedeutung. Diss. Hamburg 1961.

Preußischen Staaten" ihre Tätigkeit auf; diesem Beispiel folgend, wurde 1922 auch eine „Preußische Zentralstadtschaft" geschaffen. Während die Stadtschaften generell auf die Ausgabe eigener Pfandbriefe verzichteten und ausschließlich Pfandbriefe der Zentralstadtschaft emittierten, wurden von den Landschaften nebeneinander Pfandbriefe des jeweiligen Einzelinstituts und der Central-Landschaft in Umlauf gebracht[155]).

Eine Ergänzung fand das Pfandbriefgeschäft bereits im vorigen Jahrhundert durch die Ausgabe von Kommunalobligationen. Als Deckung für diese dienen nicht Hypothekenforderungen, sondern Forderungen aus Darlehen an Körperschaften öffentlichen Rechts oder aus Darlehen, für die eine derartige Körperschaft die Bürgschaft übernommen hat.

Als eine vorübergehend in Erscheinung getretene Sonderform des Pfandbriefgeschäfts kann die während der Inflation nach dem ersten Weltkrieg erfolgte Ausgabe von Sachwertanleihen angesehen werden. Da in der damaligen Zeit auf „Mark" lautende Pfandbriefe nicht unterzubringen waren, gaben u. a. die Realkreditinstitute auf Roggen, Weizen, Kali u. ä. lautende Schuldverschreibungen aus, bei denen Kauf- bzw. Verkaufswert, Zinsen und Tilgungsbeträge an Hand des betreffenden Warenpreises ermittelt wurden[156]). Ein bekanntes Beispiel für derartige „wertbeständige Anleihen" sind Roggenrentenbriefe der aus diesem Anlaß gegründeten und als Hypothekenbank bestätigten Roggenrentenbank AG, Berlin[157]). Den gleichen Zwecken dienten auch die von der Süddeutschen Festwertbank, Stuttgart, im Jahre 1923 emittierten Goldobligationen[158]). Durch die Währungsstabilisierung verloren diese Papiere jedoch sehr bald ihre Funktion. Die Sachwertanleihen konnten darüber hinaus infolge beträchtlicher Preisschwankungen bei den Waren ihre Wertbeständigkeit nicht behaupten[159]).

Auch nach dem zweiten Weltkrieg war die Wiederaufnahme des Pfandbriefgeschäfts mit zahlreichen Schwierigkeiten verbunden, da sich nur sehr langsam ein funktionsfähiger Kapitalmarkt entwickelte[160]). Das Publikum war neuen Pfandbriefemissionen gegenüber zurückhaltend, zumal die Pfandbriefgläubiger im Gegensatz zu den Eigentümern von Aktien in vollem Umfang von den Auswirkungen der Währungsreform betroffen worden waren. Diese Schwierigkeiten wurden jedoch inzwischen — nicht zuletzt durch die Maßnahmen des Kapitalmarktförderungsgesetzes[161]) — weitgehend

155) Vgl. Mössner, K. E., a. a. O., S. 290.

156) Vgl. u. a. Wohlfarth, K., Die Wertpapiere und ihre Technik, Stuttgart 1956, S. 34.

157) Vgl. Auler, W., Das Pfandbriefgeschäft als Kapitalquelle der deutschen Hypothekenbanken, Berlin - Wien 1926, S. 76.

158) Vgl. Auler, W., a. a. O., S. 80 f.

159) Vgl. Wohlfarth, K., a. a. O., S. 34.

160) Vgl. Rieger, K., Die Hypothekarkredit- und Pfandbriefinstitute im Gebiet der Bundesrepublik Deutschland 1948—1959, Tübingen 1960, S. 78 ff.

161) Vgl. Erstes Gesetz zur Förderung des Kapitalmarktes vom 15. 12. 1952 (BGBl I S. 793) und Gesetz zur Ergänzung des Ersten Gesetzes zur Förderung des Kapitalmarktes vom 15. 5. 1953 (BGBl I S. 190).

überwunden. Besonders deutlich zeigte sich dies daran, daß der Umlauf an Pfandbriefen Ende 1973 über 65 Mrd. DM betrug und außerdem über 75 Mrd. DM Kommunalobligationen in Umlauf waren. Die folgende Tabelle zeigt diese Entwicklung im einzelnen.

Umlauf an festverzinslichen Wertpapieren, Neugeschäft nach der Währungsreform[162])

Jahresende	Pfandbriefe (einschl. Schiffspfandbriefe) (in Mill. DM)	Kommunalobligationen (in Mill. DM)
1948	6	2
1950	418	135
1952	1 514	455
1954	4 795	1 883
1956	7 201	3 500
1958	9 899	6 830
1960	14 945	9 914
1962	21 886	13 548
1964	30 086	19 107
1966	36 689	24 497
1968	44 182	38 307
1970	48 368	50 788
1972	61 341	71 232
1973	65 346	75 795

Insgesamt gesehen kann nunmehr von einer zweihundertjährigen erfolgreichen Entwicklung des Pfandbriefgeschäfts gesprochen werden[163]), obwohl Inflation und Währungsreform nach den beiden Weltkriegen erhebliche Rückschläge brachten; diese Rückschläge konnten jedoch immer wieder in relativ kurzer Zeit ausgeglichen werden.

Interessant ist die Beobachtung, daß sich die Form, in der die Pfandbriefe in Umlauf gelangen, im Laufe der Zeit grundlegend gewandelt hat. Ursprünglich wurden die Pfandbriefe dadurch in den Verkehr gebracht, daß die Bodenkreditinstitute die Pfandbriefe den Darlehensnehmern zur Verfügung stellten und diese die Pfandbriefe verkauften, um sich das nötige Kapital zu beschaffen[164]). Die Pfandbriefe wurden somit auf dem Wege des Pfandbriefdarlehens, bei dem der Schuldner den Darlehensbetrag nicht bar, sondern in Pfandbriefen ausgezahlt bekam, in Umlauf gesetzt. Die Rückzahlung der Darlehen hatte ebenfalls in Pfandbriefen zu erfolgen. Dieses System ging von den Landschaften aus, die sich infolge ihrer Organisation der „Institution des Darlehenszwanges“ gegenübersahen,

[162]) Vgl. Monatsberichte der Deutschen Bundesbank, März 1962, S. 65, März 1968, S. 75, März 1974, S. 52 *.

[163]) Vgl. Steffan, F., 200 Jahre Pfandbrief — und Kritik am Pfandbrief, in: ZKW 1969, S. 821 f.

[164]) Vgl. Auler, W., a. a. O., S. 69 f.

und wurde außerdem durch den seinerzeit wenig entwickelten Kapitalmarkt[165]) bedingt. Die Landschaften behielten dieses System jedoch auch später bei, als die erwähnten Gründe für die Gewährung von Pfandbriefdarlehen nicht mehr gegeben waren. Dagegen emittierten die Hypothekenbanken ihre Pfandbriefe selbst und gewährten Bardarlehen. Deshalb war es üblich, vom „landschaftlichen System" zu sprechen, wenn das Pfandbriefdarlehenssystem gemeint war, während im anderen Fall vom Hypothekenbanksystem gesprochen wurde[166]).

Der wesentliche Nachteil des Pfandbriefdarlehens gegenüber dem Bardarlehen besteht darin, daß das Emissionsrisiko in vollem Umfang auf den Darlehensnehmer abgewälzt wird. Diesem Nachteil steht allerdings der Vorteil gegenüber, daß der Darlehensnehmer seine Schuld in Pfandbriefen der gleichen Gattung zum Nennbetrag tilgen kann; praktisch war die Ausnutzung dieser Möglichkeit jedoch oftmals mit erheblichen Schwierigkeiten verbunden[167]).

Aus diesen Gründen wurde das Pfandbriefdarlehenssystem im Laufe der Zeit von allen Realkreditinstituten zugunsten des Bardarlehenssystems aufgegeben, so daß heute alle Pfandbriefe von den emittierenden Instituten direkt in Umlauf gesetzt werden[168]) und die Darlehen bar zurückzuzahlen sind.

Aus der geschichtlichen Entwicklung kann somit für das Pfandbriefgeschäft folgende Definition abgeleitet werden:

Unter Pfandbriefgeschäften sind die Geschäfte von privaten und öffentlich-rechtlichen Realkreditinstituten einschließlich Schiffspfandbriefbanken, gemischten Hypothekenbanken, Landesbanken und Girozentralen zu verstehen, durch welche sich diese Institute mittels der Emission von festverzinslichen Wertpapieren die zur Durchführung ihres Aktivgeschäfts[169]) erforderlichen Mittel beschaffen.

Die Hauptarten der Papiere sind Pfandbriefe, Hypothekenpfandbriefe und sonstige Schuldverschreibungen, insbesondere Kommunalobligationen.

---

165) Vgl. Mössner, K. E., a. a. O., S. 34.

166) Vgl. Schulte, F., Die Hypothekenbanken, München und Leipzig 1918, S. 112.

167) Vgl. Schulte, F., a. a. O., S. 113 ff.; Oppermann, G., Wertpapiere, Frankfurt am Main 1956, S. 79 und 81.

168) Das Pfandbriefdarlehen ist grundsätzlich auch heute noch zulässig. In § 14 Abs. 1 HypBkG heißt es zwar: „Die hypothekarischen Darlehen sind in Geld zu gewähren", doch wird im Absatz 2 dieses Paragraphen die Gewährung von Darlehen in Hypothekenpfandbriefen ebenfalls als zulässig erklärt, wenn die Satzung den betreffenden Hypothekenbanken derartige Darlehen gestattet und wenn bestimmte Vorschriften zum Schutze der Schuldner eingehalten werden. Zeitweise haben allerdings die Aufsichtsbehörden die Hingabe von Pfandbriefdarlehen untersagt. Siehe Erlaß des Bundeswirtschaftsministers vom 27. 3. 1953; vgl. Barlet, K. - Karding, E. - Fleischmann, R., Hypothekenbankgesetz, Kommentar, München und Berlin 1964, § 14 Anm. 4.

169) Das Aktivgeschäft besteht aus der Gewährung von Hypothekarkrediten, Darlehen an öffentlich-rechtliche Körperschaften und der Hingabe von Darlehen, für die eine Körperschaft des öffentlichen Rechts die Bürgschaft übernommen hat.

2. Rechtliche Grundlagen

Im Interesse der ordnungsgemäßen Abwicklung des Pfandbriefgeschäfts wurden besondere, nach den einzelnen Gruppen von Realkreditinstituten differenzierte Gesetze erlassen. Die rechtlichen Vorschriften für die Ausgabe von Pfandbriefen befinden sich vor allem in drei Gesetzen:

(1) Für die Hypothekenpfandbriefe der Hypothekenbanken gelten die Bestimmungen des Hypothekenbankgesetzes vom 13. 7. 1899 (RGBl S. 375) i. d. F. vom 5. 2. 1963 (BGBl I S. 81) mit nachfolgenden Änderungen.

(2) Für Pfandbriefe der öffentlich-rechtlichen Bodenkreditinstitute gelten die Bestimmungen des Gesetzes über die Pfandbriefe und verwandten Schuldverschreibungen öffentlich-rechtlicher Kreditanstalten vom 21. 12 1927 (RGBl I S. 492) i. d. F. vom 11. 3. 1974 (BGBl I S. 669).

(3) Die Schiffspfandbriefe unterliegen den Bestimmungen des Gesetzes über Schiffspfandbriefbanken (Schiffsbankgesetz) vom 8. 4. 1943 (RGBl I S. 241) i. d. F. vom 8. 5. 1968 (BGBl I S. 302) mit nachfolgenden Änderungen.

Die Bestimmungen für Hypothekenbanken und Schiffspfandbriefbanken erfuhren nach der Währungsreform einige Ergänzungen[170]), die teilweise jedoch nur vorübergehenden Charakter hatten.

Durch die genannten Gesetze wird die Bezeichnung „Pfandbrief" geschützt[171]). Dadurch wird gewährleistet, daß der Begriff „Pfandbrief" nur von bestimmten Kreditinstituten und nur für eine bestimmte Art von Wertpapieren verwendet wird. Öffentlich-rechtliche Kreditanstalten dürfen Schuldverschreibungen nur dann als „Pfandbriefe" ausgeben, wenn zu deren Deckung Hypotheken — und zwar nach Maßgabe des Gesetzes über die Pfandbriefe und verwandten Schuldverschreibungen öffentlich-rechtlicher Kreditanstalten (Pfandbriefgesetz) — bestimmt sind. Daneben dürfen nur Hypothekenbanken und Schiffspfandbriefbanken Schuldverschreibungen unter dem Namen „Pfandbrief" emittieren. Nur die Pfandbriefe privater Hypothekenbanken werden im Gesetz als „Hypothekenpfandbriefe" bezeichnet[172]). Vielfach ist es üblich geworden, in Anlehnung an die in den einzelnen Gesetzen angewandte Terminologie von „Pfandbriefen" der öffent-

170) Gesetz über eine vorübergehende Erweiterung der Geschäfte der Hypotheken- und Schiffspfandbriefbanken vom 5. 8. 1950 (BGBl I S. 353) i.d. F. des Gesetzes vom 14. 1. 1963 (BGBl I S. 9); Gesetz über weitere Maßnahmen auf dem Gebiet des Hypotheken- und Schiffsbankrechts sowie über Ausnahmen von § 247 Abs. 1 BGB vom 30. 4. 1954 (BGBl I S. 115) i. d. F. des Gesetzes vom 14. 1. 1963 (BGBl I S. 9); Gesetz über Maßnahmen auf dem Gebiet des Realkredits vom 18. 12. 1956 (BGBl I S. 925).

171) Vgl. § 1 ÖffPfandbG; § 5 a HypBkG.

172) Vgl. § 1 HypBkG.

lich-rechtlichen Kreditanstalten, von „Hypothekenpfandbriefen" der privaten Hypothekenbanken und von „Schiffspfandbriefen" der privaten Schiffspfandbriefbanken zu sprechen.

Pfandbriefe sind festverzinsliche, nach den Vorschriften der entsprechenden Gesetze emittierte Inhaberpapiere oder — in Ausnahmefällen — Namenspapiere, die als Teilschuldverschreibungen einer gestückelten Anleihe ausgegeben werden. Die einzelnen Pfandbriefe einer Anleihe (bzw. Reihe oder Serie) sind untereinander vertretbar, also fungibel[173]), und normalerweise jederzeit leicht verkäuflich und verpfändbar. Soweit es sich um Inhaberschuldverschreibungen handelt, bedarf die Emission der staatlichen Genehmigung[174]). Die Genehmigung wird durch den Bundeswirtschaftsminister im Einvernehmen mit der obersten Behörde des Landes, in dem das betreffende Realkreditinstitut seinen Sitz hat, erteilt[175]). Diese Genehmigungspflicht, die ursprünglich nur der Gewährleistung der Verkehrssicherheit auf dem Kapitalmarkt diente, ist heute auch deshalb von Bedeutung, weil sie die Möglichkeit zum Ergreifen vorbeugender Maßnahmen bietet, sobald die Funktionsfähigkeit des Kapitalmarktes bedroht erscheint[176]).

Die Ausgabe von „sonstigen Schuldverschreibungen" unterliegt hinsichtlich der Kommunalobligationen im wesentlichen den gleichen Vorschriften wie die Emission von Pfandbriefen[177]). Die Nichterwähnung einiger für die Pfandbriefausgabe geltender Bestimmungen in der nach dem Hypothekenbankgesetz für die Emission von Kommunalobligationen getroffenen Regelung „mag sich daraus erklären, daß der Gesetzgeber die Körperschaften des öffentlichen Rechts für kundig und erfahren genug ansah, ihre Interessen selbst zu wahren"[178]).

Weitere wichtige Rechtsgrundlagen für das Pfandbriefgeschäft sind ferner die Verordnung über die Mündelsicherheit der Pfandbriefe und verwandten Schuldverschreibungen vom 7. 5. 1940 (RGBl I S. 756) und die Verordnung über die Mündelsicherheit der Schiffspfandbriefe vom 18. 3. 1941 (RGBl I S. 156). Auf Grund dieser Verordnungen sind sämtliche Pfandbriefe und Kommunalobligationen aller öffentlich-rechtlichen und privaten Realkreditinstitute zur Anlage von Mündelgeld geeignet. Bis zur Herausgabe dieser Verordnungen war das Recht der Mündelsicherheit in Deutschland sehr vielgestaltig, da teilweise Landesgesetze galten. Aus diesen ergab sich, daß in Preußen nur die Kommunalobligationen, nicht aber

173) Vgl. §§ 793 bis 808 BGB.

174) Vgl. § 795 BGB.

175) Vgl. §§ 3 ff. Gesetz über die staatliche Genehmigung der Ausgabe von Inhaber- und Orderschuldverschreibungen vom 26. 6. 1954 (BGBl I S. 147).

176) Vgl. Barocka, E., Emissionsgenehmigungsrecht und Emissionsgenehmigungspolitik, in: Der langfristige Kredit 1959, S. 59—63.

177) Vgl. § 41 HypBkG; § 8 ÖffPfandbG.

178) Barlet, K. - Karding, E., a. a. O., § 41 Anm. 18.

die Pfandbriefe der privaten Hypothekenbanken als mündelsicher anzusehen waren, während im Gegensatz dazu in Bayern die Pfandbriefe, nicht aber die Kommunalobligationen dieser Institute die Eigenschaft der Mündelsicherheit besaßen[179]).

Für das Pfandbriefgeschäft bzw. für den Pfandbriefabsatz ist außerdem von großer Wichtigkeit, daß den Pfandbriefen und Kommunalobligationen die Deckungsstockfähigkeit nach den Vorschriften des Gesetzes über die Beaufsichtigung der privaten Versicherungsunternehmungen und Bausparkassen vom 6. 6. 1931[180]) zuerkannt wurde[181]).

3. Technik des Pfandbriefgeschäfts

a) Ausstattung

Für die Konkurrenzfähigkeit der Pfandbriefe gegenüber anderen Effekten und damit für den Absatz der Pfandbriefe bzw. Kommunalobligationen ist die Ausstattung der Papiere von entscheidender Bedeutung. Unter Ausstattung der Pfandbriefe bzw. Kommunalobligationen sind die wesentlichen Bestandteile der Anleihebedingungen zu verstehen; im engeren Sinne werden damit diejenigen Anleihebedingungen bezeichnet, aus denen sich die Effektivverzinsung (Rendite) des in den betreffenden Effekten angelegten Kapitals ergibt[182]). Zur Ausstattung der Pfandbriefe und Kommunalobligationen sind im weiteren Sinne folgende Faktoren zu rechnen:

(1) Nominalverzinsung und Zinszahlungstermine,

(2) Ausgabekurs,

(3) Rückzahlungsbedingungen,

(4) Stückelung der Anleihe,

(5) Sicherstellung des Kapitalbetrages und der Zinsen,

(6) Erklärung des Treuhänders über die bestehende vorschriftsmäßige Deckung und erfolgte Eintragung der Deckung ins Deckungsregister.

Die Nominalverzinsung der Pfandbriefe und Kommunalobligationen, d. h. der auf den Nominalbetrag zugesicherte Zinsbetrag, richtet sich nach dem jeweiligen Zinssatz auf dem Kapitalmarkt. Geringe Abweichungen des Nominalzinssatzes vom Kapitalmarktzins können bei der

---

179) Vgl. Pröhl, H., a. a. O., S. 2026.

180) Vgl. RGBl I S. 315.

181) Die Lebensversicherungsunternehmen müssen nach dem Versicherungsaufsichtsgesetz aus ihrem Prämienaufkommen einen Prämienreservefonds (Deckungsstock) bilden. Die hierfür bestimmten Beträge dürfen nur in bestimmter Weise — z. B. in mündelsicheren Wertpapieren — angelegt werden.

182) Vgl. Wohlfarth, K., a. a. O., S. 39.

Emission durch eine Änderung des *Ausgabekurses* ausgeglichen werden. Eine Unter-pari-Emission ist im Pfandbriefgeschäft aus diesem Grund und anderen absatzpolitischen Erwägungen der Regelfall. Während der Laufzeit der Anleihe erfolgt die Angleichung der Rendite der festverzinslichen Papiere an den Kapitalmarktzins über die Kursbildung an der Börse. Eine Beeinflussung der Effektivverzinsung durch einen über dem Nennwert liegenden Rückzahlungskurs kommt bei Pfandbriefen und Kommunalschuldverschreibungen nicht in Betracht, da diese Papiere stets zum Nennwert getilgt werden. Gesetzlich ist die Ausgabe von Schuldverschreibungen, deren Einlösungswert den Nennwert übersteigt, zwar nur den Hypothekenbanken und Schiffspfandbriefbanken verboten[183]); doch gilt dieser Grundsatz auch für die übrigen Realkreditinstitute, bei denen die Einhaltung dieses Grundsatzes durch die Aufsichtsbehörde überwacht wird[184]).

Eine Änderung des Nominalzinssatzes (Zinskonversion) kann während der Laufzeit der Anleihe entweder durch vertragliche Vereinbarungen mit den Pfandbriefgläubigern, d. h. mit Zustimmung der Pfandbriefgläubiger, oder — falls dies nicht möglich ist — nur im Rahmen der in den Anleihebedingungen vorgesehenen Rückzahlungsmöglichkeiten erfolgen[185]). Die Zahlung der Zinsen erfolgt im allgemeinen halbjährlich, und zwar nachträglich zu bestimmten Terminen gegen Vorlegung des entsprechenden Zinsscheines.

Die Zinstermine — z. B. Januar/Juli (J/J) oder April/Oktober (A/O) bzw. Jahrestermine — sind ebenso wie der Zinssatz auf dem Pfandbrief bzw. auf der Kommunalobligation vermerkt. Die Auszahlung der Zinsen geschieht gegen Einreichung des fälligen Zinsscheins (Kupons). Die Zinsscheine erhält der Effektenerwerber beim Kauf des betreffenden Wertpapieres in Gestalt des Bogens. Der Bogen enthält normalerweise bei der Emission 20 Zinsscheine und einen Erneuerungsschein (Talon).

Für die Gestaltung der Rückzahlungsmodalitäten, die ebenfalls die Effektivverzinsung beeinflussen, gibt es verschiedene Möglichkeiten. Da die Rückzahlung immer zum Nennwert erfolgt, bestehen Variationsmöglichkeiten bei der „Unkündbarkeitsklausel", im Hinblick auf die Laufzeit und in bezug auf die Art der Tilgung.

Unter einer Unkündbarkeitsklausel ist die vertragliche Zusicherung des Emissionsinstituts zu verstehen, die Anleihe nicht vor einem bestimmten Termin zu kündigen. Vor dem ersten Weltkrieg betrug die Frist

183) Vgl. § 9 HypBkG und § 8 SchiffBkG.

184) Vgl. Kord-Ruwisch, W., Pfandbrief- und Obligationenausgabe, in: Die Deutsche Bankwirtschaft, Bd. 3, S. 107 f.

185) Einen Ausnahmefall stellen staatlich angeordnete Zwangskonversionen dar; vgl. z. B. Gesetz über die Durchführung einer Zinsermäßigung bei Kreditanstalten vom 24. 1. 1935 (RGBl I S. 45).

teilweise 10 Jahre[186]), während sie heute meistens auf 3 bis 5 Jahre festgesetzt wird. Die Unkündbarkeitsfrist ist deshalb von Bedeutung, weil von ihr die Auswirkung des Emissionsdisagios abhängt und weil vor ihrem Ablauf eine Senkung des Nominalzinsfußes durch Kündigung der gesamten Anleihe nicht möglich ist. Um zu verhindern, daß die Realkreditinstitute bei sinkendem Landeszinsfuß und daraus resultierenden vorzeitigen Rückflüssen im Aktivgeschäft in Schwierigkeiten geraten, wurde durch gesetzliche Bestimmungen bzw. aufsichtsbehördliche Vorschriften festgesetzt, daß die Institute auf das Recht der Rückzahlung der Pfandbriefe höchstens für einen Zeitraum von 10 Jahren verzichten dürfen. In diesem Zusammenhang ist außerdem zu erwähnen, daß den Pfandbriefgläubigern ein Kündigungsrecht grundsätzlich nicht eingeräumt werden darf[187]).

Die L a u f z e i t der jeweiligen Emissionen muß dem Verwendungszweck der mit ihrer Hilfe aufgebrachten Mittel angepaßt werden. Heute liegt die Laufzeit der neu ausgegebenen Pfandbriefe und Kommunalobligationen im allgemeinen zwischen 5 und 8 Jahren; es sind aber noch Pfandbriefe mit einer Laufzeit von 30 Jahren im Umlauf. Früher hat es Emissionen mit einer Laufzeit von 50 bis 80 Jahren und auch solche mit unbegrenzter Laufzeit — „ewige Renten“ — gegeben.

Die Form der R ü c k z a h l u n g der Pfandbriefe bzw. Kommunalobligationen kann verschiedenartig gestaltet sein.

(1) Bereits bei der Emission kann für die Gesamtanleihe ein Rückzahlungstermin festgelegt werden, oder es können mehrere Rückzahlungstermine für entsprechende Teilbeträge angegeben werden.
(2) Das Emissionsinstitut kann sich von einem bestimmten Zeitpunkt an die Kündigung der gesamten Anleihe oder bestimmter Teilbeträge, z. B. nach Auslosung, vorbehalten.
(3) Die Rückzahlung kann durch freihändigen Rückkauf vorgenommen werden.

Im allgemeinen verpflichten sich die Realkreditinstitute, nach Ablauf einer gewissen Rückzahlungssperrzeit jährlich bestimmte gleiche Teilbeträge zurückzuzahlen. Die Auswahl der einzulösenden Pfandbriefe erfolgt an Hand der Nummern der einzelnen Stücke durch „Auslosung“. Die Realkreditinstitute behalten sich jedoch meistens vor, über die planmäßigen Rückzahlungen hinaus zusätzliche Beträge zu kündigen oder Stücke freihändig zurückzukaufen und dadurch den Umfang der Tilgung zu erhöhen.

Die Gestaltung der Rückzahlungsbedingungen ist deshalb als ein wesentlicher Teil der Anleihebedingungen anzusehen, weil sich die Art der

---

186) Vgl. Mössner, K. E., a. a. O., S. 59.

187) Vgl. ebenda. — Auch bei den anderen festverzinslichen Wertpapieren gibt es in der Regel kein Kündigungsrecht des Gläubigers. Einen Sonderfall stellen lediglich einige im Jahre 1953 aufgelegte Industrieobligationen dar, bei denen den Gläubigern aus kapitalmarktpolitischen Gründen ein Kündigungsrecht zugestanden wurde (sog. Degussa-Klausel).

Rückzahlung z. B. auf die Laufzeit der einzelnen Anleihestücke auswirkt und durch die Verteilung des Emissionsdisagios auf die Gesamtlaufzeit die Höhe der Effektivverzinsung beeinflußt wird. Außerdem sind die Rückzahlungsmodalitäten aus folgenden Gründen ein absatzpolitisches Instrument: Sind auf dem Kapitalmarkt langfristig gesehen sinkende Zinssätze zu erwarten, so werden die Pfandbriefkäufer daran interessiert sein, möglichst lange im Besitz ihrer Papiere bleiben zu können. Sie werden also Bedingungen bevorzugen, bei denen die Chance besteht, daß ihre Papiere erst relativ spät getilgt werden, indem zusätzliche vorzeitige Rückzahlungsmöglichkeiten des Emissionsinstituts beschränkt werden. Bei positiven Zinserwartungen werden dagegen — abgesehen von kürzeren Laufzeiten — Papiere bevorzugt, bei denen die Aussicht besteht, daß sie bereits relativ frühzeitig getilgt, d. h. zum Nennwert zurückgezahlt werden. Die Chance der baldigen Einlösung zum Nennwert wirkt außerdem bei steigendem Zinsniveau kursstabilisierend für früher emittierte niedriger verzinsliche Papiere. Die günstige Reaktion der Kurse bleibt bei steigendem oder hohem Zinsniveau aus, wenn die Laufzeit der niedrig verzinslichen Papiere noch sehr groß ist. Die Differenz zwischen Tageskurs und Nominalwert war in Zeiten der Hochzinsphase so beachtlich, daß der Gesetzgeber bei der Novellierung des Hypothekenbankgesetzes im Jahre 1974 erwog, vorzusehen, daß Hypothekenbanken zur vorzeitigen Tilgung niedrig verzinslicher Papiere gezwungen werden können. Nachdem die Verbände der Realkreditinstitute zugesagt haben, jährliche Tilgungen solcher Papiere in Höhe von insgesamt 200 Mill. DM vorzunehmen, hat der Bundestag auf eine gesetzliche Ermächtigung verzichtet[188]).

Die S t ü c k e l u n g einer Pfandbriefemission richtet sich ebenfalls nach absatzpolitischen Kriterien, d. h. nach den Bedürfnissen der Effektenkäufer. Normalerweise werden Pfandbriefe mit einem Nominalwert von 100, 200, 500 und 1000 DM ausgegeben. Stücke mit einem Nennwert über 1000 DM werden nur zu besonderen Zwecken emittiert. In der Regel werden derartige Großstücke als Namensschuldverschreibungen ausgefertigt und dienen der Sicherung der bei anderen Kapitalsammelstellen aufgenommenen Mittel. Pfandbriefe mit einem Nennwert von weniger als 100 DM sind ebenfalls selten, weil die durch sie verursachten Verwaltungskosten im Verhältnis zu den Zinsüberschüssen dieser Stücke relativ hoch sind. Die nach der Währungsreform im Rahmen der Umstellung der RM-Pfandbriefe auf DM-Stücke ausgegebenen Kleinstücke von 10 und 20 DM wurden von den Emissionsinstituten sehr bald wieder aus dem Verkehr gezogen. Aus Rationalisierungsgründen erfolgten die Zinszahlungen bei diesen Kleinstücken nur in Abständen von 5 Jahren.

Die Art der Sicherstellung des Kapitalbetrages und der Zinsen sowie die Erklärung des Treuhänders hierzu sind weitere wichtige Bestandteile der

---

188) Vgl. Verband privater Hypothekenbanken e. V., Bonn-Bad Godesberg, Bericht über das Geschäftsjahr 1973, S. 43.

Ausstattung der Pfandbriefe und Kommunalobligationen. Diese Bestandteile werden wegen ihrer Bedeutung in dem folgenden Abschnitt gesondert behandelt.

b) Sicherheit

Wegen der Bedeutung der Pfandbriefe und Kommunalobligationen für die Beschaffung von langfristigem Kapital für die Wohnungsbaufinanzierung, die Finanzierung der Landwirtschaft und der Kommunen und auf Grund der Tatsache, daß der Pfandbrief Anlageobjekt für Wertpapiersparer ist, sind in den im Abschnitt „Rechtliche Grundlagen" genannten Gesetzen eine Reihe von Bestimmungen zum Schutze der Pfandbriefgläubiger enthalten[189]). Diese Schutzvorschriften bestehen einmal darin, daß bei der Emission von Pfandbriefen einschränkende Bestimmungen zu beachten sind; zum anderen sorgen sie dafür, daß die Pfandbriefe jederzeit durch einwandfreie Vermögenswerte des Emissionsinstituts gedeckt sind. Dabei sind die Vorschriften des Hypothekenbankgesetzes und des Schiffsbankgesetzes wesentlich strenger gefaßt als die entsprechenden für öffentlich-rechtliche Kreditanstalten geltenden Bestimmungen, weil davon ausgegangen wurde, daß der staatliche Charakter dieser Institute bereits einen hinreichenden Schutz der Pfandbriefgläubiger gewährleisten würde. In der Praxis folgen jedoch die öffentlich-rechtlichen Realkreditinstitute auf Grund der in ihren Satzungen enthaltenen oder von den Aufsichtsbehörden erlassenen Anordnungen im großen und ganzen im Hinblick auf die Sicherstellung der Interessen der Pfandbriefgläubiger den gleichen Grundsätzen wie die privaten Realkreditinstitute.

Der Sicherstellung der finanziellen Ansprüche der Pfandbriefgläubiger dient primär das Eigenkapital der betreffenden Banken und bei öffentlich-rechtlichen Instituten außerdem die Haftung des Gewährträgers.

Zum Schutze der Pfandbriefgläubiger privater Realkreditinstitute (Hypothekenbanken, Schiffspfandbriefbanken) wurde in den entsprechenden Gesetzen festgelegt, daß der Pfandbriefumlauf bzw. das Geschäftsvolumen nur ein bestimmtes Vielfaches des Eigenkapitals betragen darf. Der Gesamtbetrag der ausgegebenen Hypothekenpfandbriefe darf bei den reinen Hypothekenbanken das 25fache[190]) und bei den gemischten Hypothekenbanken[191]) das 20fache[192]) des eingezahlten Grundkapitals, der gesetzlichen Rücklage sowie anderer durch die Satzung oder durch Beschluß der Hauptversammlung ausschließlich zur Deckung von Verlusten oder zu einer Kapitalerhöhung aus Gesellschaftsmitteln bestimmter Rücklagen nicht

---

189) Vgl. Tornier, K., Das Pfandbriefgeschäft, in: Die Bank, 2. Bd., S. 276 ff.

190) Vgl. § 7 HypBkG.

191) Reine Hypothekenbanken beschränken ihre Geschäftstätigkeit im wesentlichen auf die Ausgabe von Pfandbriefen und Kommunalobligationen und das Hypothekar- und Kommunalkreditgeschäft. Gemischten Hypothekenbanken (z. B. Bayerische Hypotheken- und Wechsel-Bank und Bayerische Vereinsbank) betreiben daneben auch alle anderen Bankgeschäfte.

192) Vgl. § 46 HypBkG.

übersteigen. Der Gesamtbetrag der im Umlauf befindlichen Kommunalschuldverschreibungen darf bei den reinen und bei den gemischten Hypothekenbanken unter Hinzurechnung der im Umlauf befindlichen Pfandbriefe das Doppelte des Höchstbetrages nicht übersteigen, der für den Pfandbriefumlauf allein gilt[193]). Bei den Schiffspfandbriefbanken ist der Pfandbriefumlauf auf das 30fache der gleichen Bezugsgrößen wie bei den reinen Hypothekenbanken begrenzt[194]).

Um die Kapitalansprüche der Pfandbriefgläubiger zu sichern, wurden eingehende Vorschriften darüber erlassen, in welcher Weise die umlaufenden Pfandbriefe durch Hypothekenforderungen und andere Vermögenswerte gedeckt sein müssen. Für alle Realkreditinstitute gilt, daß der Gesamtbetrag der in Umlauf befindlichen Pfandbriefe jederzeit in Höhe des Nennwertes durch Hypotheken von mindestens gleicher Höhe gedeckt sein muß[195]). Dabei bilden sämtliche Hypotheken eine einheitliche Deckungsmasse, die der Gesamtheit aller Pfandbriefgläubiger gegenübersteht. Entsprechendes gilt für die Kommunalobligationen.

Reichen die vorhandenen Hypotheken nicht zur Deckung der in Umlauf befindlichen Pfandbriefe aus, so hat das betreffende Realkreditinstitut in Höhe der fehlenden Hypothekendeckung für eine „Ersatzdeckung" zu sorgen. Als Ersatzdeckung nennt das Hypothekenbankgesetz Schuldverschreibungen, Schuldbuchforderungen, Schatzwechsel und Schatzanweisungen des Bundes, eines Sondervermögens des Bundes und der Länder sowie Schuldverschreibungen, für deren Verzinsung und Rückzahlung eine dieser Stellen die Gewährleistung übernommen hat, Guthaben bei der Deutschen Bundesbank und bei geeigneten Kreditinstituten, Bargeld und Ausgleichsforderungen. Diese Ersatzdeckungswerte dürfen aber seit dem 1. 1. 1966 10 % des gesamten Pfandbriefumlaufs nicht übersteigen[196]) (bis zum 31. 12. 1965: 20 %).

Grundsätzlich ist zu diesem Problem zu bemerken, daß der Ersatzdeckung als Zeichen der Unterschreitung des Deckungssolls die Überdeckung als Überschreitung des Deckungssolls gegenübersteht. Die Realkreditinstitute werden im Regelfall bemüht sein, eine geringfügige Überdeckung zu besitzen, weil sie sich dadurch einen gewissen Spielraum bei der Pfandbriefemission verschaffen und die ertragsmäßig meist ungünstige Ersatzdeckung vermeiden. Ein größerer Umfang der Überdeckung kann jedoch auch durch Schwierigkeiten beim Pfandbriefabsatz verursacht worden sein und zu Liquiditätsschwierigkeiten führen. Ersatzdeckung und Überdeckung können nur dann richtig beurteilt werden, wenn sowohl die allgemeine Kapitalmarktlage als auch die Situation bei vergleichbaren Hypothekenbanken berücksichtigt werden. Ein sehr flüssiger Kapitalmarkt

193) Vgl. §§ 41 und 46 HypBkG.

194) Vgl. § 7 SchiffBkG.

195) Vgl. § 6 HypBkG, § 6 SchiffBkG, § 3 ÖffPfandbG.

196) Vgl. § 6 Abs. 5 HypBkG.

wird im allgemeinen einen regen Pfandbriefabsatz und dadurch ein Ansteigen der Ersatzdeckung zur Folge haben, während ein unergiebiger Kapitalmarkt in der Regel mit einem schleppenden Pfandbriefabsatz und der Tendenz zu einer Überdeckung verbunden sein wird. Diese Auswirkungen sind volkswirtschaftlich keineswegs als Nachteil anzusehen, denn auf diese Weise erfüllen die Realkreditinstitute eine Pufferfunktion und ermöglichen den Ausgleich zwischen der vom Hypothekarkreditgeschäft abhängigen Banktätigkeit und den sich im Pfandbriefabsatz widerspiegelnden Schwankungen der Kapitalmarktsituation.

Zur Sicherheit der Pfandbriefe wurde weiterhin die Vorschrift erlassen, daß sämtliche zur Deckung der Pfandbriefe bestimmten Werte in ein sogenanntes Hypotheken- oder Deckungsregister eingetragen werden müssen und daß der Treuhänder — sofern ein solcher vorhanden ist — zu überwachen hat, ob die zur Deckung bestimmten Vermögenswerte ordnungsgemäß in das Hypothekenregister eingetragen werden[197]). Die im Hypothekenregister eingetragenen Werte sowie Urkunden über solche Werte hat der Treuhänder unter Mitverschluß der Bank zu verwahren, und er darf diese Gegenstände nur gemäß den Vorschriften des Hypothekenbankgesetzes herausgeben[198]). Eine weitere Schutzmaßnahme zugunsten der Pfandbriefinhaber ist darin zu sehen, daß bei allen privaten Realkreditinstituten durch die Aufsichtsbehörde ein Treuhänder bestellt werden muß[199]), der seiner Funktion nach als Vertreter der Pfandbriefgläubiger bezeichnet werden kann und der die Interessen der Pfandbriefgläubiger wahrzunehmen hat. Außerdem unterliegen die privaten Realkreditinstitute der staatlichen Aufsicht durch das Bundesaufsichtsamt für das Kreditwesen[200]). Auch bei den öffentlich-rechtlichen Realkreditinstituten, für die derartige gesetzliche Vorschriften nicht bestehen, sind in einigen Fällen Treuhänder und Staatskommissare tätig. Die Tätigkeit des Treuhänders findet ihren besonderen Ausdruck darin, daß dieser — bei privaten Realkreditinstituten auf Grund gesetzlicher Vorschriften[201]) — auf jedem Pfandbrief bestätigt, daß die vorschriftsmäßige Deckung für die Pfandbriefe vorhanden ist und daß die zur Deckung bestimmten Vermögenswerte in das Deckungsregister eingetragen sind; dabei genügt eine Nachbildung der eigenhändigen Unterschrift. Nach § 41 HypBkG gelten die Vorschriften über das Deckungsregister und über den Treuhänder auch hinsichtlich der Kommunalkredite und -obligationen.

Neben der Sicherstellung des Kapitalanspruchs der Pfandbriefgläubiger soll auch gewährleistet werden, daß die Zinsansprüche der Pfandbriefgläubiger jederzeit erfüllbar sind. Bei allen Realkreditinstituten müssen

---

197) Vgl. § 30 HypBkG.

198) Vgl. § 31 Abs. 1 HypBkG.

199) Vgl. § 29 HypBkG.

200) Vgl. § 3 HypBkG.

201) Vgl. § 30 Abs. 3 HypBkG, § 29 Abs. 3 SchiffBkG.

daher die umlaufenden Pfandbriefe durch Hypotheken von mindestens gleichem Zinsertrag gedeckt sein[202]). Diese Vorschrift, daß die Pfandbriefe nicht nur betragsmäßig, sondern auch zinsmäßig mit den Hypotheken kongruent sein müssen, wird allerdings durch die Zulässigkeit von Ersatzdeckungen eingeschränkt, denn die Ersatzdeckung erbringt — zumindest soweit sie aus Bargeld und Bankguthaben besteht — im allgemeinen nur Zinserträge, die wesentlich niedriger sind als die Zinsaufwendungen für die gegenüberstehenden Pfandbriefe. Die Realkreditinstitute sind daher gezwungen, auch bei der Anlage von Mitteln zu Ersatzdeckungszwecken möglichst ertragsstarke Anlageobjekte zu wählen. Aus betriebswirtschaftlichen Gründen ist zudem ein gleich hoher Zinssatz bei Pfandbriefen und Hypotheken deshalb nicht vertretbar, weil aus den Zinserträgen der Hypotheken nicht nur die Zinsaufwendungen für die Pfandbriefe gedeckt werden müssen, sondern darüber hinaus auch ein Teil der Verwaltungskosten. In der Praxis liegen daher die Hypothekenzinsen in der Regel um etwa 1/2 bis 1 % über den Pfandbriefzinsen.

Die Sicherheit der Pfandbriefe und Kommunalobligationen beruht aber nicht nur auf quantitativen Deckungsvorschriften, sondern in wesentlichem Maße auch auf der Qualität der zur Deckung verwendeten Vermögenswerte. Hinsichtlich der Kommunalobligationen bestehen in dieser Beziehung keine Probleme, da diesen Schuldverschreibungen Darlehen an öffentlich-rechtliche Institutionen bzw. von solchen Institutionen verbürgte Darlehen an Dritte gegenüberstehen. Bei den Pfandbriefen wird durch gesetzliche, satzungsmäßige und aufsichtsbehördliche Bestimmungen erreicht, daß die qualitativen Eigenschaften der Deckungswerte — insbesondere der Hypotheken — gewissen Mindestanforderungen entsprechen. In diesen Vorschriften[203]) ist folgendes festgelegt:

(1) Die Beleihung der Grundstücke darf höchstens 60 % des Grundstückswertes betragen.

(2) Der einer Beleihung zugrundegelegte Wert des Grundstücks darf den durch sorgfältige Ermittlung festgestellten Verkaufswert nicht übersteigen.

(3) Bei der Feststellung dieses Wertes sind nur die dauernden Eigenschaften des Grundstücks und der dauernde Ertrag, welchen das Grundstück bei ordnungsgemäßer Wirtschaft nachhaltig gewähren kann, zu berücksichtigen.

Abschließend ist darauf hinzuweisen, daß die Sicherung der Pfandbriefgläubiger nicht — wie es der Ausdruck „Pfandbrief" anzudeuten scheint — dinglicher Natur ist. Nach der geltenden gesetzlichen Regelung verbriefen Pfandbriefe lediglich eine schuldrechtliche Forderung gegenüber dem

---

202) Vgl. § 6 Abs. 1 HypBkG, § 6 Abs. 1 SchiffBkG.

203) Z. B. §§ 11 und 12 HypBkG.

Emissionsinstitut. Die Pfandbriefgläubiger[204]) bzw. die Gläubiger aus Kommunalobligationen[205]) besitzen allerdings im Konkursfall ein Befriedigungsvorrecht hinsichtlich der im Deckungsstock befindlichen Vermögenswerte.

c) Emission

Die Ausgabe von Pfandbriefen und Kommunalobligationen kann sowohl durch das betreffende Realkreditinstitut als auch durch andere Banken erfolgen. Im Normalfall werden Pfandbriefe und verwandte Papiere in Form des „freihändigen Verkaufs" emittiert. Bei dieser Art der Effektenausgabe werden die Schuldverschreibungen von dem betreffenden Emissionsinstitut öffentlich zum Kauf angeboten und den Interessenten auf Anforderung verkauft. Da die Realkreditinstitute — von Ausnahmen wie z. B. einigen Landesbanken und den beiden bayerischen gemischten Hypothekenbanken abgesehen — filiallose Institute sind, ist dieser Weg, d. h. der alleinige Verkauf durch das emittierende Institut, für einen flüssigen Absatz der Pfandbriefe nicht ausreichend. Die Erstplazierung dieser Effekten erfolgt daher unter Einschaltung anderer Banken, möglichst solcher mit einem großen Kundenkreis. Diese Banken verkaufen die Pfandbriefe und Kommunalobligationen in der Regel in offener Stellvertretung oder kommissionsweise für das Emissionsinstitut und erhalten für ihre Tätigkeit eine Bonifikation (Verkaufsprovision). Diese Bonifikation beträgt etwa 2 % bis 2½ % vom Nennwert der Pfandbriefe und findet ihren Niederschlag in einem geringeren Abrechnungskurs gegenüber dem Emissionsinstitut (z. B. 95½ %) als gegenüber den Pfandbriefkäufern (z. B. 97½ %)[206]). Im allgemeinen wird die Bonifikation jedoch nur unter der Bedingung gewährt, daß die verkauften Stücke vor einem bestimmten Zeitpunkt nicht wieder an das Emissionsinstitut zurückgelangen (Bonifikationssperre). Muß das emittierende Realkreditinstitut während der Sperrzeit ein von einer anderen Bank abgesetztes Stück aus dem Markt nehmen, so ist diese Bank verpflichtet, die Bonifikation zurückzuzahlen[207]). Die Bonifikationssperre soll die anderen Banken veranlassen, die Pfandbriefe oder Kommunalobligationen bei Daueranlegern zu plazieren, und hat die Aufgabe, die Emissionsinstitute vor umfangreichen Kursstützungskäufen zu bewahren.

Früher erfolgte die Begebung von Pfandbriefen und Kommunalobligationen auch häufig durch „börsenmäßigen Verkauf" nach Einführung an der Börse. Diese Form des Erstabsatzes wird z. B. dann angewandt, „wenn ein größerer Teil der Stücke auf Grund des freihändigen Verkaufsangebots

---

204) Vgl. § 35 HypBkG; § 36 SchiffBkG; § 6 ÖffPfandbG.

205) Vgl. § 41 i. V. m. § 35 HypBkG; § 8 i. V. m. § 6 ÖffPfandbG.

206) Die Bonifikation wird u. U. auch Großabnehmern wie z. B. Sozialversicherungsträgern und Versicherungsgesellschaften gewährt.

207) Die im Zusammenhang mit der Bonifikationsgewährung von den Banken zu beachtenden Einzelheiten wurden in einem von den zuständigen Fachverbänden abgeschlossenen „Bonifikationsabkommen" niedergelegt, abgedruckt in: Enzyklopädisches Lexikon, Bd. 1, S. 238 f.

untergebracht und inzwischen, nachdem die Stücke gedruckt und erschienen sind, die Börsenzulassung und -einführung dieser Stücke erfolgt ist"[208]). Diese Begebungsart hat den Vorteil, daß das Realkreditinstitut den Ausgabekurs während des Verkaufs der betreffenden Anleihe der jeweiligen Kapitalmarktlage anpassen kann[209]); doch gilt dies praktisch nur bei steigenden Kursen, da ein Emissionsinstitut im allgemeinen kurz nach der Begebung neuer Pfandbriefe ein Sinken der Kurse nicht noch unterstützen wird. „Erwähnt sei noch, daß auch bei dem börsenmäßigen Verkauf von Schuldverschreibungen Bonifikationen mit der üblichen Sperrverpflichtung gewährt werden"[210]).

Die anderen Formen des Erstabsatzes von Wertpapieren, nämlich die Subskription und die Übernahme des Gesamtbetrages durch ein Bankenkonsortium, sind im Pfandbriefgeschäft nicht üblich.

d) Börsenzulassung und Kurspflege

Um die uneingeschränkte Fungibilität der Pfandbriefe und Kommunalobligationen zu gewährleisten, ist es erforderlich, daß die Papiere zumindest nach Ablauf des Sperrjahres (der Bonifikationssperre) an einer oder mehreren Börsen eingeführt werden. Die Zusicherung der späteren Börseneinführung ist für den Pfandbriefabsatz eine wichtige Voraussetzung, weil dadurch die Pfandbriefgläubiger die Möglichkeit besitzen, ihre Effekten jederzeit über die Börse zu veräußern.

Die Zulassung von Pfandbriefen, Kommunalobligationen und verwandten Schuldverschreibungen öffentlich-rechtlicher und privater Realkreditinstitute kann in einem vereinfachten Verfahren erfolgen. Die zuständige Landesregierung kann auf Antrag des betreffenden Emissionsinstituts anordnen, daß es für die Börsenzulassung bestimmter Papiere eines Realkreditinstituts der Einreichung eines Prospektes nicht bedarf[211]). Mit dieser Anordnung gilt zugleich die Zulassung zum Börsenhandel als erfolgt. In der Anordnung über die prospektfreie Börseneinführung erteilt die Landesregierung dem Emissionsinstitut in der Regel bestimmte Auflagen, die von der betreffenden Bank zu erfüllen sind. Das Emissionsinstitut muß z. B. im allgemeinen im Bundesanzeiger und in dem Pflichtblatt der betreffenden Börse eine Bekanntmachung veröffentlichen, aus der die wichtigsten Einzelheiten der emittierten Wertpapiere hervorgehen[212]). Derartige Einzelheiten sind:

---

208) Oppermann, G., Börsen- und Wertpapiergeschäfte, Frankfurt am Main und Köln 1957, S. 15.

209) Vgl. ebenda.

210) Ebenda.

211) Vgl. § 40 BörsG.

212) Vgl. Grundsätze der Aufsichtsbehörden der Länder über die Zulassung von Wertpapieren zum Börsenhandel vom 7. 7. 1952, abgedruckt in: Schneider-Dahlheim, Usancen der Deutschen Wertpapierbörsen, Teil I und II, Darmstadt o. J. (Loseblattsammlung).

a) Nennbetrag der zugelassenen Werte nebst Merkmalen (Betrag, Reihe, Nummern der Stücke),

b) Verzinsung,

c) Tilgung und Kündigung,

d) Art der Sicherstellung,

e) Angaben über die beauftragten Zahlstellen.

Bei dieser Veröffentlichung handelt es sich somit um eine prospektähnliche Bekanntmachung.

Eine prospektfreie Börseneinführung erfolgt allerdings nicht grundsätzlich bei allen Emissionen. So hatten die zuständigen Minister bzw. Senatoren beschlossen, von allen Realkreditinstituten bei der erstmaligen Zulassung einer Emission nach Erstellung der Umstellungsrechnung die Einreichung und Veröffentlichung eines Prospektes zu verlangen. Bei Nachemissionen wurde — zunächst bis 31. 12. 1954 befristet — auf die weitere Einreichung von Prospekten verzichtet. Diese Praxis wurde auch über den genannten Termin hinaus beibehalten. Inzwischen kann es jedoch als normale Handhabung angesehen werden, daß die Aufsichtsbehörden in gewissen Zeitabständen — im allgemeinen 2 bis 3 Jahre — von den Emissionsinstituten die Einreichung und Veröffentlichung eines offiziellen Prospektes verlangen, damit die Öffentlichkeit über die neueste Entwicklung des Emissionsinstituts unterrichtet wird. Nach der Börseneinführung ist es Aufgabe der Emissionsinstitute, für eine sorgfältige „Kurspflege" ihrer Wertpapiere zu sorgen[213]). Diese Kurspflege ist für den Emissionskredit, d. h. die Absatzmöglichkeiten eines Realkreditinstituts, von außerordentlich großer Bedeutung, denn die Käufer festverzinslicher Wertpapiere, insbesondere von Pfandbriefen und Kommunalobligationen, erwarten, daß die Kurse ihrer Papiere von den Einflüssen momentaner Börsensituationen weitestgehend unbeeinflußt bleiben. Auf die Dauer kann allerdings durch Kurspflege nur ein Kurs gehalten werden, der der Kapitalmarktlage und dem geltenden Kapitalmarktzins entspricht. Sind kurssenkende Faktoren wie z. B. eine Erhöhung des landesüblichen Zinssatzes wirksam, so würde der Versuch, den Kurs längere Zeit auf dem höheren Niveau zu halten, ein laufendes Angebot seitens der Pfandbriefgläubiger hervorrufen und im Extremfall zum Rückkauf sämtlicher vom Kursdruck betroffenen Papiere führen. Die Aufgabe der Kurspflege eines Instituts kann also nur darin bestehen, dafür zu sorgen, daß der Kurs der eigenen Schuldverschreibungen nicht unter den Kurs vergleichbarer Papiere anderer Emittenten fällt. Im Gegensatz dazu kann von einer Kurspflege bei steigenden Pfandbriefkursen nicht gesprochen werden, weil ein Kursanstieg bis 100 % nicht ungern gesehen wird und

213) Vgl. Barocka, E., Zur Problematik der Kurspflege bei festverzinslichen Wertpapieren, in: Der langfristige Kredit 1959, S. 371—374, S. 397—400.

einem weiteren Steigen der Kurse durch die Bestimmung, daß Pfandbriefe zu einem über 100 % liegenden Kurs nicht getilgt werden dürfen, im Normalfall — d. h. beim Fehlen steuerlicher Vergünstigungen — enge Grenzen gesetzt sind. Im übrigen könnte ein Realkreditinstitut zwecks Kurssenkung nicht fortwährend dem Markt neue Pfandbriefe zuführen, weil in absehbarer Zeit die vorhandenen oder neu verfügbaren Deckungswerte nicht mehr ausreichen würden.

e) Rückzahlung

Die Rückzahlung (Tilgung) der Pfandbriefe, Kommunalobligationen und ähnlicher Papiere kann in verschiedener Form vorgenommen werden. Wie bereits an anderer Stelle ausgeführt wurde, sind die Rückzahlungsmodalitäten wichtiger Teil der Anleihebedingungen und haben nicht nur formelle, sondern auch materielle Bedeutung. Einmal kann bereits bei der Emission einer Anleihe ein bestimmter Termin festgelegt werden, an dem die gesamte Anleihe zurückzuzahlen ist. In dieser Form kommt eine Anleihetilgung allerdings für Emissionen der Realkreditinstitute in der Regel nicht in Betracht. Jedoch in etwas abgewandelter Art wird diese Rückzahlung praktiziert, indem nämlich eine Gesamtanleihe in Serien aufgeteilt wird, die dann in regelmäßigen, meist jährlichen Abständen zur Rückzahlung fällig werden.

Außerdem besteht die Möglichkeit, daß sich das Emissionsinstitut verpflichtet, die Anleihe innerhalb eines bestimmten Zeitraumes, der vom Zeitpunkt des Ablaufs der Unkündbarkeitsfrist und der Höchstlaufzeit begrenzt wird, zurückzuzahlen. Die Tilgung kann auf Grund eines in den Anleihebedingungen enthaltenen Tilgungsplanes in bestimmten jährlichen Raten erfolgen, oder das Emissionsinstitut behält sich das Recht vor, die Anleihe innerhalb des Rückzahlungszeitraumes ohne einen festen Tilgungsplan nach eigenem Belieben in Teilbeträgen oder in einer Summe zur Rückzahlung zu kündigen. Außerdem enthalten die Anleihebedingungen in der Regel die Vereinbarung, daß die emittierende Bank berechtigt ist, zusätzlich zur Rückzahlung der gekündigten Anleihebeträge die Anleihe durch freihändigen Rückkauf von Anleihestücken verstärkt zu tilgen. In dem letzteren Fall kann die Bank die Anleihe nach Ablauf der Unkündbarkeitsfrist wahlweise durch Kündigung oder Rückkauf tilgen, wobei sie die einzelnen Tilgungsraten nach eigenem Ermessen festsetzen kann; sie ist lediglich verpflichtet, „dafür zu sorgen, daß die ganze Emission bis zu dem festgesetzten Endtermin vollständig getilgt ist“[214]). Wird die Tilgung nach einem festen Rückzahlungsplan vorgenommen, so handelt es sich bei den vereinbarten Jahresraten in der Regel um Mindestbeträge. Eine Tilgung durch freihändigen Rückkauf wird nur in Betracht kommen, wenn der Börsenkurs unter dem Rückzahlungskurs (Nennwert)

[214]) Mössner, K. E., a. a. O., S. 61.

liegt. Durch derartige Rückkäufe betreibt das Institut dann gleichzeitig Kurspflege. Andernfalls wird das Institut den planmäßig zu tilgenden Teilbetrag der Anleihe zu dem in den Anleihebedingungen festgesetzten oder von ihr ausgewählten Termin kündigen. Die Auswahl der als gekündigt geltenden Stücke erfolgt durch Auslosung, d. h., durch Ziehung einer entsprechenden Zahl von Endnummern einer Serie, Reihe oder Gruppe wird bestimmt, welche Pfandbriefe getilgt werden.

Weiterhin besteht die Möglichkeit, daß eine Rückzahlung überhaupt nicht vorgesehen oder daß in den Anleihebedingungen kein Endtermin für die vollständige Rückzahlung enthalten ist. Bei diesen Emissionen hat die Bank nach Ablauf der Unkündbarkeitsfrist lediglich das Recht, jedoch nicht die Verpflichtung, die Anleihe zu tilgen. Bei derartigen Pfandbriefen, die sich den „unechten Renten" nähern, hat das Realkreditinstitut bezüglich der Tilgung die größtmögliche Freiheit. Den Käufern solcher Anleihen kommt es meist auf eine sehr langfristige, mit einem sicheren Zinsertrag verbundene Anlage ihrer Gelder an. Vor dem ersten Weltkrieg war dieser Pfandbrieftyp der häufigste, und auch in den dreißiger Jahren war der Umlauf von solchen Pfandbriefen noch erheblich[215]). Nach dem zweiten Weltkrieg wurden derartige Pfandbriefe jedoch noch nicht wieder emittiert.

Je mehr Freiheit ein Realkreditinstitut hinsichtlich der Rückzahlung der Pfandbriefe und ähnlicher Papiere hat, desto eher kann es eine für das Institut günstige Zinsentwicklung ausnutzen und z. B. bei steigendem Zinsfuß die Rückzahlung hinauszögern bzw. bei sinkendem Zinsfuß sie beschleunigen. Bei steigendem Zinsfuß wird der Ausnutzung des Zinsvorteils allerdings durch die Kursentwicklung der Pfandbriefe eine Grenze gesetzt, da die Kurse nicht marktgerecht verzinster Papiere sinken. Daraus kann leicht eine Schädigung des Ansehens des betreffenden Instituts und eine Erschwerung des Absatzes künftiger Emissionen resultieren; die Realkreditinstitute nehmen deshalb in solchen Fällen normalerweise Kursstützungskäufe vor, und bei nachhaltiger Kurssenkung bzw. Zinssteigerung wird dadurch praktisch eine vorzeitige Tilgung durch Rückkäufe bedingt. Wünscht das Emissionsinstitut eine solche Entwicklung nicht, so muß es den Gläubigern seiner Schuldverschreibungen eine Konversion, d. h. einen Umtausch in höherverzinsliche Stücke, anbieten.

4. Bedeutung des Pfandbriefgeschäfts für Aufwand und Ertrag

Das Pfandbriefgeschäft ist für die Kreditinstitute mit folgenden Kosten verbunden:

(1) Auf die im Umlauf befindlichen Pfandbriefe sind Zinsen zu zahlen (wertbedingter Aufwand). Der Zinssatz liegt in der Regel erheblich über

---

215) Vgl. ebenda.

dem Zinssatz für Spareinlagen mit gesetzlicher Kündigungsfrist und im allgemeinen auch über dem für Spareinlagen mit vereinbarter Kündigungsfrist. Dadurch sind die wertbedingten Kapitalbeschaffungskosten der Realkreditinstitute höher als die der Sparkassen. Infolgedessen können die Sparkassen, die ebenfalls im Hypothekarkreditgeschäft in großem Umfang tätig sind, in den Wettbewerb mit den Realkreditinstituten zwar mit niedrigeren Zinskosten eintreten, sie müssen jedoch höhere Betriebskosten für ihre Kapitalbeschaffung tragen. Außerdem ist zu berücksichtigen, daß die Pfandbriefzinsen überwiegend halbjährlich gezahlt werden; daraus resultiert im Verhältnis zum Spareinlagengeschäft, bei dem die Zinsgutschriften generell am Jahresschluß erfolgen, ebenfalls eine — auch geringe — Kostenerhöhung.

(2) Ein weiterer Kostenfaktor ist das Emissionsdisagio. Auch hierbei handelt es sich um wertbedingte Kosten, da das Disagio normalerweise zur Erhöhung der Effektivverzinsung dient und diese Kosten somit zinsähnlichen Charkter haben.

(3) Die Emission der Pfandbriefe und ähnlicher Papiere ist mit der Zahlung einer Bonifikation an andere Banken und Kapitalsammelstellen verbunden. Hierbei handelt es sich um betriebsbedingte Kosten, da die Bonifikation eine Provision für den Absatz der Papiere darstellt.

(4) Werden die Pfandbriefe vom emittierenden Institut direkt im Publikum untergebracht, so entstehen durch die Bearbeitung der Geschäftsvorfälle betriebsbedingte Kosten, die der anderenfalls den vermittelnden Banken zu zahlenden Bonifikation entsprechen.

(5) Zusätzliche Kosten ergeben sich im Pfandbriefgeschäft durch die Herstellung der Pfandbriefe bzw. Kommunalobligationen, durch die Verwahrung und den Transport der Wertpapiere und durch die dem Pfandbriefabsatz dienende Werbung. Auch diese Kosten sind sämtlich als betriebsbedingte Kosten anzusprechen.

(6) Die Einführung der Pfandbriefe an der Börse verursacht weitere betriebsbedingte Kosten. Zunächst ist an die Landesregierung für die Befreiung von der Einreichung eines Prospektes eine Gebühr zu zahlen[216]). Außerdem erhebt die Börse, an der die Papiere eingeführt werden, eine Zulassungsgebühr (Kotierungsgebühr) in Höhe der sonst für festverzinsliche Wertpapiere erhobenen Gebühr. Der Grundtarif für festverzinsliche Wertpapiere beträgt 150 DM für jede angefangene Million DM Nennwert[217]). Einzelheiten über die Gebührenberechnung sind in den von den einzelnen Börsen erlassenen Gebührenordnungen niedergelegt[218]).

216) § 1 Ziff. 4b der Gebührenordnung vom 21. 1. 1936 (RGBl I S. 40); vgl. Schneider-Dahlheim, a. a. O., Teil I und II.

217) Vgl. z. B. Oppermann, G., Börsen- und Wertpapiergeschäfte, a. a. O., S. 42.

218) Z. B. Gebührenordnung für die Einführung von Wertpapieren an der Frankfurter Wertpapierbörse.

(7) Während der Umlaufzeit der Pfandbriefe und ähnlicher Papiere entstehen einerseits wertbedingte Kosten durch die Kurspflege (Aufwand für die Erhaltung des Emissionskredits) und andererseits betriebsbedingte Kosten durch die technische Abwicklung des Zinsendienstes (einschließlich Provision für die anderen Banken).

(8) Die zum Schutze der Gläubiger aus Pfandbriefen und verwandten Papieren vorgeschriebenen Sicherheitsmaßnahmen — wie z. B. Bestellung eines Treuhänders (Staatskommissars), Führung des Deckungsregisters — verursachen ebenfalls betriebsbedingte Kosten, die dem Pfandbriefgeschäft zugerechnet werden; denn derartige Kosten entstehen nicht bei solchen Instituten, die sich die für das Hypothekengeschäft erforderlichen Mittel auf andere Weise beschaffen.

Diesen Kosten stehen praktisch keine Erlöse bzw. Erträge aus dem Pfandbriefgeschäft direkt gegenüber. Lediglich durch Kursgewinne im Rahmen der Kurspflege kann ein Institut im Pfandbriefgeschäft zu Erlösen kommen; derartige Erträge haben jedoch außerordentlichen Charakter.

Die Kosten des Pfandbriefgeschäfts sind daher grundsätzlich nur in enger Verbindung mit den Erträgen aus dem Hypothekarkreditgeschäft zu sehen; denn grundsätzlich sind sämtliche Kosten des Pfandbriefgeschäfts von den Hypothekenschuldnern zu tragen. Dabei ist zu berücksichtigen, daß im Realkreditgeschäft auf Pfandbriefbasis ein enger Zusammenhang zwischen Geldbeschaffung und Darlehensgewährung besteht. Dies kommt z. B. darin zum Ausdruck, daß eine Änderung des Emissionsdisagios in der Regel eine entsprechende Änderung des Hypothekendamnums zur Folge hat. Ebenso führt eine Änderung des Pfandbriefzinses zu einer gleichgerichteten Änderung des Hypothekenzinses im Neugeschäft. Bei den Realkreditinstituten ist also die Unbestimmtheit der Zusammengehörigkeit bestimmter Passiva und bestimmter Aktiva, welche die Kalkulation bei einer Kreditbank schwierig gestaltet, nicht gegeben.

5. Bedeutung des Pfandbriefgeschäfts für die verschiedenen Arten von Kreditinstituten und für die Kunden

Das Pfandbriefgeschäft ist dadurch charakterisiert, daß es nur von einem bestimmten Kreis von Kreditinstituten betrieben wird. Die Bedeutung des Pfandbriefgeschäfts für die einzelnen Institutsgruppen läßt sich u. a. daran erkennen, in welchem Verhältnis die „Schuldverschreibungen im Umlauf" zur Bilanzsumme stehen. Bei den privaten Hypotheken- und Schiffspfandbriefbanken, die Ende 1973 eine Gesamtbilanzsumme von rd. 83,4 Mrd. DM auswiesen, betrug der Umlauf von Schuldverschreibungen zum gleichen Zeitpunkt rd. 57,4 Mrd. DM. Die Kapitalbeschaffung dieser Banken erfolgt somit zu über 68 % durch die Emission von Pfandbriefen und Kommunalobligationen. Im Gegensatz dazu stehen bei den öffentlich-rechtlichen Grundkreditanstalten einer Bilanzsumme von 54,6 Mrd. DM nur rd. 10,6 Mrd. DM Schuldverschreibungen im Umlauf gegenüber. Bei diesen Instituten haben die aufgenommenen langfristigen Darlehen (30,4 Mrd. DM) und die durchlaufenden Kredite — Treuhandgelder — (2,3 Mrd. DM) ebenfalls eine große Bedeutung, während dies bei den privaten Hypothekenbanken nicht im selben Ausmaß der Fall ist (aufgenommene langfristige Darlehen 10,7 Mrd. DM und durchlaufende Kredite 0,5 Mrd. DM)[219]). Bei den anderen Instituten, die neben dem Pfandbrief- und Hypothekarkreditgeschäft auch die übrigen Bankgeschäfte betreiben (gemischte Hypothekenbanken, Girozentralen/Landesbanken), umfaßt das Pfandbriefgeschäft nur einen geringeren Anteil an der Bilanzsumme, doch stellt es auch bei diesen Instituten einen wichtigen Geschäftszweig dar. Die generelle Bedeutung des Pfandbriefgeschäfts für die Kreditinstitute ist darin zu sehen, daß den Instituten die Möglichkeit gegeben wird, sich langfristiges Kapital zu festen Bedingungen zu beschaffen. Dabei kommt als besonders wichtiger Faktor hinzu, daß durch die Stückelung der Wertpapiere breite Bevölkerungskreise angesprochen und auch kleine Beträge — der Nennwert beträgt ab 100 DM — der Kapitalbeschaffung nutzbar gemacht werden können. Auch beim Spareinlagengeschäft werden zwar kleine und kleinste Beträge, die noch wesentlich geringer als im Pfandbriefgeschäft sind, entgegengenommen; jedoch ist der Rückzahlungszeitpunkt der Spareinlagen für die Kreditinstitute nicht voraussehbar. Bei den aufgenommenen langfristigen Darlehen sind derartige Nachteile zwar nicht vorhanden; jedoch handelt es sich bei diesen Darlehen jeweils um größere Einzelbeträge, so daß der Kreis der Kapitalgeber begrenzt ist.

Die Bedeutung des Pfandbriefgeschäfts für die Kundschaft besteht darin, daß dem anlagesuchenden Publikum eine relativ hoch verzinsliche, sichere, bequeme und fungible Anlagemöglichkeit geboten wird. Der Erwerb von Pfandbriefen und verwandten Papieren ist ein Sparvorgang, und die Unterbringung dieser Papiere stellt somit Kapitalbildung dar, d. h. Kapitalbereitstellung für langfristige Investitionen, insbesondere für den Wohnungsbau, den Schiffsbau, die Landwirtschaft und bestimmte öffentliche Vorhaben (z. B. Bodenmelioration). Das Pfandbriefgeschäft erfüllt auf diese Weise neben einzelwirtschaftlichen Zwecken auch eine volkswirtschaftlich sehr wichtige Funktion.

219) Vgl. Monatsberichte der Deutschen Bundesbank, März 1974, S. 29*.

Sachregister